巴伐利亚王国银币
——历史泰勒

KÖNIGREICH BAYERISCHE SILBERMÜNZEN
– GESCHICHTSTALER

刘 兵 编著

上海科学技术出版社

图书在版编目（CIP）数据

巴伐利亚王国银币：历史泰勒 / 刘兵编著. -- 上海：上海科学技术出版社，2023.6
ISBN 978-7-5478-6171-4

Ⅰ.①巴… Ⅱ.①刘… Ⅲ.①银币(考古)-货币史-德国 Ⅳ.①F825.169

中国国家版本馆CIP数据核字(2023)第075787号

巴伐利亚王国银币——历史泰勒
KÖNIGREICH BAYERISCHE SILBERMÜNZEN
– GESCHICHTSTALER
刘 兵 编著

上海世纪出版（集团）有限公司 出版、发行
上海科学技术出版社
（上海市闵行区号景路159弄A座9F-10F）
邮政编码 201101　www.sstp.cn
苏州工业园区美柯乐制版印务有限责任公司印刷
开本 787×1092　1/32　印张 20.25
字数 550千字
2023年6月第1版　2023年6月第1次印刷
ISBN 978-7-5478-6171-4/G·1163
定价：188.00元

本书如有缺页、错装或坏损等严重质量问题，请向工厂联系调换

序

近闻刘兵兄大作《巴伐利亚王国银币——历史泰勒》一书即将付梓，既为刘兄多年辛苦取得的成果感到高兴，更为国内众多德意志邦币爱好者即将读到一本好书而兴奋。

该书所述之德国巴伐利亚拥有悠久的人文历史和传统，其造币历史亦悠久。最早的德国铸币，大约出现于公元前3世纪的凯尔特部落。出于贸易的需要，凯尔特人打制了一些仿照希腊马其顿样式的钱币。到公元前1世纪，巴伐利亚地区铸造出拥有独特风格的碟形地方钱币——"彩虹杯状金币"。伴随着与罗马人的交往，德意志大地上开始流通罗马和仿罗马样式的钱币。公元800年，查理曼大帝加冕"罗马人的皇帝"，随即开启了神圣罗马帝国的时代。帝国在巴伐利亚的领地，如雷根斯堡等城市开设了铸币厂，生产一种叫第纳尔的小银币。11世纪以后，皇权逐渐衰微，各地诸侯权力大增。诸侯们大多拥有了独立的铸币权。几百年间，一种薄而大的碟形钱币成为主力币型，但重量却渐渐减小，甚至不到1克。到14世纪时，大型的格罗森银币和莱茵古尔登金币出现了。在图案上，这些钱币比以往的钱币要丰富美观得多。而德国钱币铸造史上具有开创性的突破则是1500年泰勒的出现，这种银币使用了有"欧洲银库"之称的哈茨山脉开采的矿银铸造。泰勒银币品种繁多，铸造精良，影响了德国甚至世界达几百年之久（美元Dollar滥觞于泰勒Taler）。巴伐利亚还使用莱茵河及其支流开采的沙金铸造了杜卡特金币，其图案和铸造工艺也同样精彩。

时间来到1806年，巴伐利亚选侯国升为王国，也是该书所涉及的那个时代。巴伐利亚王国的前三任国王，马克西米利安一世·约瑟夫、路德维希一世、马克西米利安二世在政治上大有作为，极大增强了王国的经济实力。随后的"童话国王"路德维希二世则是极为知名且极具艺术气息的德意志君主。有趣的是，巴伐利亚王国的这四任国王不仅都是艺术家，而且还都是钱币收藏家，他们对钱币铸造的精美程度或多或少都提出过要求。巴伐利亚现在仍留有路德维希二世钱币宝箱沉湖的传说。而同一时期，蒸汽机和肘动铸币机的发明，为高效铸造银币提供了技术保障。诞生精美钱币的主观条件和客观条件都已经成熟，因而被称作"世界第一套流通纪念币"的巴伐利亚历史泰勒/双泰勒银币也就此诞生了。根据当时的文件记载，每铸造一枚历史泰勒银币，王国财政就要亏损7克鲁泽，可见其设计之精美、铸造要求之高，几乎可以居德意志邦币精美程度之冠。

全套历史泰勒/双泰勒一共43枚，枚枚精彩，历来为收藏家所重视，但关于这套银币成系统性的参考资料和外文专著却不多。一些入门较早的德国钱币爱好者将自己的一些收藏经验与钱币图片编写成帖，发表在国内的专业钱币论坛或社交网站上，以供分享交流之用。这些帖子和其后的留言往往成为德意志邦币爱好者的乐园。但是这些帖子往往只涉及一二枚钱币或一小类钱币，有管中窥豹之感。而且帖子的内容质量也参差不齐，难以将国内德意志邦币收藏、研究水平推向更高的高度。正当国内德意志邦币收藏、研究处于瓶颈期之时，刘兵兄的这部《巴伐利亚王国银币——历史泰勒》便横空出世。

刘兵兄的这部《巴伐利亚王国银币——历史泰勒》是第一部完整详细介绍这套银币的中文专著。此书不仅介绍了这些历史泰勒的正式行用币，也对各种样币和试铸样币进行了详细的介绍。该书还对细微的钱币版别作出区分，还贴心地使用局部细节图提供对比。该书对历史泰勒的铸造年份及发行量用表格列出,令读者一目了然。从这个意义上说,本书完全可以作为钱币目录使用。此外,对每一枚历史泰勒的内涵与背景,刘兵兄亦不惜笔墨,作了极为详尽的介绍。可以说,此书是该领域内极具价值的学术专著,必将会大力推动我国的德意志邦币收藏与研究的发展。期待更多的朋友通过阅读此书喜欢上德意志邦国钱币,从而进入这个精彩而又迷人的领域!

陈希

二〇二三·重庆

导　言

约十年前,笔者在某钱币论坛看到了重庆陈希(论坛昵称:锦衣)兄关于巴伐利亚历史泰勒的精华帖。其图文并茂、通俗易懂的介绍瞬间就折服了笔者。其中一枚枚铸造精美、寓意丰满的钱币以及深入的研究,不仅使笔者享受了一场视觉盛宴,也使笔者经历了一次穿越时空的人文之旅。笔者斗胆,希望能狗尾续貂,尝试着了解历史泰勒的铭文信息、背景故事,通过自己的努力也写几篇小博文。同时也丰富一下自己的人文素养和业余生活。

由于业余时间有限,写一篇能经得起推敲的博文以及打造一席精美的博客并不容易,所以笔者最初的想法就是先集中精力写几篇小文章,等有了十来篇文章之后再一起发表。可当积攒了几篇文章之后,笔者的教学和科研任务加重,撰写博文的事就完全搁置起来。这一搁置至少就是四年。

幸好随着教学、科研工作的驾轻就熟,笔者的业余时间也多了起来,博文写作也得以延续。并且随着文章数量增多,文稿亦可结集成册。经几番努力,文稿最终付梓出版,有了结果。

本书以历史泰勒、历史双泰勒为主线,囊括了巴伐利亚在王国时期发行的表彰泰勒、宪法泰勒、圣母泰勒和一些纪念银币。同时也收录了这些银币的部分样币(德文 Probe,英文 Pattern)、试铸样(德文 Prägeproben,英文 Trial Strike)。

参考目录

由于本书所涉及的银币种类丰富,笔者不得不参考了数种硬币目录,其中最常用的有五种:克劳斯出版社的《世界硬币标准目录》、达文波特编著的系列银币目录、巴滕贝格出版社的《德意志硬币大型目录，自1800》《德意志银币，1800—1872》，以及沙夫编写的《自1871以来的德意志样币》。在这些目录中，这一时期银币的种类和编号通常保持稳定，数年不变。

（1）《世界硬币标准目录》

克劳斯（Krause）出版社的《世界硬币标准目录》，即 *Standard Catalog of World Coins*，是典型的系列化大型目录。笔者参考的是"18世纪卷""19世纪卷"和"20世纪卷"。在我国，《世界硬币标准目录》常被称为"克劳斯目录"，其中硬币编号均以"KM#"开头，样币以"Pn"开头，试铸样以"TS"开头。为方便指称，本书以《KM目录》代称《世界硬币标准目录》。《KM目录》收录世界各国硬币，以英文编写，接受度高，是世界硬币收藏爱好者首选的入门目录。

本书以《KM目录》中所涉及的银币为主线，其他目录为辅助，增补缺略、添补版别差异等细节。另外，笔者还参考了克劳斯出版社的德币专题目录《德国硬币标准目录，1501至今》（*Standard Catalog of German Coins 1501-Present*），其中硬币编号均与各世纪分卷的编号保持一致。

（2）达文波特银币目录

20世纪达文波特（Davenport）教授编写的系列银币目录，因其一定的学术价值而备受硬币收藏者喜爱。在我国，其目录常被称为《达文波特目录》。该目录中硬币编号常以"Dav."开头。本书编写中主要参考了其《欧洲克朗和泰勒，自1800》（*European Crowns and Talers Since 1800*）和《德国泰勒，1700—1800》（*German Talers 1700–1800*）这两本目录。但这两册书并不包含半泰勒、古尔登等小型银币。本书以《DAV目录》来代称《达文波特目录》。

（3）《德意志硬币大型目录，1801至今》

巴滕贝格出版社发行的《德意志硬币大型目录，1801至今》（*Grosser Deutscher Münzkatalog Von 1800 Bis Heute*）是德国本土的权威硬币目录，使用的是德文。在国内，德币收藏爱好者常称之为《巴滕贝格目录》，可与《KM目录》对照参考。常取该书三位作者Paul Arnold，Harald Küthmann，Dirk Steinhilber姓氏开头字母——AKS作为其中硬币编号的开头索引。为方便阅读和指称，本书以《AKS目录》代称《德意志硬币大型目录，自1800》。

（4）《德意志银币，1800—1872》

《德意志银币，1800—1872》是巴滕贝格出版社针对19世纪德意志第二帝国前这一时期出版的银币目录，德文书名为*Deutsche Silbermünzen 1800-1872*，作者为Helmut Kahnt。该书对银币种类、版别、样币等细节描述得非常细致，是对《KM目录》《DAV目录》的银币部分最有效的补充。但该书涉及时间段有限，没有1872年以后的第二帝国银币，且银币的最小面额为半泰勒，缺少古尔登、克鲁泽等小型银币。硬币在该目录中编号常以"Kahnt"开头。本书以《Kahnt目录》来代称它。

（5）《自1871年以来的德意志硬币》

《自1871年以来的德意志硬币》（*Die deutschen Münzen seit 1871*），作者为Kurt Jaeger，后由Helmut Kahnt续编。该目录在我国常被称为《耶格目录》。硬币在该目录中编号常以"Jaeger"或"J"开头。本书以《Jaeger目录》来代称它。《Jaeger目录》有丰富的种类、版别等细节描述，也是德国本土的权威硬币目录。其银币部分可看作是对《Kahnt目录》在1872年后这一部分的续写。

（6）《自1871年以来的德意志样币》

由鲁道夫·沙夫（Rudolf Schaaf）编写的《自1871年以来的德意志样币》（*Die Proben Der Deutschen Münzen seit 1871*）是对1871年后的各种面额和不同材质样币的汇总，是该时期德国样币的权威目录。其样币主要分为设计样币（Gestaltprobe）、材料样币（Materialprobe）和试铸样（Prägeproben）。样币编号常以"Schaaf"或"Sch"加数字来表示，细分时则加上样币种类"G""M"或"P"及数字。本书以《Schaaf目录》来代称该样币目录。

总结一下这些权威目录在本书中的代称及编号索引：

书　　目	代称及编号索引
《世界硬币标准目录》	《KM目录》，KM#
达文波特系列银币目录	《DAV目录》，Dav.
《德意志硬币大型目录，1800至今》	《AKS目录》，AKS
《德意志银币，1800—1872》	《Kahnt目录》，Kahnt
《自1871年以来的德意志硬币》	《Jaeger目录》，Jaeger
《自1871年以来的德意志样币》	《Schaaf目录》，Schaaf

除了如上目录外，笔者也参考了Walter Grasser编写的《巴伐利亚历史泰勒》（*Bayerische Geschichts Taler*）一书。其对每一枚历史泰勒的细节和历史背景事件的介绍，给笔者写作提供了非常重要的参考信息和极大的启发。

章节安排

本书以路德维希一世和马克西米利安二世期间所发行的历史泰勒和历史双泰勒为核心，增加首位国王马克西米利安一世发行的15枚表彰泰勒和1枚宪法泰勒，以及马克西米利安二世的1枚双古尔登、路德维希二世发行的圣母、订婚、胜利泰勒，最后补充了路德维希三世时期的造币厂访问纪念和金婚纪念3马克，涵盖了巴伐利亚王国时期的全部表彰和纪念银币。

除了在第一章简单介绍巴伐利亚王国历史泰勒的诞生历程外，其余依照银币发行的统治者来划分章节，并按照币面年份为序对历史纪念银币逐一进行介绍。

当然，对于主题相近、特殊主题或具有连续性历史事件的银币，本书常常将它们放在一起讨论，以保证历史事件叙述的完整性。比如，第三章中就有与德意志关税同盟建成相关的4枚历史泰勒。如将这4枚历史泰勒放在一起来论述，就可以把19世纪德意志关税同盟的发展历程串接起来。即使四事件的发生年份跨度达九年，叙述起来也不会有割裂感。

几点说明

笔者在写作过程中，遇到了一些问题，也进行了思考，在这里作几点说明。

第一，本书银币以《KM目录》为主线进行列举，使用《AKS目录》和《Kahnt目录》对历史泰勒各种样币和试铸样进行增补。再使用《DAV目录》和《AKS目录》作参考对照。

样币、试铸样通常相对于正式行用币要稀见，且本书主要参考《KM目录》中"PATTERNS""TRIAL STRIKES"两部分。并将其中部分银币的样币、试铸样随精制币、修模版别、边铭版别、正背面错配等情况放在一起，组成"版别"部分附在对应银币末尾一起介绍，不再单独设立样币章节。

第二，由于涉及银币数量较多，对应的样币、试铸样等情况也较复杂，为了更好、更快地指称某一枚币，本文不得不给这些硬币进行编号。

取本书的德文名称"KÖNIGREICH BAYERISCHE SILBERMÜNZEN——GESCHICHTSTALER"中最主要的两个单词"BAYERISCHE"和"GESCHICHTSTALER"首字母"BG"作编号索引，按照币面年份顺序、依次递增进行编号，如"1825继位登基"泰勒就编号为"BG17"；"1826纪念科学家"就编号为"BG18"。

如遇到该币有样币的情况，样币就以该正式银币编号后加".Pn"来表示；如该币有试铸样的情况，试铸样就以该正式银币编号后加".TS"来表示。比如，"1825继位登基"有早期雕模版和金质齿边版两种样币，则两种样币的编号就是"BG17.Pn1"和"BG17.Pn2"。

第三，参考目录的版本和参考价格列写。众所周知，由于钱币市场的波动性和书籍编写的天然滞后性，泉友们更多是依靠最新钱币拍卖会的成交价格，而不是书目中的参考价格，即便是更新较快的《KM目录》和《AKS目录》也不能摆脱这一滞后性。但书目中的参考价格更具长期性，也更多地体现在价格的"横向对比"和"纵向对比"。也就是对比不同种类银币间的价格，以及比较同种银币不同铸造年份间的价格差异，即寻找"特殊年份"。尽管本书不可能汇总最新价格，但不妨碍价格的横纵向对比。价格列写对标"SS"（Sehr schön，VF，美品）、"VZ"（Vorzüglich，XF或EF，极美品）、"STG"（Stempelglanz，UNC，原光未流通）这三档品相，货币单位为欧元。

第四，写作中遇到币名、姓名、地名等的翻译有差异的问题。本书优先使用国内习惯性翻译和当前泉友间交流时的常用称谓。比如在我国，巴伐利亚还有"拜恩""拜仁""燕恩"等说法，例如著名球队"拜仁慕尼黑"。按巴伐利亚的德文"Bayern"音译——"拜恩"肯定是更合适。但从其拉丁文"Bavariæ"和英文"Bavaria"音译为"巴伐利亚"也不错。但事实上,我国大众习惯称呼为"巴伐利亚"。本书也就采用这种翻译。更何况,在巴伐利亚王国银币"1818宪法泰勒""1855巴伐利亚守护神双古尔登""1865—1871圣母泰勒"中就使用了拉丁文"Bavariæ"来自称的。

此外,泰勒也常被称为"塔勒",克鲁泽也被称为"克莱采"。甚至为避免产生沟通矛盾,有泉友干脆称之为"1T""1K"。其实这种名称音译的差异并不是大问题,因为很多名称都是与时俱进的。毕竟德文中的巴伐利亚"Baiern"在路德维希一世登基后就被改为"Bayern";德文中的泰勒"Thaler"在20世纪初就被官方改为"Taler"。

再比如在意译方面,1839年《德累斯顿货币协议》后发行的"Vereinsmünze",1857年《维也纳货币协议》后发行的"Vereinstaler"。其中"Verein"为"协会、同盟、联合会","Münze"为"货币、硬币、钱币"。为了不致混淆,本书将1839年关税同盟批准的"Vereinsmünze"意译为"同盟货币",将1857年后全德意志货币联盟发行的"Vereinstaler"意译为"联盟泰勒"。

综上所述,为了保持前后一致性,在遇到称谓翻译差异时,本书就选择约定俗成或当下的流行称谓,并应用于全书。

第五,本书常常将雕模差异部位单独抽出以此进行横向比对。由于图幅有限,单独抽出部位只是提示读者可进行比对,但并非全都是细节放大图,还望各位读者见谅。

提前声明一下,笔者仅是一个钱币收藏和历史人文知识的爱好者。所以本书只介绍相关钱币的常见版本、差异比较和浅层背景故事,并不涉及巴伐利亚王国当时的造币技术、货币、金融等情况，也不作历史事件的深度解析。笔者在此对希望了解该时期更多货币、金融和人文历史专业知识的读者说声抱歉。

而且，本书最初的撰写目标仅设定为个人网络博文，并非严格的学术活动，所以根本未考虑标注参考文献等事宜。并且本书编写时间较长，其间完全搁置近四年，时间跨度大，且都为业余零散时间编写，时间投入分散。亦受笔者精力所限，所以根本不可能记述参考内容来源，更不可能在文中标识参考内容的出处。笔者仅能在"参考文献"中列举一些手头经常参考的资料。如果有读者发现自己的文字等内容被本书引用，请联系笔者，必在再版时加以标注或删替。

最后，感谢微信公众号"猫眼藏币"的大力支持！感谢陈希兄在百忙之中为本书作序，并与葛烽兄提供了钱币边铭拍摄！感谢上海科学技术出版社和励真先生等编辑的辛勤工作！感谢鲁书宁同学对相关德文资料的翻译！感谢父母对我写作的大力支持！感谢妻子对我的理解和包容！特别感谢我的两个儿子！他俩优秀的自律，使我获得更多宽松的时间！他俩对钱币天生的喜爱，是我坚持写作并完成作品的持续动力！

谨以本书献给所有喜爱巴伐利亚王国银币的泉友们，以及帮助和支持过我的各位师长、朋友们！

二〇二三·石家庄

目　录

第一章　沃伊特与历史泰勒　　　　　　　　　　　　　　　　1

第二章　马克西米利安一世　　　　　　　　　　　　　　　　29
BG01 1804 Ⅰ型胸像 1/4 犁耕地表彰泰勒　　　　　　　　　　46
BG02 1804 Ⅱ型胸像犁耕地表彰泰勒　　　　　　　　　　　　48
BG03 1804 Ⅱ型胸像表彰泰勒　　　　　　　　　　　　　　　49
BG04 1803 Ⅲ型胸像表彰泰勒　　　　　　　　　　　　　　　50
BG05 1806—1807 Ⅳ型胸像犁耕地表彰泰勒　　　　　　　　 52
BG06 1807—1822 Ⅴ型胸像犁耕地表彰泰勒　　　　　　　　 53
BG07 1807—1822 Ⅴ型胸像表彰双泰勒　　　　　　　　　　 55
BG08&09 1804 Ⅰ型胸像 1/2 学院表彰泰勒　　　　　　　　　56
BG10 1803 Ⅱ型胸像细枝 1/2 学院表彰泰勒　　　　　　　　 59
BG11 1804 Ⅵ型胸像粗枝 1/2 学院表彰泰勒　　　　　　　　 61
BG12&13 1806—1808 Ⅰ型胸像 1/2 学院表彰泰勒　　　　　　63
BG14&15 1807—1837 Ⅶ、Ⅷ型头像 1/2 学院表彰泰勒　　　　65
BG16 1818 宪法泰勒　　　　　　　　　　　　　　　　　　 68

第三章　路德维希一世　　　　　　　　　　　　　　　　　　79
BG17 1825 继位登基　　　　　　　　　　　　　　　　　　 87

BG18 1826 纪念科学家	96
BG19 1826 慕尼黑大学搬迁	106
BG20&21&22&23 1827—1835 德意志关税同盟	117
BG24 1827 路德维希勋章	142
BG25 1827 特蕾莎勋章	147
BG26 1828 祝福王室	156
BG27 1828 盖巴赫宪法石柱	168
BG28 1830 忠于王室	182
BG29&30 1831/1834 向议会致敬	191
BG31 1832 奥托去希腊	206
BG32 1833 卡洛琳广场方尖碑	224
BG33 1834 王室家族纪念碑	236
BG34 1835 巴伐利亚抵押兑换银行	246
BG35 1835 特蕾莎纪念碑	257
BG36 1835 蒸汽铁路通车	269
BG37.1&37.2 1835 马克西米利安纪念碑	279
BG38 1835 送学本笃会	290
BG39 1836 奥托礼拜堂	297
BG40 1837 圣·米迦勒勋章	307
BG41 1837 南德货币同盟	318
BG42 1838 恢复历史区划	333

BG43 1839 选帝侯骑马雕像 　　　　　　　　　　341

BG44 1840 丢勒雕像 　　　　　　　　　　　　358

BG45 1841 让·保罗雕像 　　　　　　　　　　368

BG46 1842 瓦尔哈拉神殿 　　　　　　　　　　377

BG47.1&47.2 1842 迎娶普鲁士公主 　　　　　390

BG48 1843 埃尔朗根大学建校百年 　　　　　　400

BG49 1844 统帅堂 　　　　　　　　　　　　　410

BG50 1845 克莱特迈尔男爵雕像 　　　　　　　423

BG51 1845 橡树王孙 　　　　　　　　　　　　433

BG52 1846 路德维希运河 　　　　　　　　　　441

BG53 1847 尤利乌斯主教雕像 　　　　　　　　452

BG54 1848 退位让贤 　　　　　　　　　　　　466

第四章　马克西米利安二世　　　　　　　477

BG55 1855 巴伐利亚守护神双古尔登 　　　　　480

BG56.1&56.2&56.3 1848 新宪法 　　　　　　493

BG57.1&57.2 1848 约翰·克里斯托夫·格鲁克雕像 　505

BG58.1&58.2 1849 奥兰多·迪·拉索雕像 　　518

BG59.1&59.2 1854 水晶宫博览会 　　　　　　531

BG60 1856 林道国王纪念碑 　　　　　　　　　543

第五章　国王路德维希二世、奥托和摄政王　557

BG61 1865—1871 圣母泰勒　570

BG62 1867 订婚泰勒　579

BG63 1871 胜利泰勒　586

第六章　路德维希三世　603

BG64 1918 访问造币厂纪念铁质 3 马克　605

BG65 1918 金婚纪念 3 马克　607

附录　典型边饰　621

参考文献　628

第一章 沃伊特与历史泰勒

卡尔·腓特烈·沃伊特（1800—1874）
Carl Friedrich Voigt，1800–1874

卡尔·腓特烈·沃伊特

卡尔·腓特烈·沃伊特（1800—1874，Carl Friedrich Voigt，或拼作 Karl Friedrich Voigt，沃伊特或音译为福格特），19 世纪德意志币章艺术大师、币模雕刻家和珠宝切割师。1800 年生于柏林，1874 年逝于意大利德里雅斯特（Triest）。

年轻时的沃伊特师从多位雕刻大师，包括柏林造币厂的戈特弗里德·伯哈德·卢奥斯（Gottfried Bernhard Loos）以及伦敦皇家造币厂的贝内代托·皮斯特鲁奇（Benedetto Pistrucci）。

经国王路德维希一世批准，30 岁的沃伊特在慕尼黑的巴伐利亚皇家造币厂（Bayerisches Hauptmünzamt）担任雕模师和币章设计师，负责历史泰勒的设计、雕模等相关工作。在此期间，他为巴伐利亚王国制作了不计其数的币章雕模。其中，成功的"巴伐利亚历史泰勒"系列更是让沃伊特跻身币章艺术大师的行列。从第一枚历史泰勒诞生起，其精美的图案就折服了世人，激发起人们的收藏欲望。1832 年，沃伊特为出自维特尔斯巴赫家族的希腊新国王奥托一世雕刻钱币模具，也为梵蒂冈的教皇制作过许多币模和章模。1836 年，沃伊特还被希腊国王奥托一世授予银质骑士十字基督勋章以表彰他对希腊铸币的杰出贡献。

沃伊特名噪一时。除维特尔斯巴赫家族之外，其他邦国的王室和国内外显赫家族也纷纷委托沃伊特设计、制作币章。1850 年，沃伊特为瑞士造币厂设计了新版 5R、10R 和 20R 的三种分币，其设计的图案至今仍在使用。

历史泰勒：历史协定泰勒和历史双泰勒

巴伐利亚两任国王路德维希一世和其子马克西米利安二世

时期发行的历史泰勒（Geschichtstaler）是19世纪德意志极为著名、极受集币爱好者欢迎的银币。历史泰勒是统称，包括历史协定泰勒和历史双泰勒两大类。

历史协定泰勒的德文为Geschichtskonventionstaler，由Geschicht + konvention + taler三个词汇组成，即"历史 + 协定 + 泰勒"。其中，"历史"表示该货币以纪念历史事件为目的；"协定"特指该货币的形制遵守1753年巴伐利亚和奥地利签订的货币协议；"泰勒"为当时德意志的一种银币名称。也就是，纪念历史事件的协定泰勒，和集币爱好者常说的纪念币是相同的概念。在不引起歧义的地方，历史协定泰勒也常被简称为"历史泰勒"。

1837年《慕尼黑货币协议》签订后，历史泰勒采用新的形制。除直径和厚度外，其形制与紧随的"同盟货币"双泰勒（Vereinsmünze doppeltaler）一致。这种新形制历史纪念大银币也常被简称为"历史双泰勒"（Geschichtsdoppeltaler）。

国王路德维希一世时期共发行24枚历史协定泰勒和14枚历史双泰勒。国王马克西米利安二世发行5枚历史双泰勒。

历史泰勒的起源

1790年9月25日，普鲁士国王腓特烈·威廉二世诞辰之际，学者腓特烈·盖迪克（Friedrich Gedicke）在柏林皇家艺术学院发表了演讲，讲述了货币中图案背后所隐藏的故事及意义。盖迪克在演说中向人们强调，古代希腊人和罗马人的雕刻艺术水平很高，不仅仅表现在精美的雕塑和宏伟的建筑上，同时也体现在行用的金属货币上。神话人物、宗教、君王形象及事迹、历史事件、事件场景，以及被赋予象征意义的动物、植物等都被加盖在这些硬币之上。随着硬币在王公贵族、市井百姓，甚至邦国间的流通，这些图案所承载的君王形象、功绩和理念也随之传播开来。从某种意义来说，这些货币已转化成了一种具有市场交换价值的小型金属宣传品。

演讲中，盖迪克还详细说明了将普鲁士的流通硬币改造成历史纪念硬币的可行性，以及它们在诸多方面所起到的作用。但是，盖迪克的提议并没有被普鲁士采纳。

幸运的是，盖迪克的理念深深启发了巴伐利亚皇家钱币收藏馆的馆长弗朗茨·伊格纳兹·冯·史特伯（Franz Ignaz von Streber，1758—1841）。史特伯一直从事整合莱茵普法尔茨和巴伐利亚两地货币的工作。史特伯为维特尔斯巴赫家族科学地梳理出一条清晰的货币发行脉络，结束了该家族自"三十年战争"以来货币发行脉络不清与收藏无序的状态。史特伯屡建奇功，在19世纪初的战争动荡年代，他先后五次成功隐藏藏品、五次大规模整理藏品。他还撰写了《巴伐利亚皇家钱币的历史》，以及多篇关于巴伐利亚和希腊钱币学的论文，其中大多数发表在慕尼黑美术学院的学报中。

在王国成立伊始的1806年3月11日，史特伯在巴伐利亚皇家科学院发表的演讲中，建议将章牌雕刻的艺术性与国家行用货币结合起来发行历史纪念币，以达到向国民宣传王室的目的。史特伯觐见王储路德维希并进言使用协定泰勒形制发行历史纪念币。可惜，这个提议

巴伐利亚皇家钱币收藏馆馆长史特伯

对于当时的王储而言并没有太大的吸引力。也许，史特伯不得不等待路德维希成为新国王。

1825年10月19日，路德维希登基成为新国王。1827年6月16日，史特伯向路德维希一世提交了一份详细的报告：《关于将目前的库兰特硬币的较大品种（如杜卡特Dukat、Dukaten、泰勒或半泰勒）

慕尼黑皇家造币厂雕模师斯蒂格迈尔

转换为历史纪念硬币的提议》（库兰特硬币，Kurantmünze音译，旧作Courantmünze，指金、银等法定流通实物硬币，其市场价值基本等于所含金属的价值）。

在报告中，史特伯提到了古希腊和古罗马的造币艺术。并以古罗马币为例，讲解了硬币中的图案所代表的历史事件。比如马库斯·莱皮杜斯（Marcus Lepidus）救助罗马公民和卡利古拉皇帝（Emperor Caligula）废除商品税的硬币。由此说明，这些硬币的铸造是对当时政治活动和事件的精确理解和提炼，是一种将影响力广泛传播、流传千古的最佳方式。史特伯提议在大量发行行用的"王冠泰勒"的同时，还可使用协定泰勒的形制发行"历史协定泰勒"，以纪念巴伐利亚和王室的重要活动和功绩。

对于实物金银货币而言，如果发行的历史纪念币不被民众接受、流通使用，那就直接等同于浪费贵金属、产生额外负担。协定泰勒从18世纪中期开始就已在南德和中德地区大量流通使用。虽然在王国成立后,随着王冠泰勒的流行,协定泰勒的发行数量剧减,但仍旧继续发行(直至1825年),并且王国内外都有相当雄厚的流通基础。使用协定泰勒作载体可以消除民众对"历史协定泰勒"的疑惑并提高接受度,也可以避免因开发新形制历史纪念币而产生的额外费用。

即便作为贸易币,历史协定泰勒也还有巨大的市场。远的如地中海东岸的黎凡特地区先不提,近的如符腾堡、巴登、奥地利均是协定泰勒的流通市场,甚至中德的萨克森王国也一直大量使用协定泰勒直到1839年。而且,1818年老国王马克西米利安一世在位时发行的"宪法泰勒"使用的就是协定泰勒的形制,当时也没有发生被国民拒收的情况,反而取得了非常理想的宣传效果。

史特伯还列举了一些适合作为历史纪念币题材的历史事件,比如"慕尼黑大学搬迁"(1826,见BG19)、"纪念科学家"(1826,见BG18)等。最后,史特伯用一句足以打动路德维希的话作了结尾:"一枚普通的巴伐利亚协定泰勒却以科学家夫琅和费、赖兴巴赫的肖像作图案,这将使它留存于整个欧洲数个世纪,同时这枚泰勒也将成为国王的纪念碑。"

经过史特伯一番鼓动和释疑解惑,路德维希一世终于被打动了,于是敕令皇家造币厂主管瑞特·冯·勒普里尔(Ritter von Leprieur)核算历史协定泰勒的造币成本等相关事宜。

1828年9月4日,勒普里尔觐见国王、提交报告,并解答了路德维希一世关于造币周期、发行量、造币成本等问题。从这些问题可以看出路德维希一世希望过问并检查这项工程的每一个细节。勒普里尔在这次觐见中表达了对史特伯提议的支持,并成功消除了国王在其他方面的担忧。9月22日国王指令慕尼黑造币厂提供两套历史协定泰勒的设计图纸。主题之一是关于英戈尔施塔特"要塞奠基",另一主题则是"祝福王室"成员(见 BG26.Pn1,AKS122),年份都为 1828 年。造币厂雕模师约翰·巴蒂斯特·斯蒂格迈尔(Johann Baptist Stiglmaier,1791—1844)负责设计、雕模这两套银币。

历史协定泰勒的初稿

1828 年 10 月 3 日,造币厂主管勒普里尔将设计的初稿交给了财政部。银币的正面是国王路德维希一世的右向头像,周圈有拉丁文铭文"路德维希,巴伐利亚国王"(LUDOVICUS BAVARIAE REX)。背面是按照国王的要求所设计的两种图案,其中的英戈尔施塔特"要塞奠基"为一组三枚的形式,包含要塞建筑轮廓、英戈尔施塔特城市景观、要塞城门三枚。下刊铭文"INGOLSTASIUM DE NOVO MUNITUM MDCCCXXVIII X.E.F.M."。第二套初稿是"祝福王室"(见 BG26.Pn1)。王后特蕾莎头像居中,四位王子头像环绕于左侧,四位公主头像环绕于右侧。10 月 9 日,财政大臣阿尔曼斯伯格(Armansperg)回信,财政部已批准了"祝福王室"的设计方案,可以进行雕模、制造样币。但需将周圈铭文由"PATRIA SALUS ET FELICITAS"改为"DES HIMMELS SEGEN"(来自上天的祝

英戈尔施塔特"要塞奠基"三枚一组的设计稿初稿

福)。巴伐利亚历史上的第一枚历史协定泰勒就此诞生。财政部要求继续修改第一套"要塞奠基"的设计方案。同时还要求以勋伯恩伯爵（Schönborn）建成"盖巴赫宪法石柱"（见 BG27）为主题设计历史协定泰勒样稿。

10 月 28 日，造币厂主管勒普里尔再次提交草案。两天后，财政大臣阿尔曼斯伯格回信，并附加了国王路德维希一世的想法：虽然整个欧洲国家在货币发行中都传统地使用了拉丁文，但使用德语可以更加巩固巴伐利亚人民的民族认同感，所以要使用德语作铭文，但其德文拼写可以使用拉丁文字母，标注年份可以使用阿拉伯数字。在国王亲自指示下，经过对铭文等细节几番修改，"盖巴赫宪法石柱"的设计方案才被敲定。

路德维希一世对每一枚历史泰勒的设计都十分关注。随着修订稿件的提交，路德维希一世又提出了许多新的设计主题，如"继位登基"（1825）、"慕尼黑大学搬迁"（1826）、"与符腾堡关税同盟"（1827）等。

斯蒂格迈尔为这些定稿进行雕模、制作样币，如"祝福王室"（BG26.Pn1）、"继位登基"（BG17.Pn1）、"与符腾堡关税同盟"（BG20.Pn1）。这些样币的确切数量虽已不得而知，但数量肯定不多。在完成阶段性任务之后，斯蒂格迈尔就算完成了在慕尼黑皇家造币厂的临时工作。因为早在 1825 年 1 月 22 日他就被任命为皇家冶炼铸造厂（Königlichen Erzgießerei）的监造师。这种两头跑的工作根本无法让他冷静分析每一枚历史泰勒的主题内涵，也无法设计出主题突出、寓意深厚、图案精美的雕模。因此在造币厂的允许下，斯蒂格迈尔推荐了柏林著名币章雕模师和珠宝雕刻师卡尔·腓特烈·沃伊特。

1829 年 5 月 18 日，路德维希一世批准聘任沃伊特为皇家造币厂雕模师，并同时委托其完成历史协定泰勒的设计。

由斯蒂格迈尔设计的三枚历史协定泰勒样币：
1）BG26.Pn1 "祝福王室"，AKS122，对应行用币 KM#734
2）BG17.Pn1 "继位登基"，AKS113，对应行用币 KM#720
3）BG20.Pn1 "与符腾堡关税同盟"，AKS117，对应行用币 KM#731

1829年10月9日，沃伊特从柏林来到慕尼黑，接手斯蒂格迈尔对于路德维希荣誉勋章（见BG24）的设计工作。后在国王的允许下，沃伊特短暂停留罗马。1830年10月25日，经国王批准，斯蒂格迈尔返回皇家冶炼铸造厂工作。"国王马克西米利安一世坐像""卡洛琳广场方尖碑""选帝侯马克西米利安一世骑马雕像""勃兰登堡－拜罗伊特侯爵腓特烈立像"等雕塑都是斯蒂格迈尔的杰作。斯蒂格迈尔用自己优秀的作品证明其雄厚的实力，奠定了其雕塑、铸造大师的地位。

根据1829年8月1日巴伐利亚财政部的命令，造币厂主管勒普里尔将前期几枚历史泰勒样稿和有关的设计说明交了沃伊特。所以在罗马停留期间，沃伊特就已经开始参照前期的设计稿来完成自己的设计了。沃伊特效率很高，在1829年11月21日，就将自己设计图纸寄给勒普里尔。勒普里尔又在12月6日，将沃伊特设计稿和个人评论转交给了国王路德维希一世。路德维希一世对他的设计稿评价很高，除了微小的改动外，国王接纳了沃伊特的设计方案。1829年12月16日将修改意见返回到慕尼黑的巴伐利亚皇家造币厂。

从如上时间节点，我们不难发现由沃伊特雕模且币面标注为1825—1829年份的历史协定泰勒其实都是在1830年以后才铸造发行的。

历史协定泰勒的发行时间

除了最初由斯蒂格迈尔雕模的样币外，常见的巴伐利亚历史协定泰勒都是由沃伊特雕模设计的，且币面上标注的年份也只是该历史事件发生的年份，但不一定是该币的真实铸造、发行的年份。因此，不能按照币面标注年份的早晚来排定它们的发行顺序。

财政大臣维尔辛格提供的历史协定泰勒发行列表（1836.09.09）

巴伐利亚州立皇家档案馆（Bayerischen Hauptstaatsarchivs）保存了由时任财政大臣维尔辛格（Wirschinger）提供的一份关于历史协定泰勒发行情况的报告，其撰写日期为1836年9月9日。从其中的发行列表，可以看出截止于该日期已发行的21枚历史协定泰勒以及它们的大致发行时间。现分析如下：

第一，币面标1837年份的"圣·米迦勒勋章"（见BG40）肯定不会出现在1836年的列表中。

第二，币面标 1825 年份的"继位登基"（见 BG17）、标 1835 年份的"送学本笃会"（见 BG38）也未在列表中，所以这两枚币的真实发行时间肯定是 1836 年 9 月以后。另外，国王在 1837 年 8 月 25 日《慕尼黑货币协议》签订后有明确指令：所有在 1837 年之前定稿的历史协定泰勒，以及继位典礼（1825）和将学校移交本笃会（1835）两个历史事件的协定泰勒，都应按原协定泰勒的规定形制进行铸造。结合这两点不难推断，"继位登基"和"送学本笃会"这两枚币都是 1837 年 8 月以后才铸造、发行的。

第三，沃伊特雕模的历史协定泰勒共 24 枚，去掉上述 3 枚，剩余 21 枚都出现在列表当中。其中，币面标注为 1826—1829 年份的 8 枚历史协定泰勒是在 1830—1835 年的六年里分三批加塞铸造的：1830—1831 年，除了发行当年的"忠于王室"（见 BG28）外，还发行了"与符腾堡关税同盟"（1827，见 BG20）和"盖巴赫宪法石柱"（1828，见 BG27）两枚历史协定泰勒；1831—1832 年补造了四枚历史协定泰勒，"四国商贸条约"（1829，见 BG21）、"特蕾莎勋章"（1827，见 BG25）、"路德维希勋章"（1827，见 BG24）、"祝福王室"（1828，见 BG26）；1833—1834 年完成了"纪念科学家"（1826，见 BG18）、"慕尼黑大学搬迁"（1826，见 BG19）最后两枚前期定稿币。

另外，1834—1835 年还增补了一枚标 1831 年份的"公正而持久"（见 BG29）。1834 年之后的历史协定泰勒的发行年份和币面标识年份基本一致了。

历史协定泰勒的发行数量

由于各种原因，每种历史协定泰勒的确切发行数量尚不明确，但根据相关档案材料可以估算出部分品种的平均数量。

从前面维尔辛格的手写报告中，可以看到历史协定泰勒的平均发行数量先从3 777枚降至2 886枚，然后降至2 220枚，最后降至1 640枚。1830—1831年总发行量11 331枚；1831—1832年总发行量11 544枚；1832—1833年总发行量8 095枚；1833—1834年总发行量11 101枚；1834—1835年总发行量5 943枚；1835—1836年总发行量8 200枚。

当然，历史协定泰勒的发行量下降也跟白银的交付量有关。1830—1835年间，交付给造币厂的白银数量一再降低，历史协定泰勒和作流通货币使用的王冠泰勒铸造量都明显下降。

也有资料显示，在1857年签订《维也纳货币协议》（Vienna Coinage Treaty）之前，有部分历史协定泰勒被少量加造，具体数量不详。

另外，历史协定泰勒的主要用途也在发生变化。从1834年开始，历史协定泰勒的流通属性已被弱化，只通常使用于某些特定的场合。比如，1834年4月8日财政大臣就曾指令财政部在支付议员们的津贴时，须使用指定的历史协定泰勒（见BG29、BG30）。同时，学生们的奖学金和政府机构颁发的奖金也须使用历史协定泰勒，并在可能的情况下尽可能多地使用整套的历史协定泰勒。这和皇家钱币收藏馆馆长史特伯最初的想法有些差异。史特伯当初设想的是通过协定泰勒在直接流通过程中实现宣传巴伐利亚和王室的作用，好让国王的伟大事迹广而告之、流传后世。不过现在是以指定支付、奖学金发放、奖励等方式分发给特定人群，然后部分流入市场、参与流通，在一定程度上也达到了宣传的目的；另一部分历史泰勒则被人们收藏起来，少数被做成了佩饰等工艺品。

造成这一现象的原因主要有三：

首先,1830—1836年间,支付和流通市场对王冠泰勒的需要远大于协定泰勒。拿破仑战争后,王冠泰勒占据了南德意志大部分流通市场,协定泰勒发行量锐减。据资料计算,该时期的王冠泰勒的年平均发行量为34 358枚,而同期的历史协定

部分历史协定泰勒的平均发行数量、实际铸造年份

名称	发行量	币面年份	铸造年份	编号BG
忠于王室	3 777	1830	1830—1831	28
与符腾堡关税同盟	3 777	1827	1830—1831	20
盖巴赫宪法石柱	3 777	1828	1830—1831	27
四国商贸条约	2 886	1829	1831—1832	21
特蕾莎勋章	2 886	1827	1831—1832	25
路德维希勋章	2 886	1827	1831—1832	24
祝福王室	2 886	1828	1831—1832	26
奥托去希腊	8 095	1832	1832—1833	31
纪念科学家	2 220	1826	1833—1834	18
卡洛琳广场方尖碑	2 220	1833	1833—1834	32
慕尼黑大学搬迁	2 220	1826	1833—1834	19
五国关税同盟	2 220	1833	1833—1834	22
邦国议会	2 220	1834	1833—1834	30
王室家族纪念碑	1 981	1834	1834—1835	33
公正而持久	1 981	1831	1834—1835	29
特蕾莎纪念碑	1 981	1835	1834—1835	35
巴伐利亚抵押银行	1 640	1835	1835—1836	34
马克西米利安纪念碑	1 640	1835	1835—1836	37
巴登加入关税同盟	1 640	1835	1835—1836	23
奥托礼拜堂	1 640	1836	1835—1836	39
蒸汽铁路通车	1 640	1835	1835—1836	36

泰勒年平均发行量仅为8 030枚，是王冠泰勒的四分之一。萎缩的市场需求和发行量决定了历史协定泰勒用作奖赏更合适，而非支付手段。

其次，这套历史协定泰勒图案美观、制造精良、时间跨度大、涵盖历史信息丰富，用作奖励金凸显王室恩宠，受奖人也视作珍宝藏之，甚至做成工艺品佩戴。这套钱币不光是当代德国钱币收藏者的最爱，早在19世纪中叶，人们就已经开始热衷于收集这套钱币了。

再次，历史协定泰勒品种多、制造标准高、消耗大、成本高，这些直接限制了历史协定泰勒的产量。据资料显示，每发行1枚历史协定泰勒，就直接亏损7克鲁泽，所以历史协定泰勒被财政部定性为成本高，不适合作为支付手段和流通货币，当作奖励金等用途比较合适，并且财政部还上报国王要求限制其发行量。

历史双泰勒

1837年8月25日，巴伐利亚、符腾堡、黑森－达姆施塔特、巴登、拿骚和法兰克福在慕尼黑结成南德货币同盟，签署《慕尼黑货币协议》（Münchner Münzvertrag）。协议规定签约邦国停止发行王冠泰勒、协定泰勒等形制的银币，转而发行传统的小型高银货币——古尔登（Gulden）。在1754—1837年期间，古尔登一直作为银行记账单位出现，并未铸造实物硬币。每枚古尔登重10.60克，纯度90.0%，每24 1/2枚折合1科隆马克纯银。协议还规定任一签约国所造的古尔登均为所有签约国的法定流通货币，即古尔登成为签约邦国间的域外法定货币。

在大型银币方面，签约邦国将协定泰勒的规格进行了提升：重量由28.06克增加到37.12克，纯度由83.33%升为

90.0%，直径保持 38 毫米不变，每 7 枚合 1 科隆马克纯银，面额为 3½ 古尔登。其含银量正好折合两枚普鲁士泰勒，并且在重量、纯度上等效于随后的双面额"同盟货币"（Vereinsmünze doppeltaler）双泰勒。因此这种 3½ 古尔登大型银币也被称为双泰勒。这样的大银币既可以对接北德泰勒、加速融入关税同盟，也可以防止北德泰勒侵入南德市场，威胁古尔登的地位。

《慕尼黑货币协议》签署之后，巴伐利亚代表南德货币同盟宣布发行"南德货币同盟"（见 BG41）历史纪念大银币。受《慕尼黑货币协议》的启发，1838 年 7 月 30 日萨克森等中德诸邦签署《德累斯顿货币协议》（Dresdner Münzvertrag）。其中第八条确立了这种双泰勒大银币的地位，并把直径规定为 41 毫米。1839 年 1 月 7 日，关税同盟会议接纳并通过了《德累斯顿货币协议》，由此这种双泰勒大银币就以"同盟货币"（Vereinsmünze）的身份出现在该货币协议的批准国当中。

巴伐利亚随后在流通领域发行的双面额同盟双泰勒都遵照了《德累斯顿货币协议》的规定，直径为 41 毫米。而巴伐利亚发行的单面额"3½ 古尔登"历史纪念大银币直径仍为 38 毫米，与原来的历史协定泰勒保持一致。这两种大银币在重量、纯度上完全一致，只有直径和厚度的差异，所以就等面额借用"双泰勒"称呼这种历史纪念大银币为"历史双泰勒"。此外，在边饰处铭文方面，这些历史双泰勒的边饰铭文一直保持为单一面额"DREY-EINHALB GULDEN ★ VII E. F. M. ★"（3½ 古尔登，7 枚合 1 科隆马克纯银），并不是《德累斯顿货币协议》后要求标注的双面额，也不是巴伐利亚流通双泰勒标注的边铭"CONVENTION ★ VOM ★ 30 IULY ★ 1838 ★"（1838 年 7 月 30 日协议）。这从侧面说明历史双泰勒遵循的是《慕尼黑货币协议》，而不是《德累斯顿货币协议》。

路德维希一世时期，涉及每一枚历史双泰勒发行数量的相关资料较少，不过尚有按年度记录发行总量的数据。1839—1840：无记载。1840—1841：5 984 枚。1841—1842：8 871 枚。1842—1843：19 223 枚。1843—1844：2 881 枚。1844—1845：无记载。1845—1846：4 264 枚。1846—1847：3 950 枚。

而在马克西米利安二世时期，历史双泰勒变得名副其实，采用了 41 毫米的直径，完全符合《德累斯顿货币协议》，并且边铭阴文标注了其"VEREINSMÜNZE"（同盟货币）双泰勒的身份。"1848 新宪法"（见 BG56）、"约翰·克里斯托夫·格鲁克雕像"（见 BG57）、"奥兰多·迪·拉索雕像"（见 BG58）、"水晶宫博览会"（见 BG59）就是此时的产物。其中，"水晶宫博览会"在博览会现场装盒溢价销售，"约翰·克里斯托夫·格鲁克雕像"和"奥兰多·迪·拉索雕像"发行数量较少。

另外，马克西米利安二世还发行了一枚"林道国王纪念碑"（见 BG60）历史双泰勒。根据参考目录，这枚历史双泰勒虽币面标注年份 1856、重量仍为 37.12 克，但根据其边铭"DREY EINHALB GULDEN ★ XV EIN PFUND FEIN ★"（3½ 古尔登 ★ 15 枚合 1 磅纯银 ★）可知，该币货币单位为古尔登，且遵照 1857 年 1 月 24 日签署的《维也纳货币协议》中以公制磅（500 克）为货币发行基础的规定，所以该历史双泰勒真实的发行时间最早为 1857 年，币面的"1856"年仅为纪念碑揭幕的发生时间。

3½ 古尔登（37.12 克）≈ 联盟双泰勒（37.04 克），两者重量相差 0.08 克，所含纯银也仅相差 0.072 克，两者看作等额等值，实行 1∶1 兑换。此外，边铭中"XV EIN PFUND FEIN"的铭文同时也表明这枚 3½ 古尔登银币还是一枚联盟双泰勒银币，仍称之为"历史双泰勒"并无问题。但普通流通联盟双泰勒严格遵照《维也纳货币协议》规定，重 37.04 克，纯度 90%。详情参看"1837 南德货币同盟"（BG41）。

笔者曾接触过几枚近似未流通（AU）和未流通状态（UNC）的"林道国王纪念碑"银币，其中最大重量为 37.03 克，最小重量 36.82 克，没有一枚银币重量在 37.04～37.12 克。根据笔者对银币磨损和重量减少之间关系的经验，笔者在这里做一个大胆的推断：

该银币是一枚名副其实的"联盟双泰勒银币"（Vereinsdoppeltaler），其原始出厂重量就是 37.04 克（甚至包括后铸币 BG56.3、BG57.2、BG58.2），而非《AKS 目录》等参考目录标注的 37.12 克；这些参考目录将该币同前期发行的"水晶宫博览会"等（BG56～59）双泰勒银币一并归为"同盟货币"（37.12 克），这是不严谨的。

其边铭中"15 枚合 1 磅纯银"的文字即表明该币的发行基础，这具有最高权威性，也是推断成立的明证。虽然两者重量仅差 0.08 克，但货币形制却不同。当然这一推断是否成立依赖于对更多高品相裸币重量的测量，或者对相关原始资料的搜集与查证。如推断不正确，读者权当一笑。推断未证实前，本书仍采用参考目录标注的重量 37.12 克。

1837—1857 的历史双泰勒形制和典型边铭有以下三类。

1. 1837—1848，3½ 古尔登（37.12 克，38 毫米）

DREY-EINHALB GULDEN ✶ VII E. F. M. ✶

DREY-EINHALB GULDEN ✶ VII E F M ✶

DREY EIN HALBER GULDEN ✶ VII E. F. M. ✶

DREY-EINHALBULDEN ✶ VII E. F. M. ✶

DREY-EINHALB GULDEN ✶✶ VII E. F. M. ✶✶

DREY-EINHALB GULDEN ✶✶ VII E F M ✶✶

DREY EIN HALB GULDEN ＊＊ VII E. F. M. ＊＊
DREY-EINHALBULDEN ＊＊ VII E. F. M. ＊＊
边铭差异可能与后期加造的时间、批次等有关。

2. 1848—1856，同盟货币双泰勒（37.12克，41毫米）

VEREINSMÜNZE ★ VII EINE F. MARK ★
CONVENTION ★ VOM ★ 30 IULY ★ 1838 ★

这些历史双泰勒在1857年后的后铸币（BG56.3、BG57.2、BG58.2）使用边铭：

DREY EINHALB GULDEN ★ XV EIN PFUND FEIN ★

3. 1857（BG60），联盟双泰勒（37.12克，41毫米）

DREY EINHALB GULDEN ★ XV EIN PFUND FEIN ★

1902、1903年，慕尼黑造币厂使用原雕模为收藏家菲利普·冯·法拉利（Philipp von Ferrari，1850—1917）铸造了一批金质历史协定泰勒和双泰勒，并且在边铭部位标注后铸年份"1902"或"1903"。法拉利原名Louis Philippe de Ferrari，1850年出生于巴黎，是19世纪最著名的收藏家之一，与当时几乎所有著名的邮票、硬币销售商和造币厂保持着良好的联系。法拉利主要以邮票

金质历史泰勒创制者菲利普·冯·法拉利

收藏而闻名,该邮集被认为是有史以来最大和最有价值的邮票集藏,某种程度上也掩盖了他的钱币收藏。20世纪初,法拉利联系慕尼黑造币厂以原始模具先后铸造了一批金质历史双泰勒和历史协定泰勒。该批金币后流落到硬币大收藏家——埃及国王法鲁克(Farouk)手中。法鲁克倒台后,埃及政府命令钱币销售商鲍德温和苏富比拍卖他的硬币收藏。1954年,包含全套历史泰勒金币在内的2 800多枚法鲁克硬币集藏被拍卖。

沃伊特作品集

沃伊特曾受其他邦国王室和政府的委托来设计、雕刻币章模具。涉及货币雕模的就有加入"南德货币同盟"的各邦国,如巴登、黑森-达姆施塔特、黑森-洪堡、霍亨索伦-赫辛根、萨克森-梅宁根、施瓦茨堡-鲁多尔施塔特、符腾堡等。另外还有希腊、梵蒂冈、瑞士的应邀订单。

其中在1850年,沃伊特为瑞士造币厂设计了新版5R、10R和20R的三种分币,其设计图案至今仍在使用。

以下附图的几枚币均出自沃伊特,其中币面上常见的雕刻师签名有"C.VOIGT""C.V.""C.Voigt"或"Voigt",音译的希腊文签名为"Κ.ΦΟΪΓΤ"。

金质历史泰勒的继承者埃及国王法鲁克

1844 巴登利奥波德：卡尔·腓特烈纪念碑双泰勒

1863 巴登腓特烈：曼海姆射击节纪念古尔登

1844 霍亨索伦－赫辛根腓特烈：同盟双泰勒

1843 黑森-达姆施塔特路德维希三世（发型Ⅰ）：纪念古尔登

1848 黑森-达姆施塔特路德维希三世（发型Ⅱ）：纪念古尔登

1854 黑森－达姆施塔特路德维希三世（发型Ⅲ）：古尔登

1856 黑森－达姆施塔特路德维希三世（发型Ⅳ）：双古尔登

1833 黑森－达姆施塔特路德维希二世（长鬓角版）：王冠泰勒

1846 黑森－达姆施塔特路德维希二世（短鬓角版）：双古尔登

1838 黑森－洪堡路德维希：古尔登

1846 黑森-洪堡菲利普：双古尔登

1846 萨克森-梅宁根伯哈德：同盟双泰勒

1845 施瓦茨堡-鲁多尔施塔特腓特烈：同盟双泰勒

1841 符腾堡威廉：登基 25 周年纪念古尔登

1846 符腾堡威廉：太子结婚纪念同盟双泰勒

1833 希腊奥托一世：5 德拉克马（希腊音译签名"K.ΦOΪΓT"）

1867 梵蒂冈庇护九世：5 里拉

沃伊特为瑞士分币（Rappen）5R、10R、20R 设计的图案（至今仍在使用）

沃伊特为英国大法官约翰伯爵纪念章设计雕刻模具

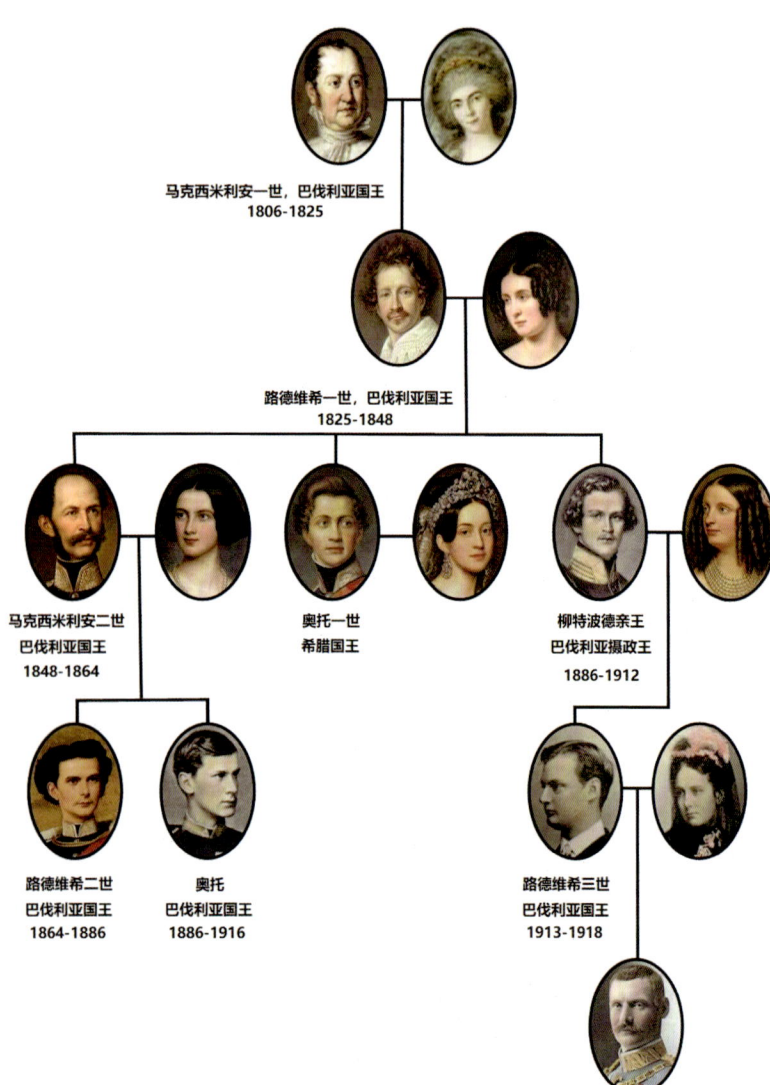

第二章　马克西米利安一世

马克西米利安一世（1799—1825）
König Maximilian I, 1799–1825

马克西米利安一世

巴伐利亚第一任国王

马克西米利安·约瑟夫（Maximilian Joseph，1756—1825）是普法尔茨－茨韦布吕肯－比肯费尔德支系的家族成员。马克西米利安从小就在他的伯父普法尔茨－茨韦布吕肯公爵克里斯蒂安四世的监督下接受严格的教育。1777 年起，他作为上校服役于法国军队并迅速升为陆军少将。1782—1789 年，他驻守斯特拉斯堡。法国大革命爆发后，他转而服役于奥地利军队，参与了法国大革命战争初期的几场战役。1795 年其兄长卡尔二世去世后，马克西米利安继承了长兄的爵位成为新的茨韦布吕肯公爵。1799 年卡尔·泰奥多尔去世后，马克西米利安·约瑟夫成为维特尔斯巴赫家族族长，顺位继任巴伐利亚选帝侯兼莱茵普法尔茨选帝侯（行宫选侯），称马克西米利安四世·约瑟夫（Maximilian Ⅳ Joseph，1799—1805）。1806 年《普雷斯堡和约》签订后，巴伐利亚升为王国，马克西米利安出任第一任国王，称马克西米利安一世（1806—1825）。

协定泰勒

18 世纪中叶，以巴伐利亚为代表的南德和普鲁士为代表的北德各自进行了货币体制的改革。

1750 年普鲁士仍保持莱比锡纯度 75% 不变，规定泰勒重量为 22.2 克，每 14 枚含 1 科隆马克纯银（德文 Kölnische Mark，拉丁文 Colonia Mark，约重 233.856 克，CM）。建立起以普鲁士的 1/14CM 标准的帝国泰勒体系，成为北德未来的基础货币体系。

北德普鲁士进行泰勒改革的同时，南德的货币改革也在进行当中。1753 年 9 月 21 日奥地利与南德巴伐利亚签署《奥地利家族和巴伐利亚选帝侯国间关于硬币事宜的邻邦间协定书》。该硬币协定规定了新泰勒铸造的标准：泰勒重量 28.064 4 克，纯度 83.3%，每 10 枚泰勒折合 1 科隆马克纯银，即 １/１０ CM 标准的协定泰勒。此后按照该硬币协定制造的一系列硬币就冠以"协定"之名，如其泰勒即"协定泰勒"（英文 Convention Thaler，德文 Konventionstaler），相应的克鲁泽称为"协定克鲁泽"。硬币协定的主体部分还规定了 1、１/２、１/４、１/６、１/１２ 泰勒五种主要面额的银币货币体系，其中两种高面额银币以泰勒形式表示，三种低面额银币主要以辅币克鲁泽(Kreuzer)形式表示，此外还有芬尼（Pfennig）、赫勒（Heller）。协定硬币可以在硬币协定参加国之间一体流通。以下是该硬币协定规定的五种面额银币的换算关系。

- *1 泰勒：币重 28.06g，纯度 83.3%，含银 23.38g，每 10 枚合 1 科隆马克纯银*
- *1 古尔登 =１/２ 泰勒：币重 14.03g，纯度 83.3%，含银 11.69g，每 20 枚合 1 科隆马克纯银*
- *30 克鲁泽 =１/４ 泰勒：币重 7.02g，纯度 83.3%，含银 5.85g，每 40 枚合 1 科隆马克纯银*

1773 年马克西米利安三世发行的标有菱形框的 20 协定克鲁泽

- *20 克鲁泽 = 1/6 泰勒：币重 6.68g，纯度 58.3%，含银 3.90g，每 60 枚合 1 科隆马克纯银*
- *10 克鲁泽 = 1/12 泰勒：币重 3.89g，纯度 50.0%，含银 1.95g，每 120 枚合 1 科隆马克纯银*

除了铸造协定硬币外，各邦国还同时铸造地方硬币（Landmünze）作为市场的有效补充。但这些硬币仅限于邦国境内流通，通常用低成色银制造，见于小面额硬币（称"比隆"，含银量小于 50%，在《AKS 目录》中不再标银币而是合金币"Billon"），用于日常找零。比如巴伐利亚格罗申（3 克鲁泽）含银最高时不超过 33.3%，1 克鲁泽含银量仅 18.7%，更低面额的芬尼甚至都改为铜来制造。但这些辅币发行量巨大，能够满足人们日常生活的需要。

1753 年协议签订后，巴伐利亚开始铸造协定泰勒，为正式发行做准备。1754 年 3 月 17 日巴伐利亚正式颁布硬币法令，宣布协定硬币在巴伐利亚合法流通。接下来，1754 年 5 月 17 日、7 月 1 日，雷根斯堡和萨尔茨堡先后加入该硬币协定。1763 年七年战争结束以后，西南德意志和中北部德意志部分邦国如萨克森、不伦瑞克–沃尔芬比特、希尔德斯海姆等亦纷纷接受该硬币

1782 卡尔·泰奥多尔发行的协定泰勒，标有 AD NORMAM CONVENTION

1818 马克西米利安一世时期王冠泰勒

协定。波兰也在 1765 年加入硬币协定。硬币协定逐渐传播到神圣罗马帝国的大部分邦国。未接受硬币协定的邦国主要集中在以普鲁士为首的北德意志地区，包括自由汉莎城市（不来梅、汉堡和吕贝克）、石勒苏益格－荷尔斯泰因、梅克伦堡等地区。

协定泰勒币面上通常标有纯度和重量信息，"X EINE FEINE MARK"即"10 枚合 1 马克纯银"。各邦国的标识文字写法略有不同，如缩写成"X.E.F.M."，或者用德文 ZEHN（10）代替罗马数字 X，或者"马克"拼写成"MARCK"等。类似地，1/2 协定泰勒常标为"XX EINE FEINE MARK"（20 枚合 1 马克纯银）。有时，协定泰勒会标识"AD NORMAM CONVENTION"拉丁文字样，即"根据协定标准"。有时这两种标识方法也会同时出现在一枚硬币上，有时也会标注在边铭上，形式多样。

由于硬币协定中并没有统一铭文的规定，所以并不是所有的协定泰勒都标有"10 枚合 1 马克纯银"或"根据协定标准"的字样。包括协定发起者的巴伐利亚在早期铸造的协定泰勒上都没有区别旧币的文字。

王冠泰勒

王冠泰勒最早在 1755 年由奥属尼德兰地区发行，最初币重 29.44 克，含银量 87.3%，铸造标准是 11 枚合 1 维也纳马克纯银（280.644 克，折合 12 枚协定泰勒）。1793 年施瓦本议政会议上，其被正式定值为 2 古尔登 42 克鲁泽。王冠泰勒重量与成色比协定泰勒要高，所以它的价值被高估，更容易被人们所接受。随着 19 世纪初拿破仑战争及其货币侵占政策的推行，大量的王冠泰勒流入到南德，对原有的协定泰勒体系造成了巨大冲击。南德的巴伐利亚、巴登、黑森－达姆施塔特、符腾堡也开始铸造这种王冠泰勒加以应对。拿破仑战争后，协定泰勒几乎被王冠泰勒挤出了南德流通市场。19 世纪初的 40 年里，王冠泰勒几乎成为南德唯一的大型流通银币。存世的协定泰勒或被回熔重铸新币，或者流入奥斯曼和黎凡特地区继续充当贸易币使用。当然，巴伐利亚国王路德维希一世发行的众多历史泰勒，仍按照协定泰勒形制铸造，只是特例。

南德各邦国发行的王冠泰勒虽然在重量和纯度上稍有差异，但通常币面上都有王冠图案，并标注王冠泰勒（KRONTHALER 或 KRONEN THALER）铭文或边铭。

在马克西米利安一世统治的 1809—1825 年期间发行的王冠泰勒铸造量达到 8 927 820 枚，而同期铸造的协定泰勒只有 179 484 枚，比例接近 50∶1。该王冠泰勒直径 39 毫米，重量 29.34 克，含银量 86.8%，且该王冠泰勒一共发行了 17 年，修模较多，版别也较多。

1825—1837 路德维希一世发行的王冠泰勒的含银量比其父发行的王冠泰勒要高，直径 38 毫米，重 29.54 克，含纯银 87.15%，与最初的尼德兰王冠泰勒含银量基本一致。王冠泰勒在巴伐利亚王国一共发行了 29 年，直到 1837 年《慕尼黑货币

1802 马克西米利安贝尔吉施帝国泰勒

协议》后,巴伐利亚等南德邦国才开始发行古尔登银币。

贝格公国的贝尔吉施帝国泰勒

以巴伐利亚为代表的南德和以普鲁士为代表的北德在18世纪中叶的货币改革,使帝国内部势力弱小的邦国和领地要么加入这些货币体系,要么发行自己小面额的银币。其中,贝格公国作为远离巴伐利亚的飞地就因地制宜地发行了自己的泰勒,以莱比锡纯度为基础发行 $1/16$ CM 的帝国泰勒:重19克,纯度75%,每16枚折合1科隆马克纯银,名为贝尔吉施帝国泰勒,1811年的伊森堡也发行过相同标准的帝国泰勒。1807年,刚升为大公国的贝格在缪拉的统治下发行更轻的 $1/18$ CM 支付泰勒(Cassataler)。

马克西米利安在位27年间,多次访问巴黎造币厂,并引进先进造币技术。除了发行协定泰勒、王冠泰勒及其辅币外,还为鼓励教育和农业发行了多种表彰泰勒,以及1818年以颁布新宪法为题材发行了宪法泰勒。

表彰泰勒 Preistaler

19世纪初,马克西米利安在任巴伐利亚选帝侯、国王时期发行了大量奖章和奖学金性质的学院表彰泰勒(Schulpreistaler),用以表彰成绩突出的院校师生。对于众多孤儿院的优秀教师和孤苦学生,马克西米利安还针对性地铸造了表彰泰勒(Preistaler)以资奖励,甚至作为教师的工资。那时整个德意志境内存在大量的孤儿,这既是"人祸",也是"天灾"。

18世纪末、19世纪初的拿破仑战争,虽然削弱了散乱的封建割据,客观上起到了促进德意志民族统一的作用,但也给德意志人民带来了深重的灾难。本来盛产农产品的巴伐利亚等南部邦国,更是缺失了大量男性劳动力,大片肥沃土地遭到荒弃,这是"人祸"。当时"小冰期"以及"道尔顿极小期"带来的极端气候则为"天灾"。1816年,整个北半球都处于无夏状态,巴伐利亚等地在八月份竟出现了霜冻、飞雪,很多土地颗粒无收,伴随而来的就是大饥荒和严重的通货膨胀。在该时期

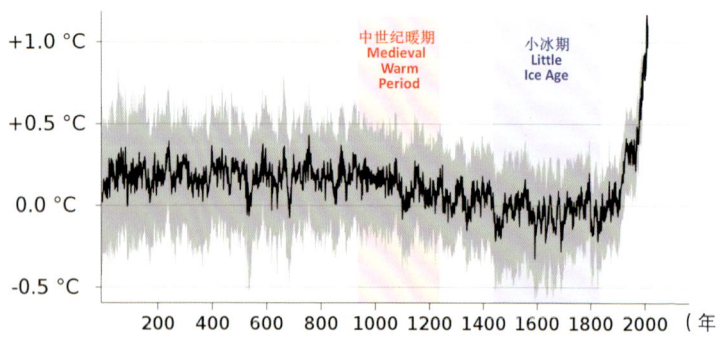

中世纪温暖时期过后出现了长达500年的小冰期

"表彰泰勒"的发行背景中,"人祸"——拿破仑战争早已被我们所熟知,不再赘述。而这里则简单介绍一下"天灾"——小冰期。

小冰期(Little Ice Age)又称小冰川期,是指自中世纪持续了400年温暖时期之后,全球气温出现了偏低的现象。泛指15—19世纪中叶长达近500年的气温偏低的寒冷时期。小冰期当中,有4个特别寒冷的时期:① 1350年前后:沃夫极小期;② 1450—1570:史波勒极小期;③ 1645—1715:蒙德极小期;④ 1770—1830:道尔顿极小期。

小冰期带来的影响,除了气温下降外,植物生长季节变短,土壤温度降低令粮食作物产量减少,谷物价格上升,造成全球各地频繁出现饥荒与瘟疫。由于死亡率上升,全球人口增长率在这段时间减缓。小冰期时期也是暴乱、侵略及死亡的高发期,当时世界很多文明的文献也记载了这段混乱的时期。

在中国,该时期也被称为"明清小冰期"。这次小冰期给中国农业社会带来巨大的打击,甚至成为战争爆发的导火索,如明代中叶(约1500年)北方游牧民族频繁进入中原,战乱较多,尤其明朝与鞑靼、瓦剌之间更是爆发了多起战争,其中就

1817年纽伦堡饥荒代用币

有"土木堡之变"。而在1645—1715蒙德极小期,罕见的寒冷和少雨,导致了农产品产量锐减和大范围的饥荒。农民忍饥挨饿,无力纳税,所以农民们就爆发起义、反抗明朝,推翻了明朝的统治,并最终使得清军得以入关并建立起清王朝。

在18世纪末的法国,异常寒冷的气候造成农业歉收、青黄不接、饥荒频仍。大革命的开场序幕事件——攻占巴士底狱,其导火索就是粮食骚乱。大革命期间巴黎最后一次群众性暴动"牧月起义",其直接起因仍是粮食短缺。大革命的起因是群众不愿再忍饥挨饿,反对腐朽的波旁王朝、反对封建旧制度。而1795年群众又以相同的原因,开始反对共和政府了,最终督政府上台。

道尔顿极小期大致发生在1770—1830年。从1812年开始,地球的火山运动就开始变得活跃,地球内部的各种物质被不断释放到大气层中。而在1815年4月5日,位于印度尼西亚松巴哇岛北部的坦博拉火山的爆发,将火山运动演绎到了极致。在火山爆发的整个过程中,火山顶部失去了700亿吨山体,形成了一个直径达6 000多米,深700米的巨大火山口。火山喷出的火山灰共有600亿吨之多,堆积厚度由近向远逐渐变薄,在距火山400千米的地方,火山灰仍有22厘米厚。坦博拉火山爆发形成的烟柱可以高达三四十千米,大量细小的火山灰以及

1817年卡尔·德莱斯发明"德莱辛"——自行车的前身

19 世纪初巴伐利亚农业协会银章

二氧化硫等有害气体进入了高空的平流层，然后随着大气的流动扩散到整个地球的上空。相应地，大气层中二氧化硫等气溶胶的总量出现了巨大的增长。因此可以说，正是这些物质在地球上空遮天蔽日，极大地减弱了太阳输送给地球的光与热，才造成了 1816 年成为有记载以来最冷的一年。

1816 年在后来被人们称为"无夏之年"。在那段时间里，天空一片昏暗，夏天变成冬天，本该盛夏的季节却是大雪纷飞。如此异常的天气让当时的人们苦不堪言，大量的动植物被冻死，耕地大面积减产甚至绝收，从而导致了一场席卷全球的饥荒，数以万计的人在这场灾难中失去了宝贵的生命。几乎每一个欧洲国家都出现了"粮食骚乱"，自然也激起了席卷欧洲大陆的革命激情。法国政府倒台，保守的黎塞留公爵应邀组织新政府。1819 年夏天，巴伐利亚的维尔茨堡爆发了大规模的反犹太人骚乱。饥饿和革命激情又加重了紧张关系和愤怒情绪，使这种骚乱蔓延到全德，并发展至阿姆斯特丹和哥本哈根。

在德国的达姆施塔特地区，后来成为化学家的尤斯图斯·冯·李比希（Justus von Liebig）经历了这次灾荒。这场悲惨的遭遇迫使他后来开始研究植物营养学，发明了化学肥料，

2017年德国发行纪念自行车发明200周年的20欧元银币

大大增加了土地单位产值。

这次饥荒令食品价格飞涨,其中1816年燕麦的价格相较1815年上涨了8倍。对于主要依赖马车交通的经济模式来说,燕麦是必需品。在燕麦短缺的形势下,促使德国发明家卡尔·德莱斯(Karl Drais)去探索无需马拉的新交通工具,结果他发明了"德莱辛"(Draisienne)——自行车的前身,这是向个人自动化交通工具时代迈出的重要一步。

在该时期,巴伐利亚统治者马克西米利安重视教育和农业,他大大缩减宗教建设等方面的投入,转而设立学校、孤儿院、创建农业协会。同时发行了大量学院表彰泰勒和表彰泰勒,用以表彰优秀院校师生,以及酬谢孤儿院的教师,为孤苦学生颁发奖学金。这些泰勒采用协定泰勒(Konventionstaler)形制,具体有 $1/4$ 泰勒、$1/2$ 泰勒、1泰勒、2泰勒四种面额。其正面使用了马克西米利安8种造像,其中Ⅳ、Ⅴ、Ⅶ、Ⅷ型造像仅用于王国时期。这些表彰泰勒的背面大多采用了"荣誉花环"的设计,针对孤儿院的表彰泰勒还使用了"犁耕地"的特别设计。其中"荣誉花环"有铭文内容、铭文字体、花环枝叶疏密等差异。

孤儿院表彰泰勒（BG05～07 发行于王国时期）

BG01 1804 Ⅰ型胸像 1/4 犁耕地表彰泰勒

BG02 1804 Ⅱ型胸像犁耕地表彰泰勒

BG03 1804 Ⅱ型胸像表彰泰勒

BG04 1803 Ⅲ型胸像表彰泰勒

BG05 1806—1807 Ⅳ型胸像犁耕地表彰泰勒

BG06 1807—1822 Ⅴ型胸像犁耕地表彰泰勒

BG07 1807—1822 Ⅴ型胸像表彰双泰勒

学院表彰泰勒（BG12～15 发行于王国时期）

BG08＆09 1804 Ⅰ型胸像 1/2 学院表彰泰勒

BG10 1803 Ⅱ型胸像细枝 1/2 学院表彰泰勒

BG11 1804 Ⅵ型胸像粗枝 1/2 学院表彰泰勒

BG12＆13 1806—1808 Ⅰ型胸像 1/2 学院表彰泰勒

BG14＆15 1807—1837 Ⅶ、Ⅷ型头像 1/2 学院表彰泰勒

第二章 马克西米利安一世

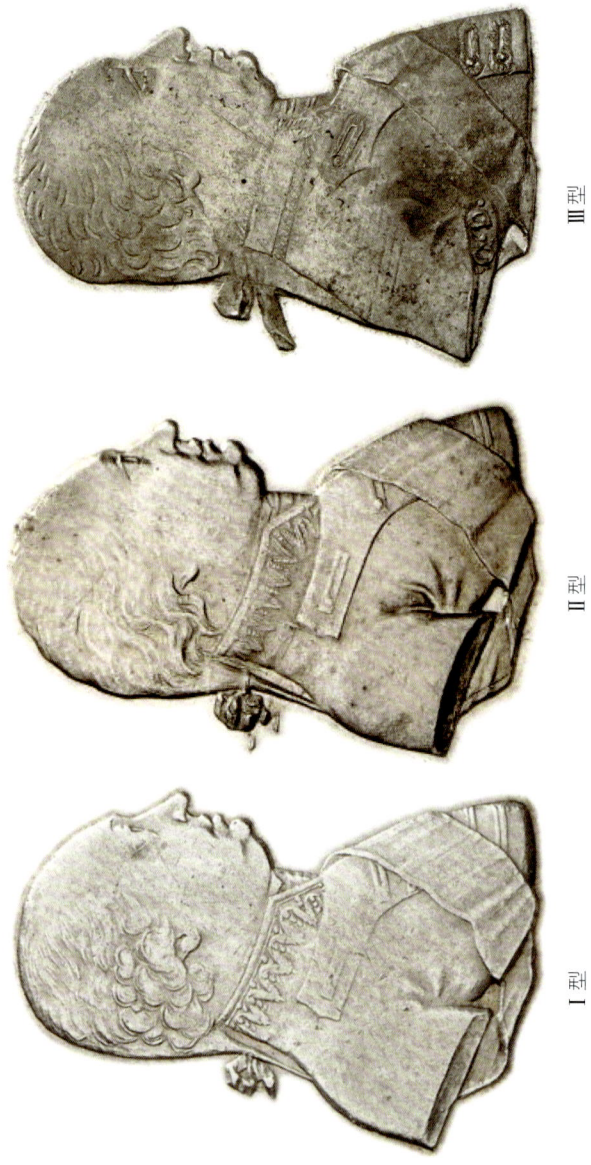

I型　II型　III型

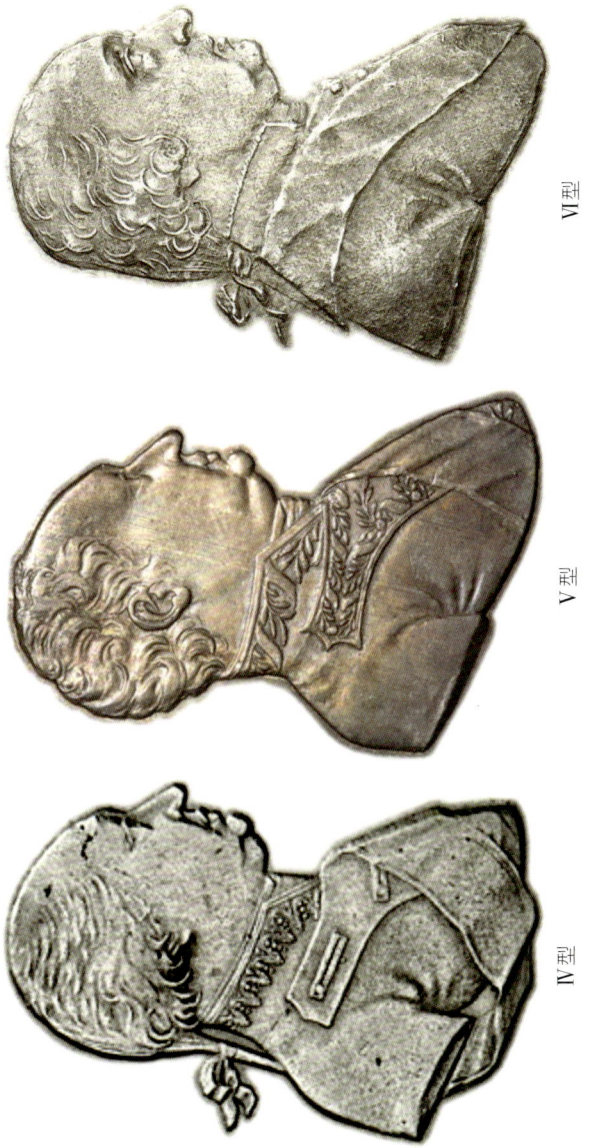

Ⅳ型　　Ⅴ型　　Ⅵ型

第二章　马克西米利安一世

Ⅷ型

Ⅶ型

BG01 1804 Ⅰ型胸像 1/4 犁耕地表彰泰勒

1/4 表彰泰勒（Viertelpreistaler）/ 1/4 协定泰勒（1/4Konventionstaler）
正面铭文：MAXIMILIAN IOSEPH CHURFÜRST ZU PFALZBAIERN·
背面铭文：DEN ERZIEHERN VERLASSNER KINDER. / ZUM AKERBAU·
边饰：疏齿槽
直径：30mm　重量：7.00g　含银量：83.3%，0.1879oz
书目编号：KM#-，Dav.-，AKS33，Kahnt-

年份	铸造量	美品	极美	未流通
1804	-	400	1 000	2 500

　　作为1804年为表彰孤儿院教师而发行的1/4表彰泰勒，是该系列当中最有特色的一种，背面正在开垦土地的犁是它的特征。表彰泰勒作为君主对臣民的表彰或荣誉纪念，受奖者将其视为奖章，亦有将其打孔或焊加挂环进行佩戴的情况。该币正面是马克西米

费尔德莫兴和施特劳宾纹章的主题图案都是犁

利安马尾辫卷发军装造型,属于本节归类的Ⅰ型造像,雕模师是Joseph Losch。周圈铭文为"马克西米利安·约瑟夫,普法尔茨和巴伐利亚选帝侯"。币背面主图案是正在开垦土地的犁,下面标注铭文"ZUM ACKERBAU"(为了耕耘者)。其中漏刊字母"C"成为"AKERBAU"。周圈铭文"致孤儿院教师"也印证了该泰勒是为了表彰孤儿院的教师而发行的,用未开垦的土地表示孤儿,用耕地的犁象征孤儿院教师。其中"VERLASSNER"漏刊字母"E",成了"VERLASSNER"。并且也容易看出第二个"S"也是因漏刊而后补上去的,以上角标形式加在字母"S""N"之间。背面细节可参考本节前言附图。该币边饰为疏齿槽。

另外,犁也是费尔德莫兴(Feldmoching)和施特劳宾(Straubing,今巴伐利亚州下巴伐利亚行政区的独立市,其周边地区一直是巴伐利亚的"粮仓")纹章中的主图案。同时,犁也象征着农业,是巴伐利亚农业相关主题币章中的常客。

~~~~~~~~~~~~~~~~~~~~~~~~~~~~~~

BG01 1804 Ⅰ型胸像 1/4 犁耕地表彰泰勒

BG02 1804 Ⅱ型胸像犁耕地表彰泰勒

表彰泰勒（Preistaler）/ 协定泰勒（Konventionstaler）
正面铭文：MAXIMILIAN IOSEPH CHURFÜRST ZU PFALZBAIERN.
背面铭文：LOHN FÜR DIE ERZIEHUNG VERLASSENER KINDER
　　　　　ZUM ACKERBAU·
边饰：ZEHEN EINE FEINE MARK
直径：43mm　重量：28.00g　含银量：83.3%，0.7499oz
书目编号：KM#-，Dav.-，AKS32，Kahnt60

年份	铸造量	美品	极美	未流通
1804	-	-	-	-

　　1804年为表彰孤儿院教师而发行的表彰泰勒，其正面的马克西米利安马辫波浪发军装胸像，属于本节归类的Ⅱ型造像，雕模师Joseph Losch，周圈铭文亦不变——"马克西米利安·约瑟夫，普法尔茨和巴伐利亚选帝侯"。币背面主图案是白云下一把开垦土地的犁，下方标注铭文"ZUM ACKERBAU"（为了耕耘者）。周圈铭文"对孤儿教育的奖励"也印证了该泰勒是为表彰孤儿院教师而发行，用待开垦的土地表示孤儿，用犁象征孤儿院教师。

　　该泰勒符合协定泰勒的标准，其边铭为"10枚合1马克纯银"。

~~~~~~~~~~~~~~~~~~~~~~~~~~~~

BG02 1804 Ⅱ型胸像犁耕地表彰泰勒版别：
1）无边铭光边

BG03 1804 Ⅱ型胸像表彰泰勒

表彰泰勒（Preistaler）/ 协定泰勒（Konventionstaler）
正面铭文：MAXIMILIAN IOSEPH CHURFÜRST ZU PFALZBAIERN.
背面铭文：LOHN DER ERZIEHER VERWAISTER IUGEND.
边饰：ZEHEN EINE FEINE MARK
直径：43mm　重量：28.00g　含银量：83.3%，0.7499oz
书目编号：KM#-，Dav.-，AKS30，Kahnt58

年份	铸造量	美品	极美	未流通
1804	-	2 000	5 000	12 000

　　1804 表彰泰勒，以表彰或奖励孤儿院教师而发行。亦发现打孔或焊加挂环的情况。由其边铭 "10 枚合 1 马克纯银" 可知该泰勒是按照协定泰勒的标准进行铸造的。其无边铭光边版别也能说明表彰奖励之用途。该泰勒的正面采用的是马尾辫波浪发军装胸像，属于本节归类的Ⅱ型造像，雕模师是 Joseph Losch。胸像外周圈铭文亦不变——"马克西米利安·约瑟夫，普法尔茨和巴伐利亚选帝侯"。币背面的表彰铭文是"孤儿院教师的奖励"，周圈配以橡树枝、橡果，柄部以丝带打结。表彰泰勒通常无铸造年份。该币边饰部分为阳纹枝叶和含银量。

~~~~~~~~~~~~~~~~~~~~~~~~~~~~~~

BG03 1804 Ⅱ型胸像表彰泰勒版别：
1）无边铭光边

BG04 1803 Ⅲ型胸像表彰泰勒

表彰泰勒（Preistaler）/ 协定泰勒（Konventionstaler）
正面铭文：MAXIMILIAN IOSEPH CHURFÜRST IN BAIERN
背面铭文：LOHN DER ERZIEHER VERWAISTER IUGEND.
边饰：ZEHEN EINE FEINE MARK
直径：43mm　重量：28.00g　含银量：83.3%，0.7499oz
书目编号：KM#-，Dav.-，AKS31，Kahnt59

年份	铸造量	美品	极美	未流通
1803	-	-	-	-

　　1803年为表彰孤儿院教师而发行的表彰泰勒，与BG03的用途、标准一样，背面的设计完全相同。只不过正面采用了Cajetan Destouches（签名C·D·）的马尾辫卷发军装雕模设计，属于本节归类的Ⅲ型造像。该币正面铭文为"马克西米利安·约瑟夫，巴伐利亚选帝侯"。背面的表彰铭文为"孤儿院教师的奖励"。边饰部分为阳纹枝叶和含银量。

~~~~~~~~~~~~~~~~~~~~~~~~~~~~~~~~

BG04 1803 Ⅲ型胸像表彰泰勒版别：

1）Ⅲ型胸像配犁耕地的表彰泰勒Kahnt60A，直径仅37mm，铭文紧贴边缘
2）无边铭光边
3）无边铭光边铜样币

版别1）Ⅲ型胸像配犁耕地的表彰泰勒，仅见《Kahnt目录》，编号 Kahnt60A

BG05 1806—1807 Ⅳ型胸像犁耕地表彰泰勒

表彰泰勒（Preistaler）
正面铭文：MAXIMILIAN IOSEPH KÖNIG VON BAIERN.
背面铭文：LOHN FÜR DIE ERZIEHUNG VERLASSENER KINDER
　　　　　ZUM ACKERBAU ·
边饰：ZEHEN EINE FEINE MARK
直径：41mm　重量：28.06g　含银量：83.3%，0.7499oz
书目编号：KM#-，Dav.-，AKS-，Kahnt70A

年份	铸造量	美品	极美	未流通
1806—1807	-	-	-	-

　　巴伐利亚升为王国后，仍发行了犁耕地图案的表彰泰勒。该表彰泰勒是为表彰孤儿院教师而发行，背面开垦土地的犁是它的主要特征。该泰勒的正面采用右向马尾辫波浪发军装Ⅳ型胸像雕模，周圈铭文改为"马克西米利安·约瑟夫，巴伐利亚国王"。币背面采用的是犁耕地的场景。图案下标注铭文"为了耕耘者"（ZUM ACKERBAU）。周圈铭文"对孤儿教育的奖励"，其中未开垦的土地表示孤儿，用耕地的犁象征孤儿院教师。该泰勒符合协定泰勒的形制，其边铭为"10枚合1马克纯银"。

~~~~~~~~~~~~~~~~~~~~~~~~~~
BG05 1806—1807 Ⅳ型胸像犁耕地表彰泰勒

BG06 1807—1822 V型胸像犁耕地表彰泰勒

表彰泰勒(Preistaler)
正面铭文:MAXIMILIAN IOSEPH KÖNIG VON BAIERN.
背面铭文:LOHN FÜR DIE ERZIEHUNG VERLASSENER KINDER
　　　　　ZUM ACKERBAU·
边饰:ZEHEN EINE FEINE MARK
直径:41mm　重量:28.06g　含银量:83.3%,0.7499oz
书目编号:KM#-、Dav.-、AKS61、Kahnt71

年份	铸造量	美品	极美	未流通
1807—1822	-	-	-	-

　　国王马克西米利安一世高度重视教育。在他的统治下,宗教建筑数量被大大缩减,而更多的收入被投入国民教育。

　　该表彰泰勒是为表彰孤儿院教师而发行,背面开垦土地的犁是其主要特征,发行于1807—1822年。该表彰泰勒的正面采用V型胸像雕模,周圈铭文不变——"马克西米利安·约瑟夫,巴伐利亚国王"。币背面与BG01、BG02、B05的设计一样,均为犁耕地的场景。图案下标注铭文"为了耕耘者"(ZUM ACKERBAU·)。周圈铭文"对孤儿教育的奖励",其中未开垦的土地表示孤儿,用耕地的犁象征孤儿院教师。该泰勒符合协定泰勒的形制,其边铭为"10枚合1马克纯银"。

BG06 1807—1822 Ⅴ型胸像犁耕地表彰泰勒版别：
1）正面"BAIERN"后没有角标点，本书编号 BG06.Pn1

版别1）BG06.Pn1，正面"BAIERN"后没有角标点

BG07 1807—1822 V型胸像表彰双泰勒

表彰双泰勒（Preisdoppeltaler）
正面铭文：MAXIMILIAN IOSEPH KÖNIG VON BAIERN.
背面铭文：LOHN DER ERZIEHER VERWAISTER IUGEND.
边饰：光边
直径：41～42mm　重量：56.12g　含银量：83.3%，1.4998oz
书目编号：KM#-，Dav.-，AKS60，Kahnt72

年份	铸造量	美品	极美	未流通
1807—1822	–		–	

在发行BG06表彰单泰勒的同时，还发行了一种表彰双泰勒，其成色符合协定泰勒标准，直径基本与单泰勒一样，但重量加倍，光边。

该表彰双泰勒的正面雕模与表彰泰勒BG06一样，为V型胸像，周圈铭文不变——"马克西米利安·约瑟夫，巴伐利亚国王"。但该币的背面换成荣誉花环，其中有大幅的表彰铭文"孤儿院教师的奖励"，周圈配以两支橡树枝、橡果，底部以丝带打结。光边无铭文和阳纹枝叶。该币正、背面具体细节可参考本节前言附图。

~~~~~~~~~~~~~~~~~~~~~~~~~~~~

BG07 1807—1822 V型胸像表彰双泰勒

BG08 & 09 1804 Ⅰ型胸像 ½ 学院表彰泰勒

¹/₂ 学院表彰泰勒（Halber Schulpreistaler）/¹/₂ 协定泰勒（¹/₂ Konventionstaler）

正面铭文：𝔐𝔞𝔵𝔦𝔪𝔦𝔩𝔦𝔞𝔫 𝔍𝔬𝔰𝔢𝔭𝔥 ℭ𝔥𝔲𝔯𝔣ü𝔯𝔰𝔱 𝔷𝔲 𝔓𝔣𝔞𝔩𝔷𝔟𝔞𝔦𝔢𝔯𝔫.〔Maximilian Joseph Churfürst zu Pfalzbaiern.〕

背面铭文：𝔏𝔬𝔥𝔫 𝔡𝔢𝔰 𝔉𝔩𝔢𝔦ß𝔢𝔰.〔Lohn des Fleißes.〕

边饰：阳纹枝叶

直径：34mm　重量：14.03g　含银量：83.3%，0.3757oz

书目编号：KM#-，Dav.-，AKS-，Kahnt47　　　　　　　　（BG08）
　　　　　KM#-，Dav.-，AKS34，Kahnt47A　　　　　　　（BG09）

年份	铸造量		美品	极美	未流通
1804	–	（BG08）	400	950	2 000
1804	–	（BG09）	450	900	2 200

　　1804 年发行的 ¹/₂ 协定泰勒，用作学院表彰、奖励泰勒，据推测根据受奖人数而铸造，发行数量较少。很多得奖者将它打孔或焊银圈串绳佩戴或悬挂，视作一种荣誉的象征。

BG08：

　　币的正面为选帝侯马克西米利安四世·约瑟夫的右向马尾辫军装胸像，采用本节归类的 Ⅰ 型造像。周圈铭文使用哥特体德文"马克西米利安·约瑟夫，普法尔茨和巴伐利亚选帝侯"。币的背面刊哥特体铭文"勤劳的奖励"，表明该泰勒作表彰之用，相当于一枚奖章。铭文外周圈配以交叉的两支橡树枝、14 枚橡树果，该 ¹/₂ 表彰泰勒的橡树枝叶粗细属于中等，这里可称之为"中枝"。边饰部分为阳纹枝叶图案。无铸造年份，《Kahnt 目录》编号 Kahnt47。

　　这种 ¹/₂ 表彰泰勒在马克西米利安在位期间多次发行，头像、铭文及橡树枝等略有不同。

BG09：

　　该币的正、背面与 BG08 基本相同。但背面的两支橡树枝叶要细小很多，含 20 枚橡树果，并且橡树枝交叉部位缠以丝带。这种细枝丝带的雕模可称之为"细枝"。边饰部分为阳纹枝叶图案。无铸造年份，《Kahnt 目录》编号 Kahnt47A。

BG08&09 1804 Ⅰ型胸像 1/2 学院表彰泰勒版别：

1）BG08 的 5 杜卡特齿边金质样币 BG08.Pn1，34mm，17.45g

2）BG09 的 5 杜卡特齿边金质样币 BG09.Pn1，34mm，17.32g

版别1）BG08 的 5 杜卡特齿边金样币 BG08.Pn1，含金量 98%

版别2）BG09 的 5 杜卡特齿边金样币 BG09.Pn1，含金量 98.6%

BG10 1803 Ⅱ型胸像细枝 ½ 学院表彰泰勒

½ 学院表彰泰勒（Halber Schulpreistaler）/½ 协定泰勒（½ Konventionstaler）

正面铭文：𝕸𝖆𝖝𝖎𝖒𝖎𝖑𝖎𝖆𝖓 𝕵𝖔𝖘𝖊𝖕𝖍 𝕮𝖍𝖚𝖗𝖋ü𝖗𝖘𝖙 𝖎𝖓 𝕭𝖆𝖎𝖊𝖗𝖓.（Maximilian Joseph Churfürst in Baiern.）

背面铭文：𝕷𝖔𝖍𝖓 𝖉𝖊𝖘 𝕱𝖑𝖊𝖎ß𝖊𝖘.（Lohn des Fleißes.）

边饰：阳纹枝叶

直径：34mm　重量：14.03g　含银量：83.3%，0.3757oz

书目编号：KM#-，Dav.-，AKS36，Kahnt49

年份	铸造量	美品	极美	未流通
1803	-	500	1 200	3 000

　　1803 年发行的 ½ 协定泰勒，用作学院表彰、奖励泰勒，发行数量较少。币的正面为选帝侯马克西米利安四世·约瑟夫的马尾辫波浪发军装胸像。与Ⅰ型造像不同的是，该雕模中的马克西米利安不再是满头的小发卷，而是波浪发，属于本节归类的Ⅱ型造像。绶带佩戴于左肩斜拉下来，并且右臂上标雕模师 Joseph Losch 的签名"J.Losch"。周圈刊德文哥特体铭文"马克西米利安·约瑟夫，巴伐利亚选帝侯"。该币背面与 BG09 的背面完全相同，其中有铭文"勤劳的奖励"，外围橡树枝叶环绕，橡树枝叶粗细属于"细枝"雕模，并且橡树枝交叉部位缠以丝带。该币的边饰部分为阳纹枝叶图案。无铸造年份。

　　另外，BG10 还有背面橡树枝叶粗细属于"中枝"的版别，

《AKS目录》有记述。该版别本书的编号为BG10.Pn1。其中，橡树果清晰可辨，橡树枝交叉部位无丝带。两者之间差异与细节对比可以参考BG08和BG09的相关细节对比图。

~~~~~~~~~~~~~~~~~~~~~~~~~~~~~~

BG10 1803 Ⅱ型胸像细枝 1/2 学院表彰泰勒版别：

1）有背面橡树枝叶粗细为"中枝"的版别，本书编号为BG10.Pn1
2）存在"Churfürst"错标为"Churfurst"的样币

版别1）BG10的背面有橡树枝叶为"中枝"的版别，编号为BG10.Pn1

BG11 1804 Ⅵ型胸像粗枝 ½ 学院表彰泰勒

½ 学院表彰泰勒（Halber Schulpreistaler）/ ½ 协定泰勒（½ Konventionstaler）
正面铭文：𝔐𝔞𝔵 𝔍𝔬𝔰𝔢𝔭𝔥 𝔈𝔥𝔲𝔯𝔣𝔲𝔯𝔰𝔱 𝔷𝔲 𝔓𝔣𝔞𝔩𝔷𝔟𝔞𝔦𝔢𝔯𝔫（Max Joseph Churfürst zu Pfalzbaiern）
背面铭文：𝔏𝔬𝔥𝔫 𝔡𝔢𝔰 𝔉𝔩𝔢𝔦𝔰𝔢𝔰（Lohn des Fleißes）
边饰：阳纹枝叶
直径：34mm　重量：14.03g　含银量：83.3%，0.3757oz
书目编号：KM#-，Dav.-，AKS35，Kahnt48

年份	铸造量	美品	极美	未流通
1804	-	1 000	1 800	3 400

　　1804 年发行的 ½ 协定泰勒，用作学院表彰、奖励泰勒，发行数量较少。币的正面是选帝侯马克西米利安四世·约瑟夫的束发右肩绶带军装胸像，采用本节归类的Ⅵ型造像。头像外周圈德文哥特体铭文"马克西米利安·约瑟夫，普法尔茨和巴伐利亚选帝侯"，此版本采用了简写姓名"Max Joseph"，和其他版本不同

的是该币的绶带佩戴在右肩。另外，正面铭文"…Pfalzbaiern"末尾空间不足，字母"n"移到胸像下方，且几乎旋转成倒置的状态，且因其哥特体书写，常被人误以为是雕模师 Joseph Losch 的签名缩写"JL"。该币背面铭文"勤劳的奖励"，铭文外围的橡树枝叶非常肥大、橡树果不明显、扎系的飘带较小也不明显。该 1/2 表彰泰勒的橡树枝叶粗细在该系列学院表彰泰勒中明显较粗，可称之为"粗枝"。该币边饰部分为阳纹枝叶图案。无铸造年份。

~~~~~~~~~~~~~~~~~~~~~~~~~~

BG11 1804 Ⅵ型胸像粗枝 1/2 学院表彰泰勒版别：

1）5杜卡特齿边金质样币 BG11.Pn1，34mm，17.45g，98.6%
2）背面的橡树枝无飘带扎系

版别1）5杜卡特齿边金质样币（BG11.Pn1）

BG12＆13 1806—1808 Ⅰ型胸像 ½学院表彰泰勒

½ 学院表彰泰勒（½Schulpreistaler）/ ½ 协定泰勒（½Konventionstaler）

正面铭文：𝔐𝔞𝔵𝔦𝔪𝔦𝔩𝔦𝔞𝔫 𝔍𝔬𝔰𝔢𝔭𝔥 𝔎ö𝔫𝔦𝔤 𝔳𝔬𝔫 𝔅𝔞𝔦𝔢𝔯𝔫.（Maximilian Joseph König von Baiern.）

背面铭文：𝔏𝔬𝔥𝔫 𝔡𝔢𝔰 𝔉𝔩𝔢𝔦ß𝔢𝔰.（Lohn des Fleißes.） （BG12）

Lohn des Fleißes（Lohn des Fleißes） （BG13）

边饰：阳纹枝叶

直径：34mm　重量：14.03g　含银量：83.3%，0.3757oz

书目编号：KM#690，Dav.-，AKS62，Kahnt61 （BG12）

KM#-，Dav.-，AKS62，Kahnt61A （BG13）

年份	铸造量		美品	极美	未流通
1806—1808	1 500	（BG12）	350	700	3 100
1806—1808	1 500	（BG13）	300	700	3 000

1806—1808年发行的½协定泰勒，用作学院表彰、奖励，发行数量约1 500枚。

BG12：

该币正背面的设计与选帝侯时期发行的一枚学院表彰半泰勒（BG08）完全一致，只是正面的周圈德文哥特体铭文改为国王头衔"马克西米利安·约瑟夫，巴伐利亚国王"。雕模仍然是右向马尾辫军装Ⅰ型胸像。币的背面刊哥特体铭文"勤劳的奖励"，周圈配以"中枝"橡树枝、橡果。橡树枝无丝带捆绑，且"Fleißes"后有下角标点。边饰部分为阳纹枝叶图案。无铸造年份。

这枚½泰勒是改为国王头衔后所发行的四枚学院表彰半泰勒中的第一枚。其他三枚学院表彰半泰勒或在头像、铭文字体及橡树枝等略有不同。

BG13：

该半泰勒是改为国王头衔后所发行的四枚学院表彰半泰勒的第二枚。币正面的胸像雕模和铭文与BG12学院表彰半泰勒完全一致。但背面铭文外围搭配的却是"粗枝"橡树枝叶。橡树枝以小丝带捆绑，且"Fleißes"后无下角标点（区别于旁边的橡果）。边饰部分为阳纹枝叶图案。无铸造年份。

~~~~~~~~~~~~~~~~~~~~~~~~~~~~~~~~~

BG12&13 1806—1808 Ⅰ型胸像 ½ 学院表彰泰勒

BG14 & 15 1807—1837 Ⅶ、Ⅷ型头像 1/2 学院表彰泰勒

1/2 学院表彰泰勒（1/2Schulpreistaler）/ 1/2 协定泰勒（1/2 Konventionstaler）

正面铭文：𝔐𝔞𝔵𝔦𝔪𝔦𝔩𝔦𝔞𝔫 𝔍𝔬𝔰𝔢𝔭𝔥 𝔎ö𝔫𝔦𝔤 𝔳𝔬𝔫 𝔅𝔞𝔦𝔢𝔯𝔫.

   （Maximilian Joseph König von Baiern.）   （BG14）

   MAXIMILIAN IOSEPH KÖNIG VON BAIERN   （BG15）

背面铭文：𝔏𝔬𝔥𝔫 𝔡𝔢𝔰 𝔉𝔩𝔢𝔦ß𝔢𝔰.（Lohn des Fleißes.）   （BG14）

   LOHN DES FLEISSES.   （BG15）

边饰：阳纹枝叶

直径：34mm 重量：14.03g 含银量：83.3%，0.3757oz

书目编号：KM#698，Dav.-，AKS63，Kahnt62   （BG14）

   KM#705，Dav.-，AKS64，Kahnt63   （BG15）

年份	铸造量		美品	极美	未流通
1807—1808	-	（BG14）	350	1 600	3 400
1808—1837	25 000	（BG15）	220	420	850

BG14：

除了BG12、BG13以外，1807—1808年还发行了无发辫的½学院表彰泰勒。BG14学院表彰半泰勒是改为国王头衔后所发行的第三枚。该币背面与BG12的背面一致，采用"中枝"橡树枝、橡果搭配德文哥特体铭文"勤劳的奖励"。正面使用Ⅶ型右向无辫波浪细发头像，且头像较小。周圈刊哥特体铭文"马克西米利安·约瑟夫，巴伐利亚国王"。

BG15：

1808—1837年发行了½学院表彰泰勒。该半泰勒是马克西米利安改为国王头衔后所发行的第四枚学院表彰半泰勒。从该币开始，其上的铭文不再使用哥特体，并采用Ⅷ型较高浮雕的头像，突出了其作为奖励的功能。该币正面铭文弃用哥特体，且"BAIERN"后无下角标点。头像较大且采用较高的浮雕，波浪发型更粗犷且发丝较粗。币的背面仍然采用"勤劳的奖励"配橡树枝、橡果的设计，下端绕以丝带。像树叶虽然不大，但枝叶更加密集，在这里可以称之为"密枝"，区别于BG11、BG13中的肥大"粗枝"版橡树枝叶。该学院表彰半泰勒在马克西米利安一世去世后继续发行，作为对优秀学生的奖励。

~~~~~~~~~~~~~~~~~~~~~~~~~~~~~~~~

BG14&15 1807—1837 Ⅶ、Ⅷ型头像 ½ 学院表彰泰勒版别：

1）BG15存在金质光边样币 BG15.Pn1，17.41g

版别1）BG15存在金质光边样币 BG15.Pn1

BG16 1818 宪法泰勒

宪法泰勒（Verfassungstaler）/ 协定泰勒（Konventionstaler）
正面铭文：MAXIMILIANUS IOSEPHUS BAVARIÆ REX
背面铭文：MAGNUS AB INTEGRO SÆCLORUM NASCITUR ORDO /
　　　　　CHARTA MAGNA BAVARIÆ /XXVI MAII MDCCCXVIII
边饰：ZEHEN EINE FEINE MARK（阳文）
直径：38~39mm　重量：28.06g　含银量：86.8%，0.7830oz
书目编号：KM#708，Dav.553，AKS59，Kahnt69

年份	铸造量	美品	极美	未流通
1818（MDCCCXVIII）	40 000	100	300	800

1918年巴伐利亚王国宪法颁布百年纪念章

在席卷全德的立宪运动推动下，马克西米利安一世于1818年5月26日批准了一部资产阶级性质的新宪法，宣布实行立宪君主制。为庆祝新宪法诞生，特发行协定泰勒一枚，亦称为宪法泰勒。其正面为巴伐利亚国王马克西米利安一世的右向胸像。该币采用全新的雕模设计，币上的马克西米利安身穿铠甲，右肩斜拉披风，头戴月桂枝花环，颇有古罗马帝王风范。周圈铭文"马克西米利安·约瑟夫，巴伐利亚国王"。币背面主图为立方巨石，石上阴刻铭文"巴伐利亚大宪章"，巨石下衬有代表巴伐利亚王国的蓝白相间菱形，两者象征构成巴伐利亚基础的宪法坚如磐石。底部有罗马体的铸造日期"XXVI MAII MDCCCXVIII"（1818年5月26日）。周圈配以古罗马诗人维吉尔（拉丁文Vergilius，英文Virgil或Vergil）《牧歌（四）》（Eclogue 4）中的著名诗句对该币发行进行的诠释，"伟大的时代新秩序即将诞生"或译作"伟大的时代始于秩序的新生"。边饰阳文"10枚合1马克纯银"。

该宪法泰勒的半身像具有浓厚的古罗马风格，铠甲、花环等古罗马王者的典型要素配合古罗马著名诗句，而诗句正好切题新宪法的颁布。这一切的要素恰如其分地结合在一起，既显示了马克西米利安的王者风范、正统与权威，也表现出新宪法开创巴伐利亚新时代的伟大历史寓意；同时也凸显出设计者的深厚文化底蕴和超高设计水平。该币是19世纪初币章设计的典范。该币的版别较多，样币珠圈完整呈马齿状、外缘较宽。

颁布背景

随着拿破仑战争的失败，德意志乃至整个欧洲的保守势力又开始着手复辟封建制度。维也纳会议决定解散莱茵邦联，使德意志地区重新陷入分裂状态。1815

保存1818年宪法的木盒

年6月，在沙俄的干预下，普鲁士、奥地利、巴伐利亚、汉诺威和符腾堡组成"五强委员会"，签署了《德意志邦联条例》，宣布组建"德意志邦联"以取代刚刚解体的莱茵邦联，并设立了一个"邦联议会"。然而这个所谓的邦联实际上不过是一个松散的邦联。《德意志邦联条例》第13条规定："邦联中的所有邦国都须制定一部邦议会的宪法"。这一条很可能是为了拉拢和安抚当时已经深受启蒙思想和法国革命影响的自由主义知识分子。显而易见，这一条款想当然就被很多成员国所无视。虽然此后，一些邦国陆续颁布了所谓的"等级议会组织法"，但据此产生的邦议会往往不过是中世纪等级会议的翻版，给予人民的权力多半是很小的。甚至在普鲁士，国王威廉三世也装模作样地委派了一个委员会来拟定宪法草案，但不管立宪运动如何高涨，这个宪法就是不出台。

由于封建统治者并不真心打算给予人民以民主和宪政，所以德意志新兴资产阶级领导人民纷纷行动起来，早在1815年春就掀起了"立宪运动"，为争取政治自由而斗争。在立宪运动的推动下，南德四邦（巴伐利亚、巴登、符腾堡、黑森－达姆施塔特）于1818—1820年率先颁布了资产阶级性质的宪法，宣布实行立宪君主制，成为德意志宪政民主制度的实验场。到19世纪20年代中期，在当时德意志邦联的38个邦中，已有29个颁布了宪法。19世纪30年代以后，除普鲁士和奥地利这两个最大的邦国外（直到1848年3月德国爆发革命前仍没有颁布宪法，继续维持着君主专制政体），北德和中德诸邦也大多过渡到立宪君主政体。整体来看，在1815—1830年资产阶级立宪运动的推动下，德意志诸邦的立宪实践取得显著进展，具有积极的政治意义，成为近代德国宪政民主制度的开端。

1818 巴伐利亚宪法

马克西米利安一世及其后的维特尔斯巴赫家族国王都是温和的统治者，并且深受启蒙运动和实用主义影响。早在莱茵邦联时期，马克西米利安一世就代表国家扮演"现代化的发动机"的角色，实行了自由主义改革。1808年5月1日，马克西米利安一世颁布宪令：缩减国王部分权力，废除贵族与教会特权，对特定资产阶级的基本权利予以确认，实

1818年马克西米利安拥立宪法

行法律面前人人平等。在内阁组建中,马克西米利安任命蒙特格拉斯伯爵(Graf Maximilian Joseph von Montgelas)为首相,并且创立职业官员制度,进行了行政管理、司法制度改革和宗教、教育改革等。这些都有利于建立现代化的统一而又高效的行政管理体制。

在国王的统治下,巴伐利亚明确规定废除农奴制度,又对租金和劳役等进行了规范。农民可以通过赎买方式摆脱封建关系,将土地转变为自由财产。

受到法国的影响,王国在教育领域采取由国家重组教育机构的策略。巴伐利亚秉持实用主义原则,引入了专科教育模式,推广职业教育。为摆脱天主教会的传统影响,英戈尔施塔特大学(即后来的慕尼黑大学)从英戈尔施塔特迁往兰茨胡特(Landshut)。而且大学一反思想保守和教学僵化的倾向,聘请北德意志地区和信奉新教的教授来校任教。

在宗教领域,巴伐利亚加强国家对教会及其支配之下的教育、济贫慈善机构的控制。教会活动处于国家监督之下。教会的各种特权也被取消了。与此同时,政府实行宗教宽容政策,努力使不同宗教信仰者和平共处。

即便是在君主政体下,国王和内阁的这些敕令都深刻影响着王国和民众,巴伐利亚王国的现代化进程被注入了巨大的推动力。但从中受益并不断觉醒的巴伐利亚新兴资产阶级和大众逐渐不再满足于现有的改革和宪令。同时,民众也强烈地认识到只有新宪法及议会才能真正维护个人权利和有序的经济环境。

在席卷全德的立宪运动推动下,马克西米利安一世在1818年5月26日批准了一部资产阶级性质的新宪法,宣布实行立宪君主制。1818年的巴伐利亚宪法在当时的欧洲是非常先进的。它保障了民众的基本权利,并建立了传达民众声音的两院制议会。当时的部分民众政治团体逐渐演变成为后来的政党。

需要指出的是,此时巴伐利亚的政体是立宪君主制,亦称二元君主立宪制(Dual system of constitutional monarchy),是带有一定民主色彩的君主专制,区别于君主立宪制(比如虚位元首的议会君主制)。立宪君主制国家的君主与议会依据法律协约(即宪法)来共享国家执政权利。比如君主掌握行政、外交、军事等权力,甚至可以否决议会的立法、解散议会和组建新议会。议会通常掌握立法、财政拨款审议权等权力。内阁大臣、首相通常由君主来任命或免职,内阁政府也只对君主负责。

巴伐利亚王国新宪法规定,公民在其宪法赋予的权利受到侵害时,具有诉愿权(Beschwerderecht)。但这种诉愿权的范围狭小,仅限于因政府的行政行为的侵害而提起的诉愿,尚未包括对立法行为和司法行为的侵害而提起的诉愿。尽管如此,在德意志却开创了公民权利受到公权力侵害时,可求助于独立法院要求保护的这种诉愿制度的先河。

巴伐利亚新宪法还效仿英国设立了两院制的议会,当时称作"等级代表会议"(Ständeversammlung 或 Ständetag),包括上议院(贵族院,"Kammer der Reichsräte")及下议院(人民院,"Kammer der Abgeordneten")。上议院议员根据出身、财产、职位或国王任命来选出,通常由世袭大地主、大贵族、政府官员和王室成员组成。下议院的议员由选民选举产生,一般从小地主、贵族、神职人员、市民和农民中选出来。在宪法附则中还保证了宗教自由和新教徒的安全。

这次宪政改革的试验并未满足部分激进议员的期望。1819年2月4日巴伐利亚召开了第一次等级代表会议,一些激进主义的议员提出皇家军队也必须向宪法和议会效忠。这些极端言论引起了马克西米利安一世的极大警惕,他向德意志邦联寻求对策。其他邦国君主可不是善茬,给出的建议就是直接镇压。而认识到生死存亡的激进议员们此时也觉得他们的这个国王还是很温柔的,并且很多事情可不是在议会上空耍嘴皮子,还得依赖于国王。于是议会大大降低了调门,主动和国王和平相处下来。而马克西米利安一世则在去世前也保持了模范立宪君主的形象。

在巴伐利亚宣布新宪法之后,巴登(1818年8月22日)、符腾堡(1819年9月25日)等南德诸邦也先后颁布了资产阶级性质的宪法,宣布实行立宪君主制。而萨克森(1831年9月4日)、不伦瑞克(1832年10月12日)、汉诺威(1833年9月26日)等北德诸邦也在1830年法国七月革命的推动下,相继成为立宪国家。

1819年2月4日召开首次议会,主要职能为管理国家财政、确定预算

BG16 细节

~~~~~~~~~~~~~~~~~~~~~~~~~~~~~~~

BG16 1818 宪法泰勒版别：

1）光边银样币 BG16.Pn1，珠圈完整、宽外缘，铭文"Æ"写作"AE"，对应《KM 目录》编号 Pn2
2）10 杜卡特、34.8g，8 杜卡特、27.95g，光边金样币 BG16.Pn2，对应《KM 目录》编号 Pn3
3）正面头戴的月桂枝指向"IOSEPHUS"中"SE"的中间
4）背面"XXVI MAII"的间距大，能容纳第二行 1.5～2 个"C"
5）单面正、背面的锡质试样

版别1）光边银样币 BG16.Pn1，珠圈完整、宽外缘，铭文"Æ"写作"AE"

版别2）10杜卡特、34.8g，8杜卡特、27.95g，光边金样币 BG16.Pn2

版别3）月桂枝指向"IOSEPHUS"中"SE"的中间

版别4）背面"XXVI MAII"的间距大

版别 5）单面正、背面的锡质试样

Maximilian Joseph

von Gottes Gnaden

König von Baiern
x. x.

Von den hohen Regenten Pflichten durchdrungen und geleitet, haben Wir Unsere bisherige Regierung mit solchen Einrichtungen bezeichnet, welche Unser fortgesetztes Bestreben, das gesammte Wohl Unserer Unterthanen zu befördern, beurkunden. Zur bessern Begründung desselben haben Wir schon im Jahre 1808 Unserem Reiche eine seinen damaligen äußern und innern Verhältnissen angemessene Verfassung, in welche Wir schon die Einführung einer ständischen Versammlung, als einen we-
sentlichen

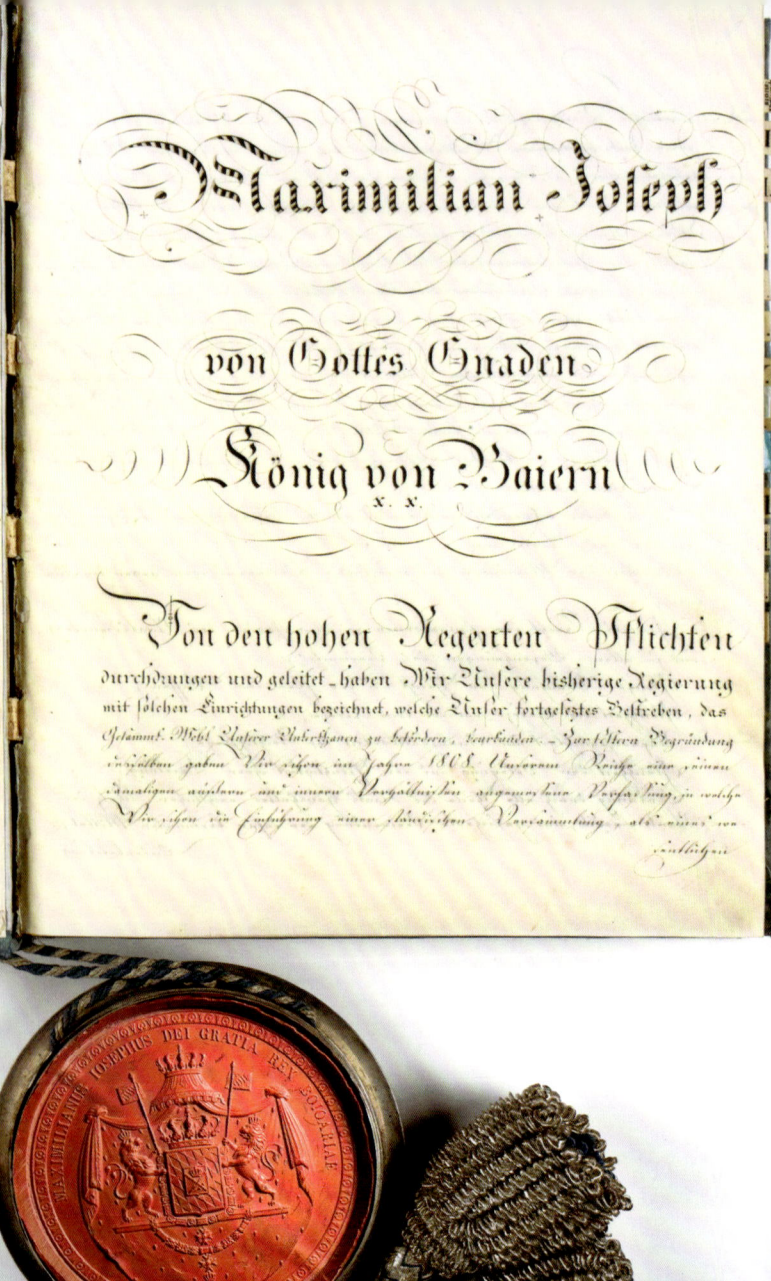

第三章 路德维希一世

路德维希一世（1825—1848）
König Ludwig I，1825–1848

路德维希一世

路德维希一世

路德维希一世(Ludwig I,1786—1868),全名路德维希·卡尔·奥古斯特(Ludwig Karl August),1825—1848任巴伐利亚国王。路德维希一世为巴伐利亚国王马克西米利安一世和黑森-达姆施塔特公主奥古斯塔·威廉敏娜的长子。1786年8月25日生于斯特拉斯堡。"路德维希"(Ludwig或Louis)这个名字源于他的教父法兰西国王路易十六(Louis XVI)。"公正而持久"是他的座右铭。

货币

19世纪初,德意志地区战争频仍,邦国林立,政治、经济复杂、多变,使得本就种类繁多的货币体系变得更加芜杂。地方货币种类甚至多达数百种,是经济被撕裂的最直接表现。

在1834年德意志关税同盟确立之后,德国民众普遍充满了对统一的货币体系的渴望。人们希望能使用重量、尺寸、制造都标准化的全境流通的货币。同时,关税协定中也含有统一重量体系、度量衡和制造统一货币的要求。

该时期的南德地区,协定泰勒和王冠泰勒是大型流通银币的主要代表。王冠泰勒重量与成色比协定泰勒要高,所以它更容易被市场所接受。随着19世纪初拿破仑战争及其货币侵占政策的推行,王冠泰勒大量涌入南德,几乎将协定泰勒挤出了南德流通市场。南德的巴伐利亚、巴登、黑森-达姆施塔特、符腾堡开始铸造这种王冠泰勒加以应对。比如,巴伐利亚路德维希一世仅在发行纪念性质的历史泰勒时使用协定泰勒形制,流通方面则全交给了王冠泰勒。

而同期北德地区的代表——普鲁士,其货币相对稳定,一直使用莱比锡纯度按 $1/14$CM 标准铸造帝国泰勒(每枚重 22.272 克,纯度 75%,每 14 枚折合 1 科隆马克纯银),并且逐渐向邻邦和德意志南部传播开来。

1837 年签订《慕尼黑货币协议》

德意志南部各邦被迫采取共同的行动。1837 年 8 月 25 日,巴伐利亚、符腾堡、巴登、黑森－达姆施塔特、拿骚、法兰克福六个邦国组成南德意志货币同盟(见 BG41),并在慕尼黑签订《慕尼黑货币协议》(Münchner Münzvertrag)。协议规定签约邦国将停止发行王冠泰勒,转而发行传统的小型高银古尔登

1837 年签署《慕尼黑货币协议》六邦国的纹章
从上至下、从左到右依次为:**拿骚、巴登、巴伐利亚、符腾堡、黑森－达姆施塔特、法兰克福**

（Gulden，原为记账单位，无实物）。每枚古尔登重 10.60 克，纯度 90.0%，每 24 1/2 枚折合 1 科隆马克纯银。协议还规定任一签约国所造的古尔登都是所有签约国的法定流通货币，即古尔登成为签约邦国间的域外法定货币。

事实上，《慕尼黑货币协议》签订后，1 科隆马克纯银既可以铸造 24 1/2 枚南德古尔登，也可以造出 14 枚北德帝国泰勒，兑换比值为 3 1/2 : 2。这样就建立起了更简洁的南德、北德货币间的兑换关系。可以说《慕尼黑货币协议》是南德各邦间货币的统一整合，有利于南德各邦融入以普鲁士为核心的关税同盟，同时又保留了南德独特的货币体系。《慕尼黑货币协议》中还规定了古尔登面额面的设计图案：中间为面值"1"和单位"古尔登"，周圈配以粗叶橡树枝叶，底部以丝带打结，下标年份。币边饰处打入一圈矩形坑槽。1839 年 3 月、1842 年 7 月和 1845 年 3 月又对《慕尼黑货币协议》进行了补充，并根据实际流通需要，另铸造了 1/2 古尔登，1845 年后还增造了双古尔登银币。

1838 年，黑森–洪堡、霍亨索伦–西格玛林根、霍亨索伦–赫辛根、萨克森–梅宁根、施瓦茨堡–鲁多尔施塔特也签署了《慕尼黑货币协议》。南德意志货币同盟在 1871 年引入统一货币前一直都是存在的。

1838 年签订《德累斯顿货币协议》

1837 年后，德意志境内形成了两大货币体系，南德是巴伐利亚、符腾堡为首的南德货币同盟的古尔登，1 古尔登 =60 克鲁泽 =240 芬尼 =480 赫勒；北德八邦是以普鲁士泰勒为代表的帝国泰勒，1 泰勒 =30 格罗申 =360 芬尼（=300 萨克森芬尼）。

1838 年 7 月 30 日，中德地区的萨克森–魏玛、萨克森–科堡–哥达、萨克森–奥尔登堡、施瓦茨堡–松德斯豪森、罗伊斯－格莱茨、罗伊斯－施莱茨、罗伊斯－伊伯斯多夫、利普－德特莫尔德、绍姆堡－利普、萨克森王国在德累斯顿商定《德累斯顿货币协议》(Dresdner Münzvertrag)。该货币协议首先以协定方式规定中德邦国都以普鲁士格劳曼（Graumann）体系为标准发行中德泰勒；其次，协定确认了格劳曼泰勒和南德古尔登的法定货币地位，并且确定了固定的兑换比值为 7 枚古尔登=4 枚泰勒；最重要的，以南德古尔登纯度——90% 为基础，签约邦国都铸造一种面额为 3½ 古尔登=2 泰勒的大型同盟银币（Vereinsmünze，直径 41 毫米，重 37.12 克，含纯银 33.41 克，每 7 枚折合 1 科隆马克纯银）。《德累斯顿货币协议》规定该同盟银币必须同时标注两种面额"2 泰勒以及 3½ 古尔登"，以利于南北市场流通。这两项货币协议已经囊括了全德三分之二的邦国。再加上《德累斯顿货币协议》本身借鉴的就是普鲁士等北德八邦的格劳曼标准，现在可以说，全德意志的货币已经先行于政治，达成了实践上的统一。1839 年 1 月 7 日关税同盟会议批准通过了《德累斯顿货币协议》，在保证各邦国内原有泰勒或古尔登继续流通前提下，批准国均发行双面额大型同盟银币。这两项货币协议既保持了北德、中德格劳曼帝国泰勒和南德古尔登各自的独立性又完全融合在一起，实现了关税同盟各邦国间实物货币的直接流通与兑换。

到 1841 年底，德意志地区只有梅克伦堡、霍尔斯坦、汉堡、不来梅、吕贝克、卢森堡和奥地利没有加入该货币协议了。

历史泰勒和历史双泰勒

路德维希一世从登基到退位，发行了大量纪念泰勒，被称为历史泰勒（24 枚）和历史双泰勒（14 枚）。

按形制或含银量来说，历史泰勒是指历史（协定）泰勒

Geschichts（konventions）taler；历史双泰勒是指历史（同盟）双泰勒 Geschichts（vereins）doppeltaler。

历史泰勒从路德维希一世继位开始发行到签订《慕尼黑货币协议》为止。历史泰勒使用的是协定泰勒的形制，重28.06克，纯度83.3%，但直径缩减为38毫米，和王冠泰勒直径一致。使用协定泰勒形制，其一是因为巴伐利亚和奥地利的货币协定仍然有效，在其父马克西米利安逝世前就未曾中断过。其二，路德维希一世继位后，只发行王冠泰勒，停造普通协定泰勒，仅剩纪念币性质的历史泰勒按协定泰勒形制铸造，其发行量远小于王冠泰勒，并不影响货币流通体系。

1837年《慕尼黑货币协议》签订后，古尔登成为主币，放弃王冠泰勒和协定泰勒形制的银币。在大型银币方面，协议签约邦国转而发行对接北德帝国泰勒的大型辅币。仍以科隆马克为标准，将南德六邦中原有的协定泰勒进行了大幅提升：发行面额为3½古尔登，重37.12克，纯度由83.33%升为90.0%，直径未作要求，每7枚合1科隆马克纯银，也正好折合两枚普鲁士泰勒的大型流通银币。

显然，古尔登在尺寸、重量等方面与已有的历史泰勒相比太小、差异过大，不可能作为新历史泰勒的载体。新的历史泰勒只能由"3½古尔登"形制的大型银币来充当。这与普鲁士双泰勒以及1839年后流通的双面额同盟双泰勒 Vereinsdoppeltaler（直径41毫米）在含银量、成色上完全一致，所以"3½古尔登"历史纪念大型银币也被称为历史双泰勒。该历史双泰勒38毫米的直径不变，保持了历史泰勒直径的延续性，但币身较厚，是少见的厚银饼。其子马克西米利安二世在位期间也发行了5枚历史双泰勒，其中4枚符合《德累斯顿货币协议》，直径为41毫米，币的厚度也恢复正常。最后1枚"林道国王纪念碑"（见 BG60）历史双泰勒发行于 1857 年（币面标注年份 1856），遵循 1857 年 1 月 24 日签署的《维也纳货币协议》中以公制磅（500 克）为货币发行基础的规定，且边铭改为"3 $\frac{1}{2}$ 古尔登 ★ 15 枚合 1 磅纯银 ★"。

第三章 路德维希一世

历史协定泰勒（1825—1837）
Geschichtskonventionstaler，1825–1837

BG17 1825 继位登基

历史协定泰勒（Geschichtskonventionstaler）
正面铭文：LUDWIG I KŒNIG VON BAYERN / ZEHN EINE FEINE MARK
背面铭文：TRITT DIE REGIERUNG DES LANDES AN /
　　　　　AM 13 OCTOBER 1825

边饰：直齿

直径：38mm　重量：28.06g　含银量：83.3%，0.7515oz

书目编号：KM#720，Dav.555，AKS112，Kahnt76

年份	铸造量	美品	极美	未流通
1825	–	200	500	1 000

国王路德维希一世

1825年10月19日，王储路德维希宣誓登基，成为巴伐利亚王国的第二任国王，称路德维希一世。为庆祝新国王登基，慕尼黑造币厂发行历史泰勒一枚加以纪念。币的正面是巴伐利亚国王路德维希的右向头像，脖颈下方有雕模师"卡尔·腓特烈·沃伊特"签名缩写，周圈铭文"路德维希一世，巴伐利亚国王/10枚合1马克纯银"；该币的背面是新国王宣誓登基的场景：路德维希一世身穿金丝镶边华服，披蟒袍，颈戴十字吊坠，左手握剑，右手持权杖，置于桌面的宪法之上，手边还有王冠一顶，示意尊重宪法。该币场景设计十分考究，并且主题寓意表达清晰明了。登基典礼华服、王冠、权杖、宝剑、宪法、十字架等必备的象征元素一样也不少。服装和桌布的月桂枝蕾丝繁多但无一节省，丝绦下摆纹理清晰，布料自然垂褶、层次分明，蟒袍上缝缀的貂尾尽显皮毛质感。该币雕刻精美能及至此，令人赞叹！路德维希一世雕像外有周圈铭文"执掌国政/于1825年10月13日"。

1825年10月12日晚，69岁的巴伐利亚老国王马克西米利安一世逝世。到1812年为止，马克西米利安和他的蒙特格拉斯政府采取了明智而务实的亲法政策，不仅使巴伐利亚成功躲过了拿破仑战争的冲击，而且受益匪浅。经由参考了法国《拿破仑法典》，巴伐利亚在1808年5月1日颁布了革命性的自由主义新宪法，实行法律平等化和中央集权化。政府将王国划分为多个新行政区，推动了新老巴伐利亚领土的合并；实行普遍的税收制度，保障人身、财产安全，保障信仰和出版的自由；政府改良了落后的法律和中世纪似的宗教政策，并敕令编纂一部新的刑法；不惧神职人员，

年轻的路德维希初登大宝

松绑大学言论,大大缩减宗教建筑的数量并加大教育投入;发展被破坏殆尽的巴伐利亚农业、商业;等等。截至1819年,在他治下,巴伐利亚的国土面积增至建国初的两倍,国内政治环境稳定,财政状况极大改善,巴伐利亚的各行各业都出现了欣欣向荣的景象,马克西米利安一世称得上巴伐利亚历史上杰出的统治者。

路德维希生于1786年8月25日的斯特拉斯堡。身为王储的路德维希很早就积极投身国政,并与强势的首相蒙特格拉斯意见相左。具有强烈民族自豪感的路德维希一直强烈反对他父亲与法国拿破仑一世结盟。拿破仑战争后期,在路德维希的推动下,巴伐利亚同奥地利签订《里德条约》,同意脱离莱茵邦联,加入第六次反法同盟,并且向法国宣战。1815年维也纳会议上,路德维希提出了德国民族统一的政策,强烈反对交换萨尔茨堡公国。在国内,路德维希积极改革教育制度、改革国家预算、参加1818年新宪法制订、促进艺

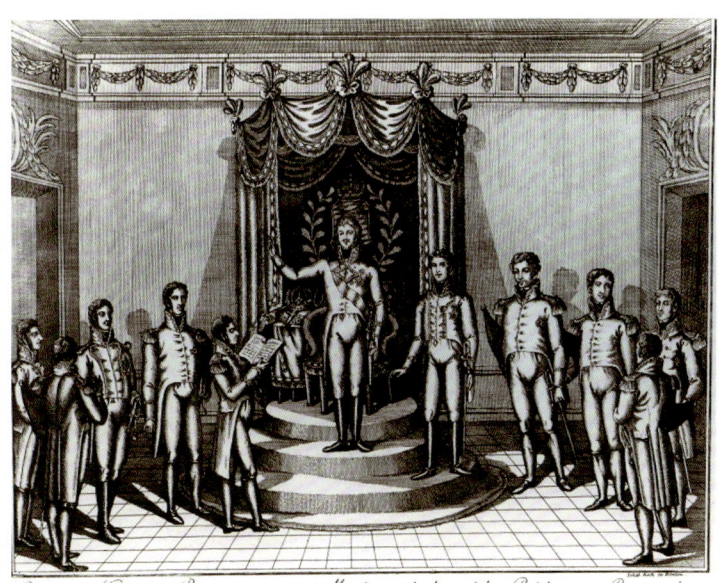

1825年10月19日,路德维希在众大臣簇拥下向宪法宣誓登基

1825年10月24日王国公报宣布新帝登基

术和科学的发展。作为古希腊和意大利文艺复兴时期艺术的崇拜者,路德维希资助兴建了许多新古典主义建筑。如雷根斯堡的瓦尔哈拉神殿、英烈堂、路德维希港别墅、阿沙芬堡的庞贝城,慕尼黑的路德维希大街、巴伐利亚雕像、名人堂、古代雕塑展览馆、老绘画陈列馆。路德维希邀请的建筑师利奥·冯·克伦泽和腓特烈·冯·格特纳把慕尼黑打造成"伊萨尔河畔的雅典"。甚至在路德维希继任国王后,第一条敕令就把王国名称的拼写由"Baiern"改成了希腊拼法"Bayern"。

马克西米利安一世在宁芬堡去世,王位交到了路德维希的手中。据说马克西米利安一世去世时,路德维希正在他最喜欢的布吕肯瑙(Brückenau)度假。为了在10月14日的深夜观测彗星,路德维希就提前上床睡觉补充睡眠。但当被唤醒时,路德维希大惊,因为报告给他的并不是彗星观测的事项,而是父王驾崩、自己继承王位一事,路德维希急忙返回首都。10月18日,年轻的国王到达慕尼黑王宫。第二天早晨，路德维希和他的大臣们就向宪法宣誓就职，其誓言如下："……蒙主恩典，发我大愿，将履行国王之誓言，代替我父。他给我的记忆永远是宝贵而难忘的。像我父亲这样的明君，是我难以企及的……"

登基之时，路德维希一世刚刚39岁，正处于精力和体力的鼎盛时期。他将"公正而持久"作为他的座右铭和施政方针。曾有巴伐利亚历史学家评论初登大宝的路德维希一世："出生于充满变数时代的孩童，成长在悲伤和痛苦伴随时代的青年，成熟于战争频仍时代里的男人。年轻时经历的艰难生活磨炼了他坚韧的性格、成就了他敏锐独到的眼光。当登上王位时，他拥有了远超该年龄的判断力和经验，引起了各国的极大重视。"

作为登基为王这样的大事，路德维希肯定是要发行历史泰勒加以纪念的。所以该泰勒就和"祝福王室"（BG26）等一起成为最早试制的历史泰勒。最早一批试制的几枚历史泰勒的雕模是由著名雕模师斯蒂格迈尔（J.B. Stiglmaier）完成的，而正式发行的历史泰勒的雕模则完全归功于卡尔·腓特烈·沃伊特（Karl Friedrich Voigt）。就BG17（1825继位登基）而言，我们看到两位雕模师的正背面的雕模设计基本上都是一致的，说明沃伊特在进行正式币的雕模时被要求延续试制样币的设计方案，但细节上可以有所改变。最后再根据边齿的需要、面额标注位置的调整，最终形成两者之间较多的细节差异：

① 币正面路德维希的眼睛、眉骨、鼻子等明显不同，正式币的雕模更精致、立体感更强。正式币中头发线条更粗、有型，而样币中头发细碎而散乱。

② 币正面铭文中国王单词的写法稍有不同，正式币为"KŒNIG"，样币为"KOENIG"。

③ 正式币的路德维希脖颈下方有雕模师的签名"C.VOIGT"，而样币则无标注。

④ 正式币的边饰为直齿，所以在币的正面下部标注了面额和纯度"ZEHN EINE FEINE MARK"；样币无边齿，但有阴文标注面额和纯度，所以币正面的下部无文字。

⑤ 两者的背面图案设计基本一致，华服、王冠、权杖、宝剑、宪法、十字架等必备象征元素也都齐全。但样币雕模略感粗糙，

且人物头身比例失衡,头部相对于阔袍显得太小,且桌布散乱,整体上感觉衣物都是松松垮垮的。设计上,两者最大的不同在于,样币中宪法是打开的,路德维希右手伏在卷中,权杖置于宪法旁;而正式币中宪法是闭合的,路德维希右手握权杖于宪法之上。

⑥ 两者背面的周圈铭文也不同。正式币为"TRITT DIE REGIERUNG DES LANDES AN/AM 13 OCTOBER/1825"(执掌国政/于1825年10月13日)。而样币为"BESCHWÖRT DIE VERFASSUNGS URKUNDE/AM 19TEN OCTOBER/1825"(由宪法见证/于1825年10月19日)。正式币使用老国王驾崩、新国王随即继位的时间。而样币则采用了登基宣誓的时间,这就产生6天的空档期。且样币的铭文和图案设计都强化了宪法的权威性,弱化了君权。如果按照"国不可一日无君"的理念,还是正式币标注的时间更合理,图案设计也更合王意。

路德维希带领巴伐利亚王国进入工业化时代

BG17&BG17.Pn1 细节

BG17 1825 继位登基版别：

1) 银质阴文边铭样币 BG17.Pn1 及细节，对应《AKS 目录》编号 AKS113，样币正面国王头像非 C.VOIGT 雕模，所以样式不同，周圈铭文写法稍同 "LUDWIG I KOENIG VON BAYERN"

   样币背面为登基典礼场景，但细节不同，周圈铭文不同，标注时间也不同 "BESCHWÖRT DIE VERFASSUNGS URKUNDE AM 19TEN OCTOBER / 1825"；边铭标面额 "ZEHN EINE FEINE MARK"

2) 金质齿边后铸币 BG17.Pn2，48.59g，边饰铭文标注 "1902"

版别1）J.B. Stiglmaier 早期雕模样币 BG17.Pn1，对应 AKS113，Kahnt76c

版别2）1902年为收藏家法拉利（Ferrari）后铸金质齿边样币 BG17.Pn2

BG18 1826 纪念科学家

历史协定泰勒（Geschichtskonventionstaler）
正面铭文：LUDWIG I KŒNIG VON BAYERN / ZEHN EINE FEINE MARK
背面铭文：DEM VERDIENSTE SEINE KRONEN / REICHENBACH
✠FRAUNHOFER / 1826
边饰：直齿
直径：38mm　重量：28.06g　含银量：83.3%，0.7515oz
书目编号：KM#721，Dav.558，AKS114，Kahnt77

年份	铸造量	美品	极美	未流通
1826	–	200	700	3 000

赖兴巴赫（左）和夫琅和费（右）

1826年，巴伐利亚两名杰出的科学家赖兴巴赫（Reichenbach）与夫琅和费（Fraunhofer）相继去世，这是巴伐利亚王国重大损失。巴伐利亚国王路德维希一世为纪念这两位科学家敕令发行一枚历史泰勒。币的正面是巴伐利亚国王路德维希一世头像，周圈铭文"路德维希一世，巴伐利亚国王/10枚合1马克纯银"。币的背面是赖兴巴赫（右向）与夫琅和费（左向）两人相对的侧面头像，周圈铭文"为有功者献上桂冠/赖兴巴赫 ✠ 夫琅和费 1826"。

格奥尔格·腓特烈·赖兴巴赫

格奥尔格·腓特烈·赖兴巴赫（Georg Friedrich von Reichenbach，1771—1826）为德国科学家和科学仪器制造商，1771年8月24日生于巴登的Durlach。赖兴巴赫的父亲是一位熟练机械工和加农炮镗孔工。赖兴巴赫两岁时，父亲成为一家加农炮生产厂的经理，全家搬到了曼海姆（Mannheim）。14岁时，赖兴巴赫进入曼海姆的一家军事院校开始学习，在那里他结识了曼海姆天文台的天文学家。他学习了数学和仪器制造技术，并希望能给父亲的工厂做一些小仪器。天文台的台长把赖兴巴赫制作的六分仪送给来访的英国爵士本杰明·汤普森（拉姆福德伯爵）。从此，赖兴巴赫在仪器设计方面开始崭露头角。在汤普森爵士500古尔登的资助下，19岁的赖兴巴赫受选帝侯卡尔·泰奥多尔委派去英国伦敦游学，以研究英国机械。在那里他被引荐给著名工程师詹姆斯·瓦特（James Watt）和马修·博尔顿（Matthew Boulton）。尽管瓦特刻意保守了蒸汽机的设计细节，但赖兴巴赫仍然画出了多张蒸汽机的草图，此后赖兴巴赫被认为是巴伐利亚的蒸汽机先驱。赖兴巴

慕尼黑名人堂里的赖兴巴赫胸像

巴伐利亚盐水管线建设 350 周年纪念邮票（从 Bad Reichenhall 到 Traunstein，赖兴巴赫 1817 年组织建设了从 Bad Reichenhall 到 Berchtesgaden 段）、赖兴巴赫发明的水柱机

赫还接触到很多光学显微技术方面的高手，向他们学习了英国仪器的制造技术，并且在英国的一家钢铁厂当了一段时间的工程师。英伦之行让他受益匪浅。1793 年 5 月，赖兴巴赫回到德国，在他父亲的帮助下尝试提高曼海姆和慕尼黑的兵工厂的制造水平。

1800 年前后，赖兴巴赫随巴伐利亚军队出征，并被授予炮兵团长头衔。此后，他设计了一种高精度的圆形分度仪，利于提高望远镜的精度。后来天文学家贝塞尔（Bessel）测量了一下利用这种分度仪所做镜头的精度，只有 0.325 弧度的误差。因为在那个时代，人们缺乏精确的地图，无论是政府的规划，还是军事方面的要求，都严重依赖于这些测量仪器。于是 1802 年，赖兴巴赫和乌兹施耐德在慕尼黑合资开设了研制大地测量、地质勘探方面的仪器车间。赖兴巴赫自己还设计了很多仪器，放在店铺里准备出售，但这些仪器大多都依赖于一些关键的精密光学部件，而后夫琅和费的加入，则成功解决了这一难题。

1811 年，赖兴巴赫从军队退役，进而全身心投入到科学工作中。1814 年，赖兴巴赫从合资的公司撤出股份，与 T.L.Ertel 合作办了一家光学企业，并且与巴伐利亚政府签署了一份工程合同。1817 年由他设计建设了从巴特赖兴哈尔到贝希特斯加登长达 25 公里的盐水管线。为了克服 356 米的高度差，他还成功发明了水柱机来解决这一难题。当时巴伐利亚国王马克西米利安一世根据赖兴巴赫的功绩给他加官晋爵，赋予其贵族身份。

1821 年赖兴巴赫退休。1826 年 5 月 21 日在慕尼黑去世，葬在慕尼黑的 Alter Südfriedhof。不久同事夫琅和费也随他而去。

约瑟夫·夫琅和费

约瑟夫·夫琅和费（Joseph Fraunhofer，1787—1826）德国物理学家，1824 年被授予骑士爵位，成为贵族（在名和姓中间加 von 表示贵族，即 Joseph von Fraunhofer，常译为"约瑟夫·冯·夫琅和费"）。夫琅和费从一个光学学院的工人成为该学院的负责人，自己设计制造了许多光学仪器，如消色差透镜、大型折射望远镜、衍射光栅等，取得了当时光学界非常了不起的成就。夫琅和费集理论科学和实践工程于一身，把理论与丰富的实践经验结合起来，对光学和光谱学作出了重要贡献。夫琅和费最具影响力的贡献是发现并研究了太阳光谱中的黑暗特征谱线，即夫琅和费线。

慕尼黑名人堂里的夫琅和费胸像

1787 年 3 月 6 日，夫琅和费出生于巴伐利亚施特劳宾的一个玻璃工匠世家。父亲弗朗茨·夫琅和费（Franz Xaver Fraunhofer）是一位高级玻璃工艺匠人，母亲玛利亚·安娜·弗罗利希（Maria Anna Frohlich）。夫琅和费是他们的第 11 个孩子，也是最小的一个。那个时代的观念是"每个家庭成员都要为家庭的生存而努力"，懂事的小夫琅和费经常到父亲的作坊里帮忙，随之也就对玻璃制造产生了浓厚的兴趣。因为各种原因，夫琅和费的 7 位兄长和姐姐先后去世。更加悲惨的是，在他10岁那年，母亲去世，第二年父亲也去世了。夫琅和费才11岁就成了孤儿。1799年8月23日，小夫琅和费被迫离开故乡，来到首都慕尼黑，并且在慕尼黑的一家玻璃作坊当了学徒。

1801年7月21日，夫琅和费人生的转折点不期而至。这天，夫琅和费住的房子忽然倒塌。老板菲利普的妻子在这场横祸中丧生，而夫琅和费因为一根横梁挡在身体上方而幸运地保住了性命，虽然也被埋在废墟里，却安然无恙。慕尼黑市出动大量人力实施救援。四个小时以后，巴伐利亚选帝侯马克西米利安四世（Maximilian Ⅳ Joseph，未来的巴伐利亚王国的首位国王马克西米利安一世）亲自带人将小夫琅和费从废墟中救了出来。小夫琅和费顿时成了慕尼黑的新闻人物。而改变他人生轨迹的两个重要人物也走进了他的生活，其中一个就是巴伐利亚选帝侯马克西米利安。马克西米利安十分爱护夫琅和费，为其提供了书籍和并让老板菲利普许诺给夫琅和费学

1801年7月21日年轻的夫琅和费被选帝侯马克西米利安四世从倒塌的房屋中救出

习的机会。另外一个人物就是约瑟夫·乌兹施耐德（Joseph von Utzschneider），他是著名的政客和企业家。就在事故发生的几个月之后，他就离开政坛与合伙人格奥尔格·腓特烈·赖兴巴赫一起专心于精密仪器和光学设备的制造。

选帝侯马克西米利安邀请夫琅和费到自己的宁芬堡（Nymphenburg）里做客。他不仅仅支持夫琅和费读书，还给了他一笔钱，并委托乌兹施耐德管理夫琅和费的财务。乌兹施耐德送给夫琅和费一些专业书籍，并给他讲授光学和物理方面的知识。八个月后，夫琅和费前往布兰本笃会修道院（Benediktbeuern）的光学学院学习。于是在选帝侯的资助和乌兹施耐德的帮助之下，夫琅和费开始了边学习边工作的生活。

1806年，夫琅和费来到乌兹施耐德和赖兴巴赫合开的慕尼黑科学仪器公司（Munich Philosophical Instrument Company）。这是当时世界上最有名的光学仪器制造公司。通过自己的努力，夫琅和费从熟练工人成长为公司的技术核心。在合伙人赖兴巴赫离开后，夫琅和费又成为公司的合伙人。从放大镜、三棱镜、显微镜、望远镜发展到天文台天文望远镜等大型天文设备，这时的公司已经能够稳定生产37类光学设备。经过夫琅和费的努力，巴伐利亚取代英国成为当时欧洲光学仪器的制造中心。

1813年时，夫琅和费又想到了曾经观测到的太阳光谱中的黑线。为了研究这些谱线，他发明了分光仪。用这种设备可以检测多种元素的发射光谱。他发现，不同的元素会沿着光谱在不同位置上留下谱线。另外，他还发现，月球和其他行星，以及太阳的谱线是一样的；而其他恒星的谱线则与太阳不同。经过大量实验，他记录下太阳的所有发射谱线。夫琅和费经过仔细甄别，总共分辨出574条线，并对其中最明显的8条线以A到H来标记，这些线被称作夫琅和费谱线，这种标记至今仍在使用。他把用电火花、不同的光源和星光等所做实验的

1987年德国发行夫琅和费诞辰200周年纪念邮票

夫琅和费墓碑

观察结果记录下来,并在1817年4月12日寄给巴伐利亚科学院,于同年发表。

1821年,他发表了平行光通过单缝衍射的研究结果(后人称之为夫琅和费衍射),做了光谱分辨率的实验,第一个定量地研究了衍射光栅,用其测量了光的波长,以后又给出了光栅方程。1823年,夫琅和费担任慕尼黑科学院物理陈列馆馆长和慕尼黑大学教授,慕尼黑科学院院士。1824年8月15日,夫琅和费被授予巴伐利亚王冠勋章、晋封骑士,成为慕尼黑荣誉市民。

当年乌兹施耐德和夫琅和费的公司雇用了五十多名员工,是当时世界上最先进的光学仪器公司。夫琅和费是集理论光学、玻璃制造与精密仪器制造等多种造诣于一身的科学工程巨匠,他对德国的光学工业产生了深远的影响。许多著名光学家,如佩茨瓦耳、斯坦海尔、阿贝,和一些光学公司诸如蔡司和莱茨等都直接或间接地受教或受益于夫琅和费。

由于夫琅和费是工匠出身,虽然他对自己的玻璃制造技术看得很重,但他却很少发表相关的文章。也正因如此,尽管他已成为慕尼黑科学院院士,却一直不被学术界认可,而只是称他为工匠,甚至也不邀请他做演讲或者参加会议。但夫琅和费一直持续着自己的实验研究,直到1826年6月7日,他因肺结核医治无效去世。三天后,他安葬在同事赖兴巴赫墓地的旁边。墓碑上雕刻着一架远望镜。

夫琅和费和赖兴巴赫都是那个时代著名的科学家和科学仪器制造者,为巴伐利亚王国作出了重要的科学贡献。借席勒《欢乐颂》中的一句话(刊于钱币之上)表达对两位科学家崇高的敬意:"DEM VERDIENSTE SEINE KRONEN(为有功者献上桂冠)。"

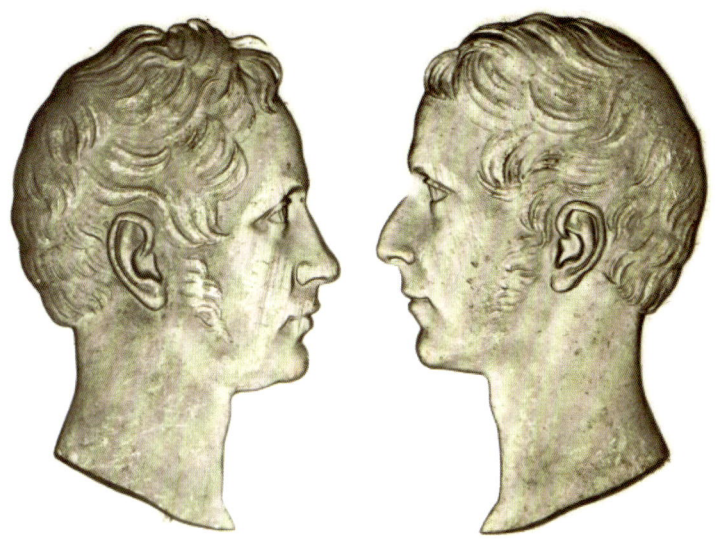

BG18 细节：赖兴巴赫（右向）和夫琅和费（左向）

~~~~~~~~~~~~~~~~~~~~~~~~~~~~~

BG18 1826 纪念科学家版别：
1）背面单面锡质试样 BG18.TS1，对应《KM 目录》编号 TS1
2）边饰标"1903"年份的金质后铸币

版别1）编号 BG18.TS1 的背面单面锡质试样，对应《KM 目录》编号 TS1

BG19 1826 慕尼黑大学搬迁

历史协定泰勒（Geschichtskonventionstaler）
正面铭文：LUDWIG I KŒNIG VON BAYERN / ZEHN EINE FEINE MARK
背面铭文：VERLEGUNG DER LUDWIG MAXIMILIANS HOCHSCHULE
　　　　　VON　LANDSHUT NACH MÜNCHEN 1826

边饰：直齿

直径：38mm　重量：28.06g　含银量：83.3%，0.7515oz

书目编号：KM#722，Dav.557，AKS115，Kahnt78

年份	铸造量	美品	极美	未流通
1826	–	200	700	3 000

兰茨胡特和慕尼黑当时的纹章

1826年，在登基不久的巴伐利亚国王路德维希一世命令下，路德维希－马克西米利安大学搬迁到了首都慕尼黑，从此这所大学就被简称为慕尼黑大学。巴伐利亚国王路德维希一世为纪念这一重要时刻敕令发行历史泰勒一枚。币的正面是巴伐利亚国王路德维希一世头像，周圈铭文"路德维希一世，巴伐利亚国王/10枚合1马克纯银"。币的背面刻有一圈月桂枝花环，标志着大学培育人才的神圣使命，也寓意大学培养的各种人才即将崭露头角。花环左侧为兰茨胡特当时的纹章（兰茨胡特又名三盔之城）；花环右侧为慕尼黑1818—1835年的纹章，王国城门下有一扶盾持剑的雄狮，盾牌上刻有一修士。花环中央是该币的发行主旨"路德维希－马克西米利安大学从兰茨胡特搬迁到慕尼黑1826"。

慕尼黑大学的全称是"路德维希－马克西米利安慕尼黑大学"（Ludwig-Maximilians-Universität München，简称LMU）。它是德国一所出类拔萃的研究型大学，以其悠久的历史和浓郁的文化气息闻名遐迩。1472年6月26日，巴伐利亚－兰茨胡特公爵路德维希九世（Ludwig Ⅸ，即富有的路德维希九世）在罗马教皇庇护二世（Pius Ⅱ）特许之下，在距

路德维希公爵九世参加大学的成立庆典

大学创始人路德维希公爵九世（左）和选帝侯马克西米利安四世（右）

离慕尼黑一百多公里的英戈尔施塔特（Ingolstadt）创立了老巴伐利亚（Altbayern，巴伐利亚的核心）地区的第一所大学——英戈尔施塔特大学（Hohe Schule zu Ingolstadt）。这也是当时神圣罗马帝国的第 11 所大学。创立之时，大学只有哲学、法学、神学、医学四个学院。大学管理方式以及教师的聘任制度都以巴黎大学和维也纳大学为模板，甚至教师在授课时都使用拉丁文。大学在欧洲文艺复兴时期得到了蓬勃发展。

1800 年，迫于法军对英戈尔施塔特的威胁以及减少天主教会对教职工的侵蚀，在巴伐利亚选帝侯马克西米利安四世·约瑟夫（Maximilian IV Joseph，后来的巴伐利亚国王马克西米利安一世）命令下，大学从英戈尔施塔特迁往距慕尼黑城六十多公里的兰茨胡特（Landshut）。而且大学一反保守和抗拒改革的倾向，各院系积极吸收欧洲启蒙运动思想，聘请北德意志地区和信奉新教的教授来校任教。1802 年，选帝侯以他自己和学校创始人路德维希公爵的姓名将大学命名为"路德维希－马克希米利安大学"，并一直沿用至今。从那时起，大学的发展转向了自然科学领域。虽然在兰茨胡特仅仅驻留了二十多年，但大学在这里却取得了长足的进步，为大学今后成为巴伐利亚王国科学研究和教育的典范打下了基础。

1826年，巴伐利亚新国王路德维希一世（Ludwig I）的新举措就是把大学迁至慕尼黑。也就从那时起，大学就和这座城市紧密连接起来，并被简称为慕尼黑大学。大学从此开始进入到一个学术发展壮大的时期，引入了一系列新的研究领域，并建立了多个新院系。重视教育的路德维希一世对慕尼黑大学关爱有加，甚至将自己的王宫借给大学当校舍。但1848年慕尼黑革命时，慕尼黑大学成了逼迫路德维希一世退位的主战场。

当时，国王的情妇劳拉·蒙特斯（Lola Montez）自1846年以来一直插手政府事务，并且对政府政策的影响越来越大。她在政府中的支持者与反对者爆发了冲突，导致内阁改组、慕尼黑大学教授被解雇。1848年2月，亲劳拉的学生组织阿莱曼尼亚（Alemannia，或称劳拉曼宁Lolamannen，意为劳拉个人卫队）与反劳拉的教授和学生派系发生冲突。路德维希一世在2月9日下令关闭慕尼黑大学，并将所有非慕尼黑市籍的学生都驱逐出城。但这些措施加剧了市民的抗议活动，并引发进一步的骚乱。当时

大学在兰茨胡特期间被安置于多米尼加修道院

群众的诉求不再是重新开放大学这么简单,而是将矛头指向了劳拉·蒙特斯和路德维希一世。2月11日,国王被迫开放慕尼黑大学。但抗议的氛围依然紧张,而法国二月革命成功的消息又增添了威胁性。最后在1848年3月19日,国王终于承认失败,让位于他的儿子马克西米利安二世。

追求真理的办学宗旨

多年来慕尼黑大学一直秉承"崇尚真理与自由"的办学理念,践行"学术至上、民主管理"的建校诺言。即使在战争年代,慕尼黑大学的自由之花仍勇敢绽放。二战期间,法西斯的乌云笼罩了德国,大批学生被迫充军,80%的校舍成为废墟。当诸多大学都在保持沉默的时候,慕尼黑大学是第一个起来反抗纳粹统治的大学。1943年慕尼黑的一朵"白玫瑰"在广大师生中绽放,她的芬芳至今还留在世界反法西斯斗争史上。"白玫瑰"是一个反纳粹的组织,慕尼黑大学的库特·胡伯教授和他的学生绍尔兄妹(哥哥汉斯,妹妹索菲)都是"白玫

英戈尔施塔特的神学院

瑰"组织的主要人物。并且为了追求真理和正义，胡伯教授和绍尔兄妹不惜献出了自己宝贵的生命，他们成为慕尼黑大学的骄傲。2003年11月28日，德国电视二台（ZDF）的专题节目"德意志俊杰"，评选德国历史上最优秀的十大名人，由观众电话进行现场评选。结果在只有9 000万左右人口的德国，绍尔兄妹获得了500万人支持，排名第四，仅次于德国前总理阿登纳、宗教改革领袖马丁·路德、共产主义理论奠基人马克思之后。排在其后的则是前总理勃兰特、巴赫、歌德、约翰内斯·古登堡、俾斯麦以及爱因斯坦。

慕尼黑大学对真理与民主的执著追求不仅蕴含在二战期间其对法西斯势力不屈不挠的革命斗争中，还充分体现在"教授治校"和"学生本位"的办学理念中。慕尼黑大学最高议事决策权力机构是大学评议大会。其代表组成中，教授占绝大多数，多于其他人员的总和，享有很高的议事决策权；学生占比仅次于教授，同其他评议大会代表一起负责制定和修改大学的校规和章程，选举产生大学校长和副校长，组成校务领导委员会，并听取该委员会的工作报告。

大学在首都慕尼黑市的主楼

白玫瑰核心成员索菲·绍尔

建校五百多年来，慕尼黑大学的校长几乎都是从德高望重的教授中选举而来，且校长并非纯行政职务，只是"兼职"，任职期间仍须教学和科研。从职位上"退休"后，还要回到学院或研究所继续从事其专业研究。正是慕尼黑大学这种自由民主、学术至上的风气营造了浓郁的学习和科研氛围，使其成为生产知识的乐土。

辉煌璀璨的科研成果

学院是慕尼黑大学的基本组成单位，迄今慕尼黑大学已有20个学院。这些学院中包含178个研究所以及医学院实习诊所。不

慕尼黑大学的胡伯教授和绍尔兄妹广场

慕尼黑大学校徽

过这些院系并不像传统意义上的大学那样规规矩矩、整齐有序地排列在一个有大门有围墙的校园中,而是分散在慕尼黑城的各个角落,可以说整个慕尼黑城都是慕尼黑大学的校园。慕尼黑大学又以浓郁的人文气息著称于世,社会科学学院和法学院名扬天下。社会科学学院历史悠久,课程涉及社会学、政治学及传播学的核心领域,目前是慕尼黑大学的第三大学院。西方社会学奠基人马克斯·韦伯(Max Weber)曾于1919—1920年在此任教。慕尼黑大学的法学院是德国南部最大、最知名的法学院,是培养政坛领袖的摇篮,德国联邦议会的议员多半出身于此,德意志联邦共和国第一任总理、著名的法学家阿登纳就曾在此学习法律和政治。慕尼黑大学的法学院历史悠久、学风严谨,对希腊法律的创制、发展,以及当代诸多国家的法律体系建设具有重大影响。

慕尼黑大学在自然科学领域的研究成果也是举世瞩目,其中物理学院、化学学院和医学院成绩斐然。目前已有13人获得过诺贝尔奖,其中包括第一届诺贝尔物理学奖获得者、前慕尼黑大学物理学院教授及实验物理研究所所长的威廉·康拉德·伦琴(Wilhelm Conrad Rontgen);德国著名物理学家、量子力学的创立人海森堡(Werner Heisenberg);1905年诺贝尔化学奖得主、近代染料分子结构的发现者和合成塑料的创制人阿道夫·冯·拜尔(Adolf von Baeyer);1973年诺贝尔生理学或医学奖得主卡尔·冯·弗里希(Karl von Frisch)等。

慕尼黑大学不仅孕育了一大批科学巨匠,还拥有世界领先的科研成果。由慕尼黑大学与慕尼黑科技大学联合建立的粒子加速器实验室取得过世界级的成就;慕尼黑大学的生物学院建有欧洲最大的生物技术中心,正是在这里诞生了德国第一头克隆牛;德国第一例心脏和骨髓移植手术在慕尼黑大学医学院宣告成功……诸多成就不胜枚举。

除了上述一些历史悠久的学院外，慕尼黑大学仅有20年院龄的企业经济学院也取得了很高的成就。该学院注重学术与实践相结合，一反欧洲大陆只重学术而轻实践的传统，所开设的课程与社会的经济运行紧密契合。该学院积极借鉴美国大学MBA课程经验，成为大学教学改革中的佼佼者。此外，慕尼黑大学的林学院、兽医学院也都办得有声有色，为德国的经济生活和农业生产作出了巨大贡献。2006年10月13日，慕尼黑大学被德国研究联合会和德国科学委员会组成的联合评审委员会授予"精英大学"的头衔。

如今经历了五百多年风雨沉浮的慕尼黑大学像一位洗去一身铅华的贵族老人，散去历经沧桑的感慨与惆怅，有的只是锐不可当的蓬勃朝气，他要把自由的芬芳、真理的气息散播到世界的各个角落！

BG19 细节

~~~~~~~~~~~~~~~~~~~~~~~~~~~~~

BG19 1826 慕尼黑大学搬迁版别：

1）有锡质齿边样币存在

2）有金质齿边后铸币存在，并标记后铸年份"1903"

3）有背面单面锡质试样 BG19.TS1，《KM 目录》编号 TS2

慕尼黑市 1808 年至今的纹章，其中黑袍修士为"慕尼黑之子"（Münchner Kindl）

BG20＆21＆22＆23 1827—1835 德意志关税同盟

第三章　路德维希一世

 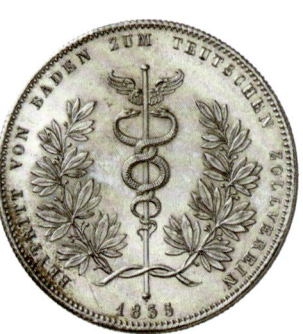

历史协定泰勒（Geschichtskonventionstaler）
正面铭文：LUDWIG I KŒNIG VON BAYERN / ZEHN EINE FEINE MARK
背面铭文：BAYERISCH-WÜRTEMBERGISCHER ZOLLVEREIN
GESCHLOSSEN 1827 （BG20）
HANDELSVERTRAG ZWISCHEN BAYERN, PREUSSEN,
WÜRTEMBERG UND HESSEN / 1829 （BG21）
ZOLLVEREIN MIT PREUSSEN, SACHSEN, HESSEN U.
THÜRINGEN / 1833 （BG22）
BEYTRITT VON BADEN ZUM TEUTSCHEN
ZOLLVEREIN / 1835 （BG23）

边饰：直齿
直径：38mm　重量：28.06g　含银量：83.3%，0.7515oz
书目编号：KM#731，Dav.559，AKS116，Kahnt79　　（BG20）
　　　　KM#738，Dav.564，AKS124，Kahnt84　　（BG21）
　　　　KM#762，Dav.569，AKS128，Kahnt89　　（BG22）
　　　　KM#766，Dav.573，AKS132，Kahnt92　　（BG23）

年份	铸造量		美品	极美	未流通
1827	–	（BG20）	200	400	1 000
1829	–	（BG21）	220	500	1 800
1833	–	（BG22）	250	550	1 800
1835	–	（BG23）	180	600	1 750

德意志关税同盟 150 周年（1983 联邦德国邮政）

德意志关税同盟是 1834 年在普鲁士领导下建立的一个统一关税区。最初包括德意志的 18 个邦国,至 1854 年基本上扩展到德意志全境。关税同盟的建立促进了德意志地区资本主义经济的发展,对德意志民族的政治统一产生了重要影响。

历史背景

19 世纪初,德意志地区的政治经济状况发生了重大变化,其受到法国资产阶级大革命的影响,尤其与拿破仑对德意志的统治紧密相关。

1792 年,奥地利和普鲁士联军向革命的法国进攻,妄图扼杀革命。法国进行反击,占领了德意志的莱茵河左岸地区,并在那里废除了农奴人身依附关系,实行了封建赋税和徭役的改革。

1799 年,大资产阶级的代表拿破仑成为法兰西的统治者,成功地执行了扩张主义政策。当时的德意志诸侯各霸一方,虽冠有"神圣罗马帝国"的称号,实际上分裂为 360 多个独立的封地。封建割据的德意志成为拿破仑扩张的首要目标。1803 年,拿破仑胁迫神圣罗马帝国的雷根斯堡议会作出决议,一举取消 112 个小邦国,使法国占领下的莱茵地区成为统一体。1806 年 7 月,拿破仑组织了"莱茵邦联",把巴伐利亚、符腾堡、巴登、萨克森等 21 个邦国置于他的"保护"之下。8 月,他迫使奥地利皇帝弗朗茨取消"神圣罗马帝国"皇帝的头

1834 年前德意志地区关卡林立,有些国家实在太小以至于运输者在一天内需要两三次卸装货

衔。从此，"神圣罗马帝国"寿终正寝。同年10月，他又击溃普鲁士，从而控制了除奥地利以外的整个德意志。拿破仑对德意志的扩张，在客观上大大削弱了德意志的封建割据，对德意志民族的统一起到促进作用。

拿破仑把资产阶级的原则带到了德意志。在他控制的地区，封建制度被铲除，资产阶级的立法《拿破仑法典》成为这些地区法律。1807年以后，在拿破仑允许下，普鲁士和莱茵邦联的大部分邦国相继进行针对封建农奴制度的改革。这些改革为资本主义的发展扫清了道路。同时，拿破仑针对英国实行的"大陆封锁"政策，也为德意志民族工业的发展创造了有利条件。这一政策阻止了英国商品对欧洲大陆的倾销，减少了最发达资本主义国家的竞争，促使德意志的萨克森和西里西亚地区出现了发达的棉、麻纺织业，莱茵地区的采矿、冶金与金属加工工业也得到迅速发展。

1815年欧洲列强最终战胜拿破仑，以"神圣同盟"为代表的反动势力在欧洲各处恢复封建秩序。1815年6月15日，在列强重新划分势力范围的维也纳会议上，"德意志邦联"成立。这是一个由39个独立邦国、自由市组成的联盟，它的主旨是"要保持德意志内外的安全和德意志各邦的独立、不可侵犯"。其实质是保持德意志的分裂状态。邦联的常设机构是设在莱茵河畔法兰克福市的邦联议会，根据盟约的规定，奥地利的代表为议会常任主席。从1815到1848年间，奥地利首相、著名反动政客梅特涅始终把持着邦联议会的领导权。恩格斯说："不错，德意志邦联曾宣称是永远不可分割的，但邦联和它的代表机关邦联议会，却从来没有代表过德国的统一。"

维也纳会议还对德意志的领土作了划分。普鲁士由于在反拿破仑战争中的贡献，而得到了莱茵 - 威斯特伐利亚地区和半个萨克森王国。它成为几乎占有德意志全部工业发达地区、领土横贯东西德意志的大邦。相反，作为邦联盟主的奥地利失去了它在1793年占有的莱茵地区的领地，换得了意大利的伦巴第和威尼斯地区。它的经济重心已完全偏离了德意志。这对于以后关税同盟的建立，乃至普鲁士在德意志霸权的确立，产生了重要影响。

李斯特、德意志商人和工厂主协会

在欧洲大陆,除分裂割据的德意志外,其他一些政治统一的国家都有一个巩固的国内市场,而且实行着保护关税的贸易政策。例如奥地利对输入的外国工业品几乎都要征收高达60%的进口税。而德意志的30多个独立的邦国却设置了百余条关税线,仅普鲁士自身就有60条关税线,致使德意志内部贸易陷于瘫痪。

这些邦国对输入的工业品实行15%以下的低关税率,对成本低廉的英国工业品的倾销几乎没有阻碍作用。1814年,英国棉纺织品的输入量就超过德国自己的产量。德国著名经济学家腓特烈·李斯特写道:"在这个国度中大多数工厂或濒于萎缩,或苟延残喘,集市与市场都被外国产品所淹没;大部分商人已无所事事。"

面对严酷的现实,德意志资产阶级掀起了促进德国经济统一的运动。早在"德意志邦联"的盟约中,资产阶级已提出"促进德意志经济统一"的条款。1817年莱比锡博览会时,来自德国各地的五十多名工厂主和商人集会讨论对英国商品的抵制措施。1819年在莱茵河畔法兰克福的交易会上,来自巴伐利亚、萨克森、符腾堡、巴登、纽伦堡以及黑森-达姆施塔特等邦的七十多名工厂主和商人联合签名,由腓特烈·李斯特起草了一份致邦联议会的请愿书,要求邦联议会采取果断措施严禁英国商品输入,并敦促尽快废除德国内部所有关税线,实现经济统一。

呈交请愿书10天以后的4月24日,"德意志商人和工厂主协会"宣告成立。其宗旨是"在法律允许的范围内促进德国贸易和工业的发展"。它倡导建立全德关税区,主张振兴民族工业。协会在全德各邦的重要城市和地区都派有通讯员,随时掌握当地的贸易动向、经济

1869年北德意志邦联北部使用的1格罗申邮票
1869年北德意志邦联南部使用的7克鲁泽邮票

情况以及各邦政府对经济统一的态度。它还派出代表团向各邦的统治者阐述协会的主张,谋求支持,以改变德国的经济现状。李斯特创办了协会报纸《德国工商界报》作为资产阶级要求经济统一的喉舌。德意志的许多政治家在上面发表文章对协会表示支持。1820年前后,协会主席约翰·谢尔及协会代表先后受到普鲁士首相、巴伐利亚、符腾堡等邦君主的接见,以示支持。

但是,德意志邦联的盟主奥地利及其首相梅特涅却对协会持敌视态度。梅特涅认为李斯特的主张带有"煽动性和革命性",因此,协会在奥地利境内被宣布为非法,成员受到迫害。奥地利实行的保护关税政策隔绝了它同德意志的经济联系,同协会所倡导的全德统一关税的主张格格不入。在这种情况下,资产阶级所期望的通过邦联议会促进德国经济统一是不可能实现的,只能依赖于经济扩张得以实现。

1818年普鲁士新关税法

普鲁士是德意志的大邦,但它从来就不是一个经济统一体。普鲁士的状况是当时德意志的缩影。

由于普鲁士几乎占有德意志全部最发达的工业区,英国商品的倾销自然对它的打击最沉重。关卡林立严重阻碍了普鲁士内部贸易的正常进行,又刺激起猖獗的走私活动,使普鲁士政府的财政蒙受损失。再者,普鲁士军费负担沉重,政府力不从心。在这种情况下,关税问题成为普鲁士发展经济和解决政府财政危机的焦点。改革势在必行。

1818年5月26日普鲁士国王威廉三世正式颁布了普鲁士的新关税法。其主要内容是:废除普鲁士境内的所有关税和关卡,在王国的边界上建立统一的关税线;规定了外国产品的进口税:一般原料免税,工业产品、消费

德国经济学家腓特烈·李斯特

品征收 10% 进口税，殖民地产品征收 20% 到 30% 进口税，过境货物按同等等级征税；盐及其制品和纸牌为国家垄断商品，禁止进口。新税法包括 29 条关税法，394 条执行规定和两部税率表。它最初分为普鲁士东部、西部两种税制，东部关税略高于西部，并分别于 1818 年 9 月 5 日和 1819 年 1 月 1 日生效。

1821 年这两种税制合二为一，成为普鲁士王国的统一关税。

普鲁士政府严格执行新关税法，它的 394 条执行规定十分详细，甚至连普鲁士的边界线和关税线之间应有几百米的距离，进口货物的纳税方法和监督措施都有明确的规定。这样，统一的国内市场建立了起来，普鲁士王国第一次成为经济的统一体。普鲁士的工业也摆脱了层层关卡的束缚，获得了发展的空间。新税法所规定的关税率虽然不高，还谈不上是保护关税，但是如果考虑到普鲁士以前混乱的、漏洞百出的关税状况，那么新税法无疑对它的工业起到了保护作用。新税法的最大受益者是工厂主们。因此，恩格斯称新税法是"政府对资产阶级的第一次正式承认"。

1818 年的关税改革是 19 世纪初普鲁士资产阶级改良运动的一部分。它为普鲁士的资本主义发展创造了统一的国内市场，对整个德意志贸易状况及经济形势产生了重要影响。从此，普鲁士开始了在德意志的经济扩张。

普鲁士的地理位置十分重要，它控制着中欧地区从荷兰到东欧、从莱比锡到莱茵河畔法兰克福的交通线，以及东欧的粮食输出口岸。德意志内部南北之间的贸易完全要通过它的领土进行。当时，运入普鲁士的货物有一半是过境货物。

由于普鲁士的重要地理位置，新关税法的实施影响到整个德意志的贸易。首先，普鲁士邻邦的走私贸易锐减。其次，新税法规定的工业品税，以及以重量与体积征税的方法使大多数德意志邦国受到损失，因为它们往往向普鲁士输出粗制品。这也使得各邦对普鲁士的出口贸易减少。第三，普鲁士的关税线阻塞了南北各邦贸易的传统通道，使萨克森等邦国的贸易陷入困境。新税法引起了德意志内部贸易的极大混乱。

各邦一致抨击新关税法，称它是普鲁士对德意志的贸易讹诈。1819 到 1828 年间德意志各邦纷纷修改自己的关税体制，或寻求相互间建立关税联盟来对付普鲁士的新关税法。

三个地区性关税同盟

早在1819年底德意志邦联成员讨论经济形势的会议上,巴伐利亚、符腾堡、巴登等邦的代表就为建立它们之间的关税同盟问题进行了接触。

1820年5月,巴伐利亚、符腾堡、巴登、黑森-达姆施塔特、萨克森-魏玛等图林根邦国的代表聚会于达姆施塔特,讨论建立统一关税区的问题。这次会议持续了近三年的时间。

1823年夏,东道主黑森-达姆施塔特退出会谈,至此达姆施塔特关税谈判失败。究其原因,是因为会谈的各邦由于经济状况不同对关税同盟的看法存在着深刻的分歧。巴伐利亚和符腾堡等拥有较强工业基础的邦国希望同盟能起到保护自身工业发展的作用;而巴登、拿骚、黑森-达姆施塔特等经济落后的邦国则希望有一个自由贸易区,谈判解决不了彼此的根本分歧。此外,巴伐利亚和巴登之间对斯庞海姆等普法尔茨属地的争夺,使彼此间的关系不断紧张,也使关税谈判逐渐陷入僵局。

但漫长的谈判过程也让与会各邦找到了各自的盟友。图林根邦国在1822年12月率先达成协议《阿恩施塔特条约》(Treaty of Arnstadt)。1824年9月10日,黑森-达姆施塔特和巴登之间的谈判很快就达成了一项贸易条约,协调了两邦的海关税法,确定了相互贸易中一些产品的关税减免规则。同年11月,两邦签署《海德堡议定书》,就联合海关方案达成一致。巴伐利亚和符腾堡则于1824年10月就联合海关草案达成一致。凭借各邦对关税同盟的热切期盼,1825年2月,巴伐利亚、巴登、黑森-达姆施塔特、拿骚和符腾堡在斯图加特重启关税同盟谈判。然而,同样由于各邦经济基础和利益诉求的差异,以及巴登和巴伐利亚之间斯庞海姆问题的恶化,与会各邦仍无法就关税政策达成协议。1825年8月6日后巴登、拿骚、黑森-达姆施塔特的谈判代表先后脱离了斯图加特会议。斯图加特关税谈判以失败告终。

1827年4月12日,巴伐利亚和符腾堡两国政府签署了贸易互惠和运输临时协定。并邀请巴登、拿骚、黑森-达姆施塔特三邦加入,但遭到三邦政府的拒绝。

4月17日，巴伐利亚、符腾堡两国国王批准了该临时条约，并全文发表在《政府公报》上。

该临时条约规定了两国海关联系和贸易体系：解散接壤边境的海关；入境、过境和出境时的海关关税被联合征收；条约有效期内不得与他国签署单方面的贸易协定。该条约规定非常详细，比如第五部分中一款：对方领土内的花园、葡萄园、田野、草地、树林等的土地上的天然物产可直接过境，双方出入境海关相互放行。

1828年1月18日，该临时条约被正式条约取代。1月31日，正式条约得到两国国王的确认。巴伐利亚王国外交大臣岑特纳男爵（Freiherr von Zentner）受国王路德维希一世之命监督条约执行情况。

巴伐利亚和符腾堡这两个工业较发达的邻邦建立了关税同盟，史称"南德关税同盟"（Süddeutschen Zollverein）。南德关税同盟采取了高额保护关税措施，以对付来自普鲁士和外国的贸易竞争。

BG20 1827 与符腾堡关税同盟

为纪念巴伐利亚、符腾堡两王国结成关税同盟，国王路德维希一世敕令发行相关历史泰勒一枚。该币的正面是巴伐利亚国王路德维希一世右向头像，周圈铭文"路德维希一世，巴伐利亚国王/10枚合1马克纯银"。币的背面是两支用丝带捆绑在一起的丰饶角（Cornucopias）。丰饶角采用喇叭花造型，角尖在下，设计成花托样式；丰饶角开口向上，顶端溢出小麦等农产品以及葡萄、梨等水果，象征两国自此五谷丰登、物产丰富。两只丰饶角之间树一根墨丘利权杖（Caduceus），它是商业、贸易、利润的象征，也称为商神权杖，是商神墨丘利的手持之物。权杖顶端生有双翅，下有正在撕咬的两条蛇被权杖分隔开，亦表贸易双方因利而合。周圈铭文"巴伐利亚－符腾堡间关税同盟/缔结于1827"。边饰直齿。

该币另有雕模师约翰·巴蒂斯特·斯蒂格迈尔（J.B. Stiglmaier）的早期设计和试制币，在《AKS目录》中编号为AKS117。该试制币除正面路德维希一世头像不同外，背面的丰饶角设计亦不同：两支丰饶角无飘带捆绑，以互扭自结，端口为左右朝向，其中溢出小麦、鲜花、水果，葡萄曳藤自然垂下。其下以横线分界并以罗马纪年刊铸结盟年份"MDCCCXXVII"，其阴文边铭"ZEHN EINE FEINE MARK"。

由于对斯图加特谈判的失望、对巴登海关系统变化的应对，以及对普鲁士贸易的严重依赖，财政困难的黑森－达姆施塔特最终不得不在1826年初终止了与巴登的贸易条约，并转而向普鲁士靠拢。在黑森－达姆施塔特同普鲁士签订贸易互惠商约遭拒后，黑森－达姆施塔特被迫实行普鲁士新关税法，加入了普鲁士关税区。1828年2月14日，双方签订条约。条约规定：达姆施塔特实行普鲁士的关税法，它的税收机构在普鲁士人的指导下进行改组，双方的关税收入按人口比例平均分配。这个条约还包含了秘密条款，即由普鲁士来掌握达姆施塔特的财政机构。这样，达姆施塔特虽然保住了自己的经济利益，并因关税收入而改善了财政状况，但丧失了部分主权。对普鲁士来说，这是它经济扩张的第一个重大胜利。普鲁士外交大臣爱希霍尔在给国王的报告中指出，"那些小邦都将沿着同样的道路前进，来依附于我们周围"。

南德关税同盟、普鲁士与黑森－达姆施塔特的结盟谈判和条约的签订，加快了德意志各邦之间谋求经济联合的步伐。

南北德两大关税同盟的出现使那些零散的小邦，尤其是像中德地区的萨克森这样工业发达的邦，处境更加窘迫。萨克森面临南北两道关税壁垒的包围，工业品的输出和原料的输入受到阻碍。工厂主们在1828年曾两次上书国王，要求加入南部或北部两个关税同盟中的任何一个，以摆脱困境。可是萨克森国王和贵族集团却持反对态度，他们担心这样会失去统治权和在图林根地区的霸权地位。

1828年，中德各邦以及汉诺威、不伦瑞克等北部邦，由于对抗南德和普鲁士两个关税同盟而相互靠拢。8月22日，汉诺威、萨克森、黑森－卡塞尔、拿骚、不伦瑞克、奥尔登堡、法兰克福、不来梅及一些小邦的代表在卡塞尔集会，开始结盟谈判。12月8日，宣布成立"中德商贸同盟"。同盟协议中并没有规定统一的关税制，但达成最重要的内容却是禁止签约各邦同南、北关税同盟订立任何商约。

这样，在德意志出现了三个

同盟并存的局面。普鲁士以经济扩张来建立全德意志关税区的设想受到严重挑战，而奥地利政府对此感到满意。因为限制普鲁士的经济扩张，维持德意志的分裂局面，就意味着巩固了奥地利在同普鲁士争夺德意志霸权斗争中的地位。奥地利采取的高额保护关税政策隔绝了它同德意志各邦的经济联系，但分裂状况对它的经济发展影响不大。同时，它还可以利用自己控制的德意志邦联来对付普鲁士。分裂，还是统一，成为奥、普两强争夺德意志霸权斗争成败的关键。

1829年5月，普鲁士关税同盟和南德关税同盟签订交通与贸易条约。条约规定：在两个同盟之间修建两条公路；一些本地产品，如铁制品，可在两个同盟间自由贸易；棉纱或棉织品的关税降低25%。然而，这两个同盟之间有中德商贸同盟的成员邦国阻隔。所以必须要打开一条通道，协定才能付诸实施。为此，普鲁士财政大臣莫茨同图林根的两个小公国：萨克森-梅宁根和科堡进行接触。在普鲁士许诺给两个小邦以财政援助之后，双方达成协议，决定共同修建南北德之间的公路。同时，这两个小公国还答应在1835年1月中德商贸同盟条约期满之时，它们将加入普鲁士领导的关税区。通过1827年巴伐利亚国王路德维希一世和符腾堡国王威廉一世签订的关税条约，涵盖了南德主要地区，使600万人口受益。而根据1829年南德关税同盟和普鲁士关税同盟签订的商贸条约，则跨越南北德地区，涵盖了1800万人口。1829年7月25日，条约在巴伐利亚王国的《政府公报》中正式公布。

BG21 1829 四国商贸条约

就像1827年巴伐利亚与符腾堡结成关税同盟纪念一样，对于1829年南北四国签订商贸条约这一重大事件，慕尼黑造币厂亦受命发行历史泰勒一枚加以纪念。该币的正面是巴伐利亚国王路德维希一世右向头像，周圈铭文"路德维希一世，巴伐利亚国王/10枚合1马克纯银"。由于纪念主题相似，该币背面的主题图案设计和BG20也是相似的：图案的核心仍然是两支用丝带捆绑在一起的丰饶角。丰饶角开口向上，顶端溢出小麦以及葡萄、石榴、梨等水果。两支丰饶角之间树一根墨丘利权杖，只不过这次双蛇移到了权杖柄端，两支羽翅移到下端。在丰饶角四周是签约四国的盾形纹章，从顶端顺时针依次为巴伐利亚、符腾堡、黑森－达姆施塔特和普鲁士。纹章外周圈铭文"巴伐利亚、普鲁士、符腾堡和黑森间商贸条约1829"。边饰直齿。

面对南德关税同盟和普鲁士的接触、梅宁根及科堡对普鲁士的依附，中德商贸同盟的其他一些成员也采取了相应的对策。但随着1830年法国七月革命对德意志的影响，汉诺威和萨克森统治者迫于压力取消了1815年恢复起来的等级议会制，实行了立宪制度。黑森－卡塞尔的选帝侯威廉公爵被迫退位。这些变化给普鲁士的经济扩张提供了机会，因为小邦诸侯们迫在眉睫的问题是考虑如何增加经济上的收益，来巩固自己的统治。于是从1831年开始，萨克森－魏玛公国、黑森－卡塞尔同普鲁士签署协定，加入普鲁士的同盟。而中德同盟中经济最发达的萨克森王国和汉诺威、不伦瑞克及奥尔登堡却不置可否。但在1833年3月24日，随着萨克森王国加入普鲁士同盟，中德商贸同盟完全解体了。

德意志关税同盟

在黑森－卡塞尔加入普鲁士同盟之后，1832年12月，普鲁士关税同盟和南德关税同盟就开始了联合关税的谈判。这时，南德关税同盟的巴伐利亚与符腾堡的工业品的传统市场不是被普鲁士同盟囊括其中，就是阻隔在外。它们的南边和西边则是奥地利和法国两道高额关税壁垒，外国工业品输入关税都在50%以上。在这种独木难支的情况下，1833年3月22日，南德关税同盟与普鲁士关税同盟双方达成统一协定，条约于翌年1月1日生效。它规定按照普鲁士1818年新关税法的条款建立统一的关税区。1833年5月11日，萨克森－魏玛－艾森纳赫、萨克森－梅宁根、萨克森－阿尔滕堡、萨克森－科堡－哥达等所有图林根地区邦国也加入了这个协定。

1834年1月1日，在德意志三分之二的土地上，由18个邦，2 300万人组成的"德意志关税同盟"出现了。同盟条约第四条规定："在成员邦国的疆域内应具有统一的进口、出口和过境关税。"第六条规定："在各成员邦国之间将实行贸易和交通自由。"这样，在德意志核心地带，一个内部贸易自由、对外有统一关税的国内市场终于建立起来。

BG22 1833 五国关税同盟

为纪念南北两大关税同盟结成新的德意志关税同盟,慕尼黑造币厂亦受命发行历史泰勒一枚。该币的正面是巴伐利亚国王路德维希一世右向头像,周圈铭文"路德维希一世,巴伐利亚国王/10枚合1马克纯银"。币的背面是该币的主题图案:人格化的巴伐利亚女神着一席长袍,左手举丰饶角,右手持墨丘利权杖,寓意新的关税同盟带来贸易和财富;女神身旁为船首和船锚,象征货物运输通畅无阻。图案外周圈铭文为"与普鲁士、萨克森、黑森和图林根结成关税同盟1833"。边饰直齿。

关税同盟是一个以条约为纽带的经济联合体。1833年普鲁士与各邦订立的条约有效期为8年,1841年续订后条约的期限改为12年。其后,在1853和1865年,同盟条约又两次续订。在此期间,关税同盟的范围不断扩大。

1835年南德的巴登和拿骚、1836年自由市法兰克福也加入关税同盟。原中德商贸同盟的残余邦国奥尔登堡于1836年依附于普鲁士,到1852年汉诺威也加入了关税同盟。这时,除了汉堡、不来梅、吕贝克三个经营中介贸易的海港自由市外,德意志关税同盟扩展到了德意志全境。到1854年,普鲁士已基本达到了将"同盟建成一个包括所有邦国在内的,以共同关税和贸易体制维系的整体联盟"的目的。而奥地利作为同普鲁士争夺德意志霸权的对手,则始终被摒弃于关税同盟之外。

作为与巴伐利亚、符腾堡接壤的巴登大公国,早在1827年——巴伐利亚同符腾堡结为南德关税同盟之初,就是国王路德维希一世拉拢的对象。同在德国南部,三国又彼此接壤,从西向东连通整个德国南部,如果1827年结成关税同盟,必然意义重大。但巴登与巴伐利亚、符腾堡之间的经济基础不同步,且具体诉求差异较大。比如:在1820年11月底达姆施塔特的关税谈判中,巴登谈判代表卡尔·腓特烈·内贝尼乌斯(Karl Friedrich Nebenius)提出的关税同盟草案规定,共同的海关收入应根据居民人数和边界长度进行分配,这显然有利于巴登;而巴伐利亚作为面积最大的邦国，则推动根据居民人数和国土面积进行分配。另外，巴登与巴伐利亚间原普法尔茨领土问题横亘其中，两国关系恶化，协议也就无从达成。几番下来，巴登错失机会而无结果。以至最终差不多所有德意志地区都结成了关税同盟，才不得不迈出一步。

BG23 1835 巴登加入关税同盟

1834 年 10 月，巴登、巴伐利亚和符腾堡在慕尼黑举行商贸会议。随着对协议最后的细节达成一致，巴登在 1835 年 5 月加入了德意志关税同盟。作为邻国，巴伐利亚亦将从中受益匪浅。路德维希一世针对这一事件，发行了第四枚与关税同盟相关的历史泰勒。该币的正面是巴伐利亚国王路德维希一世右向头像，周圈铭文"路德维希一世，巴伐利亚国王/10 枚合 1 马克纯银"。币背面的主题图案和 BG20 非常相似：图案中间为象征贸易和商业的墨丘利权杖，两侧环绕以月桂枝。周圈铭文"巴登加入德意志关税同盟"，下标年份"1835"。铭文中德意志为古写法"TEUTSCHEN"，而不是"DEUTSCHEN"。

德意志关税同盟的意义

关税同盟的建立，打破了关卡林立、各自为政的割据局面，为铁路的发展提供了前提条件。1835 年，从纽伦堡到菲尔特的第一条长 6 公里的蒸汽铁路通车。1837 到 1839 年，从莱比锡到德累斯顿长达 150 公里的铁路建成。到 1860 年，全德铁路总长度达 11 633 公里。铁路网的出现和交通现代化无疑为德国的工业化创造了必要条件。

关税同盟的建立也为巩固普鲁士在德意志的霸权地位奠定了基础。与德意志邦联相比，普鲁士领导的关税同盟是一个能够统一行动的组织。在同盟建立之初，梅特涅已经预见到它对邦联的致命威胁。他说："在大联盟中出现了一个小的附加的同盟，它位于这个躯体最敏感的核心，邦联也只得很快适应这个赘物并走向灭亡。"在关税同盟中，各小邦都将自己的对外贸易和制定关税的权力交给了普鲁士。所以弗朗茨·梅林说：小邦"加入关税同盟就是普鲁士统治德国的开始"。

从关税同盟的组织形式上看，在 1867 年以前，它没有常设机构，决策机构是每年举行的同盟大会。在同盟会议上，每个邦国大致都

KM#570 1833 符腾堡加入关税同盟的纪念王冠泰勒"通过自由贸易协议"

KM#206 1836 巴登加入关税同盟的纪念王冠泰勒"为了人民的光明"

KM#160 1984 德意志关税同盟成立150周年纪念5马克

有一票表决权。在普鲁士打败奥地利之后,1867年关税同盟建立的德意志关税议会成为普鲁士的铁血首相俾斯麦领导下的北德意志邦联的附属机构。德意志各邦真正成了普鲁士的仆从。

关税同盟的建立对欧洲经济政治形势也产生了重大影响。在同盟成立之初,英国皇家贸易委员会的官员就指责它"实质上是抵制英国工业和贸易的一个联盟"。法国同样反对关税同盟。它不希望一个强大的普鲁士出现在边界旁。同时,法国的葡萄酒和丝织品对德意志的出口因此受到了限制。历史证明,关税同盟是普鲁士扩张政策的产物,而它的建立又造就了一个强大的普鲁士。从这个意义上可以说,它直接关系到普鲁士在完成德意志的统一过程中的领导地位。正如恩格斯指出的那样:"关税同盟是普鲁士的一个巨大成就。它意味着战胜了奥地利的势力。这还算不了什么,主要的是它把中小邦的整个资产阶级都吸引到普鲁士一边来。

从1818年普鲁士新关税法中诞生了普鲁士关税同盟,又扩大到了德意志关税同盟,普鲁士财政大臣莫茨是德意志关税同盟和未来德意志国家真正的缔造者

同时，关税同盟愈扩大，加入这一国内市场的小邦愈多，这些邦的新兴资产阶级也就愈习惯于把普鲁士看成是自己在经济上的前卫和将来在政治上的前卫。"

关税同盟使德意志民族结成一个经济实体，使它在政治统一之前就成为世界经济大国。正是在这个意义上，梅纳德·凯恩斯恰当地指出："德意志帝国与其说是建立在血与铁之上，还不如说是建立在煤与铁之上更真实些。"这"煤与铁"的基础则正是关税同盟缔造的。

德意志关税议会（Zollparlament）
——德意志关税同盟的改革和延续（1868—1870）

BG20 细节

~~~~~~~~~~~~~~~~~~~~~~~~~~~~

BG20 1827 与符腾堡关税同盟版别：

1) 银质阴文边铭样币 BG20.Pn1，对应《AKS 目录》编号 AKS117。样币正面国王头像非 C.VOIGT 雕模，所以样式不同，周圈铭文写法稍不同"LUDWIG I KOENIG VON BAYERN"样币背面为仍为两支丰饶角，但细节不同，年份表示也不同，使用罗马纪年"MDCCCXXVII"，边铭标面额"ZEHN EINE FEINE MARK"

2) 为收藏家法拉利后铸金质样币（48.55g），编号 BG20.Pn2，边饰铭文注"1903"

版别1）BG20.Pn1，AKS117 两支丰饶角无飘带捆绑，互扭自结，为左右朝向，其中溢出小麦、鲜花、水果，葡萄曳藤自然垂下。其下以罗马纪年刊结盟年份"MDCCCXXVII"，其阴文边铭"ZEHN EINE FEINE MARK"

版别2）1903年为收藏家法拉利后铸金质样币，BG20.Pn2，边饰铭文注"1903"

BG21 细节

~~~~~~~~~~~~~~~~~~~~~~~~~~~~~

BG21 1829 四国商贸条约版别：

1）铜质、锡质齿边样币、背面单面锡质试样 BG21.TS1

版别1）背面单面锡质试样 BG21.TS1

BG22 细节

~~~~~~~~~~~~~~~~~~~~~~~~~~~~~~

BG22 1833 五国关税同盟版别：

1）金质后铸币（48.46g），且边饰铭文标注年份"1903"
2）锡质齿边样币
3）背面单面锡质试样

BG23 细节

~~~~~~~~~~~~~~~~~~~~~~~~~~~~~

BG23 1835 巴登加入关税同盟版别：

1）铜质齿边样币 BG23.Pn1
2）金质齿边后铸币（48.46g）BG23.Pn2，且边饰铭文标"1903"
3）锡质齿边样币，背面单面锡质试样

版别1）铜质齿边样币 BG23.Pn1

版别2）金质齿边后铸币（48.46g）BG23.Pn2，且边饰铭文标"1903"

Gesetz-Sammlung
für die
Königlichen Preußischen Staaten.

— No. 21. —

(No. 1472.) Zollvereinigungs-Vertrag zwischen Seiner Majestät dem Könige von Preußen, Seiner Hoheit dem Kurprinzen und Mitregenten von Hessen und Seiner Königlichen Hoheit dem Großherzoge von Hessen einerseits, dann Seiner Majestät dem Könige von Bayern und Seiner Majestät dem Könige von Württemberg andererseits. Vom 22sten März 1833.

Seine Majestät der König von Preußen, Seine Hoheit der Kurprinz und [Mit]regent von Hessen und Seine Königliche Hoheit der Großherzog von [Hess]en einerseits, und

[S]eine Majestät der König von Bayern und Seine Majestät der König von Württemberg andererseits,

[habe]n in fortgesetzter Fürsorge für die Beförderung der Freiheit des Handels [und] gewerblichen Verkehrs zwischen Ihren Staaten und hiedurch zugleich in [Deu]tschland überhaupt, über die weitere Entwickelung der zwischen Ihnen beste[hend]en diesfälligen Verträge Unterhandlungen eröffnen lassen, und zu diesem [Zwe]cke bevollmächtigt:

Seine Majestät der König von Preußen:

Allerhöchst-Ihren Geheimen Staats- und Finanzminister, Carl Georg Maaßen, Ritter des Königlich-Preußischen rothen Adler-Ordens erster Klasse, Inhaber des eisernen Kreuzes zweiter Klasse am weißen Bande, Großkreuz des Civil-Verdienst-Ordens der Königlich-Bayerischen Krone, Kommenthur des Ordens der Königlich-Württembergischen Krone, Großkreuz des Kurfürstlich-Hessischen Löwen-Ordens, des Großherzoglich-Hessischen Ludwigs-Ordens und des Großherzoglich-Sachsen-Weimarischen Haus-Ordens vom weißen Falken, und

Allerhöchst-Ihren Wirklichen Geheimen Legationsrath und Direktor im Ministerium der auswärtigen Angelegenheiten, Albrecht Friedrich Eichhorn, Ritter des Königlich-Preußischen rothen Adler-Ordens dritter Klasse mit der Schleife, Inhaber des eisernen Kreuzes zweiter Klasse am weißen Bande, Ritter des Kaiserlich-Russischen St. Annen-Ordens zweiter Klasse, Commandeur des Civil-Verdienst-Ordens der

(Ausgegeben zu Berlin den 5ten Dezember 1833.)

BG24 1827 路德维希勋章

历史协定泰勒（Geschichtskonventionstaler）
正面铭文：LUDWIG I KŒNIG VON BAYERN / ZEHN EINE FEINE MARK
背面铭文：STIFTUNG DES LUDWIGS-ORDENS / 1827
边饰：直齿
直径：38mm　重量：28.06g　含银量：83.3%，0.7515oz
书目编号：KM#732，Dav.560，AKS118，Kahnt80

年份	铸造量	美品	极美	未流通
1827	–	190	600	1 550

路德维希勋章 – 十字勋章

1827年8月25日，国王路德维希一世创立路德维希勋章以表彰为王国服务满50年的工作人员。慕尼黑造币厂为路德维希勋章的创立而发行历史泰勒一枚加以纪念。币的正面是巴伐利亚国王路德维希的右向头像，周圈铭文"路德维希一世，巴伐利亚国王/10枚合1马克纯银"。币的背面是省略了王冠的路德维希十字勋章，十字中心为含有路德维希右向头像的圆盾，四悬臂标勋章创建者信息"路德维希，巴伐利亚国王"。在十字勋章外是由月桂枝（左，象征着胜利和荣誉）和橡树枝（右，象征着繁荣和永恒）围成的花环，柄部以丝带打结。花环外上部刊铭文"创建路德维希勋章"，下刊铸造年份"1827"。

1827年8月25日，国王路德维希一世在生日当天发布敕令：以其姓名创立路德维希勋章，来表彰当时为法院、政府、军队和教会等部门服务满50年的工作人员。

该勋章有两种样式：十字勋章和荣誉圆章。

其中，十字勋章主要颁发给军队、法院、公务员以及神职人员中的高级官员。荣誉圆章则是奖励给低阶人员。该勋章对于军队服役人员是有侧重的。在计算服务时间时，将野战军官兵的服役军龄乘二进行加倍计算。该奖项还是追溯颁发的，只要是在勋章创立时，已达到服务50周年的人员，不论是否在职都会追授颁发。同时，受奖者还将被记录于民事受奖档案中。可以说，这次的布施恩泽是新任国王对所有政府工作人员的一次广泛性奖励，借机笼络臣子。但由于该勋章是金制，造价不菲，所以在受奖者去世后，需要将勋章的奖章部分返还，受奖者家属可以保留绶带和受奖证书。确需保留奖章，则需要按照对应黄金价值来购买。

十字勋章整体采用了比萨十字架（Pisaner-Kreuz）的造型设计，每个悬臂末端有三个尖角，象征着基督教中的"三位一体"，其外接圆直径65毫米。十字架之上是一顶高15毫米的王冠。十字架的中心是一圆盾，内镶白色

路德维希勋章的绶带，中间为深红色，两侧为天蓝色。图中天蓝色已褪色

珐琅，其核心是国王路德维希一世的右向金色头像。十字架四个悬臂以顺时针各刊铭文，组合后为"LUDWIG/KOENIG/VON/BAYERN"。十字勋章背面与正面设计相似，只不过在中心白色珐琅中有六行字"FÜR/EHREN/WOLLE/FÜNFZIG/DIENSTES/JAHRE"（为表彰服务满50年），外有绿色密集橡树枝花环，悬臂上标勋章创建时间"AM/25/AUGUST/1827"。

除形状不同外，荣誉圆章和十字勋章的设计要素都相同，正背面铭文也完全相同。圆章直径40毫米，正面为路德维希一世右向头像，头像上方是创建人信息"路德维希，巴伐利亚国王"。圆

典礼中的路德维希一世

章背面中心是"为表彰服务满50年"的六行文字，且也有密集橡树枝花环围绕，花环下方是勋章创建时间"1827年8月25日"。

最初，十字勋章和荣誉圆章都是金制的，重34克。但由于黄金价值较高，在1918年2月后，勋章改成了银镀金，直径不变，重量增加到35克，厚度加大。在该年末，慕尼黑爆发革命，勋章停止颁授，所以银镀金的路德维希勋章只颁发了50枚。截止到1914年，总共有1 118人获得了路德维希勋章。

十字勋章和荣誉圆章的顶部都设有圆环，可以连接绶带佩戴于左胸。最初，十字勋章绶带宽40毫米。随后宽度与圆章的绶带保持一致，都是35毫米宽。绶带整体为深红色，两侧边缘各有4毫米宽蓝色条带。

荣誉圆章最初的设计者为著名的铸造师斯蒂格迈尔（J.B. Stiglmaier）。勋章中对路德维希一世右向头像的设计样式，和他在几枚早期历史泰勒币中的头像设计是相同的，发型呈漩涡状。该款式勋章颁发于1827—1847年。1847年，根据收到的建议信，币章雕模师约翰·亚当·里斯（J. Ries）将荣誉圆章中的铭文调大。

路德维希勋章 – 荣誉圆章

BG24 细节

~~~~~~~~~~~~~~~~~~~~~~~~~~~~

BG24 1827 路德维希勋章版别：
1）有背面单面锡质试样 BG24.TS1，见《KM 目录》编号 TS3
2）金质后铸币（48.59g），且有边饰铭文标注年份"1903"

版别1）背面单面锡质试样 BG24.TS1，对应《KM 目录》编号 TS3

BG25 1827 特蕾莎勋章

历史协定泰勒（Geschichtskonventionstaler）
正面铭文：LUDWIG I KŒNIG VON BAYERN / ZEHN EINE FEINE MARK
背面铭文：DIE KŒNIGIN VON BAYERN STIFTET DEN THERESIEN
　　　　　ORDEN / 1827

边饰：直齿

直径：38mm　重量：28.06g　含银量：83.3%，0.7515oz

书目编号：KM#733，Dav.561，AKS119，Kahnt81

年份	铸造量	美品	极美	未流通
1827	–	160	600	1 400

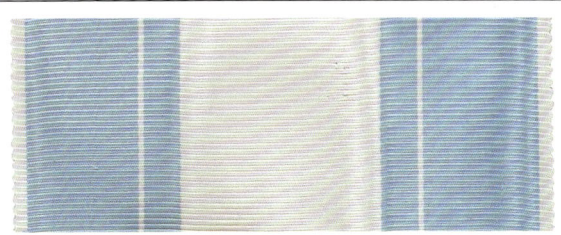

特蕾莎勋章的绶带配色：
中间为白色宽带，两侧为天蓝色和白色间隔的侧边条

国王路德维希一世创建路德维希勋章之后，当年12月12日，巴伐利亚王后特蕾莎为王国的杰出女性创立了特蕾莎勋章。与创建路德维希勋章一样，慕尼黑造币厂也发行了一枚历史泰勒加以纪念。币的正面是巴伐利亚国王路德维希一世右向头像，周圈铭文"路德维希一世，巴伐利亚国王/10枚合1马克纯银"。币的背面是特蕾莎勋章的核心部分——马耳他十字架，十字架中心是标有哥特字体"T"的圆形盾徽。十字架外是两支用丝带捆绑的百合花所构成的花环，这既保持了币章设计中常见的橡树枝、棕榈枝或橄榄枝等传统植物元素，又体现了特有的女性主题币章的设计特点。在百合花环外有周圈铭文"巴伐利亚王后创建特蕾莎勋章"，下刊创建时间"1827"。同时该币还存在大量样币，在《KM目录》中编为Pn4。其差别除背面花环外，铭文也不同"创建特蕾莎勋章"，下刊创建时间"1827年12月12日"。

王后特蕾莎

特蕾莎·夏洛特·路易丝（Therese Charlotte Luise，1792—1854）是萨克森-希尔德伯格豪森公国（Sachsen-Hildburghausen，1826年并入萨克森-梅宁根）腓特烈公爵的女儿。

19世纪初，拿破仑侵入图林根地区。1806年，萨克森-希尔德伯格豪森被迫加入莱茵邦联。1809年，特蕾莎被列入拿破仑的新娘名单，以备选和亲。幸运的是特蕾莎在1810年10月12日嫁给了巴伐利亚的王储路德维希。

王后特蕾莎

慕尼黑市为婚礼举办了规模宏大的庆祝活动,并演变成了一年一度的慕尼黑啤酒节(Oktoberfest)。随着丈夫登基为国王,特蕾莎于1825年成为王后。她为路德维希一世先后生下9个孩子,其中一名夭折。在她丈夫的无数绯闻中,特蕾莎遭受了巨大的痛苦,虽一直抗拒,但也隐忍了下来。她保持王后的风度和尊严,以谨慎的方式表明她的反对。

特蕾莎经常协助路德维希一世处理王国的行政事务,特别是在路德维希一世无数次离开慕尼黑去旅行的时候。这使得她有机会参与一些政务,具备了一定的政治影响力。她还参加了许多扶助寡妇、孤儿和穷人的慈善组织。特蕾莎深受臣民们的热爱,被认为是王后、妻子和母亲的理想典范。1848年,她丈夫与情人劳拉·蒙特斯陷入巨大的丑闻之中,被迫选择退位,而王后特蕾莎却受到人民普遍的同情。

特蕾莎勋章

特蕾莎勋章是为巴伐利亚王国的贵族女性创建的,大多颁发给了维特尔斯巴赫家族的公主和巴伐利亚的贵族女士们。作为荣誉体系的一部分,它至今都在发挥作用。伴随该勋章的是一项捐赠基金,旨在为那些无收入来源、未婚、信仰基督教且婚生的贵族女性提供年金,使她们能够过上体面的生活。

起初,限定了特蕾莎勋章的总人数不超过12人。其中6人获得300古尔登年金,6人获得100古尔登年金。后来受勋人数扩大到了18人。1876年后,年金折合成了帝国马克。当受勋成员结婚时或者继承更多的财产

左胸佩戴特蕾莎勋章的 Theodor Hosemann,1807—1875

时，年金也就停止发放。但是，该女性仍被允许继续佩戴勋章，并被称为特蕾莎勋章荣誉夫人（Ehrendame）。

除了国内贵族妇女和候任修女外，富有的女性也能够受勋，但要支付一定的费用。比如，王国以外的女性必须支付220古尔登，本国女性可减至55古尔登。这些女性只发放勋章且被授予特蕾莎勋章荣誉夫人的称号，但没有年金。通过该方式，特蕾莎勋章的受勋者数量迅速增加。

特蕾莎勋章的主体是一个镶蓝色珐琅的马耳他十字架，边缘有白色窄边框。十字架的四悬臂之间各有一个源自巴伐利亚传统纹章的蓝白相间菱形。

勋章正面的十字架中心是标有哥特字体"T"的白色圆盾，其中"T"字描金，外有一圈绿色三叶草。在十字架的上方有一顶金色王冠，表示王室勋章。自1834年以后，该勋章还增加了镶钻的特别款——金色王冠和"T"字都镶满了钻石，以及仅"T"字镶钻的两款。但这些镶钻勋章只供最高阶女性使用，如王后。早期特蕾莎勋章是由黄金制成，后来改成了银镀金。

勋章背面的白色圆盾的中心是勋章的创建年份——金色的"1827"。圆盾外刊有座右铭"UNSER LEBEN SEY GLAUBE AN DAS EWIGE"——永恒的信仰就是我们的生命。

佩戴勋章和绥带的阿德尔贡德公主，1823—1914

与该勋章配合使用的是蝴蝶结和绶带。蝴蝶结和绶带配色一致，都是蓝白相间。通常勋章随蝴蝶结一并佩戴在左胸的衣裙上。当参加宫廷宴会、舞会时则可以使用绶带，从右肩斜拉直至左臀。绶带宽41毫米，其中两侧白色边缘各宽2毫米，向内并排有7毫米和3毫米两条浅蓝色色带，之间以1毫米白色条为间隔，余下中间白色带为15毫米。

早期镶钻的特蕾莎勋章，哥特体"ℑ"的下横线明显

1918年，在巴伐利亚的君主制结束之后，该勋章的授予权归于议会。到此时，已有1 167人被授予特蕾莎勋章。其中著名的受勋者有：

① Therese von Sachsen-Hildburghausen（1792—1854），特蕾莎王后本人

② Marie von Preußen（1825—1889），特蕾莎儿媳玛利亚公主

③ Maria Theresia von Österreich-Este（1817—1886），巴伐利亚末代王后

④ Crown Princess Antonia of Bavaria（1899—1954），巴伐利亚末代太子妃

⑤ Isabella von Croÿ（1856—1931）

⑥ Gisela von Österreich（1856—1932）

⑦ Maria Theresia von Spanien（1882—1912）

⑧ Maria Adelgunde von Hohenzollern-Sigmaringen（1921—2006）

⑨ Irmingard von Bayern（1923—2010）

列支敦士登的世袭公主索菲是当代的受勋者之一。

镶钻和无钻的特蕾莎勋章

BG25 细节

BG25 1827 特蕾莎勋章版别：

1）单面锡质试样 BG25.TS1，对应《KM 目录》编号 TS4
2）银质样币 BG25.Pn1，《KM 目录》Pn4

该样币正面头像雕模、铭文与行用币 BG25 相同，但"C.VOIGT"弱打，隐约间只能看清字母"CV"，也称"CV"版。

该样币背面图案与行用币 BG25 相同，但环绕的花环不同，左右两枝各增加一朵百合花，且周圈文字改为：

STIFTUNG DES THERESIEN-ORDENS / AM 12 DEC. 1827

创建特蕾莎勋章 / 于 1827 年 12 月 12 日

BG25.Pn1 的参考目录编号为 Dav.561(A)、AKS120、Kahnt81f

版别1）单面锡质试样 BG25.TS1

版别2）银质样币 BG25.Pn1，《KM 目录》Pn4，又称为"CV"版

BG26 1828 祝福王室

历史协定泰勒（Geschichtskonventionstaler）
正面铭文：LUDWIG I KŒNIG VON BAYERN / ZEHN EINE FEINE MARK
背面铭文：SEGEN DES HIMMELS / 1828; THERESE KŒNIGIN VON BAYERN; MAXIMILIAN P.V.B.; OTTO P.V.B.; LUITPOLD P.V.B.; ADALBERT P.V.B.; MATHILDE P.V.B.; ADELGUNDE P.V.B.; HILDEGARD P.V.B.; ALEXANDRA P.V.B.

边饰：直齿
直径：38mm　重量：28.06g　含银量：83.3%，0.7515oz
书目编号：KM#734，Dav.563，AKS121，Kahnt83

年份	铸造量	美品	极美	未流通
1828	–	160	500	1 250

巴伐利亚王后特蕾莎

1828年7月19日，路德维希一世最后一个孩子阿德尔伯特（Adalbert）出生了。为了祈祷整个王室能幸福安康，国王以"祝福王室"为主题创制了第一批历史协定泰勒。该币的正式币由币章雕模师C.Voigt设计。币的正面是巴伐利亚国王路德维希一世头像，周圈铭文"路德维希一世，巴伐利亚国王/10枚合1马克纯银"。币的背面是王室家族各成员，正中是巴伐利亚王后特蕾莎（THERESE KŒNIGIN VON BAYERN）。左侧为四位王子（Prinzen von Bayern，P.V.B.）；右侧为四位公主（Prinzessinnen von Bayern，P.V.B.），周圈铭文"上天的祝福"，下刊年份"1828"。

1828年7月19日，国王的小儿子阿德尔伯特（Adalbert）出生了。为了向上帝祈祷、赐福王室，国王路德维希一世准备以"祝福王室"为主题创制第一批历史协定泰勒。该币包含王室所有

Ludwig I及王室家族成员（从左至右）：Otto，Mathilde，Luitpold，Ludwig I，Maximilian，Therese，Alexandra，Adalbert，Adelgunde，Hildegard

稀少的 1836 俄罗斯帝国沙皇尼古拉斯一世的"皇室卢布",共有五种版本

成员(除了早已夭折的女儿泰奥德林)的侧面头像和姓名,头像虽小但却突出了每位成员的相貌特征,脸型、发型、年龄、胖瘦等细节都清晰可辨,可谓设计精美、雕模细腻。著名的俄国皇室祈福卢布、意大利那不勒斯的弗朗西斯科一世(Francesco I)的皇室铜章设计都由此汲取了灵感。

1835 年,俄罗斯驻慕尼黑的大使格里戈里·伊万诺维奇·加加林王子将一枚硬币从慕尼黑寄送给俄罗斯财政大臣张坎克林,并将这枚硬币加入圣彼得堡冬宫的收藏品行列当中。这枚硬币就是巴伐利亚王国"祝福王室"泰勒。1836 年,为了庆祝沙皇登基十周年,财政大臣张坎克林决定也发行一枚类似的钱币,于是令所有钱币迷都垂涎三尺的俄罗斯造币史上的珍品——"皇室卢布"便应运而生了。

创制"祝福王室"

相关历史资料显示,1828 年 9 月 22 日国王路德维希一世指令以"祝福王室"和英戈尔施塔特"要塞奠基"为主题设计、试制第一批历史协定泰勒。皇家冶炼铸造厂的约翰·巴蒂斯特·斯蒂格迈尔(J.B. Stiglmaier)承担设计、雕模工作,并借调成为慕尼黑造币厂的雕模师。因为"祝福王室"采用了"多章合一"的经典设计,深得国王欢心,所以财政部在当年 10 月 9 日就批准了"祝福王室"的设计草稿,并进行雕模试制,由此诞生了巴伐利亚第一枚历史协定泰勒,这枚样币的编号为 AKS122,本书编号 BG26.Pn1。

样币 BG26.Pn1 正面为路

德维希一世的右向头像，无雕模师签名，头像上部有君主名号"路德维希一世，巴伐利亚国王"（LUDWIG I KOENIG VON BAYERN）。背面为"祝福王室"的主题图案，采用了"多章合一"的设计，均匀分布了九位王室成员的小型圆章。其中，王后特蕾莎的圆章较大、居于中心，四位王子、四位公主分居左右两侧。左侧四位王子从上至下以长幼顺序依次为：马克西米利安（MAXIMILIAN）、奥托（OTTO）、柳特波德（LUITPOLD）、阿德尔伯特（ADALBERT）。右侧四位公主从上至下以长幼顺序依次为：玛蒂尔德（MATHILDE）、阿德尔贡德（ADELGUNDE）、希尔德嘉德（HILDEGARD）、亚历山大（ALEXANDRA）。圆章上部有铭文"上天的祝福"（DES HIMMELS SEGEN），"1828"年份采用罗马数字表示"MDCCCXXVIII"，边铭为面额"10枚合1马克纯银"（ZEHN EINE FEINE MARK）或光边无边铭。

在批准"祝福王室"设计稿的同时，国王要求再以"继位登基"（1825）、"慕尼黑大学搬迁"（1826）、"与符腾堡关税同盟"（1827）等主题进行设计。随后，斯蒂格迈尔为这些主题进行设计、雕模、制造了模具和样币，比如"盖巴赫宪法石柱"（BG27.Pn1）、"继位登基"（BG17.Pn1）、"与符腾堡关税同盟"（BG20.Pn1）。在完成阶段性任务之后，斯蒂格迈尔就准备结束在慕尼黑皇家造币厂的临时工作，而可全身心效力皇家冶炼铸造厂，因为在国王路德维希的支持下、建筑大师利奥·冯·克伦泽的规划设计下，巴伐利亚全境掀起了建设高潮，大量的大型铜像的铸造都需要斯蒂格迈尔。所以，在历史协定泰勒全面展开、正式发行之前的1829年，斯蒂格迈尔就请辞并推荐了币章大师卡尔·腓特烈·沃伊特（Carl Friedrich Voigt）担此重任。

不同的版本，同样的经典

沃伊特接手工作之后，按照财政部批准的定稿设计方案和斯蒂格迈尔的样币，以自己的雕刻理念和思路，重新开始雕模，确保所有正式发行的历史协定泰勒都整齐划一。由此，也就诞生了最受钱币爱好者欢迎的标有"C.VOIGT"的历史协定泰勒。

根据当时财政大臣维尔辛格

（Wirschinger）提供的一份历史协定泰勒发行报告（见"沃伊特与历史泰勒"）可知，正式版"祝福王室"的真实发行时间为1831—1832年。

就该币而言，斯蒂格迈尔和沃伊特的整体设计图案是一致的，这也符合财政部和国王的要求。但在人物具体雕模细节上是有差异的。比如：在斯蒂格迈尔雕模中，国王的发型更自然飘逸、更生动，也符合斯蒂格迈尔雕塑家、铸造家的设计风格。而沃伊特的雕模中，国王的发型线条更具模式化，更显人物庄严，即明显地遵循了古典主义风格，这倒也符合帝王币章的设计理念。这一点在背面的柳特波德王子的雕模上表现得十分明显，如本节后面附图 **BG26.Pn1** 中：斯蒂格迈尔雕模的发型线条更自然，面部轮廓更显稚嫩，符合其年龄特征；而沃伊特雕模的发型线条像螺纹一样规则，面庞也更显老成。

有观点认为柳特波德王子与阿德尔贡德公主的头像对调一下才正确

设计出错了吗

对于正式币 BG26 和样币 BG26.Pn1 来说，一直有种说法，即在图案设计时，柳特波德王子和阿德尔贡德公主的头像被疏忽对调了。其理由之一是图案中柳特波德王子为披肩长发，而阿德尔贡德公主为短发。但笔者认为如果没有其他确切证据的话，仅凭头发长短是无法认定两者的头像被对调了。因为在当时及之前、之后很长的时间里，欧洲都流行男童穿裙装、留长发，扮女孩，不论王室还是民间。直到六七岁，孩子出现性别分化时才换为男孩打扮。而且为帝王造币章，对雕模师而言都是头等大事，岂敢麻痹大意。都是反复求证、精心设计后才定稿的，而且也有造币厂、财政部层层把关、审核后才递交国王审批的。出现头像混淆、调换这种重大错误的可能性极低。所以仅凭头发长短不能说明柳特波德王子和阿德尔贡德公主的头像被放错了位置。当然，如有其他明确证据则另当别论。

其实无论设计有无错误，都掩饰不住该币的经典和精美。它早已成为每个历史协定泰勒收藏者的必藏之品。

王　子	简　介
马克西米利安·约瑟夫 Maximilian Joseph	1811.11.28—1864.03.10 1848—1864 年任巴伐利亚国王 1842 年和普鲁士玛利亚公主结婚
奥托·腓特烈·路德维希 Otto Friedrich Ludwig	1815.06.01—1867.07.26 1832—1862 年任希腊国王 1836 年迎娶奥尔登堡艾米丽女公爵
柳特波德·卡尔·约瑟夫·威廉·路德维希 Luitpold Karl Joseph Wilhelm Ludwig	1821.03.21—1912.11.12 1886 年起任巴伐利亚王国摄政
阿德尔伯特·威廉·格奥尔格·路德维希 Adalbert Wilhelm Georg Ludwig	1828.07.19—1875.09.21 1856 年娶西班牙艾米丽公主

公　主	简　介
玛蒂尔德·卡洛琳·腓特烈卡·威廉敏娜·夏洛特 Mathilde Karoline Friederike Wilhelmine Charlotte	1813.08.30—1862.08.25 1833年与黑森大公路德维希三世结婚
泰奥德林·夏洛特·路易丝 Theodolinde Charlotte Luise	1816.10.07—1817.04.12 婴儿期间早夭，未出现在币上
阿德尔贡德·奥古斯缇·夏洛特·卡洛琳·伊丽莎白·艾米丽·玛丽·索菲·路易丝 Adelgunde Auguste Charlotte Caroline Elisabeth Amalie Marie Sophie Luise	1823.03.19—1914.01.28 1842年与摩德纳公爵弗朗西斯科五世结婚
希尔德嘉德·路易丝·夏洛特·特蕾莎·腓特烈卡 Hildegard Luise Charlotte Theresia Friederike	1825.06.10—1864.04.02 奥地利阿尔布雷特大公之妻
亚历山大·艾米丽 Alexandra Amelie	1826.08.26—1875.09.21 终身未嫁

BG26的正背面错配币：正面使用双泰勒头像雕模，编号为Kahnt83A

BG26 细节：左侧王子从上至下依次为马克西米利安（MAXIMILIAN）、奥托（OTTO）、柳特波德（LUITPOLD）、阿德尔伯特（ADALBERT）；右侧公主从上至下依次为玛蒂尔德（MATHILDE）、阿德尔贡德（ADELGUNDE）、希尔德嘉德（HILDEGARD）、亚历山大（ALEXANDRA）

~ ~

BG26 1828 祝福王室版别：

1）单面锡质样币 BG26.Pn1，AKS122，无雕模师签名，反面铭文"DES HIMMELS SEGEN"，1828 年份采用罗马表示法"MDCCCXXVIII"，边铭为"ZEHN EINE FEINE MARK"（或光边）。人物图案的差异，如下图 a）正面头像、发型不同 b）反面的柳特波德王子发型差别明显

2）金质齿边后铸样币 BG26.Pn2，边铭标"1903"，38mm，48.59g

版别1）前期样币 BG26.Pn1，对应 AKS122，柳特波德王子头像差异较大

版别2）标年份"1903"的金质齿边后铸样币 BG26.Pn2

BG27 1828 盖巴赫宪法石柱

历史协定泰勒（Geschichtskonventionstaler）
正面铭文：LUDWIG I KŒNIG VON BAYERN / ZEHN EINE FEINE MARK
背面铭文：VERFASSUNGSSÆULE ERRICHTET VOM GR. V. SCHŒNBORN
　　　　　EINGEWEIHT 1828
边饰：直齿
直径：38mm　重量：28.06g　含银量：83.3%，0.7515oz
书目编号：KM#735，Dav.562，AKS123，Kahnt82

年份	铸造量	美品	极美	未流通
1828	—	180	500	2 400

1816年勋伯恩伯爵画像

1828年，巴伐利亚1818年新宪法颁布十周年之际，由勋伯恩伯爵修建的宪法石柱终于落成。为感谢勋伯恩伯爵的贡献，国王路德维希敕令将"盖巴赫宪法石柱"主题列入第一批历史协定泰勒发行计划，但其正式币最终于1831年铸造发行。该币正面是巴伐利亚国王路德维希的头像，周圈铭文"路德维希一世，巴伐利亚国王/10枚合1马克纯银"。币的背面是盖巴赫宪法石柱。石柱采用了古希腊多立克（Doric）立柱造型，其粗壮而经典多棱的身形配上32米高的高度更显苍劲有力、浑然天成，仿佛能历经数百年而屹立不倒，象征着1818年新宪法公正而持久、契约神圣而不朽。币面虽小，但细节一个都不少：立柱下是三级台阶和坚实的大地，立柱上有观景平台和出口，其上更有青铜双层棕榈叶巨型火炬，内有金黄色火焰，仿佛希腊神话中普罗米修斯为人类带来的火种，象征着宪法精神世代传承、生生不息。立柱外有周圈铭文"宪法石柱/由勋伯恩伯爵树立/奉献于1828年"。

勋伯恩伯爵

弗朗茨·埃尔温，勋伯恩-维森海德伯爵（Franz Erwein Graf von Schönborn-Wiesentheid），1776年4月7日生于美因茨，1840年12月15日逝于法兰克福，是勋伯恩家族的重要成员。也是德国最著名的艺术收藏家和政治家。

勋伯恩伯爵的父亲是达米安·雨果·埃尔温·弗朗茨·冯·勋伯恩（Damian Hugo Erwein Franz von Schönborn，1738—1817），阿沙芬堡的内臣和法律顾问。他的母亲是玛利亚·安娜（Maria Anna，1746—

宪法石柱

1817），为桑豪森和瓦特豪森的斯塔迪翁（Stadion）女伯爵。从1792年起，弗朗茨开始学习法律，然后就读于维尔茨堡大学。1802年，他与来自希尔德斯海姆（Hildesheim）的威斯特伐利亚女伯爵费尔南丁（Fernandine，1781—1813）结婚。费尔南丁是驻威斯特伐利亚的帝国特使克莱门斯·奥古斯特（Clemens August）的女儿。那一年，弗朗茨还继承了神圣罗马帝国的勋伯恩－贝西松根（Schönborn-Besitzungen）伯爵的爵位。

1806年巴伐利亚王国成立后，在领地附庸化（Mediatisation）及教产世俗化（Säkularisation）过程中，弗朗兹的领地维森海德郡被移交给了王国。那时弗朗兹自知此乃大势所趋，便自愿奉献，所以最早签字画押将土地送交马克西米利安一世，好歹保留爵位、落得丰厚的俸禄。随后，弗朗兹索性把主要精力放在了他的弗兰肯庄园和莱茵高（Rheingau）葡萄酒产区的庄园经营和管理上。

1811年，弗朗兹全家搬到了慕尼黑。在那里，他再次遇到了巴伐利亚王储路德维希。弗朗兹虽然大路德维希十岁，但两人政治倾向相同，兴趣爱好也相同，都十分钟情于新古典主义艺术，所以，弗朗兹很快就受到委托替王子搜集艺术珍品。他经常和各艺术家、建筑师联络交流，讨论城市建设中的艺术元素，并聘请了包括斯蒂格迈尔、施宛塔勒、皮特·黑森、克伦泽、Kobell、Ernst Klein、Stiehler、Quaglio等一大批雕塑家、画家和建筑大师

盖巴赫城堡 Schloss Gaibach

将慕尼黑打造成"伊萨尔河畔的雅典"。后来弗朗茨还被路德维希授予了巴伐利亚陆军少将军衔。

1813年夫人不幸去世,弗朗茨伤心悲痛,黯然离开慕尼黑,返回盖巴赫(现属维尔茨堡东北24公里福尔卡赫Volkach镇)的老家。在那里翻盖了盖巴赫城堡(Schloss Gaibach),拆除了堡垒、填埋了护城河,把原来的法式花园改成了英式花园。最重要的是,请建筑师朋友利奥·冯·克伦泽(Leo von Klenze)设计了宪法石柱(Verfassungssäule 或 Konstitutionssäule)以纪念国王马克西米利安一世在1818年送给国民的新宪法。1828年宪法石柱建成时,他在盖巴赫城堡中新建的宪法大厅也同时完工。经克伦泽推荐、由彼得·冯·科尼利厄斯(Peter von Cornelius)的两名学生卡尔·海因里希·赫尔曼和雅各布·戈森伯格为大厅绘制了壁画。勋伯恩伯爵艺术藏品丰富,与国王路德维希的藏品并列构成了南德最重要的两个艺术集藏。

从1819年到去世,勋伯恩伯爵一直都是巴伐利亚国王的顾问,也是巴伐利亚王国上议院议员,有时担任上议院副议长。1819年,他以这一身份出席巴伐利亚王国第一位已故议员安东·埃格斯坦(Anton Eggstein)的葬礼。根据1831年10月29日的《拿骚法令》,勋伯恩伯爵还当选为1832—1837年的拿骚邦国议会上议院议员。

在众多成就中,最能承载勋伯恩伯爵精神和理想的就是盖巴赫宪法石柱了。

盖巴赫宪法石柱

深受启蒙运动和法国大革命中自由主义思想影响的勋伯恩伯爵对德意志芜杂的封建割据和教会野蛮的掠夺极度失望,深感只有强大而统一的政权和自由主义的宪政才能挽救德意志。所以勋伯恩伯爵非常

盖巴赫城堡内的宪法大厅

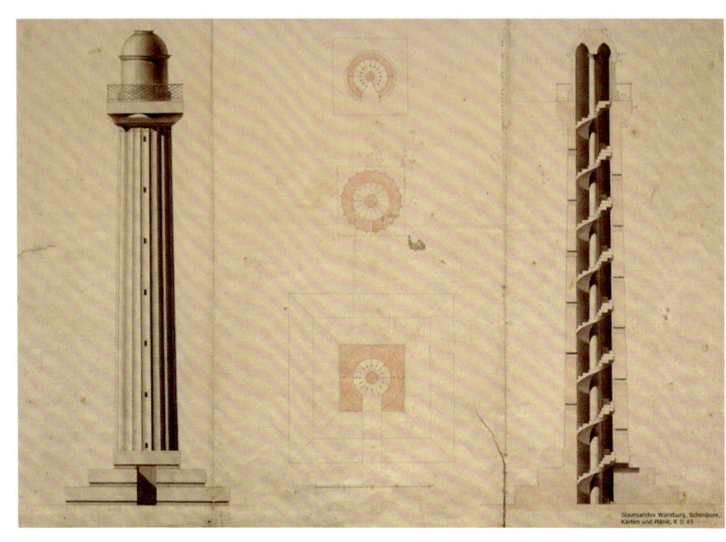

1820年9月克伦泽的宪法石柱设计初稿
——顶部为圆顶,基座处设有入口,柱内设有螺旋石阶

支持当时兴起的领地附庸化和教产世俗化运动。1807年5月16日,在自己领地维森海德郡要收归到巴伐利亚王国时,勋伯恩伯爵并没有多少犹豫,最早放弃自治、签署了移交文件。此举赢得了国王和王储的赏识。勋伯恩伯爵和王储路德维希志趣相投,两人一道反对拿破仑的侵略战争,一起品味宪法的自由主义精神,一同欣赏古典主义艺术。还与维尔茨堡市长威廉·约瑟夫·贝尔(Wihelm Joseph Behr)并称为巴伐利亚"制宪三杰"。

1818年马克西米利安一世宣布新宪法,自愿约束王权、分权给"等级代表会议",并指定勋伯恩为上议院议员。这一切都是勋伯恩的理想。于是激动不已的勋伯恩提交议案,将宪法宣布5月26日定为宪法纪念日,并且找来好友克伦泽为国王设立宪法纪念碑。勋伯恩伯爵希望在每年的宪法纪念日都可以让成千上万的人们汇聚在盖巴赫的宪法纪念碑前,以此纪念宪法、感谢国王。克伦泽最终选择了古希腊、古罗马神殿中多立克立柱的经典造型。它是厚重、有力、恒久的象征,正好寓意着"巴伐利亚大宪章"

（Charta Magna Bavariæ）对王国秩序的强力支撑。

1820年9月，克伦泽拿出了设计初稿。石柱的顶部设计成圆顶，并设有观景平台，柱身开有透光和通风孔，柱内设置螺旋楼梯，在基座处设有入口。

1823年宪法纪念日当天，王子路德维希和王妃，以及威廉·约瑟夫·贝尔在内的众多议员都受邀来到盖巴赫出席宪法石柱的奠基仪式。邦联议会特使阿诺德·冯·米格（Arnold von Mieg）发表演讲，盛赞宪法石柱的重要意义。著名画家皮特·黑森（Peter Hess）利用画笔记录下这一历史时刻：在宪法石柱的奠基现场，"制宪三杰"路德维希、勋伯恩、贝尔和特使阿诺德，以及盛装的巴伐利亚民众汇聚于此。石柱基座旁插有巴伐利亚国旗，旗杆下斜靠有石柱的设计图纸。

在随后几年里，宪法石柱精细而缓慢地建造着，不仅在柱顶增加了铜质双层棕榈枝火炬，还在顶部周圈镌刻了金色铭文"DER VERFASSUNG BAYERNS/IHREM GEBER MAXIMILIAN IOSEPH/

1821年宪法石柱奠基仪式（Peter Hess）

IHREM ERHALTER LUDWIG ZUM DENKMAL"（巴伐利亚宪法/创造者马克西米利安·约瑟夫/保护者路德维希的纪念碑）。一直到 1828 年新宪法诞生十周年之际，高达 32 米的宪法石柱才完工。此时已临近新任国王路德维希一世的生日（8 月 25 日），所以干脆就以此作礼物献给国王庆祝生日。于是在 8 月 22 日—23 日，勋伯恩伯爵邀请路德维希一世御驾亲临，一起为这座纪念碑举行隆重的揭幕仪式。其场面宏大自不必说。路德维希一世着实被勋伯恩伯爵的爱国之心感动，必须把这一事件纳入历史协定泰勒的发行计划中。于是敕令当时的钱币雕模师斯蒂格迈尔进行设计，几经修改才定下草案。后由币章雕模大师沃伊特重新雕模正式发行。1831 年 6 月 12 日，勋伯恩伯爵收到国王寄来的一枚"宪法石柱"历史泰勒和信件。信中说到：我急切想把第一枚铸有宪法石柱的泰勒送给您——尊敬的石柱设立者。数百年后，石柱和泰勒仍将见证宪法的精神和起源，以防止权力被滥用。我绝不会忘记在反对拿破仑专政，以及赢得宪法时那酣畅淋漓的感觉。

此言最后一句非实，在 1830 年法国巴黎爆发"七月革命"之后，路德维希深受触动，害怕人民渴望自由的革命烈火也烧向自己，所以就放弃了年轻时代的自由改革理想，转而维护王权的专制统治。仅仅在"宪法石柱"发行的一年后，路德维希就露出了他反动的面目：限制新闻自由，重拾书刊、信件检查制度，加强政治审判。

1832 年 5 月 26 日—27 日宪法纪念日期间，盖巴赫宪法石柱前再次举行了庆祝活动。现场参与者有五六千人。威廉·约瑟夫·贝尔发表了激进的演讲，鼓

"制宪三杰"之一的威廉·约瑟夫·贝尔

动继续进行政治改革。并且现场有"汉巴赫节起义"（Hambacher Fest，见 BG28）的支持者试图将象征德意志统一的黑－红－金三色旗插上宪法石柱。整个德意志的统一意味着各邦国君权会受到极大的削弱。尤其是对于德意志第二、三梯队的邦国而言，德意志统一就意味着被统一，自治权的丧失。巴伐利亚国王路德维希自然不会接受这种结果。所以在1833年1月24日，贝尔被捕入狱，关押在慕尼黑监狱。两年半之后，又被兰茨胡特的上诉法院以叛国罪判处无限期监禁。虽然贝尔一再宣称忠于君主制，但并没有得到国王的宽恕。

作为"制宪三杰"的另一人，勋伯恩伯爵则无能为力，只能消极抵抗，在上议院中宣布不再对国王的任何举措发表意见，退出了政治生活。

令人讽刺的是，刚刚受到赞美的宪法石柱，现在却被统治者看作是眼中钉、肉中刺。为防止类似事件发生，1832年以后盖巴赫宪法石柱就再没有举办过宪法庆祝活动。直到1968年"巴伐利亚大宪章"颁布150周年时，才又在宪法石柱旁开展了群众庆祝活动。1978年，又举办了盖巴

名人堂中的勋伯恩伯爵雕像

赫宪法石柱建成150周年的庆祝活动。

经过时间的洗涤，宪法石柱和"宪法石柱"历史泰勒依旧见证了那闪光的时刻和这段曲折的历史。

盖巴赫"宪法石柱"历史泰勒是第一批纳入历史协定泰勒发行计划的，先由斯蒂格迈尔设计修订了数稿，再由沃伊特重新雕模，最后在1831年才铸造发行。该币有样币存世，两者在细节上存在诸多差异：宪法石柱顶端的火焰形状不同；柱顶出口宽窄、高低不同，且样币中墙壁石块纹理、形状清晰可辨；样币基座处的条石接缝十分明显。

宪法石柱顶部

BG27 细节

~~~~~~~~~~~~~~~~~~~~~~~~~~~~~

BG27 1828 盖巴赫宪法石柱版别：

1）齿边银质样币 BG27.Pn1，对应 Kahnt82c 及细节差异对比

2）斯蒂格迈尔早期草稿的铜铸样章

3）齿边铜质样币；金质后铸币（48.46g），且边饰铭文标注年份"1903"

BG27.Pn1 细节

版别1）齿边银质样币 BG27.Pn1 及其细节，对应 Kahnt82c

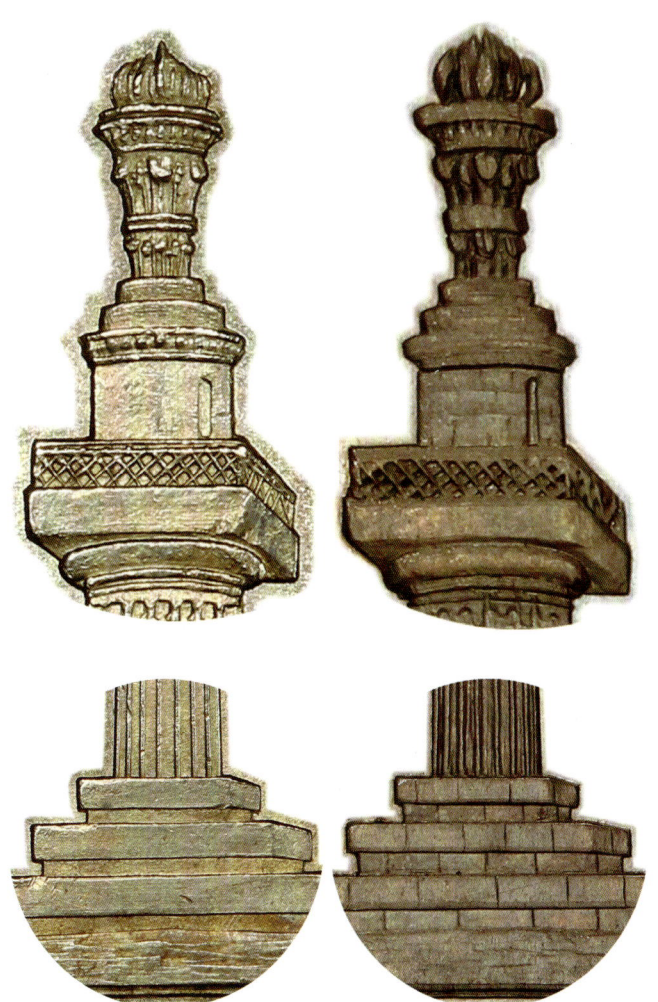

BG27 与其"版别 1"样币 BG27.Pn1 的细节对比：

1）宪法石柱顶端火焰形状不同
2）柱顶出口宽窄、高低不同，且样币中墙壁石块纹理、形状明显
3）样币基座的条石接缝十分明显

版别2)斯蒂格迈尔早期草稿的铜质样章

BG28 1830 忠于王室

历史协定泰勒（Geschichtskonventionstaler）
正面铭文：LUDWIG I KŒNIG VON BAYERN / ZEHN EINE FEINE MARK
背面铭文：BAYERNS TREUE / 1830
边饰：直齿
直径：38mm　重量：28.06g　含银量：83.3%，0.7515oz
书目编号：KM#750，Dav.566，AKS125，Kahnt85

年份	铸造量	美品	极美	未流通
1830	–	260	700	2 200

1832年，争取德意志统一和自由的汉巴赫节起义。大部分参与者是学生和普通市民。他们高举学生地下组织的旗帜（黑－红－金三色旗，成为现代德国国旗的基础）前往汉巴赫城堡废墟

1830年的法国革命引起了德国社会运动的高涨。由于巴伐利亚国王路德维希深受法国自由主义思想影响，执政之初也一直采取宽松的统治政策，所以巴伐利亚当年爆发的反抗斗争规模相当小。为了向巴伐利亚民众致敬，感激民众对王室的忠诚，国王路德维希一世敕令发行一枚历史泰勒。币的正面是巴伐利亚国王路德维希右向头像，周圈铭文"路德维希一世，巴伐利亚国王/10枚合1马克纯银"。币的背面是人格化的忠诚与奉献女神优西比娅（Eusebia），女神高挽发髻、一席长袍、脚踏草履，坐于石阶之上。其左臂扶石柱，右手高举橡树枝，正目光祥和地望着伏在身旁的一条狗。狗儿颈戴项圈，温顺地仰视着女神。整个画面象征着巴伐利亚人民对王室的忠诚。图案外周圈刊铭文"巴伐利亚人的忠诚"。币的底部刊有年份"1830"。但随着法国七月革命浪潮的涌动和欧洲革命运动的日益发展，路德维希一世的政治倾向变得日益反动。

1830年法国七月革命

1830年7月，反动的法国国王查理十世签署了四项敕令：取缔报纸、期刊等出版自由，实行严

表现法国七月革命的油画《自由引导人民》

格的审查制度；议会选举无效，解散新选出的众议院，重新选举；规定新的选举法，只有大土地所有者才有选举权和被选举权。

查理十世签署的四项敕令立即引起了资产阶级、学生、工人及市民的强烈不满。26日，工人、小手工业者、学生在巴黎的许多地方举行集会，与军警发生了小规模的冲突。27日，法国巴黎的市民、工人、学生举行武装起义，推翻了波旁复辟王朝的统治，把由银行家、交易所经纪人等组成的金融资产阶级的代表人物推上了历史舞台。该事件史称"七月革命"。由于武装起义发生在7月27日到29日三天，所以又称为"光荣的三天"。

"三月革命前"德国的自由民族主义和保守派的回应

从1815年维也纳会议到1848年的三月革命，奥地利和普鲁士成为警察国家并广泛进行审查的时期被称作"三月革命前"。在这段时间内，欧洲自由主义思想发展迅猛；其涉及议程包括经济、社会和政治等层面。这一时期的大部分欧洲自由主义者希望能在民族主义原则下达成统一，扩展男性选举权等，从而推动向

约翰·戈特弗里德·冯·赫尔德（1744—1803）因提出著名的国民概念，被广泛认为是德国民族主义之父

资本主义的转型。

三月革命前，由于受到法国大革命的影响，德国民众愈发要求变革。而奥地利操控德意志邦联，实行反动政策，逐渐引起民族主义分子的不满。

歌德、约翰·戈特利布·菲希特和约翰·戈特弗里德·冯·赫尔德等思想家提倡浪漫的民族主义。神父腓特烈·雅恩设立体操会社，令年轻的中间阶层接触民族主义思想——他们更设立青年会社（Burschenschaft），主张自由主义改革和支持民族主义，渴求德意志统一，示威游行不断出现。

1817年瓦尔特堡游行纪念邮票（民主德国邮政）

1817年，恰逢1517年马丁·路德发表《九十五条论纲》与教皇决裂的300周年。知识分子和学生们赋予了这位先驱全新的解读。在1817年10月的瓦尔特堡节（Wartburgfest）更奉马丁·路德为德意志民族主义的先驱者，从宗教界唤起民族情绪。大约500名学生前往瓦尔特堡（相传马丁·路德在1521—1522年曾藏身于此，并将《新约全书》译成德文）游行，发起针对诸王侯的抗议。德意志的演说家们也纷纷发表演说，宣扬德意志统一的重要性。在节日上，更有焚毁书籍等类似活动，以销毁一切被认为是反动的物品，其中包括剧作家奥古斯特·冯·科茨比的书籍。在第六次反法同盟作战期间，德意志各邦为唤起民众一同对抗法国，曾向人民承诺，希望能以人民主权思想代替君主，实行议会制，建立新型国家。然而，一旦重获和平，曾经作出的承诺全被遗忘，没有一项得到落实。而学生组织的举动却日益激进。

1819年3月，剧作家科茨比被怀疑为俄国间谍、企图宣传封建专制，被神学学生卡尔·路德维希·桑德刺杀。该凶手后来被处决。此事引起了德意志邦联的保守派领袖、奥地利首相梅特涅的极大关注，因为民族主义的兴起，尤其是青年运动，不但将动摇奥地利在德国的势力，还会激起奥地利帝国内多个民族的反抗

约500名学生前往瓦尔特堡游行，呼吁统一

之心。奥地利境内的大量匈牙利人与斯拉夫人一旦壮大，足以威胁奥皇的统治。梅特涅反应迅速，利用了保守派对暗杀事件的愤怒情绪，以此事作借口，劝谕邦联议会颁布了1819年的卡尔斯巴德法令（Carlsbad Decrees）：一致同意关闭青年会社，并对学生组织、自由派和国家主义运动严格限制；进一步控制报刊，压制支持自由的传媒，有关国家主义的书籍和刊物的出版遭到限制；并限制学术自由，限制大学教授进行国家主义的学术演讲。

1819年3月剧作家科茨比被刺杀

1830年的巴伐利亚

1830年7月，法国巴黎的市民举行武装起义，推翻了波旁复辟王朝的统治，同时也激发了高涨的德国社会运动。巴伐利亚、萨克森、不伦瑞克、汉诺威和黑森-卡塞尔都发生不同程度的革命斗争和运动。虽然结果实行了某些改革，不过这些改革范围比较小。1830年，在黑森还爆发了农民反对封建压迫的起义，但是起义军队被残酷地镇压下来。

在巴伐利亚，国王路德维希深受法国启蒙主义和自由主义思想影响，自1825年执政以来，也一直采取宽松的统治政策，所以巴伐利亚当年发生的反抗斗争范围和影响都相当小。

当时的巴伐利亚历史学家曾记述：在爱国主义和人民忠诚度方面，只有拥有极为悠久历史的国家才能够和巴伐利亚相比。因为在它的历史记录中，没有一件是与背叛相关的事件，或者对王室不忠的记录。数百年来，对王室的忠诚已成为国家的共识，这种崇高的声誉已化为谚语"巴伐利亚人的忠诚与高山一样坚韧"。

事实也确实如此，七月中巴伐利亚的宁静、祥和与法国巴黎的血雨腥风形成鲜明对比。甚至在不久之后的慕尼黑啤酒节，国王路德维希一世参与其中，加入六万多人的欢庆队伍，人们为他欢呼雀跃。正赶上当时天气晴朗，

万里无云,湛湛蓝天。路德维希有感而发:天空与我们同在,它像巴伐利亚人民的忠诚一样纯净而蔚蓝。随后,写下诗歌加以纪念:

> 忠诚的大众!在祖先的忠诚中,
> 守住你的老王宫,
> 新东西并没有错,
> 爱的火焰也绝不会让你失望。
> 是的!老忠诚、老信仰,
> 你总是一动不动,
> 不要让他们抢走你的时间,
> 永远不要偏离,巴伐利亚人。
> 当天上有暴风雨时,他不动摇,
> 当大地颤抖时保持平静,
> 如果你发现他对你不利:
> 要清楚,你没有因此崩溃,
> 他也没有破坏你的事情。
>
> 坚固的千年橡木,
> 你站在那里,永远不会被砍倒,
> 长矛无法穿透它们,
> 斧头也会从树干弹开。
> 所有的努力已经成功,
> 你一直在履行职责,
> 即使在最初,你也是如此。
> 巴伐利亚,你不会倒下!

但好景不长,随着法国七月革命浪潮涌动和欧洲革命运动的不断发展,当权者和民众之间的矛盾越来越深,民众对人民当权和德意志统一的渴望已不可遏制,而路德维希一世的政治倾向也日益反动。最终,1832年在巴伐利亚普法尔茨爆发了汉巴赫节起义(Hambacher Fest)。

汉巴赫节原为汉巴赫当地的一个乡镇集会。1832年5月的汉巴赫节庆典,在资产阶级民主

"不能听不能说的会议"讽刺梅特涅抑制自由表达的卡尔斯巴德法令

主义者白尔尼、魏尔特（Johann Georg August Wirth，1798—1848）和西本普法费尔（Philipp Jakob Siebenpfeiffer，1785—1849）等人的倡议和领导下，汇聚了来自德意志各地的议员、大学生、手工业者、农民、士兵等约三万人召开大会，还有波兰的流亡者和法国的民主派代表参加。与会者提出废除君主制，建立共和、统一和自由的德意志国家的要求。会后又举行游行示威活动，向高处的汉巴赫城堡废墟前进，举着旗、敲着鼓、唱着歌，缓缓走向城堡。

和1819年科茨比遇刺之后一样，梅特涅利用汉巴赫的群众示威来推行保守的社会政策。1832年6月28日的《六条》主要重新强调君主权威的原则。7月5日，法兰克福议会投票通过另外10条，重新强调现有的审查规则，限制政治组织以及其他公众活动。此外，各邦国同意对受到动乱威胁的政府提供军事支持。邦联议会派遣半数巴伐利亚军队赶至普法尔茨以"镇压"示威群众。包括魏尔特和西本普法费尔等多名汉巴赫节的演讲者不幸被捕、经审判后入狱；其中一人，学生组织代表卡尔·海因里希·布吕格曼（1810—1887）被遣送普鲁士，判处死刑，但后来得到赦免。

汉巴赫节起义，起源于高税收和审查制度所引发的民众不满，揭示了人民当权和对德意志统一的向往。汉巴赫节起义被镇压，随后进行了大约142次政治审判。路德维希一世重拾1825年被自己废除了的审查制度，并加强了书刊、信件的检查机制，大约又进行了1 000多次的政治审判，这引起了人民普遍的不满和反对。

正如茨威格在《断头皇后》中所写：……命运所馈赠的礼物，早已在暗中标明了价码……。忠诚都是有限度的，路德维希的倒行逆施终归是要偿还的。在1848年革命中，路德维希就要为此付出代价（见BG54）。

1832年5月普法尔茨爆发汉巴赫节起义

BG28 细节

~~~~~~~~~~~~~~~~~~~~~~~~~~~~~

BG28 1830 忠于王室版别：

1) 边饰标注"1903"年份的 48.46g 金质后铸币，目前发现同模伤币，参看 NGC 官网提供该金质后铸币的相关信息
2) 齿边铜质样币；齿边锡质样币；单面锡质试样

版别1）NGC 官网提供该金质后铸币的相关信息

BG29&30 1831/1834 向议会致敬

历史协定泰勒（Geschichtskonventionstaler）

正面铭文：LUDWIG I KŒNIG VON BAYERN / ZEHN EINE FEINE MARK
背面铭文：GERECHT UND BEHARRLICH / 1831　　　　　　　（BG29）
　　　　　EHRE DEM EHRE GEBÜHRT / LANDTAG 1834　（BG30）
边饰：直齿
直径：38mm　重量：28.06g　含银量：83.3%，0.7515oz
书目编号：KM#760，Dav.567，AKS126，Kahnt86　　　　（BG29）
　　　　　KM#A765，Dav.571，AKS130，Kahnt90　　　　（BG30）

年份	铸造量		美品	极美	未流通
1831	–	（BG29）	250	850	2 600
1834	–	（BG30）	220	500	2 800

巴伐利亚州议会所在地——慕尼黑马克西米利安纪念馆（Maximilianeum）
归属马克西米利安纪念馆研究基金会所有

邦国议会（Landtag）

在席卷全德的立宪运动推动下，巴伐利亚首相蒙特格拉斯在1817年2月1日被解职。王储路德维希推行的自由主义宪法及相关政策得到了民众广泛支持，巴伐利亚进入了宪政改革的新时代。国王马克西米利安一世在1818年5月26日批准了一部资产阶级性质的新宪法，宣布实行立宪君主制。1818年的巴伐利亚宪法在当时的欧洲是非常先进的。它保障了民众的基本权利，并且建立了代表民众声音的两院制议会。当时的部分民众政治团体逐渐演变成为后来的政党。

巴伐利亚新宪法效仿英国设立了两院制的议会，当时称作"等级代表会议"（Ständeversammlung 或 Ständetag）。包括上议院（贵族院，Kammer der Reichsräte）及下议院（人民院，Kammer der Abgeordneten）。上议院议员根据出身、财产、职位来选出或由国王任命。通常由世袭大地主、大贵族、政府官员和王室成员组成。下议院的议员一小部分由选民直接选举产生，一般从小地主、贵族、神职人员、市民和农民中选出来。在宪法附则中还保证宗教自由和新教徒的安全。1819年2月4日，国王召开首次议会。其主要任务是安排国家财政政策和确定预算。

巴伐利亚议会后改名为"Landtag"，可译为邦国议会、邦议会或地方议会，以此区别于德意志邦联设立在法兰克福的"邦联议会"（Bundesversammlung 或 Bundestag）。北德意志邦联和第二

马克西米利安纪念馆的外观草稿——建筑师 Friedrich Bürklein
1857年10月5日，马克西米利安二世为该建筑进行奠基，1874年完工后用作学校、艺术品展览馆，1949年被巴伐利亚州议会租赁为办公用地

帝国时期的议会被称为"帝国议会"(Reichstag)。魏玛共和国时期和二战后，巴伐利亚成为自由州，所以"Landtag"则应译为州议会。1919年开始，巴伐利亚州的上议院被废除，巴伐利亚州议会成为一院制议会。1934年1月30日，巴伐利亚及所有州议会被纳粹《帝国重建法》解散。1946年12月1日，巴伐利亚州新宪法颁布后，举行了战后首次州议会选举。1946年至1999年间，巴伐利亚州上议院再次恢复，称作巴伐利亚州参议院(Senat)，其成员是从巴伐利亚的社会与经济团体中选举出来的，但在1998年的一场公民投票中被废止。由此，巴伐利亚州议会再次成为一院制议会。

另外，"Diet"这个词汇除作"饮食、膳食"之外，还有"议会"的含义。该含义源自其拉丁文中的"帝国议会"，指神圣罗马帝国或德意志帝国的帝国议会。比如，当年日本在照搬德国二元政体和宪法的时候，也把这个词也照搬过来了，所以"Diet"指的就是日本国会，"Local diet"指的就是地方议会。

向议会致敬

1830年法国爆发的"七月革命"很快席卷了整个欧洲大陆，冲击着每一个德意志邦联的王室。这些王公贵族面对人民的诉求，不得不作出重大让步。受益于1818年自由主义的新宪法和国王路德维希统治初期的宽松政策，巴伐利亚王室在这次革命运动中免受重创。

1831年新一届议员当选、召开议会。王室、内阁大臣和议员们都想在议会中获得更多的权力。争议主要集中在王国财政预算的制订和审议、内阁大臣的权力和责任、新闻审查制度的制订。

最终，各方在邦国议会中达成了新的平衡。议会正式获得审核和批准财政预算的权力，制订新的"新闻法"、部分放松了人民舆论控制，内阁大臣也获得更多自主权。

这一届议会中，保守派议员占据上风，自然也重视王室的提案。路德维希一世也是受益颇丰，尤其是对议会在1834年批准的决议感到非常满意。通过该决议，议会批准给国王路德维希一世授予年俸和终身养老金。同时该届议会也承认了路德维希一世实行

1946年于慕尼黑大学礼堂内举行的州制宪大会会议

舆论控制、新闻审查等部分反动政策。在军事、公务等预算都缩减的情况下,议会批准了国王大部分建设项目的资金预算,使得瓦尔哈拉神殿(见BG46)等项目的施工得以顺利进行。同时,路德维希一世提议组建的巴伐利亚抵押银行(见BG34)、开凿连接美因河和多瑙河的路德维希运河(见BG52)等大型建设项目也得到了议会的批准。

国王对这届议会还是非常满意的,以至于要发行历史泰勒加以感谢和勉励。1834年4月8日,财政大臣勒肯费尔德(Lerchenfeld)下令发行"邦国议会"历史协定泰勒用于支付议员们的津贴。

BG30 1834 邦国议会

1834年,该届巴伐利亚议会审核通过了王室提交的一系列议案。国王路德维希一世经此收获颇丰。作为对议员们的感谢,特敕令发行历史泰勒以奖励议员。该币的正面是巴伐利亚国王路德维希右向头像,周圈铭文"路德维希一世,巴伐利亚国王/10枚合1马克纯银"。币的背面是一个粗密的橡树枝叶花环,花环由飘带紧紧缠绕,象征着紧密团结的巴伐利亚议会。花环内标注该币的主题铭文"邦国议会1834"。花环外周圈铭文"荣誉属于应得之人"。该币在老版本《KM目录》中的编号为"KM#765A"。

通过一份由时任财政大臣维尔辛格（Wirschinger）在1836年撰写的历史协定泰勒发行报告（见"沃伊特与历史泰勒"一章）可知，该币铸造于1833—1834年，在报告列表中标为"Landtag 1834"。另外，在列表中还有一枚标注为"Landtag 1831"的历史协定泰勒，铸造时间为1834—1835。这一枚就是"BG29 1831 公正而持久"。虽然该币的币面年份为1831，但实际铸造年份却是1834—1835，晚于"BG30 1834 邦国议会"。列表中两币的名称相同，说明铸造目的和用途也是相似的。

BG29 1831 公正而持久

因为该届议员即将在1835年进行改选，为了铭记和褒奖议员们的功绩，路德维希一世敕令再发行一枚历史协定泰勒用于议员赏赐，以示皇恩浩荡。币面的"1831"为本届议员当选、召开新议会的年份。该币的正面是巴伐利亚国王路德维希一世右向头像，周圈铭文"路德维希一世，巴伐利亚国王/10枚合1马克纯银"。币的背面是一头象征着巴伐利亚的雄狮，狮子呈立姿且双爪护盾，盾上铭刻路德维希一世的箴言"公正而持久"（GERECHT UND BEHARRLICH）。整个图案象征着国王希望将自己的箴言当作巴伐利亚新议会的议事基调——既要保持公正也要坚持传统。该币底部标年份"1831"。

"公正而持久"是出自古罗马诗人昆图斯·贺拉斯·弗拉库斯（Quintus Horatius Flaccus，前65—前8）作品中的名言。

从图案上看，狮子象征巴伐利亚王国，"公正而持久"是国王的箴言，两种图案放在纪念1831年新议会召开的历史泰勒上，表明希望议员们既要保持公正也要坚持传统。

"公正而持久"——古罗马诗人贺拉斯

从铸造时间上看，该币特意选定本届议员的当选年份（1831）作币面年份，再加上"公正而持久"的箴言，也许正好说明该币不仅是对本届议员们的感谢，也是在特意提醒下届当选议员要继续尊重国王的诉求。

这里回顾一下巴伐利亚议会、宪政改革的历史沿革，以便读者参考。巴伐利亚议会是德国最古老的议会之一，在欧洲议会制度的发展历程中一直走在最前列。它的成立可以追溯到14世纪初期。

- 1311年

1311年6月15日的《奥托公约》（Ottonische Handfeste）标志着巴伐利亚议会历史的开端。当时下巴伐利亚－兰茨胡特公爵维特尔斯巴赫·奥托三世急需一笔资金，为此召集下巴伐利亚的贵族们开会讨论征税。贵族们同意交纳新税，但作为交换，公爵必须得增加贵族们在自己领地（庄园）内的某些权利（比如低级裁判管辖权）。《奥托公约》后来成为领地贵族、神职人员和城镇这三个等级代表享有自由和更多话语权的基础，等级代表也被称作"领地代表"。

- 1508年

在16世纪初期，上巴伐利亚和下巴伐利亚公国重新统一。1508年的《国家自由声明》中规定了公国统一前所给予等级代表的权利依然有效，并适用于现在整个公国。《国家自由声明》构成了此后巴伐利亚300年的等级代表制度的基础。

- 1669年

在选帝侯马克西米利安一世铁腕而漫长的统治下（1573—1651），王侯专制再次兴起，等级代表的权利再次受到限制。1669年，旧巴伐利亚议会举行了最后一次会议。自此以后，直到19世纪初，议会再未召开。在这一百多年里，仅有一个"常务委员会"继续负责议会事务。等级代表仅保留名义上的权利和自由。

- 1808年

拿破仑战争期间，整个巴伐利亚濒临破产，民众感觉只有一部现代化的宪法和一个议会更能保证国家的统一和有序的财政状况。所以国王马克西米利安一世·约瑟夫于1808年5月1日颁布了一部废除农奴制度、承认特定资产阶级公民权利的宪法。原"领地代表"解散，原定的国家代表制度不再保留。

- 1818年

1818年5月26日，国王马

克西米利安一世·约瑟夫被迫批准资产阶级性质的新宪法。这部宪法仿效英国模式，成立了设有两个议院的等级代表会议。上议院的议员按出身、财产、职位等选出或由国王任命。下议院的议员部分从贵族、神职人员、资产阶级和农民中直接选出。

- 1819 年

1819 年 2 月 4 日国王召开了首次议会，当时被称作"等级代表会议"（Ständetag 或 Ständeversammlung）。首次议会的主要任务是管理国家财政和确定预算。

- 1848 年

1848 年慕尼黑爆发革命后，新国王马克西米利安二世召开议会，响应民众的诉求。选举采用了一部新的选举法，不再对选民进行贵族身份、阶级层次划分。区域约束条款同样失效。每个 25 岁以上的交税男性公民都享有选举权。

- 1849 年

巴伐利亚的议会正式确定名称为"邦国议会"（Landtag）。1819 至 1934 年，议会的所在地是位于慕尼黑 Prannerstraße 大街 20 号的大楼（靠近林荫广场）。

- 1881 年

议会议员选举采用保密方式进行。

- 1907 年

下议院议员首次全部直接由选举产生，只有 25 岁以上的男性才具有选举权。

- 1918 年

第一次世界大战的结束导致了巴伐利亚立宪君主制的终结。在 11 月 7 日的革命之夜中，巴伐利亚宣布成立共和国。国王路德维希三世全家逃离慕尼黑。独立社会民主党（USPD）领导人库尔特·艾斯纳（Kurt Eisner，1867—1919）成为新共和国（自治州）的首任总理。

- 1919 年

1 月 12 日，巴伐利亚州人民首次选出一个完整意义上捍卫人民主权的州议会。会议期间发生了"巴伐利亚苏维埃共和国"运动，艾斯纳遇刺身亡。巴伐利亚政府被迫迁都到班贝格（Bamberg）。1919 年 8 月 12 日，巴伐利亚议会以 165 票赞成、3 票反对、1 票弃权通过了"班贝格宪法"（Bamberger Verfassung）。"班贝格宪法"是巴伐利亚第一部民主宪法，第一次引入"妇女享有选举和被选举权"的条文。并设立了一院制的州议会。

- 1933 年

当年，首都柏林的纳粹分子

已掌握了国家权力。1933年4月28日至29日，巴伐利亚召开了最后一次州议会。

• 1934年

1934年1月30日，巴伐利亚及所有州议会被纳粹的《帝国重建法》解散。

• 1946年

第二次世界大战后，一些民主党派在巴伐利亚产生。1946年2月26日，一个"州咨询委员会"作为预备议会在慕尼黑大学的礼堂举行会议。当时威廉·霍格纳（Wilhelm Hoegner）博士被占领军政府任命为州长。6月30日，巴伐利亚历史上首次选举产生州制宪会议，随之产生巴伐利亚参议院（Senat），恢复了两院制的传统。12月1日，巴伐利亚通过了新宪法，并同时选举出了新一届州议会。由于原州议会大楼已被完全摧毁，新当选的议员只能在慕尼黑大学、皇家剧院和财政部的索菲大厅举行会议。

• 1949年

1949年1月，巴伐利亚参议院和巴伐利亚州议会租借了修缮完毕的马克西米利安纪念馆。自此，"巴伐利亚议会"和"马克西米利安纪念馆"成为一体。

• 1998年

巴伐利亚州参议院在1998年的一场公民投票中被废止。由此，巴伐利亚州议会再次成为一院制议会。

巴伐利亚自由州州议会的所在地——马克西米利安纪念馆

BG29 细节

BG29 1831 公正而持久版别：

1）齿边铜质样币 BG29.Pn1

2）齿边金质后铸币（48.43g）BG29.Pn2，且边饰铭文标"1903"

3）背面单面锡质试样 BG29.TS1，见《KM 目录》编号 TS5

版别1）齿边铜质样币 BG29.Pn1

版别2）为收藏家法拉利后铸金质样币 BG29.Pn2，48.43g，边饰标"1903"

版别3）背面单面锡质试样 BG29.TS1，对应《KM目录》编号 TS5

BG30 细节

~~~~~~~~~~~~~~~~~~~~~~~~~~~~~~

BG30 1834 邦国议会版别：

1）齿边铜质样币 BG30.Pn1
2）齿边金质后铸币 BG30.Pn2（48.43g），且边饰铭文标"1903"
3）典型镜面底板精制币 BG30.Pn3
4）单面铅质试样 BG30.TS1

版别1）齿边铜质样币 BG30.Pn1

版别2）为收藏家法拉利后铸金质样币 BG30.Pn2，48.43g，且边饰标"1903"

版别3）镜面底板精制币 BG30.Pn3

细版4）单面铅质试样 BG30.TS1

Bayerisches Gesetz- u. Verordnungsblatt

Amtliches Nachrichtenblatt der Bayerischen Landesregierung

München, den 8. Dezember 1946

Verfassung des Freistaates Bayern

Angesichts des Trümmerfeldes, zu dem eine Staats- und Gesellschaftsordnung ohne Gott, ohne Gewissen und ohne Achtung vor der Würde des Menschen die Überlebenden des zweiten Weltkrieges geführt hat,

in dem festen Entschlusse, den kommenden deutschen Geschlechtern die Segnungen des Friedens, der Menschlichkeit und des Rechtes dauernd zu sichern,

gibt sich das Bayerische Volk, eingedenk seiner mehr als tausendjährigen Geschichte, nachstehende

demokratische Verfassung:

ERSTER HAUPTTEIL.

Aufbau und Aufgaben des Staates.

1. Abschnitt

Die Grundlagen des Bayerischen Staates

Art. 1

Bayern ist ein Freistaat.

Die Landesfarben sind Weiß und Blau.

Das Landeswappen wird durch Gesetz bestimmt.

Art. 2

Bayern ist ein Volksstaat. Träger der Staatsgewalt ist das Volk.

Das Volk tut seinen Willen durch Wahlen und Abstimmung kund. Mehrheit entscheidet.

Art. 3

Bayern ist ein Rechts-, Kultur- und Sozialstaat. Er dient dem Gemeinwohl.

Art. 4

Die Staatsgewalt wird ausgeübt durch die stimmberechtigten Staatsbürger selbst, durch die von ihnen gewählte Volksvertretung und durch die mittelbar oder unmittelbar von ihr bestellten Vollzugsbehörden und Richter.

Art. 5

Die gesetzgebende Gewalt steht ausschließlich dem Volk und der Volksvertretung zu.

Die vollziehende Gewalt liegt in den Händen der Staatsregierung und der nachgeordneten Vollzugsbehörden.

Die richterliche Gewalt wird durch unabhängige Richter ausgeübt.

Art. 6

Die Staatsangehörigkeit wird erworben

durch Geburt;

durch Legitimation;

durch Eheschließung;

durch Einbürgerung.

Die Staatsangehörigkeit kann nicht aberkannt werden.

(3) Das Nähere regelt ein Gesetz über die Staatsangehörigkeit.

Art. 7

(1) Staatsbürger ist ohne Unterschied der Geburt, der Rasse, des Geschlechts, des Glaubens und des Berufs jeder Staatsangehörige, der das 21. Lebensjahr vollendet hat.

(2) Der Staatsbürger übt seine Rechte aus durch Teilnahme an Wahlen, Volksbegehren und Volksentscheidungen.

(3) Die Ausübung dieser Rechte kann von der Dauer eines Aufenthalts bis zu einem Jahr abhängig gemacht werden.

Art. 8

Alle deutschen Staatsangehörigen, die in Bayern ihren Wohnsitz haben, besitzen die gleichen Rechte und haben die gleichen Pflichten wie die bayerischen Staatsangehörigen.

Art. 9

(1) Das Staatsgebiet gliedert sich in Kreise (Regierungsbezirke); die Abgrenzung erfolgt durch Gesetz.

(2) Die Kreise sind in Bezirke eingeteilt; die kreisunmittelbaren Städte stehen den Bezirken gleich. Die Einteilung wird durch Rechtsverordnung der Staatsregierung bestimmt; hierzu ist die vorherige Genehmigung des Landtags einzuholen.

Art. 10

(1) Für das Gebiet jedes Kreises und jedes Bezirks besteht ein Gemeindeverband als Selbstverwaltungskörper.

(2) Der eigene Wirkungskreis der Gemeindeverbände wird durch die Gesetzgebung bestimmt.

(3) Den Gemeindeverbänden können durch Gesetz weitere Aufgaben übertragen werden, die sie namens des Staates zu erfüllen haben. Sie besorgen diese Aufgaben entweder nach den Weisungen der Staatsbehörden oder kraft besonderer Bestimmung selbständig.

(4) Das wirtschaftliche und kulturelle Eigenleben im Bereich der Gemeindeverbände ist vor Verödung zu schützen.

Art. 11

(1) Jeder Teil des Staatsgebiets ist einer Gemeinde zugewiesen. Eine Ausnahme hiervon machen bestimmte unbewohnte Flächen (ausmärkische Gebiete).

BG31 1832 奥托去希腊

历史协定泰勒（Geschichtskonventionstaler）
正面铭文：LUDWIG I KŒNIG VON BAYERN / ZEHN EINE FEINE MARK
正面铭文：OTTO PRINZ V. BAYERN GRIECHENLANDS ERSTER KŒNIG 1832
边饰：直齿
直径：38mm　重量：28.06g　含银量：83.3%，0.7515oz
书目编号：KM#761，Dav.568，AKS127，Kahnt87

年份	铸造量	美品	极美	未流通
1832	–	250	550	2 600

欢迎奥托一世就任希腊国王（希腊文）纪念铜章

1832年,为庆祝奥托一世（Otto I）登基成为希腊王国的首任国王而发行历史泰勒一枚。币的正面是路德维希一世的头像,周圈铭文"路德维希一世,巴伐利亚国王/10枚合1马克纯银"。币的背面是奥托一世迎受希腊王冠的场景,周圈铭文"奥托,巴伐利亚王子,希腊首位国王"。奥托一世身穿古希腊式服装,左手握剑,右手接受王冠,身后有象征巴伐利亚王国的雄狮,表示国王来自巴伐利亚。而赐予王冠的扶盾女神应当就是人格化的希腊女神 Hellas,女神身着古希腊女性服饰,盾牌的十字图案象征着希腊。估计作为父亲的路德维希一世知道儿子去一个局势复杂的新王国当国王未必顺风顺水,可能充满艰辛,所以币面上应有利剑、雄狮和盾牌的护持。另外,该币还有编号为 BG31.Pn5 的版别,背面女神的盾牌去掉十字,代之以光面盾牌。

希腊国王奥托一世（Otto I,希腊文 Ὄθων, ΒασιλεύςτηςΕλλάδος,拉丁文写作 óthon, Vasileus tis Ellados, 1815—1867）,奥托·腓特烈·路德维希（Otto Friedrich Ludwig von Bayern）,巴伐利亚王子,1832年被选为近代希腊王国的首任国王。

奥托是巴伐利亚国王路德维希一世与萨克森-希尔德伯格豪森公主特蕾莎的次子,1815年出生于萨尔茨堡。他的长兄后来成为巴伐利亚国王马克西米利安二世,他的三弟后来成为巴伐利亚摄政王柳特波德。

希腊独立

自1453年奥斯曼帝国攻陷君士坦丁堡,东罗马帝国灭亡后,历史悠久的希腊一直被奥斯曼帝国所统治。到了19世纪初,随着希腊民族意识的觉醒和奥斯曼帝国的衰微,希腊在1821年掀起独

身着希腊传统服装的奥托一世

立战争,并于1828年宣布独立。然而,奥斯曼帝国毕竟是个横跨三大洲的大帝国,在整个希腊独立战争期间多次重创起义军,制造了数场屠杀惨案。可以说,单靠自己的力量,希腊人是无法获得独立的。

这时,为了打击"异教徒",欧洲的三大强权——新教的英国、天主教的法国和东正教的沙皇俄国决定联手出击,出钱、出枪、出舰队,迫使奥斯曼帝国退让。当然,这一切不是免费的,希腊革命领袖约安尼斯·卡波蒂斯特里亚斯被迫签字画押,承诺革命成功后偿还相关债务。当然,债主不仅仅是这三大国,还有无所不在的瑞士银行,以及若干基于同一个宗教信仰(基督教)多少出了些力的欧洲小国,其中包括巴伐利亚王国。

然而天有不测风云,希腊刚独立,执掌大权的希腊总督约安尼斯·卡波蒂斯特里亚斯就在1831年遇刺身亡,希腊陷入无政府状态。这让列强和大小债主们顿时紧张起来。须知,奥斯曼土耳其当时还没正式承认希腊独立(1832年才承认),万一出现反复,岂不是白忙一场!于是,债

希腊国王奥托一世在首都纳夫普利翁登陆(局部)

主们在伦敦开会,决定给希腊人弄个国王,让他帮忙看着债主们的利益。

但是,希腊人自尊心很强,三大国直接派人去当国王不太合适。于是一合计,决定由德裔血统的银行家埃纳德出面作保,说服"小债主"——巴伐利亚国王路德维希一世,把自己的次子奥托"贡献"出来,去希腊当"管债"的国王。路德维希一世还是王子时,就曾在欧洲王室中第一个站出来支持希腊独立,希腊人对他一家多少有些好感。毕竟,奥拓也是拜占庭帝国(东罗马帝国)拉斯卡里斯王朝皇帝狄奥多尔一世的二十一世孙。拜占庭帝国的主宰文化是希腊文化,希腊文化、希腊语和东正教就是拜占庭帝国的立国基础。

1832年5月的伦敦和会上,英、法、俄三列强决定:希腊成为独立的君主国,国王为巴伐利亚17岁的二王子奥托。国王的继承人为奥托的后代,如果没有后代,奥托的弟弟及其后代成为希腊国王的继承人。希腊和巴伐利亚的王位不得由一人兼任。奥托的头衔是希腊的国王,区别于希腊人的国王。

这时候的希腊因经历连年战火,早已是破败不堪。英、法、俄三国经过商议,批准了6 000万法国法郎的"纾困款",交给路德维希一世。这笔钱实际上是银行家埃纳德垫付的。随后,巴伐利亚大大方方地送出17岁的奥托王子,并置办了一笔慷慨的"嫁妆":一个庞大的管理团队和整整3 500名巴伐利亚士兵——当时希腊正规军还不足3 000人。这个庞大的队伍搭乘英国护卫舰马达加斯加号,在英、法、俄三国海军护送下浩浩荡荡开进了希腊。

1833年2月6日,奥托王子在三个摄政和巴伐利亚军队的陪同下在有6 000多名希腊居民的新首都纳夫普利翁登陆。

着戎装的奥托一世

由于奥托一世尚未成年,希腊由摄政委员会执政。摄政委员会由三名巴伐利亚摄政组成,分别是枢密院主席约瑟夫·路德维希·冯·阿尔芒斯佩格(Joseph Ludwig von Armansperg)、格奥尔格·路德维希·冯·毛莱尔(Georg Ludwig von Maurer)、卡尔·冯·阿贝尔(Karl von Abel)。三个摄政主张专制统治,且能力平庸,管理混乱。他们执政的主要思路就是加重税收,好向欧洲"债主"们还债,然后再借更多外债,应付庞大的行政开支。希腊人很快发现他们的苛捐杂税比土耳其统治者更多、更重。奥斯曼帝国的暴政换成了外国官僚的统治。希腊人鄙夷地将其称为"巴伐利亚官僚制"(Βαυαροκρατία)。

1833年8月,摄政们建立了独立于君士坦丁堡牧首的希腊东正教会。奥托一世是一位坚定的天主教徒,拒绝改宗东正教。在一部分虔诚的希腊教徒的眼中,这就是异端行为。1834年12月13日,希腊政府迁至雅典。虽然当时的雅典只有一万名居民,废墟比房屋更多,但大多数希腊人都同意迁都雅典。

1835年,奥托一世国王年满20岁,开始亲政,还被西班牙王室授予西班牙金羊毛骑士团勋章。可这个"空降"的希腊王国,依然是"德国味"十足的"债主王国":国王是来自德意志的巴伐利亚人,首相、国防大臣和将军几乎都是巴伐利亚人。甚至,希腊的法律也是德国人订的,支柱产业——葡萄酒和啤酒由德国人垄断,建筑师、律师甚至希腊人引

1851奥托5德拉克马银币,雕模师K.Lange,反面奥托纹章中十字交叉处有巴伐利亚菱形图案

九三宪法革命

以为傲的艺术家,也多是德国人。一些内阁职务,如外交大臣,表面上是希腊人在担任,实际上还是德裔血统。希腊人辛辣地把这个"希腊王国"称为"巴伐利亚债主朝廷"。

1836年,奥托一世访问德意志,目的是迎娶一位王后。翌年二月回国时他给希腊带来一位王后——奥尔登堡的艾米丽(Marie Friederike Amelie,1818—1875)。她是奥尔登堡大公奥古斯特与夫人安哈尔特-贝恩堡-绍姆堡-霍伊姆的阿德莱德的长女。但奥托夫妇一直没有子嗣。带来一位王后的同时,奥托一世还带来了一位新首相——来自巴伐利亚的伊格纳茨·冯·鲁德哈特(Ignaz von Rundhart),独断专行的阿尔芒斯佩格被解职。可谁也没料到,鲁德哈特像他的前任一样,也用独断专制的方法来统治希腊。在希腊的立宪主义者和英国公使的压力下,鲁德哈特于十个月后辞职,奥托一世自任首相。在统治初期,奥托一世着重基础设施建设,为希腊人民建立了多所院校和医院。其中,雅典理工大学(Εθνικό Μετσόβιο Πολυτεχνείο)就是这个时候成立的。

希腊国王奥托一世与王后艾米丽 1836 年结婚纪念铜章

希腊奥托国王夫妇

第三章 路德维希一世

希腊奥托国王夫妇着希腊传统服饰策马奔腾游雅典

被内政困扰的奥托国王夫妇接见内阁大臣

在奥托一世即位之初,希腊人就希望在国王的领导下颁布一部宪法。但首相和摄政委员会一直施行专制统治。直到奥托一世自任首相,希腊人民离宪法仍很遥远。国王拒绝议会选举。希腊大部分内阁成员甚至国防大臣还是巴伐利亚人。新王国的统治比奥斯曼帝国的统治还要差,希腊的人口也在下降。亲俄派企图以一个东正教的王子来代替奥托;亲英派的立宪主义者强烈要求将巴伐利亚官员逐出希腊。英国政府在给奥托一世施压,要求其制定宪法。

1843年,英国在其殖民地爱奥尼亚群岛进行改革,并在下议院辩论要在希腊实施代议制制度。同年9月3日,雅典爆发"九三宪法革命"。德米特里·卡勒基斯(Δημήτριος Καλλέργης)上校和独立战争时期的民族领袖约安尼斯·马克里亚尼斯(Ιωάννης Μακρυγιάννης)率领军队聚集在王宫前的广场。经过一些抵抗后,国王同意撤销他的巴伐利亚顾问,并同意召集国民议会颁布宪法。1843年11月,希腊王国的第一届议会召开,参加者还有来自色雷斯、伊皮鲁斯和马其顿的代表,会议制定了一部新宪法。1844年3月,奥托一世对宪法宣誓。该

1862年奥托一世乘英国军舰离开希腊

逊位后的奥托一世（1865年）

宪法是具有自由主义精神的，它规定设立由选举产生的下议院，下议院和国王都具有相同的立法权，并保留否决权。行政权由国王任命的大臣行使，国王有权任免大臣。国王还可以在议会任期未满前将其解散。然而接下来的几任首相似乎都刻意忽视这部宪法。因为1843年立宪胜利的不是立宪主义者，而是独立战争时期的领袖。希腊从巴伐利亚人的专制统治换为希腊人的专制统治。他们都没有执行民主的愿望。

在"九三宪法革命"中，国王奥托一世的威望并没受到影响，可能是他幼稚的本性，且常常穿着希腊民族服装，过着简单的生活，希望能得到民心，努力让希腊人觉得他是"希腊人的国王"（这是伦敦和约严格禁止的，他只能称"希腊国王"）。国王与外国外交官的不合作，反而增加了国王的威信。1850年，爆发了"帕西菲科事件"，使希英关系出现危机，却使奥托一世获得了民众的信任。大卫·帕西菲科是葡萄牙犹太人后裔，出生于英国海外领地直布罗陀。由于他在希腊的房产在反犹游行中被抢劫，英国外交大臣巴麦尊支持其向希腊政府要求巨额赔偿，甚至派了海军封锁了比雷埃夫斯港。奥托一世及其政府采取了漠视的态度，后接受了路易·拿破仑的调解。但法国的调解使英国非常不满并拒绝他的调解。为此英国撤出大使。奥托一世虽然最后屈服，却赢得了希腊人的信任，且赔款也减少到一个很小的数目。一年之后，由于希腊与英国的另一事件，巴麦资被迫辞职，希腊人民的民族情绪空前高涨。奥托一世受到人民的信任，且发现保持这种信任的关键就是把国王自身置身于爱国运动前列，可以让奥托一世从"债主国王"变成了"本土国王"。1850年，奥托一世被奥地利皇帝授予奥地利金羊毛骑士团勋章。

奥托一世的"伟大理想"

希腊人的"伟大理想"(Μεγάλη Ιδέα),即收复领土,恢复拜占庭帝国的往昔荣光。奥斯曼帝国有250万希腊人,君士坦丁堡、塞萨洛尼基和士麦那是希腊商人活动的中心,也是希腊人"伟大理想"的大本营;克里特岛的居民们更是随时都在准备起义。

奥托一世将自身置身于爱国运动前列,以赢得民众的信任,宣扬"伟大理想"是个转移希腊内部矛盾的机会。1850年,君士坦丁堡牧首正式承认希腊东正教会的独立自主地位。与希腊同样信奉东正教的俄罗斯帝国渐渐取代英国成为希腊利益的保护者。1854年3月,克里米亚战争爆发。希腊人认为实现"伟大理想"的机会来到了。当俄、土开战时,希腊人的非正规军队入侵土耳其,希腊政府不顾英、法的反对允许军队支援非正规军。入侵的结果是希腊部队被全部消灭;英、法第二次出兵封锁了比雷埃夫斯港,直到1857年。这导致希腊经济崩溃,外债大涨。奥托一世的"伟大理想"就此破灭。

1859年发生了奥地利与意大利的战争(奥萨战争),奥托一世

为纪念奥托一世登基成为近代希腊开国君主,根据路德维希一世的命令建造了国王广场(Königsplatz),以及多立克柱式的希腊门楼(Propyläen)

与他的臣民们在外交政策上发生了第一次分歧:希腊人站在加里波第一边;奥托一世却站在他的亲戚奥地利皇帝弗朗茨·约瑟夫一世一边。意大利在法皇拿破仑三世的支持下获得了胜利。奥托一世企图用进攻土耳其来挽回威信,但由于上次的教训,没有得到政府和人民的支持。由于国王没有子嗣,他的弟弟们也不愿意改宗东正教,继位的问题被提到了议事日程。然而,奥托一世对此采取置之不理的态度。

奥托一世拒绝让新派政治家入选议会,还背地里抵制受民众支持的首相康斯坦丁·卡纳里斯。1861年发生了学生企图刺杀王后的事件,学生领袖还被许多人奉为英雄;次年又发生了多起叛乱未遂事件。军队变得越来越无纪律,最终在1862年10月发生政变。阿卡尔拉米亚的一个地方头目宣布起义,几天后各地纷纷响应,雅典的部队也加入反叛的行列,于是成立了临时政府。前首相德米特里奥斯·武尔加里斯(Δημήτριος Βούλγαρης)成为临时政府首相,并于同日宣布废黜奥托一世。

政变发生时,奥托一世与艾米丽正在伯罗奔尼撒旅行。当

国王广场与卡洛琳广场方尖碑

他们准备回雅典时,却被阻止在比雷埃夫斯港不允许上岸。国王没有办法,只好与30年前来到希腊时一样乘坐英国军舰离开希腊。英、法、俄很快承认了希腊人废黜国王这一事实。按照希腊人的说法,这个"债主国王"乘英国军舰而来,又乘英国军舰而去,回到巴伐利亚。在流亡中,奥托一世顽固地抱着"希腊国王"称号,甚至每天都要抽出几个小时专门讲希腊语。在1866年克里特反抗土耳其的起义中,他曾出资赞助克里特的起义者。奥托一世于1867年7月26日在班贝格去世,葬于慕尼黑音乐厅广场的铁阿提纳教堂(Theatiner,见BG49)。

BG31 细节

BG31 1832 奥托去希腊版别：

1）齿边锡质样币 BG31.Pn1
2）盾牌的十字交叉有巴伐利亚菱形 BG31.Pn2，即奥托国王的纹章
3）盾牌的十字交叉但不连通 BG31.Pn3
4）边饰标"1902"的齿边金质光面盾牌后铸币 BG31.Pn4（48.38g）
5）银质光面盾牌样币 BG31.Pn5，对应《KM 目录》编号 Pn5

版别分析：

"版别2"的盾牌使用奥托国王的新纹章。其中，希腊十字交叉处有巴伐利亚菱形图案，表达了希腊国王出自巴伐利亚王国。但在该时机使用似乎并不合适，因为奥托王子要得到的是希腊王位，希腊的标志就是交叉的十字，根本就没有巴伐利亚的菱形。如果该币提前使用了奥托国王的纹章，就显得既不希腊，也不巴伐利亚，不伦不类，反而降低了希腊女神授权的合法性，所以正式币肯定不选它。至于奥托就任希腊国王后，在发行的希腊钱币上使用其纹章则是顺理成章的。但此时，奥托的新纹章不应该出现在刚接受王位时的巴伐利亚王国的钱币上，只能作备选样币。

"版别3"的盾牌虽有希腊十字图案，但十字交叉线条并未连通，竖向线条盖住了横向线条，使图案多了些立体感，但这应该不是特意制作的一种样币，很可能是造币模具修补后产生的结果。

对于"版别4"和"版别5"的光面盾牌，更不能作为正式币。因为不仔细看文字，乍一眼看图案的话，可能会让一部分巴伐利亚民众误以为币上的女神就是巴伐利亚女神（巴伐利亚历史泰勒的常客），而巴伐利亚的王位隔着王储马克西米利安直接传给了弟弟奥托！王位继承无论东方还是西方，都不是小事。

版别1）齿边锡质样币 BG31.Pn1

版别2）盾牌的十字交叉有巴伐利亚菱形 BG31.Pn2，即奥托国王的纹章

版别3）盾牌的十字交叉但不连通 BG31.Pn3

版别 4）为收藏家法拉利后铸的金质样币 BG31.Pn4，48.38g，边饰标"1903"

版别 5）银质光面盾牌样币 BG31.Pn5，对应《KM 目录》编号 Pn5

BG32 1833 卡洛琳广场方尖碑

历史协定泰勒（Geschichtskonventionstaler）
正面铭文：LUDWIG I KŒNIG VON BAYERN / ZEHN EINE FEINE MARK
背面铭文：DENKMAHL DER DREYSSIG TAUSEND BAYERN / WELCHE IM RUSSISCHEN KRIEGE DEN TOD FANDEN / 1833
边饰：直齿
直径：38mm　重量：28.06g　含银量：83.3%，0.7515oz
书目编号：KM#763，Dav.570，AKS129，Kahnt88

年份	铸造量	美品	极美	未流通
1833	–	180	700	2 400

卡洛琳广场（Karolinenplatz）方尖碑

1833年，俄法战争殉难者方尖碑（Obelisk）在慕尼黑市卡洛琳广场（Karolinenplatz）落成。慕尼黑造币厂受命发行历史泰勒一枚加以纪念。该币正面是路德维希一世右向头像，周圈铭文"路德维希一世，巴伐利亚国王/10枚合1马克纯银"。背面是方尖碑的整体外观图，矗立在花环基座之上的方尖碑犹如一把利剑直指云霄，战士虽然倒下，但其精神仍不可战胜。方尖碑外有周圈铭文标明主题"为对俄战争中牺牲的三万巴伐利亚人竖立纪念碑"。

卡洛琳广场方尖碑

卡洛琳广场方尖碑位于慕尼黑市Maxvorstadt区的卡洛琳广场（由路德维希一世的继母腓特烈卡·卡洛琳·威廉敏娜而命名），正好处于BriennerStraße、BareStraße和MaxJosephStraße三条路的交叉口。卡洛琳广场方尖碑是为1812年参加拿破仑的俄法战争而牺牲的三万巴伐利亚军人而修建的。1818年，在王储路德维希的命令之下，方尖碑作为慕尼黑新城区规划中的一部分由建筑师利奥·冯·克伦泽（Leo von Klenze）设计，皇家冶炼铸造厂斯蒂格迈尔（J.B. Stiglmaier）铸造。原本要树立在音乐厅广场（Odeonsplatz）。但在方尖碑建好之后，却发现运输已成为一个难题，只好就树立在原地，当然这也就形成了卡洛琳广场的雏形。

卡洛琳广场方尖碑总高度为29米，总重量达到了618公担（重量单位Zentner，百磅；在德国1公担为50千克；奥地利、瑞士则为100千克）。在三层大理石台阶之上是方尖碑的正方形青铜基座，基座四面都有题词："DEN DREYSSIG TAUSEND BAYERN DIE IM RUSSISCHEN KRIEGE DEN TOD FANDEN（为了对俄战争中牺牲的三万巴伐利亚人）/ AUCH SIE STARBEN FÜR DES VATERLANDES BEFREYUNG（他们是为了解放我们的祖国）/ ERRICHTET VON LUDWIG I KOENIG VON BAYERN（由巴伐利亚国王路德维希一世树立）/ VOLLENDET AM XVIII OCTOBER MDCCCXXXIII（公元1833年10月18日建成）"。

作为基座的青铜材料主要来自纳瓦里诺海战中战败的土耳其军舰上的枪炮。纳瓦里诺海战在1827年10月20日爆发，是希腊民族解放革命时期（1821—1832）在纳瓦里诺湾（伯罗奔尼撒半岛西南沿岸）进行的海战。英、法、俄联合海军摧毁奥斯曼土耳其和埃及的联合武装。这场海战是历史上最后一场完全以帆船进行较量的重要海战，因而著名。英法俄联合舰队的装备优于敌方，船员也训练有素，取得胜利亦在预料之中。当然对于路德维希一世来说，希腊独立革命也带来了切切实实的好处：在1832年土耳其承认希腊独立之后，英法俄三大国决定推举巴伐利亚王子奥托去当希腊王国的国王（见BG31）。

卡洛琳广场方尖碑题词

博罗金诺战役

青铜基座上的花环和沉默的羊头（而非常见的巴伐利亚雄狮）是祝愿烈士们能永久安息！的确如此，作为拿破仑主导的莱茵邦联成员，巴伐利亚王国在1812年为在法国征讨俄国的战争中提供了三万军力，而战争结束后最终归来的只有两千多人。俄法战争的残酷性表露无遗。

俄法战争

俄法战争是指法国和俄国在1812年爆发的一场战争，是拿破仑战争的一部分。战争由拿破仑一世发动，并入侵俄国国土。俄国将这场战争称为Отечественная Война，中文意思是"爱国战争"，一般将其称为卫国战争。为了和二战时期苏联抗击德国的苏联卫国战争相区别，一般将其称为俄国卫国战争。战争以拿破仑失败撤退、俄国战略上获胜而结束。战事从1812年6月底持续到11月底，共进行了5个月的时间。俄国作家托尔斯泰的《战争与和平》、俄国作曲家柴可夫斯基的《1812序曲》描绘的就是这场战争。

战争背景

1812 年,拿破仑一世在欧洲大陆获得了空前的军事胜利。法国占领了几乎整个意大利、德意志地区(成立了受法国控制的莱茵邦联),击败了欧洲强国奥地利,大败普鲁士,控制了西班牙、荷兰等地。为了获得整个欧洲的霸权,让当时的法国死敌、海上帝国——英国臣服,法国联合其

拿破仑从莫斯科撤退、俄法战争的最后一场战役——别列津纳河战役

他欧洲大国发起了"大陆封锁"政策。但俄国处于自身利益的考虑,并对法国的扩张存有强烈的戒心,所以在实行法国的"大陆封锁"一段时间后退出了与法国的联盟,成为欧洲大陆阻止拿破仑实现争夺世界霸权计划的中坚力量。俄国的敌对行为招致拿破仑的愤怒,并萌生出通过战争迫使俄国投降的念头。

从1811年开始,为了准备入侵俄国,拿破仑的军事和外交政策具有越来越强的针对性。1812年春,法国分别同普鲁士和奥地利结成短暂的军事同盟。根据盟约,为了对俄作战,普军2万人、奥军3万人归拿破仑指挥。法国的其他附庸国政府也开始训练远征俄国的军队。在这一年,拿破仑准备了空前强大的军队,其控制的由欧洲各民族组成的军队兵力达到120万,其中一半都用于进攻俄国。

俄国在获悉法国即将入侵的消息后,也采取了相应的备战措施,包括加强军队训练和预防战时孤立无援下的对策。在外交方面,俄国也有所建树,1812年4月,俄国同瑞典缔结盟约,规定双方共同行动,反对法国。战争爆发后,俄英缔结了和约,结束同土耳其的战争。对俄国来说,

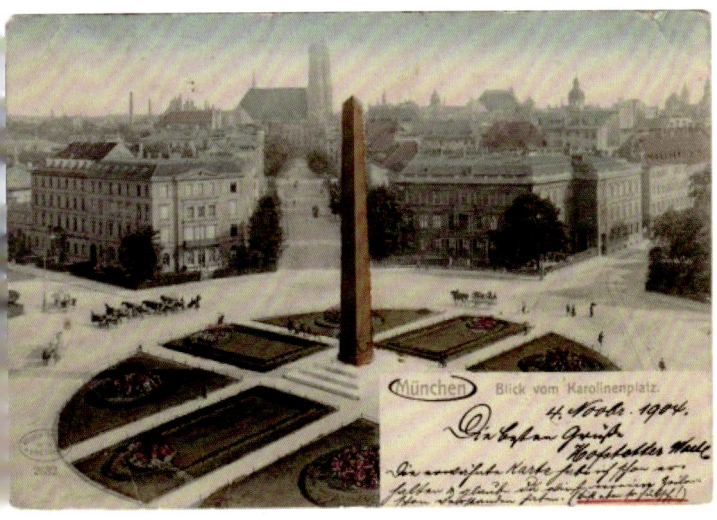

卡洛琳广场方尖碑题材的明信片

和英国这个海上帝国的结盟是政治上的巨大胜利。

1812年夏，拿破仑集结军队61万，分为三路，其中中路由其亲自指挥，这支庞大的军队被拿破仑称为"大军团"（Grande Armée），大军团在法国控制的华沙公国集结。6月24日，渡过涅曼河，向俄国不宣而战，这场为了争夺欧洲霸权的战争爆发了。

战争进程

战争伊始，由于俄国防守薄弱，只有约24万兵力，不足以抵抗这支欧洲无敌的拿破仑军队。库图佐夫接任指挥官后采取了撤退的策略，并沿途放火，实行焦土政策，把法军途经之处烧得一干二净，这一步打乱了拿破仑速战速决的进攻计划，也令拿破仑原本边作战边抢夺补给的计划泡汤。拿破仑只好深入俄国境内，期望能占领俄国第一大城市莫斯科，并获得粮食等补给。然后逼迫俄国投降、签署条约。

虽深入俄国腹地，法军却未遇到俄国军民的有效抵抗。但在战争开始后不久，俄国境内很快

卡尔·菲利普·冯·维尔德亲王、陆军元帅统帅堂也有他的铜像（见BG49）

就进入到秋冬天气，寒冷的俄国旷野让远道而来的法国士兵水土不服，而俄军在撤退时的坚壁清野策略让法军从未得到过有效补给，法国军队的士气开始动摇。一直到九月份，法军才与俄军有了接触。

拿破仑亲自率领的中路法军在渡过涅曼河时有将近286 000人，但在大战开始之初却只剩下161 475人，大多数士兵死于饥饿和疾病。俄军不断地后退，令沙皇撤换巴克莱·德托利伯爵，而新任俄军统帅米哈伊尔·库图佐夫在距离莫斯科前方约125公

里处建立了防御阵地。他在博罗金诺村旁选了一片非常适合防守的土地，从9月3日起修建防御工事。

9月7日，法军跟负责防守博罗金诺的俄军发生了激烈的战斗。最后俄军全军撤退。库图佐夫决定放弃莫斯科，俄军带走所有粮食、释放了监狱的囚犯，并且开始放火烧城。等到法军攻入克里姆林宫时，莫斯科已经是一片焦土的空城了。拿破仑明白战局不利，曾向俄国提议停战，却未获答复。这时寒冷的冬季已经来临，前线飘雪，法军过分深入，补给线又太长，拿破仑在10月19日终于下令撤退，沿路往西回撤。等到法军开始撤退后，俄军主力蠢蠢欲动，紧跟法军后方。但不派出主力跟法军交战，只用哥萨克骑兵、游击队埋伏骚扰法军。

11月底法军穿越别列津纳河时，被俄军炮击，死伤惨重。11月29日晨，维克多的后卫部队过桥之后，立即将桥焚毁，这才逃离了俄军的追杀，完成法军的全线大撤退。法军撤退到华沙后，原本60多万的大军已经剩下不到6万人。在伤亡与损失方面，法军死亡20万人，15万至19万人被俘，逃兵13万人；俄军死亡21万人。

战争影响

俄法战争对欧洲产生了深远的影响：拿破仑法国因为战败而分崩离析，其建立的欧洲秩序很快就发生了根本性的逆转，遭到了毁灭性的打击。很多法国占领的领土发生民族独立运动。次年莱比锡战役后，拿破仑本人也因为战败而退位，被放逐到意大利沿海的厄尔巴岛。

俄法战争之后，拿破仑一世的辉煌军事和政治生涯就此终结。而对俄国来说，俄法战争充分体现了俄国人民的爱国主义精神。俄法战争后，俄国成为欧洲举足轻重的力量。

参战的巴伐利亚

根据1806年莱茵邦联相关

卡洛琳广场方尖碑邮票（德国邮政）

俄国修建的俄法战争纪念碑（现位于爱沙尼亚）

条约的规定，作为莱茵邦联中最大邦国之一的巴伐利亚王国，算是尽了邦联成员的义务，总共提供了3万军人参加作战。当然巴伐利亚军队损失也很惨重，在卡尔·菲利普·冯·维尔德（Karl Philipp von Wrede）和伯恩哈德·伊拉斯谟(Bernhard Erasmus von Deroy)的带领下最终只有两千多人返回祖国。这场战争的幸存者们聚集在一起商量着为死去的战友树一座纪念碑，但一直因为资金不足而无法开工建设。在1828年，路德维希一世毅然承担了纪念碑所有的建设费用。

经过这场战争，曾经让整个欧洲为之战栗的法兰西"大军团"已经不复存在，拿破仑帝国的"同盟国"也正在蠢蠢欲动，企图脱离法国的控制。莱茵邦联成员国已为这次战争损失了太多的人力、物力，巴伐利亚人民更是厌倦了这位好战的拿破仑皇帝。所以在1813年的莱比锡民族大会战中，巴伐利亚国王见风使舵，脱离了与法国的同盟，倒向了反法联军。在维尔德元帅带领下，巴伐利亚军队进攻至莱茵河畔，继而切断法军后方在美因兹和法兰克福的交通线。

BG32 细节

~ ~

BG32 1833 卡洛琳广场方尖碑版别：

1）边饰铭文标注 "1903" 金质后铸币；1833 年铜质样币 BG32.Pn1
2）T.ERTEL 为希腊王国所造的铜样币 BG32.Pn2，38mm，19.1g，直齿
   正面铭文：WELCHE IM RUSSIS. KRIEGE DEN TOD FANDEN. /
   DENKMAHL DER DREISSIG TAUSEND BAYERN　背面铭文：T. ERTEL /
   IN / MÜNCHEN. /1833. / PROBE DES THALERPRÄGWERKS /
   F. D. KÖN. MÜNZE IN GRIECHENLAND.

版别1）1833年铜质样币，BG32.Pn1

版别2a）T.ERTEL 为希腊王国所造的 5 德拉克马铜样币 BG32.Pn2，对应 Kahnt88f

版别2b）T.ERTEL 为希腊王国所造的 5 德拉克马铜镀银样币 BG32.Pn2，Kahnt88g

BG33 1834 王室家族纪念碑

历史协定泰勒（Geschichtskonventionstaler）

正面铭文：LUDWIG I KŒNIG VON BAYERN / ZEHN EINE FEINE MARK
背面铭文：DENKMAHL DER ANHÆNGLICHKEIT BAYERNS AN SEINEN HERRSCHERSTAMM / ERRICHTET ZU OBERWITTELSBACH / 1834

边饰：直齿
直径：38mm　　重量：28.06g　　含银量：83.3%，0.7515oz
书目编号：KM#765，Dav.572，AKS131，Kahnt91

年份	铸造量	美品	极美	未流通
1834	–	180	500	1 400

1834年的王室家族纪念碑，位于城堡教堂旁

1834年，为庆祝上维特尔斯巴赫的王室家族纪念碑落成，慕尼黑造币厂发行历史泰勒一枚加以纪念。币的正面是巴伐利亚国王路德维希右向头像，周圈铭文"路德维希一世，巴伐利亚国王 / 10枚合1马克纯银"。币的背面中心就是哥特式的王室家族纪念碑，瘦高而层叠的尖峰塔是它的建筑风格。纪念碑外的周圈铭文为"巴伐利亚人民效忠王室纪念碑 / 树立于上维特尔斯巴赫"，下刊年份"1834"。

维特尔斯巴赫家族起源

维特尔斯巴赫家族（Wittelsbach）起源于上巴伐利亚（现巴伐利亚施瓦本行政区的艾夏赫市）的维特尔斯巴赫城堡。维特尔斯巴赫一词的意思是森林中的小河（中古德语中Witu是森林的意思）。980年去世的巴伐利亚侯爵贝特霍尔德（Berthold of Schweinfurt）是居住在沙伊埃尔恩城堡（Scheyern）的沙伊埃尔恩伯爵奥托一世（Otto I）的祖先。奥托一世的第三子——沙伊埃尔恩伯爵奥托二世买下了位于艾夏赫附近的维特尔斯巴赫城堡。后维特尔斯巴赫城堡由大哥的次子沙伊埃尔恩伯爵奥托四世（Otto IV，Count of Scheyern）继承，并于1115年首次使用"维特尔斯巴赫的奥托五世"（拉丁文Otto de Witelinesbach，或Otto V，Count of Wittelsbach）这一头衔。从此作为维特尔斯巴赫家族进入欧洲贵族序列之始。奥托五世于1110—1111年、1116—1118年追随时任神圣罗马帝国皇帝亨利五世两次进军意大利，并参与囚禁教皇巴斯加二世（Paschalis Ⅱ）和扶植对立教皇格里高利八世（Antipope Gregory Ⅷ）上台，而于1120年获封"巴伐利亚的普法尔茨伯爵"（Pfalzgraf in Bayern）。1119年，奥托五世将其住所从始

上维特尔斯巴赫的王室家族纪念碑

建于 940 年的沙伊埃尔恩城堡迁往维特尔斯巴赫城堡，沙伊埃尔恩城堡则于同年改建为沙伊埃尔恩修道院（Scheyern Abbey）。

1180 年，霍亨斯陶芬家族的神圣罗马帝国皇帝腓特烈一世剥夺了他的死敌、韦尔夫家族的萨克森和巴伐利亚公爵狮子亨利的领地——巴伐利亚公国，并将其赐给奥托五世的次子、维特尔斯巴赫伯爵奥托六世，史称巴伐利亚公爵奥托一世（Otto I, Duke of Bavaria）。从此该家族一直统治巴伐利亚直到 1918 年第一次世界大战结束。奥托一世的第三子巴伐利亚公爵路德维希一世（Ludwig I, Duke of Bavaria）于 1214 年被时任神圣罗马帝国皇帝腓特烈二世授予莱茵普法尔茨伯爵及领地，从而开启了维特尔斯巴赫家族对这块领地的统治。尽管 1805 年因拿破仑战争而使统治短暂中断，1815 年莱茵普法尔茨的莱茵河西侧部分又回到了维特尔斯巴赫家族手中。此时巴伐利亚已于 1806 年被拿破仑升格为巴伐利亚王国。

1209 年前的维特尔斯巴赫城堡，有主城堡、城墙和塔防等

维特尔斯巴赫家族始祖奥托四世/五世
Otto IV, Count of Scheyern
Otto V, Count of Wittelsbach

上维特尔斯巴赫王室家族纪念碑

为感谢巴伐利亚民众对维特尔斯巴赫家族六百多年来的忠诚和奉献,国王路德维希一世在家族发源地——维特尔斯巴赫城堡(Burg Wittelsbach)旁竖立了一座王室家族纪念碑(Nationaldenkmal,或译作民族纪念碑)。该纪念碑现位于施瓦本行政区的艾夏赫－费里德贝格县(Aichach-Friedberg)首府艾夏赫(Aichach)的上维特尔斯巴赫小镇。据说1208年8月21日,维特尔斯巴赫普法尔茨伯爵奥托八世在班贝格阴谋刺杀霍亨斯陶芬王朝施瓦本的罗马－日耳曼国王菲利普(the Roman-German King Philip of Swabia)。作为报复,维特尔斯巴赫主城堡在1209年被摧毁。但在1978—1980年的考古调查中,并没有发现明显的报复性摧毁行为的证据,也没有发现城堡毁于火灾的证据。更像是被废弃后,因为建筑材料挪用而逐渐被拆除了。不管怎样,维特尔斯巴赫主城堡倒塌且没有被重建,而是在原地修建了一座教堂,并且在17和19世纪得到修缮,由神职人员一直自给自足地维持到1978年。1857年9月9日,巴伐利亚国王马克西米利安二世参观由施瓦本举办的"维特尔斯巴赫与巴伐利亚"的展览。在展览前期准备过程中,就对维特尔斯巴赫城堡进行了考古挖掘,找到了原来城堡、城防等墙体的地基,并清理、施划出来。所以现在城堡虽然没有了,但城堡原来墙体和护城河的痕迹还是依稀可辨的。

从天空鸟瞰,该镇西北端最大最显眼的红瓦斜顶建筑就是城堡教堂(Burgkirche)——原维特尔斯巴赫主城堡的所在地。城堡教堂前的小空地被称为城堡广场(Burgplatz),广场东侧的高

鸟瞰高地上的上维特尔斯巴赫小镇,城堡教堂和王室家族纪念碑掩映于丛林之中

当代的城堡教堂

地上矗立的就是王室家族纪念碑。其南侧不远是另一座历史悠久的二层红顶建筑,其屋檐前墙呈阶梯状。城堡教堂和纪念碑周围都是茂密的树林。尤其是在夏季,纪念碑被高耸浓密的枝叶层层包裹,完全隐藏起来。在 1834 年 8 月 25 日,路德维希一世亲自为王室家族纪念碑的落成揭幕。该纪念碑由丹尼尔·奥姆勒(Daniel Ohlmüller)设计,使用了哥特建筑风格,其尖峰塔状设计给人留下深刻的印象。画家古斯塔夫·克劳斯(Gustav Kraus)用画笔把当时的盛况记录下来。这天,微风吹散乌云、天空放晴,广场遍插蓝色旗帜,迎风招展,一片蓝色的海洋。国王的帷幔搭设在教堂旁,倚墙而建,一条小径穿过广场缓缓延伸到王室家族纪念碑。小径两侧则是全副武装的蓝衣巴伐利亚士兵和威风凛凛的骑兵,市民们身着盛装热情地迎接国王的到来。国王从教堂出发沿小径走向纪念碑,并在纪念碑前讲话,回顾了维特尔斯巴赫家族在巴伐利亚的发展历程,感谢国民对其家族长期以来的忠诚和热爱。该揭幕仪式画作现保存于慕尼黑市博物馆(München stadtmuseum)。

王室家族纪念碑设计图

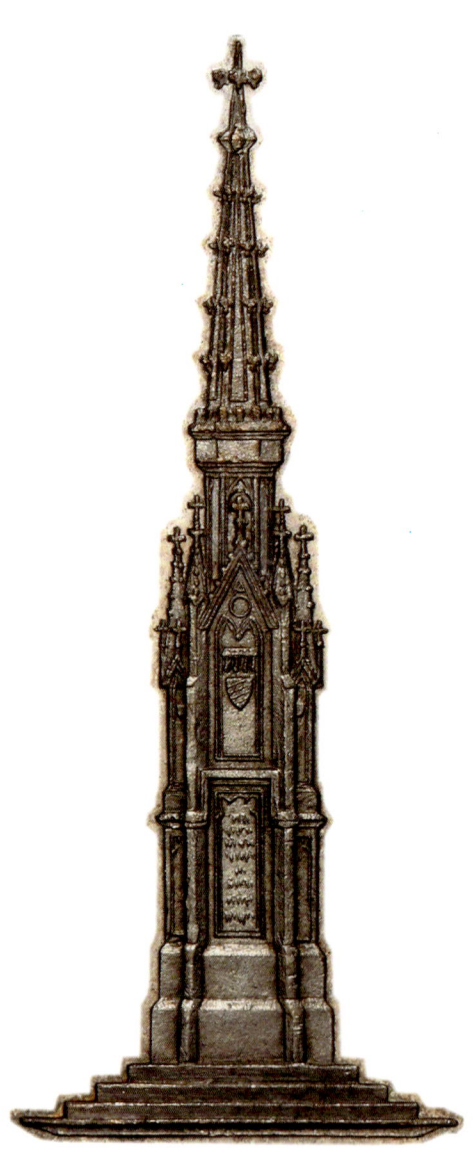

BG33 细节

BG33 1834 王室家族纪念碑版别：

1）齿边铜质样币 BG33.Pn1
2）齿边锡质样币；背面单面锡质试样
3）金质后铸币（48.46g），且边饰铭文标注年份"1903"

版别1）齿边铜质样币 BG33.Pn1

BG34 1835 巴伐利亚抵押兑换银行

历史协定泰勒（Geschichtskonventionstaler）
正面铭文：LUDWIG I KŒNIG VON BAYERN / ZEHN EINE FEINE MARK
背面铭文：ERRICHTUNG DER BAYERISCHEN HYPOTHEKEN-BANK / 1835
边饰：直齿
直径：38mm　重量：28.06g　含银量：83.3%，0.7515oz
书目编号：KM#777，Dav.574，AKS133，Kahnt93

年份	铸造量	美品	极美	未流通
1835	–	180	400	1 800

巴伐利亚抵押兑换银行所在地——普莱辛宫

1835年，为庆祝巴伐利亚抵押兑换银行的成立，国王路德维希一世敕令发行一枚历史泰勒加以纪念。币的正面是巴伐利亚国王路德维希右向头像，周圈铭文"路德维希一世，巴伐利亚国王／10枚合1马克纯银"。币的背面是人格化的巴伐利亚女神。女神身着长袍，双腿交叉、悠闲地倚靠在石柱上，女神右臂弯过头顶，神态祥和，目视前方。该场景也从侧面显示石柱的牢固和持久。石柱上刻有象征贸易的墨丘利权杖，代表新成立的巴伐利亚抵押兑换银行。图案外周圈铭文"巴伐利亚抵押银行建立"。币的底部刊有年份"1835"。

抵押银行

抵押银行（又称为不动产抵押银行），是专门经营以土地、房屋及其他不动产为抵押的长期贷款的专业性银行。抵押银行的资金主要来源于发放不动产抵押证券（吸收公众存款不是其主要资金来源）。抵押银行的资金运用主要有两种：一是以土地为抵押的长期贷款，贷款对象主要是土地所有者或购买土地者；二是以城市不动产为抵押的长期贷款，贷款对象主要是房屋所有者或者建筑物的经营者。作为抵押品除土地、房屋外，也收受股票、债券和黄金作为贷款的抵押品。

抵押银行的贷款资金主要是靠发放不动产抵押证券，这种不动产抵押证券以抵押在银行的土地及其他不动产作保证，可以买卖转让。当借款人到期不能偿还贷款时，则由银行对抵押品进行处理，以收回贷款。由于抵押贷款担保的抵押品处理时不易出售，常常造成资金占压，因而专门的抵押银行较少，如巴伐利亚抵押兑换银行就是这种抵押银行。因目前各国商业银行大量经营不动

西蒙·冯·艾希塔尔男爵（1787—1854），巴伐利亚抵押兑换银行的创始人、首位董事长

产抵押贷款业务，致使很多抵押银行除经营抵押放款业务以外，也必须同时经营一般信贷业务。

巴伐利亚抵押兑换银行（巴伐利亚裕宝银行）

德国的综合性银行共有四家：德意志银行（Deutsche Bank，成立于1870年），巴伐利亚抵押联合银行（Bayerische HypoVereinsbank，成立于1997年），德累斯顿银行（Dresdner Bank，成立于1872年）和商业银行（Commerzbank，成立于1870年）。巴伐利亚抵押兑换银行是巴伐利亚抵押联合银行的前身之一。

巴伐利亚抵押兑换银行（Bayerische Hypotheken-und Wechsel-Bank，简写为Hypo-Bank，抵押银行或音译为裕宝银行）是德国巴伐利亚最古老的私人商业银行，由巴伐利亚国王路德维希一世发起于1835年，总行设在慕尼黑，在很长一段时期内起到了发钞银行的作用。1864年后，又被授权可发行抵押债券，并逐渐演变为德国19世纪最大的抵押银行。20世纪70年代初，该行与德累斯顿银行、荷兰尼德兰银行、阿尔杰梅尼银行和比时布鲁塞尔银行等，共同组成多

巴伐利亚抵押兑换银行的封签

国银行集团——欧洲联合银行有限公司。

巴伐利亚抵押兑换银行的主要经营业务为抵押、发行债券和商业银行等业务。控制并参与巴伐利亚机械制造、酿酒和造纸等大小企业百余家，并以此为核心，成为地方垄断财团。裕宝银行拥有两家附属银行和一家赫尔斯塔尔建设储蓄银行，在卢森堡、爱尔兰、纽约、伦敦、中国香港等地设有机构。还持有伦敦Foreign&Colonial投资管理公司的大部分股票。截止到1986年底，该行拥有资产493.72亿美元，以及全球800多个分支机构。

1997年7月21日，巴伐利亚抵押兑换银行和巴伐利亚联合银行（Bayerische Vereinsbank）宣布合并成立巴伐利亚抵押联合银行

（或称为巴伐利亚裕宝联合银行，Bayerische HypoVereinsbank）。新银行随即成为仅次于德意志银行的德国第二大私营商业银行，总资产达7 430多亿马克，德累斯顿银行被迫退居第三。新银行资本金在170多亿马克，贷款总额高达5 600多亿马克，在房屋抵押贷款业务方面更是位居欧洲第一。其银行的核心业务涉及银行抵押、资产评估、资产建构、金融市场衍生产品等，拥有百万客户，全球雇员58 000人，2 000多家分支机构。

2005年，巴伐利亚抵押联合银行被意大利联合信贷银行（Unicredito Italiano Sp A）并购。该笔交易总额达154亿欧元（合187亿美元）。两家银行合并后，打造出欧元区的第四大银行。2007年底资产总额达4 221亿欧元。2008年9月1日，德国商业银行（Commerzbank）宣布收购该行。

历史发展

随着19世纪初拿破仑对德意志的扩张，虽然客观上削弱了散乱的封建割据，起到了促进民族统一的作用，但也给德意志人民带来了深重的灾难。本是农产品丰富的巴伐利亚等南部邦国，更是缺失了大量男性劳动力，大片肥沃土地被荒弃。尤其是在1816年，整个北半球都处于无夏状态，巴伐利亚等地在八月份竟出现了霜冻，很多土地颗粒无收，伴随产生的就是大饥荒和非常严重的通货膨胀。虽然后续发明了新的轮作方法替换了原有的三田轮作，但丰收年却降低了农产品价格，农民所获受益却不多。甚至收获不抵负债，

卡尔·冯·艾希塔尔（1813—1880），巴伐利亚联合银行创始人

农场被高利贷者收走。依赖农业的巴伐利亚受损严重。

王国建成后,巴伐利亚在蒸汽机、轮船、自动纺织机和铁路等工业方面取得了较快的发展。工业、新技术和新发明也迫切需要资金和信贷的支持。

为了筹集农业、贸易和工业所需的资金,巴伐利亚的农业协会在1818年呼吁王国建立抵押银行。1819年,内阁大臣伯农(Böhnen)向政府和议会提交了创建巴伐利亚中央银行的初稿,银行应控制不动产的无信用状态,降低利率,并停止现行的高利贷。路德维希一世继任国王后,指示内政大臣欧廷根·华伦斯坦(Oettingen Wallerstein)与经验丰富的银行家联系并征求意见。反馈的报告中提到:需要筹建一家新银行,该银行必须是与巴伐利亚王国经济相适应的抵押银行。其中60%的资金用于土地债券,其余40%的资金可用于和其他银行、交易所交易。

1835年6月18日,国王路德维希一世签署了巴伐利亚抵押兑换银行的开业命令。在成立大会上,路德维希对银行的筹备工作十分满意:"这家银行代表着一个爱国机构,能有效地将相对弱势的农民群体从高利贷者手中解放出来。"根据国王的批复,该银行既是抵押银行,也是纸币、债券的发行银行,还可以经营人寿保险等第三类业务。抵押银行还在奥格斯堡设立分公司,享有奥格斯堡交易中心的兑

巴伐利亚抵押兑换银行的所在地普莱辛宫的前立面,该宫修建于1740—1750

巴伐利亚抵押兑换银行大楼——普莱辛宫，与统帅堂相邻。银行总部已扩展到红衣主教福尔哈伯大街（Kardinal Faulhaber Straße）附近的诸多大楼中

换权。为了提高银行的信誉，国王本人也出资入股，提供了1000万古尔登原始资本中的40万，成为银行的主要股东。

尽管当时巴伐利亚还没有统一的公司法，但该银行的资金构成已表明它已经是一家名副其实的股份公司了。共有40名高级股东组成了银行委员会，该委员会又选举了7名管理人员，并由王室专员进行监督。首任董事长是宫廷银行家西蒙·冯·艾希塔尔男爵（他还是1835年慕尼黑至萨尔茨堡Salzburg间铁路建设的发起者，其子卡尔·冯·艾希塔尔Carl von Eichthal是巴伐利亚联合银行的创始人），他为抵押银行的建立作出了巨大贡献。1835年10月15日，抵押银行搬进了慕尼黑王宫附近的普莱辛宫（Palais Preysing）。同月，为庆祝巴伐利亚抵押兑换银行的成立，慕尼黑造币厂受命发行历史泰勒加以纪念。

巴伐利亚抵押兑换银行是巴伐利亚第一家发行纸币的银行,1836年发行了10古尔登和100古尔登纸币,1866年后又发行了2.5~50古尔登纸币

1935年巴伐利亚抵押兑换银行建立100周年纪念章

BG34 细节

~~~~~~~~~~~~~~~~~~~~~~~~~~~~~~~~~

BG34 1835 巴伐利亚抵押兑换银行版别：
1）齿边铜质样币 BG34.Pn1
2）边饰标注"1903"的 48.27g 齿边金质后铸币 BG34.Pn2

版别1）齿边铜质样币 BG34.Pn1

版别2）边饰标注"1903"的 48.27g 齿边金质后铸币 BG34.Pn2

M.–N. Rückzahlung seitens der Bank 10 Jahre lang ausgeschlossen. 4% * JJ * M10

4% UNVERLOSBARER HYPOTHEKENPFANDBRIEF

10 Jahre nicht rückzahlbar.

Ser. XIX   № 046579   Lit. JJ.

Die

Bayerische Hypotheken- & Wechsel-Bank

schuldet dem Inhaber dieses Hypothekenpfandbriefes

Eintausend Mark

deutscher Reichswährung

mit 4%, in halbjährigen Raten, am 1. Mai und 1. November, gegen Rückgabe der anliegenden Zinsscheine verzinslich.

Dieser Pfandbrief ist seitens des Inhabers unkündbar, seitens der Bank vierteljährig kündbar; die Bank verpflichtet sich jedoch, **von dem Rechte der Kündigung vor Ablauf von 9½ Jahren von nachstehendem Datum der Emission an keinen Gebrauch zu machen.**

Für die Verzinsung und Rückzahlung dieser Schuld haftet die Bank mit ihrem ganzen Vermögen, namentlich aber mit der Gesamtzahl ihrer in das Hypothekenregister eingetragenen Hypothekardarlehen und Wertpapiere, sowie den den Treuhändern in Verwahrung gegebenen Geldern, aus welchen Werten kraft gesetzlicher Vorschrift im Konkursfalle die Pfandbriefgläubiger vor allen übrigen Konkursgläubigern zu befriedigen sind, und welche in ihrem jeweiligen Bestande niemals weniger betragen dürfen als die Gesamtsumme der umlaufenden Pfandbriefe.

München, den 1. Januar 1900.

Bayerische Hypotheken- & Wechsel-Bank.

Direktor: Direktor:

Hypotheken-Sekretär: Pfandbriefs-Buchhalter:

Für gegenwärtigen Hypothekenpfandbrief ist die vorschriftsmäßige Deckung vorhanden und in das Hypothekenregister eingetragen.

Der Königl. Kommissär als Treuhänder.

Zinstermine: Mai u. November.

4%

BG35 1835 特蕾莎纪念碑

历史协定泰勒(Geschichtskonventionstaler)

正面铭文:LUDWIG I KŒNIG VON BAYERN / ZEHN EINE FEINE MARK
背面铭文:DENKM. DER TRENNUNG DER KŒN. THERESE VON IHREM SOHNE DEM KŒN. OTTO / ERRICHTET BEI AIBLING VON BAYERISCHEN FRAUEN / 1835

边饰:直齿
直径:38mm　重量:28.06g　含银量:83.3%,0.7515oz
书目编号:KM#778,Dav.575,AKS134,Kahnt94

年份	铸造量	美品	极美	未流通
1835	–	240	450	2 000

冬季的巴特艾柏林特蕾莎纪念碑

1835年，为纪念母亲特蕾莎王后送别儿子奥托的特蕾莎纪念碑修建完成，国王路德维希一世敕令发行一枚历史泰勒加以纪念。该币正面是巴伐利亚国王路德维希一世右向头像，周圈铭文"路德维希一世，巴伐利亚国王/10枚合1马克纯银"。币的背面是哥特风格的特蕾莎纪念碑，该纪念碑在外观造型上和1834年树立在上维特尔斯巴赫的王室家族纪念碑（见BG33）非常相似，都是瘦高的多重尖峰塔样式。只不过这座纪念碑是母亲送别和祝福儿子的，所以选用圣母抱子作主雕像是再合适不过的了。圣母脚下的基座上附有慕尼黑和拜罗伊特的纹章。纪念碑外有周圈铭文"特蕾莎王后与其子奥托国王的送别纪念碑/由巴伐利亚妇女竖立于艾布灵"，下刊年份"1835"。

1832年的伦敦和会推举巴伐利亚王国的二王子奥托为希腊的新国王。当时奥托只有17岁，年纪尚小就要到异国他乡做君主，母亲特蕾莎王后放心不下，送子一程来到了艾布林（Aibling）。在艾柏林和罗森海姆（Rosenheim）两地之间，母亲停下脚步，对奥托千叮万嘱后，交给长子马克西米利安继续护送出国。巴伐利亚妇女们被王后的爱子之情感动，在国王路德维希一世和罗森海姆当地居民的帮助下，捐款修建特蕾莎纪念碑以纪念母亲对儿子送别和祝福之情，以及对特蕾莎王后本人的崇高敬意。

1833年10月15日，在巴特艾柏林镇（Bad Aibling）芒法尔（Mangfall）河畔的一座高地上设下基石。历经近两年，纪念碑修建完毕，并在1835年6月1日奥托国王生日到来之际揭幕。

1888年左右的特蕾莎纪念碑

特蕾莎纪念碑采用了哥特式的建筑风格，瘦高且有多重尖峰塔。该纪念碑在外观构型上和1834年竖立在上维特尔斯巴赫的王室家族纪念碑（见BG33）非常相似。尤其是相关的两枚历史泰勒，如果不看铭文，只看纪念碑图案，会让人错以为是同一枚银币。纪念碑正面内立一尊铜圣母抱子立像。瘦高的碑身呈门形，为凹退在碑身内的圣母圣子挡风遮雨。石门上方雕刻盾形的巴伐利亚传统菱形纹章。圣母呈微微俯视姿态，使膜拜之人产生被注视和崇拜感。对于虔诚的天主教徒而言，巴伐利亚妇女们选择圣母抱子雕像来表达母亲对儿子的送别和祝福之情是最自然、最贴切不过了。圣母脚下的基座上嵌有"慕尼黑之子"和"帕绍狼"的铜纹章。

巴特艾柏林的特蕾莎纪念碑

以观察者正对圣母抱子雕像视左右（下同），纪念碑右面和背面都刻有铭文。比如，纪念碑右侧碑身刻有纪念碑的修建主题"Koenig Ludwigs zweytgeborener Sohn Otto riß sich hier vom Mutterherzen um der Koenig und Retter Griechenlands zu werden. Anno 6ten Dezember 1832"（国王路德维希的次子奥托与母亲伤心别过，成为希腊国王和救世主，1832年12月6日）。铭文下方基座的对应位置也有两个铜纹章。

纪念碑四个侧面碑身的基座上都有代表当时巴伐利亚王国各个地区的铸铜纹章。每面有两个纹章，共八个纹章，正好对应八个地区。

纪念碑正面圣母抱子雕像上方悬巴伐利亚传统菱形纹章。基座处铜纹章为"慕尼黑之子"和"帕绍狼"。其中左边的"慕尼黑

奥托王子辞别巴伐利亚王国

之子"纹章代表慕尼黑市及伊萨尔河区（Isarkreis）；右边的"帕绍狼"纹章代表帕绍市和下多瑙区（Unterdonaukreis）；分别对应现在的上巴伐利亚和下巴伐利亚两个行政区。

纪念碑右侧铭文上方雕刻奥托国王的十字叠巴伐利亚菱形的纹章。基座处铜纹章为"奥格斯堡铜松果"（Augsburger Zirbelnuss）和"交叉双钥匙"。"奥格斯堡铜松果"代表奥格斯堡和上多瑙区（Oberdonaukreis）；右侧"交叉双钥匙"纹章代表雷根斯堡和雷根区（Regenkreis）；分别对应现在的施瓦本和上普法尔茨两个行政区。

纪念碑左侧碑身上方雕刻特蕾莎王后之萨克森纹章，碑身光面待刻铭文。基座处铜纹章为"维尔茨堡四方旗"（Würzburger Standarte）和"斯派尔大教堂"（Dom zu Speyer）。"维尔茨堡四方旗"代表维尔茨堡和下美茵区（Untermainkreis）；右侧"斯派尔大教堂"纹章代表莱茵区（Rheinkreis，即普法尔茨，当时

该历史泰勒的正面纹章
左：慕尼黑之子——慕尼黑
右：农具双鲁藤——拜罗伊特

1644年的艾柏林（原Hofberg），Matthäus Merian
巴特艾柏林是巴伐利亚州的一个温泉市镇，位于慕尼黑东南约56公里处，总面积41.41平方公里。该镇有丰富的泥浆浴、矿物温泉和矿热资源，是理想的温泉度假胜地

仍属巴伐利亚王国的一部分）；分别对应现在的下弗兰肯行政区和莱茵兰-普法尔茨州的一部分。

纪念碑背面上悬巴特艾柏林的圣·乔治屠龙纹章。基座处铜纹章为"雷察特河三鱼"（Fische in Rezat）和"农具双鲁藤"（Reut）。其中左边的"雷察特河三鱼"纹章代表雷察特河区（Rezatkreis）；右边的"农具双鲁藤"纹章代表拜罗伊特和上美茵区（Obermainkreis）；分别对应现在的中弗兰肯和上弗兰肯两个行政区。

对比现存的历史图片，发现碑身基座四个面的八个纹章现在的位置顺序已经不同于当初的位置顺序，应该是后期维护中位置发生了调换。而该历史泰勒中纪念碑正面使用的两个纹章分别是无城墙的简化"慕尼黑之子"纹章和"农具双鲁藤"纹章。毕竟是在雕刻面积受限的硬币上进行雕模，简化可以理解。

正面纹章
左：慕尼黑之子——伊萨尔河区，今上巴伐利亚
右：帕绍狼——下多瑙区，今下巴伐利亚

右侧纹章（以观察者正对圣母抱子雕像视左右）
左：奥格斯堡铜松果——上多瑙区，今施瓦本
右：交叉双钥匙——雷根区，今上普法尔茨

左侧纹章（以观察者正对圣母抱子雕像视左右）
左：维尔茨堡四方旗——下美茵区，今下弗兰肯
右：斯派尔大教堂——莱茵区，今莱茵兰 - 普法尔茨州一部分

背面纹章
左：雷察特河三鱼——雷察特河区，今中弗兰肯
右：农具双鲁藤——上美茵区，今上弗兰肯

特蕾莎纪念碑正面

特蕾莎纪念碑右侧碑身,上悬奥托国王的纹章

特蕾莎纪念碑背面碑身,上悬巴特艾柏林的圣·乔治屠龙纹章

BG35 细节

~~~~~~~~~~~~~~~~~~~~~~~~~~~~~~

BG35 1835 特蕾莎纪念碑版别：

1）金质后铸币（48.46g），且边饰铭文标注年份"1903"

2）齿边锡质样币；背面单面锡质试样

BG36 1835 蒸汽铁路通车

历史协定泰勒（Geschichtskonventionstaler）
正面铭文：LUDWIG I KŒNIG VON BAYERN / ZEHN EINE FEINE MARK
背面铭文：ERSTE EISENBAHN IN TEUTSCHLAND MIT DAMPFWAGEN
VON NÜRNBERG NACH FÜRTH / ERBAUT 1835
边饰：直齿
直径：38mm　重量：28.06g　含银量：83.3%，0.7515oz
书目编号：KM#779，Dav.576，AKS135，Kahnt95

年份	铸造量	美品	极美	未流通
1835	–	180	450	1 100

德国第一条蒸汽铁路通车175周年纪念邮票（2010年德国邮政）

1835年为庆祝从纽伦堡到菲尔特的德国第一条蒸汽铁路开通而发行历史泰勒一枚。币的正面是路德维希一世的右向头像，周圈铭文"路德维希一世，巴伐利亚国王/10枚合1马克纯银"。币的背面用人格化的表达手法描述了铁路建成的意义。其中象征巴伐利亚的女神左臂扶靠于双翅之轮，女神右手握有象征商贸的墨丘利权杖和象征荣誉的月桂枝花环；女神脚旁树立石柱，柱上刻有罗马数字"I"，表示德意志地区的第一条蒸汽铁路，石柱顶部有圆锥球——古代计时工具，喻机车准时抵达。该场景表达巴伐利亚拥有了第一条铁路，通行和货运变得更加快捷，促进了商业发展和贸易往来，也给王国带来了巨大荣耀。图案外铭文"德意志第一条蒸汽机车铁路从纽伦堡到菲尔特/建成于1835"。

"德意志关税同盟"成立的第二年——1835年，南德意志的巴伐利亚王国建成了德国历史上第一条蒸汽机车铁路，将双子城纽伦堡和菲尔特连接在一起，全长约6公里。该铁路取名为"巴伐利亚路德维希铁路"（Bayerische Ludwigsbahn），并于1835年12月7日通车，正式拉开了德国蒸汽机车运输的帷幕。随后王国又修建了第二条蒸汽机车铁路，从路德维希港到贝克斯巴赫（Bexbach）的"普法尔茨路德维希铁路"。

在此之前，德意志境内也铺设过木轨、铁轨，但大多都铺设于煤炭、矿石等矿业地区，使用

纽伦堡火车站庆祝路德维希铁路通车

人力或马力辅助矿产的运输。比如：1831年9月20日，普鲁士王国曾经开通了威廉王子铁路，以马力牵引进行煤炭运输。

路德维希铁路是由纽伦堡的路德维希铁路公司投资，工程师保罗·卡米尔·冯·丹尼斯（Paul Camille von Denis）负责修建并引进蒸汽机车的。保罗建议路德维希铁路公司全部采用英系标准，

路德维希铁路开通及位于纽伦堡市的纪念碑

路德维希铁路开通纪念章

其中包括铁路轮廓和轨距、轮缘、货车厢等,这也对后世德国铁路产生了深远的影响,因为之后德国各邦国铁路也先后采用了相同的标准和成熟的系统。

路德维希铁路比英国创建的世界上第一条铁路晚了 10 年,长度也只有 6 公里,但其意义却极其重大。保罗从英国火车之父乔治·斯蒂芬森公司购买机车,在泰恩河畔的纽卡斯尔进行调试后运往巴伐利亚,开启了从纽伦堡到菲尔特间的旅程。12 月 7 日通车当天上午 9 时,纽伦堡火车站锣鼓喧天,礼炮齐鸣,彩旗招展,人潮涌动。市长致开幕词,皇家军乐队演奏国歌"Heil unserm Königs Heil"。

随后举行了纪念碑揭幕仪式。纪念碑中有路德维希一世的题词"Deutschlands erste Eisenbahn mit Dampfkraft,1835"(1835 年德意志第一条蒸汽动力铁路)。两侧是纽伦堡和菲尔特两座城市的纹章和名称。无数的观众拥挤在海尔大街(Heerstaße)观看新奇的蒸汽机车铁路。纪念碑揭幕仪式后,英国人威廉·威尔逊(William Wilson)作为德国第一位机车驾驶员,在首次旅行中驾驶"鹰"号机车(或音译"阿德勒"号,鹰的德文 Adler)搭载 9 节车厢、乘载 100 多名旅客开始了前往菲尔特的旅行。在短暂折返旅行后,在 11 时进行了第二次试乘;下午 1 时进行了第三次试乘。蒸汽机车单程时间为 15 分钟,而马车则需要 25 分钟,但蒸汽机车所拉货物重量是马力无法比拟的,而且动力输出稳定,仅客车每天就

蒸汽机车铁路开通前通常使用马力牵引

可以在纽伦堡和菲尔特之间运送1 150人。这次短暂但壮丽的旅程意义重大,它掀起了德国铁路建设的高潮、也开启了德国工业化的新时代。

至1839年底,德意志地区建成铁路133公里;1845年时共建成20条铁路,里程猛增至2 871公里;1849年底,全德的铁路里程已经超过了法国。从19世纪50年代开始,德意志铁路建设达到高潮,开始形成铁路网;到60年代末,现代德国的铁路格局基本形成。德意志地区铁路线总里程持续高速增长:1850年为5 822公里,1855年为7 781公里,1860年为11 026公里,1865年为13 821公里,1870年为18 560公里。其中普鲁士铁路建设占据重要位置,1850年为3 869公里,1870年为11 520公里,从而控制了全德铁路网的运营,巩固了它在德意志的经济领导地位。

铁路建设极大地带动了采矿、冶金、木材加工、钢铁加工和机械制造等重工业的发展。铁路网的建成大大方便了德意志地区煤炭的开采,使煤炭产量急剧增加。到1860年时,德意志的煤产量已超过比利时和法国。此外,铁路网的建成也大大降低了煤炭运输成本,西里西亚和鲁尔等地区的煤炭通过铁路源源不断地运往德国各地,排挤出盘踞于德国市场的英国煤炭,德国煤炭产量因此迅速上升。煤矿的开采给钢铁工业提供了丰富的能源,铁路又成为钢铁的主要消费者。1861年至1870年,德意志的钢铁行业高歌猛进,生铁产量超过法国,逼近英国。其中普鲁士新建立的炼铁、钢铁加工和机械制造企业占70%以上,为全德之最。铁路建设也促进了以蒸汽机车制造业为代表的机械制造业的进步。到19世纪中叶,德国已经成为机车制造业强国。

铁路网的建成使全德范围内的运输能力得到极大提高,不仅方便了大宗货物的运输,而且降低了运输成本。1840年到1870年间,一吨货物每公里的平均运价从16.9芬尼下降到了5.6芬尼。铁路事业发展的另一个成果就是促进了德意志各邦国的联系。全德铁路网的建立不仅在经济上方便了交往、促进了统一市场的形成,而且大大增强了德意志民族的认同感和凝聚力,可以说铁路为建立统一的德意志民族国家打下了坚实的物质基础。

阿德勒"鹰"号蒸汽机车及其车厢的展示大厅，位于纽伦堡的德国铁路博物馆（Deutsche Bahn Museum）一层

阿德勒"鹰"号蒸汽机车复制品开展游客乘坐体验活动。
最初机车驾驶员的薪水是每年1500古尔登，堪比公司董事；车票售价为12克鲁泽；1922年，"路德维希铁路"关闭；1938年，菲尔特火车站被纳粹政权拆除，当作游行广场；如今，"路德维希铁路"重新开放，供游人乘坐体验

1840 年 10 月慕尼黑 – 奥格斯堡铁路通车纪念章

1985 年联邦德国发行第一条蒸汽机车铁路通车 150 周年纪念章

1985 年联邦德国发行纪念第一条蒸汽机车铁路通车 150 周年的铜镍 5 马克
该币边饰铭文记录着德国铁路的开端：
EISENBAHN NUERNBURG-FUERTH 7.DEZEMBER .1835

BG36 细节

BG36 1835 蒸汽铁路通车版别：

1）齿边锡质样币；背面单面锡质试样 BG36.TS1
2）边饰铭文标注"1903"的金质后铸币；
3）齿边铜质样币 BG36.Pn1

版别 1）单面背面锡质试样 BG36.TS1

版别 2）齿边铜质样币 BG36.Pn1

第三章　路德维希一世

BG37.1&37.2 1835 马克西米利安纪念碑

历史协定泰勒（Geschichtskonventionstaler）

正面铭文：LUDWIG I KŒNIG VON BAYERN / ZEHN EINE FEINE MARK
背面铭文：DENKMAHL DES KŒNIGS MAXIMILIAN JOSEPH / ERRICHTET VON DER HAUPTSTADT MÜNCHEN / 1835
边饰：直齿
直径：38mm　重量：28.06g　含银量：83.3%，0.7515oz
书目编号：KM#780，Dav.577，AKS136，Kahnt96

年份	铸造量	美品	极美	未流通
1835	–	180	480	1 100

马克西米利安·约瑟夫广场上的马克西米利安纪念碑（Max-Joseph-Denkmal）

1835年为庆祝老国王马克西米利安一世纪念碑的落成而发行历史泰勒一枚。币的正面是路德维希一世右向头像，周圈铭文"路德维希一世，巴伐利亚国王/10枚合1马克纯银"。币的背面是纪念碑的侧面图案，其中顶端是老国王的左向铜雕像，老国王身穿蟒袍端坐于宝座之上，左手持权杖（BG37.1是长权杖、BG37.2是短权杖），右手高举，向臣民挥手致意。雕像下是一圈铜浮雕，表现了巴伐利亚民众工作、生活等场景。四头雄狮簇拥在纪念碑的底座周围。手握丰饶角的女神（BG37.1）和手持利刃的女武神（BG37.2）守护在底座两侧，寓意着胜利与和平、富足与昌盛。纪念碑外周圈铭文"马克西米利安·约瑟夫国王纪念碑/由首都慕尼黑竖立"，下刊立碑年份"1835"。该泰勒雕模精妙，连坐像下微小的浮雕和女神立像都雕刻得精美绝伦、惟妙惟肖。

马克西米利安·约瑟夫（Maximilian Joseph）生于1756年，是普法尔茨－茨韦布吕肯－比肯费尔德支系的家族成员。1799年卡尔·泰奥多尔去世后，马克西米利安·约瑟夫成为维特尔斯巴赫家族族长，顺位继任巴伐利亚选帝侯兼莱茵普法尔茨选帝侯，称马克西米利安四世·约瑟夫。1806年《普雷斯堡和约》签订后，巴伐利亚升为王国，马克西米利安成为首任国王，称马克西米利安一世。

马克西米利安一世周旋于法国和奥地利之间，为巴伐利亚赢得巨大的现实利益和翻倍的领土，使巴伐利亚一跃成为地区性强国，德意志第二梯队的领头羊。马克西米利安一世还是改革派，彻底废除农奴制，实行法律平等化；取消等级制和贵族与教会的特权，实行中央集权；建立普遍的税收制度，保障人身、财产安全，保障信仰和出版的自由等。1818年

巴伐利亚国王马克西米利安一世

5月26日，马克西米利安一世政府颁布了革命性的自由主义新宪法。马克西米利安一世被称为19世纪初最开明的君主。

1835年，在这位国王逝去十周年时，慕尼黑市民在他生前居住的王宫旁的马克西米利安·约瑟夫广场（Max-Joseph-Platz）上竖立纪念碑，以表达对这位老国王的怀念。其实早在1823年，在王储路德维希的要求下，在罗马的建筑师利奥·冯·克伦泽（Leo von Klenze）就对纪念碑进行了初步的设计，但国王本人不太喜欢像个虚弱老人那样的坐像造型，于是王储要求设计站立雕像。

两年后，老国王马克西米利安一世去世了，新国王路德维希一世经对比就放弃了站立雕像设计，重新选定了第一版的坐像设计，只是减小了基座的尺寸。并且任命著名雕塑家克里斯

马克西米利安纪念碑草图

马克西米利安纪念碑落成典礼

蒂安·冯·劳赫（Christian D. von Rauch）开展纪念碑的具体工作。克伦泽称赞劳赫工作迅速：只用16天就设计并敲定了纪念碑的草稿，其素描图超出了所有人的期望，他的坐像设计消除了原有坐姿设计中的瑕疵，人物虽坐但自然舒展大方，各方面都很完美。最后，由铸造师约翰·斯蒂格迈尔（Johann Baptist Stiglmaier）倒模铸造出铜像。整个纪念碑花费了 21 600 古尔登。

该历史泰勒有长权杖和短权杖两种版本，本书中编号分别为BG37.1 和 BG37.2。但除权杖外，雕像下的微小浮雕和女神都有所不同：BG37.1 的浮雕是农业耕作的场景和手持丰饶角的女神；而 BG37.2 的浮雕是工业劳动的场景和手持利剑的女武神。但根据纪念碑的实际情况观察，左向坐像的侧面搭配的是农业耕作的场景和手持丰饶角的女神，即 BG37.1 的长权杖版本是正确的图案，而 BG37.2 的短权杖版本是错误的！

根据两种版本的发行量基本相当、权杖长短的不确定、浮雕和女神搭配的不确定，可以猜测雕模师沃伊特只见过纪念碑的设计稿，并且在最后定稿出来前就已经雕模开造了。这种提前发行的情况是很少见的。

马克西米利安·约瑟夫广场是慕尼黑市中心的大型广场，马克西米利安大街的西起点，该广场距离统帅堂、新市政厅、玛利亚广场和圣母教堂都不远；
广场北侧是慕尼黑王宫（Münchner Residenz），模仿佛罗伦萨的彼得宫；
广场东侧是希腊科林斯柱式入口的巴伐利亚国家歌剧院；
夹在广场东北角的建筑是慕尼黑王宫剧院，修建于 1818 年

马克西米利安纪念碑基座南侧面
——手持丰饶角的女神

马克西米利安纪念碑基座北侧面
——手持利刃的女武神

BG37.1 细节：手持长权杖，基座浮雕是农业耕作的场景和手持丰饶角的女神

BG37.2 细节:手持短权杖,基座浮雕是工业劳动的场景和手持利剑的女武神

BG37.1&37.2 1835 马克西米利安纪念碑版别：
1）BG37.2 的金质直齿后铸币 BG37.2.Pn1（48.46g），且边饰铭文标注"1903"年份，慕尼黑造币厂为收藏家法拉利（Ferrari）用原模后造
2）BG37.1 长权杖铜质齿边样币
3）铅质不完整年份"183_"的试样

版别1）BG37.2 的金质直齿后铸币 BG37.2.Pn1（48.46g）

BG38 1835 送学本笃会

历史协定泰勒（Geschichtskonventionstaler）
正面铭文：LUDWIG I KŒNIG VON BAYERN / ZEHN EINE FEINE MARK
背面铭文：DEN BENEDIKTINERN WIEDER EINE LEHRANSTALT ÜBERGEBEN / 1835
边饰：直齿
直径：38mm　重量：28.06g　含银量：83.3%，0.7515oz
书目编号：KM#782，Dav.578，AKS137，Kahnt97

年份	铸造量	美品	极美	未流通
1835	–	200	400	600

1678年的圣·斯蒂芬修道院（Simon Grimm）

1835年，国王路德维希一世将位于奥格斯堡圣·斯蒂芬修道院的拉丁文法学校委托于巴伐利亚本笃会管理。作为忠实的天主教徒，路德维希将这一行为看作是对上帝的奉献，同时也是对国民的教导，因此敕令发行历史泰勒一枚加以纪念。币的正面是国王路德维希右向头像，周圈铭文"路德维希一世，巴伐利亚国王/10枚合1马克纯银"。币的背面是巴伐利亚女神将儿童送学本笃会的场景，寓意表达直接明了，刻画十分丰满：左侧为一袭长袍的巴伐利亚女神，头上有盔，后梳过腰长发，其右手呈推送状、左手高扬，指明方向；中间是两个亲密的孩童，皆穿短袍（当时男女孩都穿裙袍），搭肩揽腰，左童年纪稍长，腋下夹着书本；右侧是一位身穿长袍的本笃会修士，左手握经书，右手作指点教诲状；图案整体上描绘了将孩童托付于教会培养的场景，尤其是女神头盔上的狗头，象征着对天主教的虔诚，同时表露出国王的统治思想从自由开放转向保守封闭，希望借天主教的传统加强对国民的思想统治，这和"BG28 1830 忠于王室"中狗的形象的使用目的是一样的。场景外有周圈铭文"再将一所学校移送本笃会"，下刊年份"1835"。

本笃会

巴伐利亚历来就是天主教的大本营，国王路德维希一世自幼就是虔诚的天主教教徒。当时，天主教有本笃会、道明会、方济各会、耶稣会、圣衣会等几个教派。其中，本笃会（英文Benedictine，德文Benediktinern，音译为"本尼狄克"或"本笃"）是529年由意大利人本尼狄克（Benedicti）创立于意大利中西部的卡西诺山，是天主教内部最早

位于奥格斯堡的圣·斯蒂芬本笃会修道院

修道院毁于二战

的隐修会之一。本笃会规定会士须发"三愿":即绝色(不婚娶)、绝财(无私财)、绝意(严格服从),每日集体诵经,认真读书,余暇从事劳动,其座右铭是"祈祷不忘工作",随成为天主教修会制度的范本。

年轻时代的路德维希深受法国启蒙运动影响,崇尚自由、主张社会改革,反对贵族与天主教会相互勾结、盘剥民众、挥霍无度。而天主教的本笃会以"三愿"为清修宗旨,倚靠严谨的学术风范,本着朴实、温和、纯真的态度进行学习、工作、祈祷以达到修行的目的。因此,路德维希非常推崇天主教本笃会,想借此把人民的思想维系在基督教精神之下。尤其是1832年在普法尔茨爆发了汉巴赫节起义之后,路德维希深感民众觉醒对其统治的威胁,除了动用早已废除的言论审查和信件检查制度外,还想利用宗教的道德规范束缚民众的自由思想。因此,路德维希不惜动用大笔资金投入到本笃会的相关建设中:花费50万古尔登修建玛顿修道院(Metten),花费18万古尔登重修歇仁修道院(Scheyern),支付120万古尔登给圣·玻尼法修道院(St. Bonifaz)修建了大教堂和修道院,向韦尔滕伯格修道院(Weltenburg)捐赠了11万古尔登,分别花费12万和15万古尔登在安德希斯(Andechs)和舍夫特拉尔恩(Schäftlarn)建立本笃会。总体上,路德维希一世个人投入了200多万古尔登到巴伐利亚的本笃会当中。此外,他还支持了方济各会、道明会、奥古斯丁会等天主教会和新教教会。路德维希一生尊崇天主教本笃会,甚至在他死后,也要安葬在慕尼黑的本笃会圣·玻尼法修道院。

在1835年,他将位于奥格斯堡圣·斯蒂芬修道院的拉丁文法学校全权委托给巴伐利亚的施瓦本本笃会,希望建成一个系统性的基督教教会学院。

圣·斯蒂芬修道院

圣·斯蒂芬修道院（Kloster St. Stephan,前圣·斯蒂夫特·斯蒂芬修道院,也译作圣·斯德望修道院）是一座位于巴伐利亚奥格斯堡的历史悠久的本笃会修道院。

969年,由奥格斯堡主教圣·乌尔里希（Saint Ulrich）为奉献圣·斯蒂芬而修建了该修道院。后一直由奥古斯丁修女会使用。1803年奥格斯堡归入巴伐利亚选侯国,修道院就在随后的教产世俗化过程中解体,并划归市镇所有。当地驻军还把它当作了军需仓库。

直到1827年11月20日,国王路德维希批准以3万古尔登的价格买下这座修女修道院,作为原圣·萨尔瓦托基督学院（Jesuit college of St. Salvator,1582—1807）的延续。国王路德维希一世在1828年以圣·斯蒂芬修道院为基础,开始筹办一所拉丁文法学校。经过7年的建设和经营,路德维希一世在1835年把该学校全权委托给了巴伐利亚的施瓦本本笃会,希望把它建成一个全面的基督教教会学院。

来自奥托贝伦修道院（Ottobeuren）的巴纳巴斯·胡

战火中教堂只剩前门墙,摄于1944年

圣·斯蒂芬修道院鸟瞰

伯（Barnabas Huber）被选为第一任修道院院长。随后胡伯陪同奥格斯堡主教伊格纳修斯·阿尔伯特·冯·里格（Ignatius Albert von Riegg，1824—1836）前往奥地利和瑞士的本笃会修道院进行调研，并且邀请了20名修士担任教师，以补充学校的师资力量。学校不仅教授拉丁文法、神学、哲学、还教授皇家文化、天主教体育等课程。在学校壮大之时，这些修士才返回了自己的修道院。

第二次世界大战中，圣·斯蒂芬修道院毁于战火，只剩教堂的前门墙。战后，巴伐利亚政府又进行了重建。现在圣·斯蒂芬修道院属于本笃联合会巴伐利亚会众所有，修士们继续掌管着学校和寄宿公寓，并且致力于社区和青年工作。

从1828年筹建到1835年建成，路德维希一世花费了大量的资源重建了这所教会学校，并且顺利地移交给了本笃会。这件事对于路德维希一世来说意义重大，因此敕令慕尼黑造币厂发行历史泰勒加以纪念。这枚钱币雕模设计非常传神，人物细节丰满，形象地刻画了这一历史事件。同时，这枚钱币也表明路德维希一世的统治从自由开明转向了保守专制。

BG38 细节

~~~~~~~~~~~~~~~~~~~~~~~~~~~~~

BG38 1835 送学本笃会版别：

1）单面背面锡质试样 BG38.TS1，对应《KM 目录》编号 TS6

2）锡质齿边样币；金质直齿后铸币（48.59g），且边饰铭文标注年份"1903"

BG39 1836 奥托礼拜堂

历史协定泰勒（Geschichtskonventionstaler）

正面铭文：LUDWIG I KŒNIG VON BAYERN / ZEHN EINE FEINE MARK

背面铭文：BAYERN ERRICHTETEN DIE H. OTTOKAPELLE ZU KIEFERSFELDEN / ZUM ANDENKEN AN KŒN. OTTO'S ABSCHIED V. SEINEM VATERLANDE / 1836

边饰：直齿

直径：38mm　重量：28.06g　含银量：83.3%，0.7515oz

书目编号：KM#786，Dav.579，AKS138，Kahnt98

年份	铸造量	美品	极美	未流通
1836	–	320	650	1 500

奥托礼拜堂建成 20 周年纪念章

1836年6月19日,一座礼拜堂在希腊国王奥托1832年离开祖国时的最后一站——基弗斯费尔登镇完工,并举行了揭幕仪式,国王奥托亲自参加。慕尼黑造币厂特发行一枚历史泰勒加以纪念。币的正面是巴伐利亚国王路德维希右向头像,周圈铭文"路德维希一世,巴伐利亚国王/10枚合1马克纯银"。币的背面是新哥特风格的奥托礼拜堂正视图。礼拜堂外有周圈铭文"巴伐利亚在基弗斯费尔登建成奥托礼拜堂以纪念奥托国王离开祖国",下刊年份"1836"。

奥托礼拜堂

1832年的伦敦和会上,英、法、俄三国经过商讨妥协,最终推举巴伐利亚王国的二王子奥托为希腊的新国王。同年8月8日,希腊国民议会批准并宣布这一决定:将希腊王冠交给巴伐利亚王国的奥托王子,并同意可由奥拓的后代或是其弟的子嗣来继承该王位,但均不得将希腊和巴伐利亚的王位合并。英、法、俄三国作为共同担保人和奥斯曼土耳其签订《君士坦丁堡条约》,以确保希腊独立战争结束。新王国的国境线确定在阿尔塔(Arta)至沃洛斯(Volos)一线,这也意味着原有的部分领土和希腊人民仍在奥斯曼帝国的控制之下。基于此,奥托只能称为"希腊王国国王"(König von Griechenland)而不是"希腊人民的国王"(König der Griechen 或 König der Hellenen)。

几周后,希腊大使来到慕尼黑迎接奥托成为他们的新国王。1832年底,新国王的队伍一路向东南出发,经巴特艾柏林、罗森海姆、基弗斯费尔登(Kiefersfelden),渡因河(Inn)到库夫施坦(Kufstein,

奥地利），穿越奥地利，乘英国军舰经两周海上航行到达希腊。当时奥托只有17岁，年纪尚小，母亲特蕾莎王后放心不下，送儿一程来到了巴特艾柏林，再由王子马克西米利安继续护送出国。

1832年12月6日，据说当时奥托因旅途劳顿，在穿越巴伐利亚和奥地利边界时竟睡着了。一觉醒来已到达奥地利的库夫施坦。幸亏离边境不远，奥托又渡过因河，折回巴伐利亚的边境小镇基弗斯费尔登。这是此行最后一次亲近祖国，对年轻的奥托而言，意义重大。所以奥托发愿在此地修建一座教堂，以示为祖国祈福。这就是这座教堂的起源。

奥托是王国的二王子，又是新任希腊国王，此时风头正劲，自然有王公贵族追捧，很快就收到近1.6万古尔登的建设捐助费用。1834年6月1日奥托生日那天，就在奥托曾经跨过因河边界的山脚下举办了教堂奠基仪式。因这座教堂设计规模较小，专作礼拜堂之用正好。

热衷建筑的国王路德维希一世亲自敲定新哥特式的建筑风格，并由御用土木工程师欧尔弥勒（Ohlmüller）设计。在奠基仪

1837年的奥托礼拜堂（Gustav Kraus 作）

式当天,晴空万里,基弗斯费尔登举办了盛大的聚会:由来自希腊、巴伐利亚、奥地利蒂罗尔(Tyrol)的军官和修士70多名代表在此边界热情相聚。天黑时还进行了烟花表演,国王路德维希、奥托、母后特蕾莎的画像及其名字和纹章在烟花照耀下闪闪发光,礼炮声和管弦乐队的音乐弥漫在国境两侧的广阔空间。1836年6月19日,基弗斯费尔登再次举行盛大活动来庆祝奥托礼拜堂的建成。回祖国相亲期间的希腊国王奥托在当天出席了典礼。大主教安塞尔姆·冯·盖布萨特尔(Angelm von Gebsattel)也赶来奉献礼拜堂。同时,国王路德维希敕令慕尼黑造币厂发行一枚"奥托礼拜堂"历史泰勒加以纪念。三年后的6月5日,巴伐利亚国王路德维希一世参观了该礼拜堂,并对礼拜堂的设计表示了极大的满意。

至此,国王路德维希已在"奥托接受希腊王位"这一重大事件中发行了三枚历史泰勒:第一枚是希腊女神Hellas将希腊王冠授予奥托王子(1832,BG31);另一枚是在奥托拜别母后的巴特艾柏林竖立特蕾莎纪念碑(1835,BG35);最后一枚就是这枚在基弗斯费尔登兴建奥托礼拜堂祈福祖国(1836,BG39)。

纪念碑、礼拜堂和历史泰勒都是对国王奥托的祝福,但奥托的国王生涯很是坎坷,其解放所

奥托礼拜堂的内部,中间供奉三人

有希腊人和恢复希腊荣光的"伟大理想"并没有实现。最终落得被希腊人民驱逐回国、逊位而终的命运。

本来希腊的王位就是伦敦和会中英、法、俄争执不下妥协的产物,虽然希腊国民议会最终被迫批准此事,但这仍是列强强加给希腊人民的。从"希腊王国国王"而不是"希腊人民的国王"名称上就能看出端倪。相较于奥托,其继任者乔治一世则有两个明显的不同:第一,他是由希腊人选择,而不是强加给希腊人的国王;第二,他不只是"希腊王国国王",也是"希腊人民的国王",这表明了他不仅是希腊王国国内的希腊人的国王,而且是居住在还不属于希腊王国的领土上的希腊人的国王,这就有号召克里特、色萨拉等仍在奥斯曼控制下的希腊人民起义、收复失地的基础。奥托国王就此一比,就显得先天不足。

同时英、法、俄对希腊独立战争的投入,是要收回成本并获利的。所以奥托政府还要承担收债的责任,这就不可避免地对希腊人民征收重税。奥托也被人民讽刺为"债主国王"。再加上摄政委员会三位成员各受英、法、俄拉拢,缺乏团结、实施了错误的财政、宗教政策等,使得奥托的统治岌岌可危。所以奥托此时接手的这个希腊国王不好当,建些纪念碑、教堂,发行些纪念钱币来加持一下未尝不是一种支持。

奥托王子去希腊

奥托礼拜堂的正面、背面和侧面

BG39 细节

~~~~~~~~~~~~~~~~~~~~~~~~~~~~~~

BG39 1836 奥托礼拜堂版别：

1）金质直齿后铸币 BG39.Pn1，48.46g，且边饰铭文标注年份"1903"
2）齿边铜质样币；齿边锡质样币；背面单面锡质试样

版别 1）为收藏家法拉利造金质直齿后铸币 BG39.Pn1，48.46g

BG40 1837 圣·米迦勒勋章

历史协定泰勒（Geschichtskonventionstaler）
正面铭文：LUDWIG I KŒNIG VON BAYERN / ZEHN EINE FEINE MARK
背面铭文：DER ST. MICHAELS-ORDEN ZUM VERDIENST-ORDEN BESTIMMT / 1837
边饰：直齿
直径：38mm　重量：28.06g　含银量：83.3%，0.7515oz
书目编号：KM#790，Dav.580，AKS139，Kahnt99

年份	铸造量	美品	极美	未流通
1837	–	200	450	1 000

1837—1918，圣·米迦勒大十字级勋章，背面铭文"VIRTUTI"常被译为美德，材质为金和珐琅，宽65.18mm，高110.78mm，58.6g

1837年2月16日，巴伐利亚国王路德维希一世宣布修改圣·米迦勒勋章的军事和宗教属性，将其指定为功绩勋章（Merit order），授予那些被国王和王国认可的作出杰出贡献的人，而不论其国籍、地位、出身和宗教信仰。同时，慕尼黑造币厂发行历史泰勒加以纪念。该币的正面是巴伐利亚国王路德维希一世右向头像，周圈铭文"路德维希一世，巴伐利亚国王/10枚合1马克纯银"。币的背面是圣·米迦勒勋章，勋章整体呈帕特（Pattée）十字造型，十字的每一端各有F或P的字母缩写：P（Principi）、F（Fidelis）、F（Favere）、P（Patriae），即P.F.F.P.（忠于君主，服务祖国）。勋章中央是身负双翼、金盔金甲发散着闪电般光芒的长天使圣·米迦勒（St. Michaels）。他左手持圆盾，其上刊拉丁文"谁似我主"（QVIS VT DEVS，也是米迦勒这个名字的含义），右手高挚闪电之剑，脚下踩踏着正在挣扎的恶魔。勋章外有周圈铭文"指定圣·米迦勒勋章为功绩勋章/1837"。

长天使米迦勒

币面上的米迦勒（拉丁文Michael或Mícháel）是圣经故事中提到的一个天使的名字，系伊甸园守护者、天使军团的最高统帅，称"长天使"，亦称"天使长"。传说，在与撒旦的七日战争中，米迦勒领导天使军团对抗恶魔，奋力维护天主的统治。

在基督教的绘画与雕塑中，米迦勒经常以金色长发、手持红色十字架（或红色十字形剑）与恶龙搏斗或者踏立于恶龙身之上的少年形象出现。这里的恶龙（说成形似蜥蜴的怪兽更形象）是魔鬼撒旦的一种化身。

18世纪初的圣·米迦勒勋章
其上有"P.F.F.P."的缩写，最初代表Pietas，Fidelitas，Fortitudo，Perseverantia（信仰，虔诚，力量，持久）

巴伐利亚圣·米迦勒勋章

巴伐利亚的圣·米迦勒勋章又被称为圣·米迦勒功绩勋章（德文 Verdienstorden vom Heiligen Michael），最初源于1693年9月29日，由巴伐利亚公爵的弟弟约瑟夫·克莱门斯（Joseph Clemens，科隆大主教兼选帝侯）创立的圣·米迦勒骑士团（德文 Ritterorden vom Heiligen Michael），原称为圣·米迦勒勋章（Orden zum Heiligen Michael）。该骑士团由信仰天主教的贵族、杰出将领和优秀军人构成，分为三个骑士级、三个仆从级两大等级。三个骑士级分别为指挥官（德文 Kommandeure，英文 Commander）、骑士军官（德文 Amtsherren，英文 Knight Officer）和骑士（德文 Ritter，英文 Knight）。而圣·米迦勒勋章作为一枚宗教属性的军功章（Militär orden），授予骑士级中的杰出将领和优秀军人，希望巴伐利亚军队的统帅能像长天使圣·米迦勒那样能够勇猛果敢、无坚不摧，对敌人毫不留情地进行打击。这正好契合颁发军功章的目的。最初，圣·米迦勒勋章有团长（Grand Master）的胸甲星章（Breast Star）、颁发给骑士级的大十字勋章（Knights

圣·米迦勒勋章的绶带配色：中间为宝蓝色，两侧为粉红色

Grand Cross）两种。在19世纪初拿破仑战争和教产世俗化过程中，圣·米迦勒勋章暂停颁发（1803—1808）。从1808年开始，巴伐利亚国王马克西米利安一世认可了该骑士团，并在第三等骑士中增加了荣誉骑士（德文 Ehrenritter，英文 Knights of Honour，仅限12名）。1813年，该骑士团获得了圣·米迦勒骑士团（德文 Hausritterorden vom Heiligen Michael）的官方名称。

1837年2月16日，巴伐利亚国王路德维希一世宣布解散圣·米迦勒骑士团，但重建了圣·米迦勒勋章，其全称为圣·米迦勒功绩勋章（仍常被人们简称为"圣·米迦勒勋章"）。路德维希一世将宗教属性的圣·米迦勒军功章定位为功绩勋章，授予那些被国王和王国认可的作出杰出贡献的人，而不论其国籍、地位、出身和宗教信仰。勋章的外观、装饰等也随之发生变化。该勋章等级介于"巴伐利亚马克西米利安科学与艺术勋章（Maximilians-Orden für Wissenschaft und Kunst）"（低一等）和"巴伐利亚王冠功绩勋章（Verdienstorden der Bayerischen Krone）"（高一等）之间。同年，慕尼黑造币厂发行历史协定泰勒一枚加以纪念，且未见该币的版别或试制样流出。

该功绩勋章绶带颜色为宝蓝加粉红条带。在1837年创立之初，圣·米迦勒勋章分为三个等级且设置人数上限：大十字级（Großkreuz，24人）、指挥官级（Komtur，40人）和骑士级（Ritter，300人）。1846年，三个等级人数又扩充到36人、60人和320人。

1855年6月24日，巴伐利亚国王马克西米利安二世在指挥官级勋章的基础上增加了大指挥官（Großkomtur）级勋章，骑士级勋章又细分为骑士Ⅰ级（Ritter I. Klasse）、骑士Ⅱ级（Ritter Ⅱ. Klasse）两等骑士级勋章。至此，圣·米迦勒勋章共分为五个等级：大十字级、大指挥官级、指挥官级和骑士Ⅰ级、骑士Ⅱ级。其中，大十字级、大指挥官级、指挥官级勋章都附带胸甲星章。

1887年年底，根据王国外交部部长克赖尔斯海姆（Friedrich Krafft von Crailsheim）的建议，圣·米迦勒勋章被重新划分为八个等级：大十字级、骑士Ⅰ级勋章、骑士Ⅱ级勋章附胸甲星章、骑士Ⅱ级勋章、骑士Ⅲ级勋章、骑士Ⅳ级勋章、十字功绩章（Verdienstkreuz）、银质功绩圆章（Verdienstmedaille）。1894年功绩圆章又增加了铜质功绩圆章。圆章主要向国家和私企中有功绩的资深员工发放。

通常同期的大十字级、骑士

1887年前的骑士Ⅰ级勋章、Ⅱ级勋章（无冠）
正面无圣·米迦勒图案，但保留"谁似我主"圆盾；背面仍为"美德"圆盾

Ⅰ级勋章构型相同（大十字级勋章尺寸较大），其中圣·米迦勒图案外有周圈金色星芒，且都默认附带八角胸甲星章。胸甲星章都带有"P.F.F.P."的帕特十字造型，八角为帕特十字散射八方的光芒。同期的两种星章相比较，大十字级勋章配套的胸甲星章尺寸较大（86~110毫米），且其中的光芒还常做出层层钻石状突起，使光芒更富立体感，最重要区别是它在中心"谁似我主"盾外还多了一圈金色星芒。

骑士Ⅱ级附胸甲星章中的胸甲星章是造型更为简洁的四角星章。骑士Ⅱ级及其低级别勋章中的圣·米迦勒图案外不再有周圈星芒。

1910年，圣·米迦勒勋章等级中又增加了荣誉十字勋章（Ehrenkreuz）、Ⅳ级无冠勋章、王冠十字功绩章（Verdienstkreuz mit Krone）。之后，圣·米迦勒勋章变成了十二个等级，依次为：大十字级、Ⅰ级勋章、Ⅱ级勋章附胸甲星章、Ⅱ级勋章、荣誉十字勋章、Ⅲ级勋章、Ⅳ级勋章、Ⅳ级无冠勋章、王冠十字功绩章、十字功绩章、银质功绩圆章、铜质功绩圆章。大十字级、Ⅰ级勋章都默认附带胸甲星章。

圣·米迦勒勋章的常见材质有金、银、银镀金、铜等。勋章随级别变化而变化，且同级别勋章的造型、材质、重量、尺寸也随颁发年代、经济状况不同而不同。Ⅲ级及其以上勋章材质通常为金，Ⅲ级以下勋章材质通常为银。1918年巴伐利亚王国爆发革命后，圣·米迦勒勋章也就停止了颁发。

1837—1918，大十字级星章（星芒）：银、金和珐琅，86.2mm，63g

1887—1918，Ⅰ级勋章（原大指挥官级）：金和珐琅，56.5mm×94.2mm，40.9g

1855—1918，Ⅰ级星章（无星芒）：银、金和珐琅，75mm，48.5g

1887—1918，Ⅱ级勋章（原指挥官级，有绶带吊环）：金和珐琅，48.38mm×85.81mm，32g

1887—1918，Ⅱ级胸甲星章：银和珐琅，77.8mm×77.2mm，57.2g

1910—1919，荣誉十字勋章：金，56.8mm×58.8mm，31.1g

1887—1918，Ⅲ级勋章：金和珐琅，35.8mm×61.0mm，20.5g

第三章　路德维希一世

1887—1918，Ⅳ级王冠勋章：银和珐琅，35.6mm×60.5mm，23.1g

1910—1918，Ⅳ级无冠勋章：银和珐琅，35mm，19g

1910—1918，王冠十字功绩章：银，37.52mm×62.51mm，27.6g

1887—1918，十字功绩章：银，38mm×43mm，24g

1887—1918，银质功绩圆章：36mm，20.4g

1894—1918，铜质功绩圆章：36mm，19.6g

BG40 细节

~~~~~~~~~~~~~~~~~~~~~~~~~~~

BG40 1837 圣·米迦勒勋章版别：

1）齿边金质后铸币 BG40.Pn1（49.47g），为收藏家法拉利制造，边饰铭文标"1903"

历史双泰勒(1837—1848)
Geschichtsdoppeltaler, 1837–1848

第三章 路德维希一世

BG41 1837 南德货币同盟

历史双泰勒（Geschichtsdoppeltaler）
正面铭文：LUDWIG I KŒNIG VON BAYERN
背面铭文：MÜNZVEREINIGUNG SÜDTEUTSCHER STAATEN / 1837
边饰：DREY-EINHALB GULDEN ✶ VII E. F. M. ✶
直径：38mm　重量：37.12g　含银量：90.0%，1.0740oz
书目编号：KM#792，Dav.581，AKS98，Kahnt102

年份	铸造量	美品	极美	未流通
1837	–	200	350	850

194年罗马帝国银第纳尔，背面为金钱女神墨涅塔，周圈铭文 MONET AVG

1837年8月25日，在巴伐利亚首都慕尼黑，南德六邦签署《慕尼黑货币协议》，决定停发王冠泰勒，转而共同发行传统的小型高银货币——古尔登。《慕尼黑货币协议》是一次南德各邦间货币的整合，更有利于南德各邦在经济上融入德意志关税同盟。慕尼黑造币厂为庆祝这一重大事件发行双泰勒一枚加以纪念。币的正面是巴伐利亚国王路德维希右向头像，周圈铭文"路德维希一世，巴伐利亚国王"。币的背面是金钱女神墨涅塔（Moneta），即希腊神话中的女神赫拉（Hera）。金钱女神身着希腊女性传统服饰，外罩一袭长袍。女神脚下立一台螺旋压印机和压印好的硬币，压印机能将旋杆的旋转运动转换为印模的竖直运动，压紧下部枕铁上的币坯，这里用压印机来象征造币厂及货币铸造相关事宜。女神右手握一天平正在称量货币，保证生产的货币成色标准、分量十足，亦表示货币协议公平、公正。女神左手持一丰饶角，丰饶角顶溢满葡萄、苹果、石榴等水果，象征民富国强。该币使用金钱女神的形象十分切题，即货币协议能带给签约诸邦巨大的财富。女神周围有签订《慕尼黑货币协议》的六个盟国的盾形纹章，从左到右顺时针依次为：拿骚、巴登、巴伐利亚、符腾堡、黑森–达姆施塔特和法兰克福。币背面周圈刊铭文"南德意志国家货币同盟"，下刊年份"1837"。注意，历史双泰勒的边饰不再是直齿，而是光边阴文的单一面额和纯度"3½古尔登★7枚合1马克纯银★"。

19世纪初芜杂的地方货币

19世纪初，德意志地区战争频繁，邦国林立，政治、经济复杂多变，使得本就种类繁多的货币体系变得更加芜杂。地方货币种类甚至可达数百种，是经济被桎梏的最直接表现。

该时期的南德地区，协定泰勒和王冠泰勒是大型流通银币的主要代表。1753年9月21日，巴伐利亚与奥地利签署《奥地利家族和巴伐利亚选帝侯国间关于硬币事宜的邻邦间协定书》。该硬币协定规定了新泰勒铸造的标准：泰勒重量28.0644克，纯度83.3%，每10枚泰勒折合1科隆马克纯银（CM，233.856克），即 $^1/_{10}$ CM标准的协定泰勒。此后按照该硬币协定铸造的一系列硬币就冠以"协定"之名，如"协定泰勒"等。

王冠泰勒最早在1755年由奥属尼德兰地区发行，最初币重29.44克，含银量87.3%，铸造标准是11枚合1维也纳马克纯银（280.644克，或折合12枚协定泰勒）。王冠泰勒重量与成色比协定泰勒要高，所以它更容易被市场所接受。随着19世纪初拿破仑战争及其货币政策的推行，王冠泰勒大量涌入南德，几乎将协定泰勒挤出了南德流通市场。南德的巴伐利亚、巴登、符腾堡等邦国也大量铸造本国的王冠泰勒（中德的萨克森仍一直行用协定泰勒）。19世纪初的40年里王冠泰勒几乎成为南德流通领域中唯一的大型银币。

　　而同期北德地区的代表普鲁士，其货币形制相对稳定。自1750年，约翰·菲利普·格劳曼（Johann Philipp Graumann）执掌普鲁士造币厂之后一直使用莱比锡纯度（75%）按1/14 CM标准铸造帝国泰勒（每枚重22.272克，纯度75%，每14枚折合1科隆马克纯银），被称为格劳曼标准。随着普鲁士经济发展、国力昌盛、称霸北德，普鲁士泰勒也逐渐向

最初参加南德货币同盟的六邦国、自由市的古尔登正面的统治者或纹章的雕模，从上至下、从左到右依次为：拿骚公爵威廉、巴登大公柳特波德、巴伐利亚国王路德维希一世、符腾堡国王威廉、黑森-达姆施塔特大公路德维希二世、自由市法兰克福

1837年开始发行1古尔登，使用共同的粗枝橡树枝叶图案

邻邦传播开来。

1834年，德意志关税同盟的确立使德国民众普遍充满了对统一的货币体系的渴望。人们希望能使用重量、尺寸、铸造都标准化的可全境流通的货币。

1837年《慕尼黑货币协议》

1754—1837年，古尔登在巴伐利亚一直作为银行记账单位出现，也标记纸币或债券的面额，但未铸造硬币，使用的是每24枚折合1科隆马克纯银的标准。由于流通磨损，南德各邦银币的含银总量已有较大损失，随之银币贬值。实际值和名义值应该重新保持一致，平均下来，对应24½枚古尔登折合1科隆马克纯银的记账标准。首先采取措施的是巴登大公国，它首先使用了1/（24½）CM的标准在1821—1826年发行了实物古尔登和双古尔登（12.727克和25.454克，纯度75%，含纯银9.545克和19.090克）。符腾堡王国紧随其后，于1824—1825年以相同标准铸造了实物古尔登和双古尔登。萨克森-梅宁根公国于1830—1837年发行了莱茵古尔登（EIN GULDEN RHEIN），采用了1/（24³/₁₀）CM的标准（12.832克，纯度75%，含纯银9.624克）。由此，南德的新货币——古尔登呼之欲出。

民众的期盼和货币政策的实际需求都迫使南德各邦采取共同行动。1837年8月25日，巴伐利亚、符腾堡、巴登、黑森-达姆施塔特、拿骚、法兰克福六个国家组成南德意志货币同盟，并在慕尼黑签订《慕尼黑货币协议》（Münchner Münzvertrag）。协议规定签约邦国将停止发行王冠泰勒、协定泰勒等银币，转而发行统一的小型高银货币——古尔登（Gulden）。每枚古尔登重10.60克，纯度90.0%，每24½枚折合1科隆马克纯银。协议还规定任一签约国所造的古尔登都是所有签约国的法定流通货币，即古尔登成为签约邦国间的域外法定货币。

除主币古尔登外，考虑到1833年3月后南德不得不摈弃奥地利而与普鲁士等邦国结成关税同盟的事实，《慕尼黑货币协议》签约邦国还放弃原有协定泰勒的形制，商定了对接北德帝国泰勒的大型辅助银币的标准。事实上，1科隆马克纯银既可以铸造 $24\frac{1}{2}$ 枚南德古尔登，也可以造出 14 枚北德帝国泰勒，兑换比值为 $3\frac{1}{2}：2$。同样以科隆马克为标准，将南德六邦中原有的协定泰勒进行了重大提升：发行面额为 $3\frac{1}{2}$ 古尔登，重 37.12 克，纯度由 83.33% 升为 90.0%，直径未作要求，每 7 枚合 1 科隆马克纯银，也正好折合两枚普鲁士泰勒的大型流通银币。这样就建立起了更简洁的南德、北德货币间的兑换关系。这样的大银币既可以直接匹配北德泰勒、加速融入关税同盟，也可以防止北德泰勒侵入南德市场，威胁古尔登的地位。但由于造币厂在 1837、1838 年要大量赶制当年新发行的古尔登，工作量巨大、工期紧，还要引导流通市场对新币古尔登的接受度、巩固其主币地位，所以除巴伐利亚发行的历史双泰勒外，各邦均未发行 $3\frac{1}{2}$ 古尔登流通银币。紧接着在 1838 年，《德累斯顿货币协议》被提交关税同盟会议之后，该大型流通银币又以"同盟货币"的新身份被提交且被关税同盟成员国广泛接受。除直径、厚度外，两种大银币的形制没有区别。所以在 1839 年 1 月 7 日《德累斯顿货币协议》批准之后，包括南德货币同盟在内的批准国就只发行大型"同盟货币"了。也只有巴伐利亚持续发行的历史双泰勒还彰显它的存在。

另外，对于 1、3、6 克鲁泽辅币，采用 1 古尔登 = 60 克鲁泽的兑换关系。具体的，《慕尼黑货币协议》采用了"27 古尔登合 1 科隆马克纯银"的标准进行辅币铸造。即 60 克鲁泽含纯银为 233.856/27 = 8.661 克，1 克鲁泽含纯银 0.144 克。纯度等具体铸造标准由不同邦国自行决定。

1838 年开始发行 $\frac{1}{2}$ 古尔登，使用共同的粗枝橡树枝叶图案

可以说，《慕尼黑货币协议》是南德各邦间货币的一次统一，有利于南德各邦融入以普鲁士为核心的关税同盟，同时又保留了南德独特的货币体系。《慕尼黑货币协议》中还规定了古尔登面额面的设计图案：中间为面额"1古尔登"，周圈配以粗叶橡树枝，柄部以丝带打结，下标年份。币边饰处打入一圈矩形坑槽。1837年之后，黑森－洪堡、黑森－卡塞尔、霍亨索伦－西格玛林根、霍亨索伦－赫辛根、萨克森－梅宁根、施瓦茨堡－鲁多尔施塔特也签署了《慕尼黑货币协议》，加入了南德货币同盟。另外，同盟开始发行½古尔登银币，其图案设计与1古尔登完全一致。

1838年《德累斯顿货币协议》应运而生

1837年后，德意志境内形成了两大货币体系，南德是巴伐利亚、符腾堡为首的南德货币同盟的古尔登，1古尔登＝60克鲁泽＝240芬尼＝480赫勒；北德八邦是以普鲁士泰勒为代表的帝国泰勒，1泰勒＝30银格罗申＝360芬尼（＝300萨克森芬尼）。

而处于德意志中间地带的萨克森王国一直都还在行用协定泰勒（至1838年），现在看到南部邻邦都抛弃了王冠泰勒、协定泰勒，结成了货币同盟。萨克森等中德诸邦没有共同的货币标准，被夹在南北德货币体系中间，很是尴尬。

《慕尼黑货币协议》签署后，发行了新形制的古尔登，并且满足3½古尔登等于2泰勒的兑换条件。这种大银币正好就是沟通南北两类货币的最佳中间货币。

受《慕尼黑货币协议》的启发，1838年7月30日，中德地区的萨克森－魏玛、萨克森－科堡－哥达、萨克森－奥尔登堡、施瓦茨堡－松德斯豪森、罗伊斯－格莱茨、罗伊斯－施莱茨、罗伊斯－伊伯斯多夫、利普－德特莫尔德、绍姆堡－利普、萨克森王国在德累斯顿召开关税同盟邦国造币厂大会，商定一个适用于关税同盟全体缔约国的《总体货币公约》，即《德累斯顿货币协议》（Dresdner Münzvertrag）。该货币协议的核心条款如下：

① 所有德意志关税同盟缔约国的铸币重量单位为科隆马克（233.856克）。

② 根据确定的共同重量标准，各缔约国的铸币应当符合现存的两种货币体系，即泰勒要按

1839年开始发行3½古尔登=2泰勒的双面额同盟货币，使用了协议规定的粗枝橡树枝叶图案

照普鲁士的格劳曼十四泰勒体系铸造，古尔登要根据南德古尔登的标准铸造。它们之间的兑换比值为3½古尔登=2泰勒。

③ 普鲁士、萨克森等采用格劳曼十四泰勒体系。巴伐利亚、符腾堡等采用24½古尔登体系。

④ 每个邦国选择一种铸币体系发行自己的主导货币。

⑤ 每个邦国须约束自己，尽力保持主导货币的铸造标准和重量。

⑥ 为促进商贸交流，缔约国以南德古尔登纯度——90%为基础，铸造一种面额为3½古尔登=2泰勒的大型双面额同盟货币（Vereinsmünze，或称同盟硬币、联合货币、联合硬币），37.12克，含纯银33.41克，直径41毫米，每7枚折合1科隆马克纯银。

⑦ 1839年1月1日至1842年的三年中，至少要铸造200万枚同盟货币，每年铸造三分之一。并且按照各邦国的人口比例进行铸造。1842年起，在没有新条约的情况下，造币速度为每四年铸造200万枚同盟货币。

⑧ 各邦国须自我约束，不得发行超出其人口比例所需量的辅币。

⑨ 辅币采用1837年《慕尼黑货币协议》中"27古尔登合1科隆马克纯银"的标准进行铸造。

⑩ 本协议有效期为十年。到1858年底，如未宣布废弃，则协议将定期延期五年。中途如有邦国退出，需要提前两年发出通知。

《德累斯顿货币协议》既确定了北德泰勒和南德古尔登两种货币之间的固定汇率（但两种货币不能直接域外流通使用），也规定了"同盟货币"这种大型域外法定流通银币——流通于关税同盟全境，同时规定该同盟货币必须要标注两种面额"2泰勒/3½古尔登"，所以在货币流通实践中是非常有利于南北邦国间实物货币的直接流通与兑换的。这两项货币协议既保持了北德、中德格劳曼帝国泰勒和南德古尔登各自的独立性又完全融合在一起，并且已经囊括了全德三分之二的邦国。

再加上《德累斯顿货币协议》本身借鉴的就是普鲁士等北德八邦的格劳曼标准,所以现在可以说,全德意志的货币已经先行于政治达成了实践上的统一。

1839年1月7日关税同盟会议在德累斯顿批准通过了《德累斯顿货币协议》,在保证各邦国内原有泰勒或古尔登继续流通的前提下,各批准国均发行双面额大型同盟货币。到1841年底,德意志地区只有梅克伦堡、霍尔斯坦、汉堡、不来梅、吕贝克、卢森堡和奥地利未加入该货币协议了。

《慕尼黑货币协议》的补充

1839年3月30日,《慕尼黑货币协议》签约国对协议进行了补充,回应关税同盟会议批准的《德累斯顿货币协议》,决定共同发行大型双面额同盟货币。该银币的设计符合《慕尼黑货币协议》中对古尔登的设计要求,其背面也采用了粗叶橡树枝环绕的图案,中间标注双面额"3½ GULDEN 2 THALER"(3½古尔登2泰勒),周圈标识该币身份"VEREINSMÜNZE"(同盟货币)及纯度"VII EINE F. MARK"(七枚折合一马克纯银),而边饰阴文标注发行依据"CONVENTION ∗ VOM ∗ 30 IULY ∗ 1838 ∗"(1838年7月30日协议)。从其橡树枝叶的设计风格推测,南德货币同盟应该是把该币也当作《慕尼黑货币协议》签约邦国间的域外法定货币来看待了,地位和古尔登是一样的。另外,南德货币同盟更习惯于双面额中的"3½古尔登"标在前、"2泰勒"标在后,而北德、中德货币圈则相反,把"2泰勒"标在前,"3½古尔登"标在后。

1842年7月,《慕尼黑货币协议》再次修改补充。从大型双面额同盟货币的币面上来看,其显著变化就是不再使用共同的橡树枝叶图案,而是使用各邦国自己的纹章。由此淡化了《慕尼黑货币协议》的存在痕迹,更符合了《德累斯顿货币协议》的铸造

1842年开始发行的双面额同盟货币,放弃橡树枝叶,改为王国纹章的设计

要求。

1845年3月27日,《慕尼黑货币协议》再次进行补充。决定增发面额为双古尔登的银币。其背面使用各签约邦国自己的纹章。上标面额"ZWEY GULDEN"(双古尔登),下标年份。币边饰设计和古尔登一样,为周圈矩形坑槽。

1857年《维也纳货币协议》

《慕尼黑货币协议》和《德累斯顿货币协议》在德意志境内共同延续了近20年,形成了普鲁士、南德和奥地利三套货币系统。这一局面最终在1857年迎来了巨大变革。

1857年1月24日,在奥地利首都维也纳,德意志关税同盟邦国、奥地利和列支敦士登(Liechtenstein)统一了货币标准,签署了《1857年1月24日德意志邦国间货币协议》,简称《维也纳货币协议》(Vienna Coinage Treaty)。《维也纳货币协议》摘要如下:

① 以公制的磅(500克)取代旧制的科隆马克作为铸币重量单位的新基础,并采用十进制进一步细分。

② 协议签署各方发行新的联盟泰勒(Vereinstaler,纯度90%,重18.5克)和联盟双泰勒,每30枚联盟泰勒折合1磅纯银。

普鲁士完全使用联盟泰勒取代原十四泰勒币制,两者含纯银基本一致,实行1:1兑换。该规则在普鲁士、汉诺威、萨克森和一系列小邦国中获得普遍认可。

奥地利发行新的联盟泰勒,且继续发行弗罗林(Florin),每45枚弗罗林合1磅纯银,适用于奥地利帝国和列支敦士登公国。

德意志南部除发行新的联盟泰勒外,还继续发行古尔登,每52½枚古尔登合1磅纯银,即保持原有形制不变,适用于巴伐利亚、符腾堡、黑森-达姆施塔特等南德意志货币同盟成员国。

由此,原来的货币汇率还是保持不变的:2(联盟)泰勒=3½(南德)古尔登=3(奥地利)弗

1845年开始发行2古尔登银币,使用了王国纹章的设计

1839年巴伐利亚王国发行的100古尔登纸币

1866年巴伐利亚王国发行的50古尔登纸币

罗林。联盟泰勒是流通于所有签约邦国间的域外法定货币。

协议也要求联盟泰勒需标明硬币的身份"VEREINSTALER",以及纯度"XXX EIN PFUND FEIN"(30枚合1磅纯银)、"XV EIN PFUND FEIN"(15枚合1磅纯银)。巴伐利亚王国发行的联盟泰勒和联盟双泰勒有阴文边铭"GOTT SEGNE BAYERN"(上帝保佑巴伐利亚)。

巴伐利亚国内除了发行联盟泰勒和联盟双泰勒外,继续发行古尔登,并仍将其作为国内记账单位,且按含银量比值兑换联盟泰勒。2联盟泰勒=3½古尔登=210克鲁泽,但在邦国间流通、记账上都要采用联盟泰勒,停止发行面额为2古尔登的银币和3½古尔登的双面额同盟货币。巴伐利亚联盟泰勒的发行数量远超古尔登,大大加强巴伐利亚在德意志经济圈和关税同盟的参与度和影响力。

1866年普奥战争爆发后,奥地利退出了《维也纳货币协议》,并从1867年7月31起加入拉丁货币同盟实行金本位。1870—1871年普法战争之后,德意志第二帝国实行了金本位。1871年后巴伐利亚等南德货币同盟停止发行古尔登,《慕尼黑货币协议》失效。当马克(Mark)作为新的货币单位登上历史舞台时,南德意志货币同盟自动谢幕。慕尼黑造币厂(厂铭D),于1873年开始发行1马克(直齿),1874年5马克(阴文边铭GOTT MIT UNS,上帝与我们同在)亮相,1876年2马克(直齿)出厂。但由于市面上仍大量流通的联盟泰勒和要发行的3马克含银量相差不大,所以3马克一直暂缓发行。直到1908年,3马克(阴文边铭GOTT MIT UNS)才正式登场,联盟泰勒谢幕退场。

"南德货币同盟"双泰勒

《慕尼黑货币协议》签订后,国王路德维希一世随即宣布发行"南德货币同盟"历史纪念银币,并且持续关注它的设计情况和进展。国王路德维希一世在1837年9月17日就与造币厂董事梅耶(Meyé)通信,并对沃伊特的图案设计及纹章布局等提出意见。这距离货币协议签署才不过一个月。

此外,国王也对未发行的两枚历史泰勒"继位登基"(1825)和"送学本笃会"(1835)作了明确的要求,即《慕尼黑货币协议》签署前定稿的历史泰勒仍然按照原协定泰勒的形制进行铸造，且所有的历史泰勒（含双泰勒）直径都要保持一致——38毫米。所以，《慕尼黑货币协议》之后按新形制的重量和纯度便造就了一批"厚银饼"历史双泰勒。

但要说明的是，"历史双泰勒"（Geschichtsdoppeltaler）这个名称指的是该银币可折合当时北德两泰勒，以及在重量、纯度上等效于随后的"同盟货币双泰勒"（Vereinsmünze doppeltaler），也是对其简称"双泰勒"的借用。但实质上"历史双泰勒"的直径、厚度并不符合《德累斯顿货币协议》标准，既没有标注双面额"3½古尔登2泰勒"，也没有"同盟货币"（VEREINSMÜNZE）的标注，或"CONVENTION＊VOM＊30 IULY＊1838＊"（1838年7月30日协议）的标注。相反的是，该大银币只在边铭处标识了面额和纯度"3½古尔登＊7枚合1马克纯银＊"。所以"历史双泰勒"其实是单一面额"3½古尔登"的大银币，是《慕尼黑货币协议》时的产物，不是《德累斯顿货币协议》后的双面额"同盟货币"，也不是北德两泰勒，更不是双协定泰勒或联盟双泰勒。"双泰勒"只不过是人们对其含纯银量的等额借用罢了。

在按照《德累斯顿货币协议》标准发行流通同盟双泰勒的同时，巴伐利亚按此形制共发行了14枚"厚银饼"历史双泰勒。

而在马克西米利安二世时期，"历史双泰勒"变得名副其实，完全符合《德累斯顿货币协议》，使用了41毫米的直径，并且边铭阴文标注了其"VEREINSMÜNZE"（同盟货币）双泰勒的身份。

该"南德货币同盟"双泰勒使用了金钱女神墨涅塔（Moneta）作为主题图案。神话传说中公元前280年，罗马人就日益减少的军费奏请教金钱女神，并得到女神的指点。于是选在墨涅塔神庙旁建立了造币厂。罗马人还以女神名字来命名该钱币为moneta。这个词后来演变为古法语的moneie，再演化为英文的money，还派生出造币厂mint这个词。这里使用金钱女神的形象正好切题，即货币协议能带给诸签约邦国巨大的财富。

BG41 细节 1：签订《慕尼黑货币协议》的拿骚、巴登、巴伐利亚、符腾堡、黑森和法兰克福的纹章

BG41 细节 2：金钱女神墨涅塔

~~~~~~~~~~~~~~~~~~~~~~~~~~~~

BG41 1837 南德货币同盟版别：

1）边饰标"1902"的后铸金质币（65g）；单面背面锡质试样 BG41.TS1
2）边饰铭文：DREY-EINHALBULDEN ＊ VII E. F. M. ＊
3）边饰铭文：DREY-EINHALB GULDEN ＊＊ VII E. F. M. ＊＊
4）边饰铭文：DREY-EINHALB GULDEN ＊＊ VII E F M ＊＊

版别1）单面背面锡质试样 BG41.TS1

BG42 1838 恢复历史区划

历史双泰勒(Geschichtsdoppeltaler)

正面铭文:LUDWIG I KŒNIG VON BAYERN

背面铭文:DIE EINTHEILUNG D. KÖNIGREICHS AUF GESCHICHTL. GRUNDLAGE ZURÜCKGEFÜHRT 1838 / OBER BAYERN / NIED. BAYERN / PFALZ / O. PFALZ U.REG. / OBER FRANK / MITT. FRANK / UNT. FR. U. ASCH / SCHWAB U. NEUB

边饰:DREY-EINHALB GULDEN ✶ VII E. F. M. ✶

直径:38mm 重量:37.12g 含银量:90.0%,1.0740oz

书目编号:KM#795,Dav.582,AKS99,Kahnt103

年份	铸造量	美品	极美	未流通
1838	–	200	500	1 000

背面相似设计的章——1848 慕尼黑革命中国王被迫的让步反变成了其成就

1838年1月1日起,巴伐利亚王国在原来八个地区基础上重新划分行政区域,且追根溯源,用老名称命名新的行政区,并在行政区设立了区政府和法院。为了庆祝这一重要历史事件,路德维希一世敕令慕尼黑造币厂发行双泰勒一枚加以纪念。币的正面是巴伐利亚国王路德维希右向头像,周圈铭文"路德维希一世,巴伐利亚国王"。币的背面是该币的主题图案,即王国划分为八个新行政区。币面中心的铭文为"王国区划恢复至历史根基/1838"。周圈为八个象征王国行政区的月桂枝花环,并以丝带相系。每个花环内都有该行政区的名称缩写,从顶端沿顺时针依次为:

OBERBAYERN;
NIED. BAYERN;
PFALZ;
O. PFALZ U. REG.;
OBERFRANKEN;
MITT. FRANKEN;
UNT. FR. U. ASCH.;
SCHWAB. U. NEUB.。

王国成立后,在国王马克西米利安一世和路德维希一世的统治下,王国政府一直不断改进王国的区域管理模式。1827—1828年邦国议会(Landtag)提交新法案,新法案授权王国的八个地区可以成立地区议会(Landrat),由此提高民众对社会、政治的参与度,使所提议案也更具针对性、具体化。该法案在1828年8月15日通过并成为法律,即《地区委员会法》(Landratsgesetz)。同时这也就意味着组建地区政府、地区法院等机关成为可能。在1833年巴伐利亚加入"德意志关税同盟"之后,王国加速消除国内不合理的区域性关税、协调域间税赋负担,为组建设有地区议会、地区政府、地区法院的新行政区提前消除了经济政策障碍和贸易壁垒,设置了公平的法律基础和经济基础。最终在1837年11月17日,王国政府完成了新行政区规划方案。29日,巴伐利亚王国政府划定八个新行政区的边界,并在每个行政区都任命了地区政府和法院,取消原来的行政专员或大臣。

自1806年巴伐利亚成为王国之后,领土急剧增加,民众文化差异、地区发展不平衡都显现了出来,所以新行政区的划分以及地方议会、地方政府等的成立十分有利于新增领土与原有领土的整合。并且路德维希还巧妙地利用各行政区领土历史上的旧称来命名新行政区：上巴伐利亚、下巴伐利亚、弗兰肯、施瓦本、上普法尔茨、普法尔茨。由此，路德维希一世还在国王的头衔中附加了弗兰肯公爵和施瓦本公爵的头衔：蒙神之恩路德维希一世，巴伐利亚国王，莱茵普法尔茨伯爵、巴伐利亚公爵、弗兰肯公爵和施瓦本公爵。他的继任者们也保留了这些头衔。

除了局部区域有调整外，在地域上，八个新的行政区和原来的八个地区的疆界相差不大。并且在名称上，当代的巴伐利亚自由州的七个行政区的名称也与该次区划命名基本一致。按照此双泰勒图案所显示的，新行政区自顶部顺时针起依次为：

OBERBAYERN（上巴伐利亚）；

NIEDERBAYERN（下巴伐利亚）；

PFALZ（普法尔茨）；

OBERPFALZ UND REGENS-BURG（上普法尔茨和雷根斯堡）；

OBERFRANKEN（上弗兰肯）；

MITTELFRANKEN（中弗兰肯）；

UNTERFRANKEN UND ASCHAFFENBURG（下弗兰肯和阿沙芬堡）；

SCHWABEN UND NEUBURG（施瓦本和诺伊堡）。

其中：

① 普法尔茨为1819年后回归到王国的原莱茵普法尔茨的莱茵河左岸部分，这是维特尔斯巴赫家族长支的"龙兴之地"，现属于莱茵兰-普法尔茨自由州的一部分。

② 虽然已经过教产世俗化改革，但作为虔诚的天主教徒，路德维希还是把雷根斯堡、阿沙芬堡和诺伊堡这三个主教区驻地列写出来，以示尊重。

③ 巴伐利亚的施瓦本行政区，在历史上是施瓦本公国的东部。13世纪中期，上巴伐利亚公爵路德维希二世支持其外甥施瓦本公爵康拉丁（Conradin）向教皇英诺森四世（Innocentius PP. IV）争夺西西里的王位，但康拉丁失败，并在1268年于那不勒斯被处决。康拉丁死后施瓦本被瓜分，于是路德维希二世继承了他外甥的一部分施瓦本的领地。1803年的《帝国代表重要决议》（Reichsdeputationshauptschluss）之后，巴伐利亚得到了施瓦本东部地区，国王路德维希一世将这部分地区与普法尔茨-诺伊堡（Pfalz-Neuburg）一同划归到巴伐利亚王国的施瓦本行政区。1945年林道被法国占领并管理，直到

当代巴伐利亚自由州的七个行政区及莱茵兰-普法尔茨自由州的纹章(或区徽),从左至右、自上而下依次为:上巴伐利亚、下巴伐利亚、上普法尔茨、上弗兰肯、中弗兰肯、下弗兰肯、施瓦本和莱茵兰-普法尔茨自由州

1955 年才归还给巴伐利亚。

④ 此处的诺伊堡指的是"多瑙河畔诺伊堡"(Neuburg an der Donau,还有其他地点的诺伊堡),又译作"纽因堡",曾经的主教区。在 10 世纪时转入沙伊埃尔恩伯爵(或称舍恩伯爵,Count of Scheyern),随后转入维特尔斯巴赫家族(BG33),后成为普法尔茨 - 诺伊堡公国的首都。1838 年后并入巴伐利亚施瓦本行政区。1972 年,诺伊堡被划分到上巴伐利亚行政区。

⑤ 弗兰肯的德文为"Franken",英文是"Franconia",所以又可以从英文音译为法兰克尼亚。弗兰肯是法兰克王国向东扩张的最东部地区,大致包括现今巴伐利亚州北部、图林根州南部,以及巴登 - 符腾堡州的一小部分。1837 年末国王路德维希一世又重新发掘出"弗兰肯"这一旧时称谓。在当时来看,王国北部的弗兰肯地区是王国成立过程中新加入的地区,与南部地区在方言和文化方面都有着诸多不同,融为一体是需要时间的,因此用弗兰肯作新行政区的名称可充分表示对当地人和文化传统的承认和尊重。

原有地区、新行政区和当代巴伐利亚自由州行政区的大致对应关系如下表所示。原有八个地区的纹章见"BG35 1835 特蕾莎纪念碑"。

1838 年巴伐利亚王国新行政区对照表

1838 年前地区	1838 年新行政区	当代行政区
伊萨尔河区 ISARKREIS	上巴伐利亚 OBERBAYERN	上巴伐利亚 OBERBAYERN
下多瑙区 UNTERDONAUKREIS	下巴伐利亚 NIEDERBAYERN	下巴伐利亚 NIEDERBAYERN
莱茵区 RHEINKREIS	普法尔茨 PFALZ	已划归莱茵兰－普法尔茨自由州
雷根区 REGENKREIS	上普法尔茨和雷根斯堡 OBERPFALZ UND REGENSBURG	上普法尔茨 OBERPFALZ
上美茵区 OBERMAINKREIS	上弗兰肯 OBERFRANKEN	上弗兰肯 OBERFRANKEN
雷察特河区 REZATKREIS	中弗兰肯 MITTELFRANKEN	中弗兰肯 MITTELFRANKEN
下美茵区 UNTERMAINKREIS	下弗兰肯和阿沙芬堡 UNTERFRANKEN UND ASCHAFFENBURG	下弗兰肯 UNTERFRANKEN
上多瑙区 OBERDONAUKREIS	施瓦本和诺伊堡 SCHWABEN UND NEUBURG	施瓦本 SCHWABEN

背面相似设计的章——1848"新闻自由、选举改革"等让步成了国王成就

BG42 细节

~~~~~~~~~~~~~~~~~~~~~~~~~~~~~~

BG42 1838 恢复历史区划版别：
1）背面单面铜质试样 BG42.TS1
2）背面单面锡质试样 BG42.TS2
3）边饰标"1902"的后铸金质样币（65g）
4）边饰铭文：DREY-EINHALBER GULDEN ∗ VII E. F. M. ∗
5）边饰铭文：DREY-EINHALB GULDEN ∗∗ VII E. F. M. ∗∗
6）边饰铭文：DREY-EINHALB GULDEN ∗∗ VII E F M ∗∗

版别1）背面单面铜质试样 BG42.TS1

版别2）背面单面锡质试样 BG42.TS2

BG43 1839 选帝侯骑马雕像

历史双泰勒（Geschichtsdoppeltaler）
正面铭文：LUDWIG I KŒNIG VON BAYERN
背面铭文：REITERSÄULE MAXIMILIAN'S I CHURFÜRSTEN V. BAYERN / ERRICHTET V. KÖNIG LUDWIG I 1839
边饰：DREY-EINHALB GULDEN ✶ VII E. F. M. ✶
直径：38mm　重量：37.12g　含银量：90.0%，1.0740oz
书目编号：KM#804，Dav.583，AKS100，Kahnt104

年份	铸造量	美品	极美	未流通
1839	–	190	650	1 825

选帝侯马克西米利安一世

1839年，巴伐利亚国王路德维希一世在慕尼黑维特尔斯巴赫广场（Wittelsbacherplatz）为其家族最重要的选帝侯马克西米利安一世（Maximilian Ⅰ）公爵建造一尊骑马雕像，以此纪念他的丰功伟绩。该铜像由丹麦雕塑家Bertel Thorvaldsen设计，斯蒂格迈尔（J. B. Stiglmaier）铸造，花费了38 970古尔登。慕尼黑造币厂为铜像落成发行了一枚双泰勒。币的正面是国王路德维希右向头像，周圈铭文"路德维希一世，巴伐利亚国王"。背面是白山战役中马克西米利安公爵的骑马铜像侧视图。铜像上的马克西米利安公爵骑在高头大马之上，身披铠甲，脚蹬马靴，腰胯利剑一把，马鞍两侧各挂火枪一把，未戴头盔的公爵左手执缰绳，右手指着前进的方向，颇显无畏英姿。铜像外周圈铭文"巴伐利亚选帝侯马克西米利安一世骑马雕像"，下刊铭文"国王路德维希一世立于1839年"。

选帝侯马克西米利安公爵（1573—1651）是维特尔斯巴赫（Wittelsbacher）家族史上非常关键的人物。从他开始，维特尔斯巴赫家族幼支获得了神圣罗马帝国选帝侯的地位。马克西米利安是巴伐利亚公爵威廉五世（Wilhelm V der Fromme）和洛林公主雷娜塔（Renata of Lorraine）的长子。他从小接受严格的天主教家庭教育，并学习了多种语言，特别喜欢军事和法律。天主教修士瓦伦西亚·格雷戈尔（Gregor von Valencia）是他的忏悔师和宗教顾问。后来马克西米利安就读于英戈尔施塔特（Universität Ingolstadt）大学，未来的神圣罗马帝国皇帝斐迪南二世是他的同窗。1594年他被任命为枢密院主席，一年后被任命为辅政。在1597年父亲退位后，25岁的马克西米利安便继承了巴伐利亚公爵

马克西米利安公爵骑马雕像

爵位，同时他还继承一片贫瘠的土地，一笔庞大的债务，一个低效的政府和一个对立的议会，但在他十年兢兢业业的统治下，公国面貌发生了很大的变化。事实证明，马克西米利安的确是个伟大的统治者和改革者。继位之后，他把改革官僚机构和刺激经济增长作为他的目标。这两个目标在他的推动之下很快就实现了。

在宗教事务上，他通过检查制度对年轻人施加影响来达成宗教信仰的目的，信奉新教的居民、领主被迫改信天主教或者移居境外。马克西米利安公爵于1623年获得选帝侯地位后，虽然与教会之间爆发了激烈冲突，但公爵仍通过加强"教务理事会"的管理，牢牢把握住宗教事务的自主权，将传统而强大的天主教会纳入政府管辖范围内。教皇先后在1628年的《萨尔茨堡协定》和1631年的《奥格斯堡协定》中两度对其宗教自主权予以确认。教务理事会的建立削弱了天主教会的世俗权利，加强了中央集权的统治。

从行政管理角度看，巴伐利亚堪称德意志诸邦国中最先进的一员。巴伐利亚被划分为四个行政专区，虽然专区均有贵族、领主凭借其地位和财富进行统治，但专区的行政官员却越来越多地由中间阶层人士担任。行政官员们拥有杰出的治理能力，在政治上又完全听命于公爵，权力遂日益增强，而领主们的势力则越来越小。马克西米利安公爵逐渐建立了一个高效的政府和权威的官僚体系，使得中央有权指挥地方、枢密院、陆军部和教务理事会等新设立的机构，议会变得毫无立足之地（邦议会在1514至1579年只召开了33次会议，1579至1612年只召开了6次，而在1612至1669年竟然未召开会议）。

公爵为了增加国家和王室的收入，实施了垄断策略，比如垄

晚年的选帝侯马克西米利安公爵

断啤酒的销售。当然可观的收入也使平民摆脱了盐税、部分关税和消费税,同时也整体促进了贸易和商业。坚实的国家财政基础也为他赢得了更多的外交资本。他还采取了一系列的重商主义措施发展经济,并为此立下《马克西米利安法典》进行保护。巴伐利亚的行政管理中还设有财政部性质的邦务委员会,邦务委员会与几个行政专区密切协作,编制预算,提出资金使用方案,使得开支得到精心的控制。另外在"三十年战争"期间,巴伐利亚成立了一个战争委员会,由中间阶层出身的专家负责处理兵员征集、粮秣的征收、城堡的营造等具体事宜,而行军打仗之事仍然由贵族们承担。同样有专门人士组成的枢密院(公爵的私人顾问委员会)紧密配合公爵,对全邦的行政管理发挥监督作用。这位公爵生性阴郁、苦行谨修,对政府政务事必躬亲,盘旋于各种社交场所的地方领主是很难碰到马克西米利安公爵的。这些都展现出新统治者的勃勃雄心。他还将其君主专制的理论写成备忘录教育其子。作为他那个时代最具才干的诸侯,他一直努力阻止德意志变

马克西米利安公爵的两任妻子:
伊丽莎白·雷娜塔公主(左)和玛利亚·安娜公主(右)

成欧洲的战场；尽管他是坚定的天主教徒，但从不对教廷卑躬屈膝；尽管身体健康欠佳，但野心勃勃，为了自己和公国，顽强机智地算计好每一步。

马克西米利安公爵还扩大了慕尼黑王宫的建筑规模，促进了绘画、音乐等艺术和青铜器、金银手工艺技术的发展。公爵尤其喜欢收藏阿尔布雷特·丢勒的画作。

1595年，他和表妹伊丽莎白·雷娜塔公主（Elisabeth Renata，即洛林伊丽莎白Elizabeth of Lorraine，洛林公爵查尔斯三世的女儿）结婚，但直到最后也没有留下子嗣。1635年，表妹不幸去世后不久，马克西米利安公爵在维也纳迎娶了第二位妻子——神圣罗马帝国皇帝斐迪南二世（Ferdinand Ⅱ）的女儿，25岁的玛利亚·安娜公主（Maria Anna，1610—1665）。玛利亚的母亲是马克西米利安公爵的妹妹，由此算来，玛利亚还是马克西米利安公爵的侄女呢！这次婚姻没什么政治目的，主要动机就是给自己添子嗣来继承爵位。相对于第一位妻子，玛利亚·安娜公主对政治非常感兴趣，而难能可贵的是其政治出发点和娘家哈布斯堡家族的利益没啥关系，而是完全出自对夫家巴伐利亚的政治考量。除此之外，她还积极投身于政治活动，与慕尼黑宫廷的高级官员积极交流意见，并经常参加内阁会议。她为公爵留下两个儿子：斐迪南·玛利亚（Ferdinand Maria）和马克西米利安·菲利普（Maximilian Philip）。

马克西米利安公爵一直对德意志政治变化保持克制，不加干涉。但在1607年，作为天主教徒的他将自己和皇帝绑在了一起，接受了帝国命令向新教徒的据点自由市多瑙沃特（Donauwörth）发起进攻。1607年，帝国自由市多瑙沃特发生暴乱，占人口多数的新教徒对天主教派在圣马可日举行的庆典进行了攻击。对此庆典承担保护责任的皇帝鲁道夫二世，把此事件视作对他尊严的挑衅，遂命令巴伐利亚马克西米利安公爵用强制手段实施帝国禁令，剥夺新教徒的宗教权利。1607年12月，马克西米利安公爵的军队占据了整个城市，并使用极端手段恢复天主教的统治地位，并将它纳入自己的管辖之下。帝国皇帝鲁道夫二世也以此尝试采用武力来限制新教诸侯的权力、排挤新教徒。这一行为极大地震撼了新教诸侯，为保卫信仰和利益，他们在诺德林根附近的奥豪森修道院集会成立了新教联盟，普法尔茨选帝侯腓特烈五世就任盟主。作为回应，马克西米利安公爵在慕尼黑组织了天主教联盟，并且专门组织了以巴伐利亚军队为主体的联盟常备军团，由约翰·蒂利伯爵（Johann Tserclaes Tilly, Count of Tilly，西属尼德兰教士、著名佣兵将领）任统帅，常备军在当时的德意志诸侯国中是不多见的。德意志诸侯中属于新教联盟的有勃兰登堡选侯、黑森伯爵以及一些帝国自由市，它同英国、丹麦、荷兰有联系，并且得到法国的特别支持。属于天主教联盟的是马格德堡兼美茵茨大主教、科隆大主教和特利尔大主教三大选帝侯，它得到皇帝、教皇和西班牙的支持。这里需要指出的是：这两个联盟成员虽然都标榜宗教上的不同，但他们的目的是相同的，那就是要牺牲"信仰上的敌人"来加强自己的权力，削弱皇帝的势力以扩大诸侯的势力。天主教联盟的壮大给马克西米利安和巴伐利亚赢得了越来越多的政治利益，同时也引起了哈布斯堡家族的猜疑。在于利希－克莱沃公国的继承问题上，哈布斯堡家族是反对马克西米利安公爵的。而在马克西米利安公爵领导下，联盟军团实行了消极防御政策，拒绝让天主教联盟成为哈布斯堡家族手中的工具。哈布斯堡家族和天主教联盟间的矛盾，以及联盟内部的不合曾让公爵在1616年愤然离去，但两年之后开始的"三十年战争"却又把他拉回到盟主之位。当然新教联盟也不是铁板一块，新

1609年马克西米利安公爵组织了天主教联盟

1623年马克西米利安公爵在雷根斯堡受封选帝侯

教诸侯中最强大的萨克森选帝侯，嫉妒普法尔茨选帝侯的地位，并想从皇帝手中获得土地，不仅不参加新教联盟，而且还破坏这个联盟。

三十年战争

作为天主教联盟的首领，马克西米利安公爵生命中的后三十年与波及整个欧洲的"三十年战争"紧密联系在一起，公爵率领天主教联盟试图分别对神圣罗马帝国、法国和新教联盟形成独立的应对策略，回旋于战争两派之间，游走在宗教信仰和现实利益之间，也因此多次背叛。有渔翁得利之时，也吞下过自种的苦果。

自1526年开始，因联姻关系波希米亚（现捷克）的国王由哈布斯堡家族神圣罗马帝国皇帝兼任，作为交换的条件，国王必须承认他是经由波希米亚议会的选举而登上王位的，要遵守波希米亚王国的法律；答应波希米亚仍然保有自己的议会、宗教和政治上的自治等要求。但当哈布斯堡的统治者登上王位以后，很快就忘记了自己的诺言，开始把波希米亚当成附庸国一样看待，给予种种限制，整个波希米亚都受奥地利官吏的监督。

1617年，没有子嗣的皇帝马提亚斯任命他的表弟——哈布斯堡皇室的斐迪南公爵担任波希米亚国王。而斐迪南一到任就把波希米亚原有的议会、法律和自治权统统取消，从城市到乡村都派驻忠于自己的官员。他利用手中的权力对波希米亚的新教徒进行大规模的迫害,把做新教礼拜的人投入监狱,拆毁他们的教堂。1618年5月23日,蕴藏在波希米亚人心中的怒火终于爆发了,首都布拉格的新教徒发动起义,随后发生著名的"第二次掷出窗外事件"。图恩伯爵带领起义军迅速占领了布拉格并成立临时政府(由30位成员组成,其中大部分是新教贵族),并宣布波希米亚独立。

1619年6月,波希米亚起义军在图恩伯爵带领下攻入奥地利王国境内,兵临维也纳城下。当然神圣罗马帝国的皇帝仅仅是个名义上的头衔,他的真正势力范围只是自己的领地奥地利。从中世纪起,皇帝就没有一支常备军,而且奥地利空虚的国库也不允许皇帝很快招募一支军队。斐迪南二世迫于形势,表面上假意同起义军进行谈判,实际上在暗地里向自己的同窗好友天主教联盟的马克西米利安公爵和表兄弟西班牙国王求援。

但无利不起早,马克西米利安公爵深知皇帝的财力已被起义严重削弱,因而坚决要求以奥地利部分领土作为巴伐利亚出兵干涉的报偿,直到皇帝偿清积欠的

第二次掷出窗外事件

"冬王"腓特烈五世和神圣罗马帝国皇帝斐迪南二世

军费为止。随即天主教联盟出兵2.5万人进攻起义军的大本营——波希米亚。1619年8月,起义军被迫退回波希米亚。皇帝斐迪南二世组织帝国军展开反攻。在这种情况下,波希米亚的贵族把胜利希望不是寄托在人民身上,而是寄托在新教联盟的支援上。波希米亚议会亦于该月选出普法尔茨选帝侯腓特烈五世为波希米亚国王。同时,西班牙国王在斐迪南二世请求下抽掉2万精兵进攻腓特烈五世的老家——普法尔茨。由此形成了东西两条战线。1619年10月8日,奥地利、西班牙和巴伐利亚在慕尼黑正式签订了盟约。在马克西米利安的秘密条件中,他不仅要求割占新教联盟盟主腓特烈的上普法尔茨的大片领土,并要求把长支的莱茵普法尔茨选帝侯的位子转让于自己所在的维特尔斯巴赫家族的幼支。1623年2月,巴伐利亚公爵的第二个要求勉强得到了满足,但仅限于马克西米利安公爵这一代。

马克西米利安公爵为防止战火烧到自己家门口,影响到自己家的经济,因而坚决要求先出兵占领上奥地利作为军事斗争准备的基地和出兵的补偿,直到皇帝偿清积欠的军费为止。可由于皇帝欠债太多(1600—1800万弗洛林),结果上奥地利被巴伐利亚军队占据了近十年。另外,马克西米利安公爵的军事斗争也是比较有策略的,首先就是分化敌对势力。因为波希米亚-新教联盟阵营并非铁板一块,新教诸侯都有自己的利益,并且也嫉妒腓特烈五世对普法尔茨和波希米亚两地的统治权,所以新教联盟作战行动十分迟缓。马克西米利安公爵授意皇帝斐迪南二世拉拢新教诸侯中最有实力的萨克森选帝侯。在接受劳西茨的土地后,萨克森倒戈投靠帝国联军。于是在东部战线,天主教联盟与帝国联军一路高歌猛进直指波希米亚首都布拉格。终于在1620年11月8日,联军和波希米亚军队在布拉格附近的白山爆发了决定性的战役——白山战役。

白山战役

在这场战役中,神圣罗马帝国皇帝斐迪南二世的帝国军由法国将军布奎伯爵(Karel Bonaventura Buquoy)指挥,巴伐利亚公爵马克西米利安的天主教联盟军团则派出约翰·蒂利伯爵,两方面共同构成帝国联军,由约翰·蒂利伯爵统帅。波希米亚国王腓特烈五世(Frederick V, king of Bohemia)的波希米亚军则由安哈尔特公爵克里斯蒂安统领。波希米亚军包含2万名波希米亚人和佣兵部队,共计2.3万人,其中11 600步兵和11 400骑兵,6门12~24磅火炮,4门轻炮。帝国联军则大约3万人,其中有24 500步兵和5 300骑兵(骁勇的波兰骑兵大概4 000人,但此役参战不过800人),12门12~24磅火炮。帝国联军直扑波希米亚军控制的波希米亚首都布拉格。波希米亚军企图在一座高地上设防抵抗帝国联军,而帝国联军不为所动,绕过高地继续向布拉格进军,准备攻其必救之所。支持波希米亚的安哈尔特公爵克里斯蒂安则拼命强行军,以便赶在帝国联军之前到达布拉格支援首都驻军。错过遭遇战的波希米亚军在布拉格近郊再次设防,但是士气已下降不少。帝国联军到达后,蒂利将部队分为由法国将军布奎伯爵指挥的帝国军和自己指挥的天主教联盟军两部分。

先是帝国军一方在没有炮火掩护的情况下发起了进攻。而安哈尔特公爵也派遣自己的儿子率领骑兵部队进行迎击。骑兵冲入帝国步兵阵中,给帝国军以很大杀伤。蒂利不得不放出自己的波兰骑兵将波希米亚骑兵击退。此时接敌的波希米亚步兵看到己方的骑兵败退了,不由军心动摇,枪炮在敌军刚到射程内就匆匆发射,开始后退。天主教联盟军的近400名波兰骑兵飞一般地冲上

蒂利伯爵的画像(上左)、慕尼黑统帅堂前的铜像(上右)、白山战役场景(下)

三十年战争的终结——《威斯特伐利亚和约》和约签署350周年纪念邮票（1998德国邮政）

去包围了波希米亚部队。由于波希米亚军已经军心动摇，各个部队争相逃命，有的甚至还没接敌就逃跑。随着波军不断溃散，巴伐利亚公爵马克西米利安指挥的轻骑兵在后面一路掩杀，正如本节银币所显示的那样：运筹帷幄，信心十足，指挥方遒，尽显英姿。虽然白山战役的规模充其量只能算一次前哨战。但波希米亚军队完全不是训练有素的帝国联军的对手，不到一个小时就被打得一败涂地。超过4 000名新教士兵被俘或阵亡，而帝国联军的损失不到800人。

当溃逃的波希米亚军逃到布拉格时，引起了一阵恐慌。一些起义领袖试图在星宫（Star Palace）组织最后一道防线，但根本得不到支援，很快就被蒂利的军队轻松突破。新教徒自己选出来的国王——普法尔茨选帝侯腓特烈五世仓皇出逃，连王冠都忘了拿，混在难民队伍里逃出了布拉格，由于其统治时间很短，基本没越过冬季，所以腓特烈五世又被称为"冬王"。蒂利大军随即在几乎没有抵抗的情况下进入了布拉格。布拉格市内的天主教徒们弹冠相庆，欢迎帝国联军的到来。47名新教领袖则受到了审判，其中27人在老城广场上被处决，该日被新教

布拉格老城广场的27个十字代表被处死的27名新教领袖

公爵所配火枪现藏于美国大都会博物馆

徒称作"血腥之日"。56名波希米亚贵族被流放,财产被剥夺。之后的"三十年战争"中波希米亚一直战乱不断,在西里西亚和摩拉维亚、斯拉夫等地区,仍不断有新教起义军反抗帝国联军,直到1623年。

从白山战役开始,捷克失去了整整300年的独立自主,直到第一次世界大战结束时才实现独立。19世纪捷克著名音乐家安东尼·德沃夏克的第一部引人注目的作品《白山的子孙》就是为纪念这场战役而谱写的。

白山战役后,腓特烈五世被迫逃亡荷兰,而波希米亚则重新纳入神圣罗马帝国的版图。波希米亚约有四分之三的土地落入神圣罗马帝国地主们的手中。而神圣罗马帝国皇帝更强迫波希米亚的民众改信天主教,并焚毁波希米亚的书籍,以及宣布德语作为波希米亚的官方语言。1621年至1623年,蒂利伯爵再度击败普法尔茨的新教诸侯军队。1623年2月,马克西米利安公爵正式接手莱茵普法尔茨伯爵自1356年以来享有的可世袭选帝侯和皇室总管的头衔(七大选侯还兼皇室职位,三个教会选侯身兼德意志、勃艮第和意大利大议长;波希米亚选侯为王室膳食总管和司酒令,莱茵普法尔茨选侯是皇室总管,萨克森选侯担任元帅,勃兰登堡选侯任皇室财政大臣),并将上普法尔茨和上奥地利纳为己有。至此战争的第一阶段以天主教联盟获胜作为结束。

位于布拉格郊外的白山战役纪念碑、"三十年战争"中残酷的绞刑架树（雅克·卡洛，1633）

慕尼黑维特尔斯巴赫广场立有选帝侯马克西米利安一世公爵骑马雕像,以此纪念他的丰功伟绩。铜像上的马克西米利安公爵骑在高头大马之上,身披铠甲,脚蹬马靴,腰胯利剑一把,马鞍两侧各挂一把火枪,未戴头盔的公爵,左手执缰绳,右手指着前进的方向,颇显无畏英姿

BG43 细节

~~~~~~~~~~~~~~~~~~~~~~~~~~~~

BG43 1839 选帝侯骑马雕像版别：

1）后铸金质币 BG43.Pn1（64.5g），在边铭标注年份"1902"

2）边饰铭文：DREY-EINHALB（G）ULDEN ✶✶ VII E. F. M. ✶✶

BG44 1840 丢勒雕像

历史双泰勒（Geschichtsdoppeltaler）
正面铭文：LUDWIG I KŒNIG VON BAYERN
背面铭文：STANDBILD A. DÜRER'S ERRICHTET ZU NÜRNBERG 1840
边饰：DREY-EINHALB GULDEN ✶✶ VII E F M ✶✶
直径：38mm　重量：37.12g　含银量：90.0%，1.0740oz
书目编号：KM#806，Dav.585，AKS101，Kahnt105

年份	铸造量	美品	极美	未流通
1840	–	280	650	2 400

1997年法国双面额银币10法郎/1½欧元

原本为1828年纪念阿尔布雷特·丢勒（Albrecht Dürer）逝世300周年献礼的丢勒纪念碑，终于在1840年5月21日纽伦堡的丢勒故居旁落成。同时为庆祝丢勒纪念碑落成而发行历史双泰勒一枚加以纪念。该币的正面是巴伐利亚国王路德维希一世头像，周圈铭文"路德维希一世，巴伐利亚国王"。币的背面是矗立于纽伦堡的阿尔布雷特·丢勒故居之前的纪念碑。纪念碑上的丢勒雕像展现了丢勒晚年时期的神采，他左手撩袍，右手持刻刀和画笔，双目凝视远方。雕像外有周圈铭文"阿尔布雷特·丢勒雕像立于纽伦堡1840"。

艺术人生

德国著名画家、版画家阿尔布雷特·丢勒（Albrecht Dürer，1471—1528）出生于纽伦堡。父亲是匈牙利籍的金银器工匠，母亲也是一个金银匠的女儿，丢勒在18个孩子中排行第三，后来他的妻子也来自一个铜匠家庭。在这样的金银器工匠的家庭里，他从小就接受金银器皿、首饰制造等工艺所必需的雕刻和绘画技艺的训练。当父亲几乎将自己看家本领都传授给儿子时，15岁的丢勒却发现绘画才是自己的人生之路。毅然跟从当地画家卡尔·沃格穆特学画，三年满师后于1492年外出南德去旅行。他专程去科尔玛拜会他仰慕已久的铜版画大师施恩告尔，谁知这位画家已于数月前逝世。丢勒很失望，但受

丢勒故居前的丢勒雕像

第三章 路德维希一世

到画家的三个弟弟的欢迎,并送了许多遗留的版画作品给丢勒,丢勒从中继承了许多宝贵的经验。

1494年丢勒23岁,因逃避纽伦堡发生的鼠疫,他南下来到意大利的威尼斯学习。他对意大利文艺复兴画家的作品倾慕不已。次年回到纽伦堡,自己开了一个版画作坊,并购置了印刷机。从这时起,他在版画上用AD两个字母的组合作为作品的署名标记。几年中,他创作了许多大型的木刻,如《男子浴场》《大力神海格力斯》等。这个时期他的主要作品是在1498年完成的16幅木刻组画《启示录》。《启示录》的刊行,使丢勒声名鹊起,跻身于当时著名版画家之列。所以当1505年丢勒再一次去意大利时,丢勒受到威尼斯上流社会和艺术界的热烈欢迎,并和威尼斯的画家交流艺术经验,他亦受益匪浅。在他载誉而归、回到纽伦堡的几年中,他的木刻版画创作达到了高峰。

丢勒虽然还以壁画、祭坛画、油画等著称于世,但他在美术史上最突出的成就无疑是他的版画艺术创作。他用这种诞生不到一个世纪的印刷术,以卓越的技巧、创作出能与传统艺术相媲美的美

28岁丢勒自画像

术作品。精细、丰富是丢勒版画的主要特点,他娴熟地驾驭刻刀,以精确的排线组织成画面所需要的一切。亚当和夏娃身上微妙的起伏、圣哲罗姆书房里阳光照在花窗上的投影、骑士坚硬的铠甲、战马精确的解剖,其精细和逼真,令人惊叹。如果说他的铜版画还是在施恩告尔的成就基础上的提高,那么他于木版画却是前无古人的创造者。他把金银匠的雕刻刀功,运用到木版上,用类似铜版线那样密集的平行排线和十字交叉线的衬映来加强形体的立体感和光感。以大面积的长平行线来表现画面上的明暗对比和远近

衬托。这和他之前只有简单轮廓线的粗俗原始的木刻相比，真是天壤之别。在版画发展史上，丢勒就如一个勇敢的旗手，把版画带向新的天地，又像一个辛勤的园丁，把版画的幼苗栽种在文艺复兴的沃土上，生根开花。从这个意义上讲，他的功绩毫不逊色于意大利同时代的任何一位大师。

作为自画像之父，丢勒是欧洲第一位为自己的容貌和身份所吸引的画家。一百年后的伦勃朗才继而发扬光大。丢勒多少已经意识到艺术会使其不朽，却终其一生为死亡正在追近的念头所追索而无法摆脱肉体将要消失所带来的恐惧。就艺术风格而言，尽管他是意大利文艺复兴的追求者和传播者，但他置身于其中的德意志传统却使其艺术作品多少保留了一点中世纪哥特式遗风，同时又令人惊讶地率先展现出某些巴洛克特征。

丢勒博学多才，不仅是画家，而且是数学家、机械师、建筑学家，他发明了一种建筑学体系，创立了筑城学理论。作为美术家，他刻苦探索新的美术学原理，在透视法和人体解剖学方面成绩斐然，著有《绘画概论》和《人体解剖学原理》。

丢勒是北方文艺复兴的代

丢勒故居老明信片

丢勒邮票——联邦德国邮政

表人物。当时的德意志诸邦正处于其历史上最为黯淡的一段时期：思想和信仰混乱，饥荒和瘟疫（黑死病）无情地夺去大批人的生命，社会矛盾异常激化。这使德意志的文化与艺术疲弱不振，处于严重的低迷状态。与此同时，以意大利为首的欧洲各国却已经先后走出中世纪，进入了政治、经济和文化的开放与繁荣时期，人文主义的光辉已经照向欧洲大陆。于是，作为一个德意志艺术家，丢勒只能在一个代表着过去的落后国度里苦苦追求和传播着"现代"欧洲的先进思想。丢勒的艺术探索对德意志的影响是深远的。正如有人评论的那样，"丢勒是德意志民族画家的杰出代表。

他同时又是把意大利文艺复兴思想带进德意志，并开创了德意志民族艺术新纪元的艺术奠基人。"恩格斯也曾高度评价过他，并把他和达·芬奇视为时代的巨人。

在德意志，丢勒享有很高的声誉。自1815年，每年都要举办以他的名字命名的"阿尔布雷特·丢勒节"。1840年，政府在他的故乡纽伦堡树立起一座丢勒的雕像。这是统治者为艺术家设立的第一座公共纪念碑。在1928年丢勒逝世400周年和1971年丢勒诞辰500周年之际，德国都隆重举办了"阿尔布雷特·丢勒年"活动。德国近几年出版的有关丢勒的书籍和画集高达数十万册，并翻译成多种文字远销世界各国。丢勒故居也是纽伦堡最著名的博物馆和纪念馆之一。丢勒故居是他自1509年到去世的1528年之间居住和工作的房子。

1515年木版画《丢勒的犀牛》

如今，这座建筑既是纪念馆，也是博物馆，对游人开放，其前方的开阔地称作"丢勒广场"。同时这里还收藏着他的大量作品，故居的顶层展示了丢勒作品的复制品。另外，这家博物馆也经常腾出活动场地，举办各种原创作品的临时展览。

丢勒故居还保留有大量年份久远的家具，翔实记录了五百年前人们的生活方式。游人荡漾在纪念馆内，可以回顾画家生命中的绘画历程。丢勒雕像下方是四层地下室，深入砂岩深处，其中包括一座酿酒厂和一个酒窖，"二战"期间，这里还曾作为防空洞使用。纪念馆票价也不贵，成人4欧元。另外，二楼有版画制作表演，游客可以免费获得一幅丢勒版画的复制品，颇有纪念意义。丢勒故居是巴伐利亚人文之旅的必访之地。

《祈祷之手》

《祈祷之手》的复制印刷品在国内很多地方都能看到，可能是大多数人最为熟悉的一幅丢勒作品了。在这幅以手为主题的画作背后，则有一段爱与牺牲的传说故事。故事版很多，下面是其中一个。

丢勒父母，一共生了18个孩子，丢勒排行老三。对于作金银器工匠的父亲而言，生活压力自然很大。为了维持一家生计，丢勒的父亲每天要工作到很晚。生活尽管窘迫逼人，但这个家庭中的两个孩子却有一个共同的梦想。他们两人都希望可以发展自己在艺术方面的天分。不过他们也明白，父亲无法在经济上供他们俩到纽伦堡艺术学院读书。晚上，两兄弟在床上经过多次讨论后，作出决定：以掷铜板决定——胜者到艺术学院读书，败者则到附近的矿场工作赚钱；四年后，在矿场工作的那一个再到艺术学院

丢勒作品《祈祷之手》

1970年赤道几内亚50比塞塔《祈祷之手》纪念银币

读书,由学有所成的那一个赚钱支持。

星期日早上做完礼拜,他们掷了铜板。结果是弟弟丢勒胜出,去了纽伦堡艺术学院,哥哥阿尔伯特(Albert)则去了危险的矿场工作,为弟弟提供经济支持。丢勒在艺术学院表现很突出,他的油画简直比教授的还要好。到毕业时,他的作品已经能赚不少钱了。在这位年轻的艺术家返回家乡的那一天,家人为他准备了盛宴,庆祝他学成归来。当难忘的宴席快要结束时,伴随着音乐和笑声,丢勒起身答谢敬爱的哥哥在这几年来对他的支持,他说:"现在轮到你了,亲爱的哥哥,我会全力支持你到纽伦堡艺术学院攻读,实现你的梦想!"

所有人的目光都急切地转移到桌子的另一端,只见坐在那里的阿尔伯特垂下头,双眼泪目,边摇头边重复说着:"不,不……"终于,阿尔伯特站了起来,他擦干脸颊上的泪水,看了看长桌两边他所爱的亲友们,伸出双手,说道:"不,弟弟,我上不了纽伦堡艺术学院了。太迟了!看看我的双手——四年来在矿场工作,毁了我的手,关节动弹不得,现在我连举杯为你庆祝都困难,更何况是挥动画笔或刻刀呢?不,弟弟……已经太迟了……"

为了补偿哥哥所做的牺牲,表达对哥哥的敬意,丢勒下了很大的功夫,把哥哥这双粗糙的手刻画了下来,并将这双手铭记在心中。那些敞开心扉、瞻仰这幅杰作的人们把这幅充满爱的作品命名为"祈祷之手"。

第三章 路德维希一世

BG44 细节

BG44 1840 丢勒雕像版别：
1）边饰标"1902"的后铸金质币（64.5g）
2）边饰铭文：DREY-EINHALBULDEN ✶✶ VII E. F. M. ✶✶

BG45 1841 让·保罗雕像

历史双泰勒(Geschichtsdoppeltaler)
正面铭文: LUDWIG I KŒNIG VON BAYERN
背面铭文: STANDBILD JEAN PAUL FRIEDRICH RICHTER'S / ERRICHTET ZU BAYREUTH 1841
边饰: DREY-EINHALB GULDEN ✶✶ VII E F M ✶✶
直径: 38mm 重量: 37.12g 含银量: 90.0%, 1.0740oz
书目编号: KM#810, Dav.586, AKS102, Kahnt106

年份	铸造量	美品	极美	未流通
1841	–	300	750	2 400

让·保罗, 1815

1841年11月14日，为纪念德国浪漫主义文学先驱让·保罗（Jean Paul）逝世16周年，由巴伐利亚国王路德维希一世出资的让·保罗雕像在让·保罗定居和安葬地拜罗伊特市（Bayreuth）树立，并发行双泰勒银币以示纪念。该历史双泰勒的正面是巴伐利亚国王路德维希一世头像，周圈铭文"路德维希一世，巴伐利亚国王"。币的背面则是让·保罗雕像，雕像上的让·保罗俨然正在创作沉思中，右手持笔握在胸前，左手拿稿本，食指夹在空页处，仿佛随时要把灵感都记录下来。让·保罗身穿长袍轻靠树桩，似已置身拜罗伊特的平静生活当中。他双目炯炯有神，稍向上倾注视着远方，也许他正在以独特的视角观察、思考着人类和世界。该币雕模十分了得，形神兼备，竟与铜像相差无几，不愧出自名家之手。两位雕塑名家，两种创造介质，但同一层境界，还原出同一种灵魂。雕像外有周圈铭文"让·保罗·腓特烈·里希特站立雕像立于拜罗伊特1841"。

让·保罗

让·保罗（Jean Paul）（1763—1825），原名约翰·保罗·腓特烈·里希特（Johann Paul Friedrich Richter），德国浪漫主义文学先驱和诗人，以幽默小说和故事见长，让·保罗是笔名。

让·保罗出生在菲克特高原（上弗兰肯地区）的文西德尔（Wunsiedel）。他的父亲曾是一位风琴演奏师，随后又在霍夫（Hof）和施瓦岑巴赫（Schwarzenbach）当了几年的神父。在让·保罗16岁的时候，他的父亲留下贫穷的家庭离世而去。在1781年，完成中等教育后的让·保罗就读于莱比锡大学。他本来想子承父业，但无论如何对神学都提不起兴趣，

路德维希大街和腓特烈大街交叉口的让·保罗雕像

于是他全身心地投入到自己喜欢的文学创作当中。由于家庭贫困,让·保罗无力支持学业,只好在三年级时辍学回到了霍夫,和母亲生活在了一起。1784—1789年,让·保罗建立了一所乡村学校,利用学到的知识给附近村子里的孩子上课。

1783年,让·保罗第一部作品《格陵兰岛诉讼案》(*Grönländische Prozesse*)在柏林匿名出版。1789年出版了第二部作品《魔鬼文选》(*Auswahl aus des Teufels Papieren*),署名为J.P.F. Hasus。这些作品并没有得到人们的青睐。在遭受到一次精神打击之后,让·保罗的写作风格发生巨大改变。1793年,一部罗曼史《看不见的小屋》(*Die unsichtbare Loge*)取得了巨大的成功,优秀作品的所有品质都融入这部作品当中。作品很快就得到当时著名文学评论家们的认可和好评。为了纪念作家让·雅克·卢梭,他第一次使用了笔名"让·保罗"。

《看不见的小屋》的成功极大地鼓舞了让·保罗的创作热情,一系列优秀作品很快问世:《玛利亚·沃尔茨校长的快乐生活》(*Leben des vergnügten Schulmeisterleins Maria Wutz in Auenthal*,1793),令他大出风头的最畅销作品《赫斯珀罗斯》(*Hesperus*,1795),《女巨人心中的欢乐传记》(*Biographische Belustigungen unter der Gehirnschale einer Riesin*,1791),《大赦年的神父》(*Jubelsenior*,1797),《康庞山谷》(*Das Kampaner Tal*,1797),长篇小说《花,水果和棘刺》(*Blumen Frucht und Dornenstücke*,1796—1797)。

1797年,相依为伴的母亲去世后,让·保罗离开故乡先后来到了莱比锡、魏玛,在那里他完成了《泰坦》(*Titan*)这部令他流芳百世的小说。虽然同时期的文学巨匠歌德和席勒不太喜欢他的文学创作方法,但让·保罗的作品还是非常受欢迎的,再加上他健谈而和蔼的性格,使得他成为整个魏玛城乃至整个德意志各界名流的座上宾。德国浪漫主义思想家赫尔德就对他的作品极为推崇,身为文艺青年的巴伐利亚王储路德维希自然也是他的忠实崇拜者。连后来的英国作家托马斯·卡莱尔和托马斯·德·昆西都受到他写作风格的影响。

1801年,让·保罗与曾在柏林相识的卡洛琳·梅耶结婚了。他们先后搬迁到梅宁根、科堡,最后定居到了拜罗伊特。从 1804 年直至 1825 年去世,他都生活和工作在拜罗伊特。在这里,让·保罗和妻子过着安静、简单、快乐的生活,平和的环境也让他全身心地投入到写作当中。在《泰坦》之后,让·保罗又先后创作了《困惑之年》(*Flegeliahre*,1804—1805)等十几部脍炙人口的作品。1808 年,法兰克福的大主教卡尔·泰奥多尔(Karl Theodor von Dalberg)亲王还赐予他每年 1 000 古尔登的退休金,随后巴伐利亚国王把退休金延续了下来。

1821 年 9 月,被他给予很高期望的儿子——马科斯得伤寒突然去世了。这给让·保罗带来

创作中的让·保罗(Ernst Förster 作)

了极大的打击，使他至死都没有从悲痛中恢复过来。1824 年，让·保罗双目失明。1825 年 11 月 14 日，让·保罗在疾病、不幸、失望中离世，葬于拜罗伊特市。为纪念这位著名的浪漫主义文学先驱，拜罗伊特市建立了让·保罗博物馆，将他的手稿、首版作品、画像、文献和图片等资料展示给世人，并以让·保罗为名命名了一条街道。1841 年，为纪念让·保罗逝世 16 周年，由巴伐利亚国王路德维希一世出资，著名雕塑家路德维希·施宛塔勒（Ludwig Schwanthaler）亲自设计雕刻的让·保罗雕像树立在拜罗伊特市，成为德国浪漫主义文学的图腾。整个让·保罗纪念碑造价为 13 579 古尔登，其中基座 2 859 古尔登，铜像由斯蒂格迈尔（J.B. Stiglmaier）监铸。

让·保罗在德国文学史占据非常重要的地位，也引来了巨大的争议。支持者对他顶礼膜拜，反对者对他的作品不屑一顾。他将浪漫主义文学结构松散性发展到了极致，同为浪漫主义文学的领军人物 August Wilhelm Schlegel 称让·保罗的小说就像一个人的独白，但他能把读者也吸引进来，和他一起发自内心地讲述着。让·保罗作品常常夹杂着隐喻、离题、错综复杂的桥段，包含着滑稽和怪异的想法。他对想象力推崇备至，认为想象力能使片段的事物变得完整，世界亦因而显得更丰满。

让·保罗的签名

也许是和小说中的女性产生了共鸣，让·保罗的小说非常受女性的欢迎。在他之前，还没有什么德国文学作品能把女性心理活动描写得这样深刻。其实让·保罗的性格就和他的小说一样多变无常：有时让·保罗诙谐幽默、善于交际，同时他又极端地感性敏感，他拥有几乎孩子般的本性，容易被感动流泪。也许这正是一个作家所需要的本性吧。正是这种善变的性格影响到了让·保罗的交往，魏玛的古典主义文学家歌德和席勒对他作品的评价总有些矛盾。席勒曾讽刺让·保罗简直就像来自月球的异类，能把缺点当作优点并发挥到极致真让人敬佩！但事实证明，后来的文学家大多都受到他浪漫主义手法的影响，称其为德国浪漫主义文学先驱实不为过。作曲家舒曼从让·保罗作品中获得灵感，情绪的快速变化，让·保罗式的冲动与分裂，创作出惊艳的《蝴蝶》。马勒把五个乐章和两个部分的交响曲命名为《泰坦》，这个名字不是指希腊神话中的巨人，而是指让·保罗《泰坦》小说中的同名人物，以表达对让·保罗的崇敬之情。

让·保罗名言

① 唯有旅行才是生活，正如生活也是旅行。

② 音乐是照进生命暗夜的月光。

③ 过分的信任是愚蠢，过分的怀疑是悲剧。

④ 没有一个人能了解自己就像了解他人。

⑤ 父亲对他孩子说什么，全世界听不到，但后人一定会听得到。

⑥ 死是疤，活是伤。

⑦ 快乐是无穷无尽的，不像严肃。

路德维希·施宛塔勒

雕塑家路德维希·施宛塔勒（Ludwig Schwanthaler，1802—1848）德国雕塑家，曾任教于慕尼黑艺术学院。虽然只有短短的46岁，但正好遇到了热衷于雕塑艺术、宏伟建筑的巴伐利亚国王路德维希一世，备受重用，得以将天才雕塑家的本领完全施展开来，最终被封为骑士。他所设计的雕塑数量众多，皆为经典，气势磅礴而又不失逼真细腻。特雷莎草坪前的巴伐利亚雕像，统帅堂前的蒂利伯爵雕像，文学家让·保罗雕像，拜罗伊特边疆伯爵腓特烈雕像等等皆出自他手。

路德维希·施宛塔勒纪念铜章

第三章 路德维希一世

让·保罗雕像

BG45 细节

~ ~

BG45 1841 让·保罗雕像版别：
1）边饰铭文：DREY-EINHALB GULDEN ✱✱ VII E. F. M. ✱✱
2）边饰铭文：DREY-EINHALBULDEN ✱✱ VII E. F. M. ✱✱
3）有金质后铸币（64.5g）存世，且边饰标注"1902"年份
4）有锡质光边样币存世；有背面单面锡质试样存世

BG46 1842 瓦尔哈拉神殿

历史双泰勒（Geschichtsdoppeltaler）
正面铭文：LUDWIG I KŒNIG VON BAYERN
背面铭文：WALHALLA / 1842
边饰：DREY-EINHALB GULDEN ✶✶ VII E F M ✶✶
直径：38mm　重量：37.12g　含银量：90.0%，1.0740oz
书目编号：KM#811，Dav.587，AKS103，Kahnt107

年份	铸造量	美品	极美	未流通
1842	–	300	550	1 400

多瑙河畔的瓦尔哈拉神殿

1842年10月18日，建设了12年的瓦尔哈拉神殿终于落成并开放。慕尼黑造币厂亦受命发行双泰勒银币一枚以示纪念。该币的正面是路德维希一世的头像，周圈铭文"路德维希一世，巴伐利亚国王"。币的背面是瓦尔哈拉神殿的正视图。由于采用的是完全的正视角雕模，所以相对于其他历史泰勒的设计就缺乏了立体感，但细节部分还是非常到位的：神殿前的青草颗颗点点，大理石块间的拼砌纹路清晰明显；第一、四层正面的石阶虽密但级级可辨，神殿基座二层的入口中缝虽细小但不缺省；神殿正面顶部山墙内15个雕像一个都不少——有坐有立有卧，形象各不相同。神殿顶部刊铭文"WALHALLA（瓦尔哈拉）"，下标年份"1842"。

瓦尔哈拉神殿被认为是路德维希一世所有建筑工程中最重要的一座建筑。由建筑师利奥·冯·克伦泽（Leo von Klenze）负责设计和建造，从1830年10月18日第一块奠基石的安放到1842年10月18日的正式对外开放，共历时12年。瓦尔哈拉神殿是一座新古典主义建筑风格的名人纪念堂，纪念德国历史上乃至说德语的伟大历史人物。

在德国，最具代表性的名人堂有三座，都在巴伐利亚，且都在国王路德维希一世时期建造。排在首位的是瓦尔哈拉神殿，它位于德国雷根斯堡市以东11公里的多瑙河沿岸的小乡村多瑙施陶夫（Donaustauf）。每天有两班从雷根斯堡石桥旁的多瑙河码头发往瓦尔哈拉神殿的游船。沿多瑙河还能欣赏到北岸的古代城堡遗址，站在神殿前的阶梯上可以俯瞰面前的多瑙河以及对岸的平原风光。

排在第二位的是慕尼黑特蕾莎草坪旁的名人堂（Ruhmeshalle），其门前是巨大的巴伐利亚雕像，每年都要在那里举办"慕尼黑啤

凯尔海姆的英烈堂

酒节"。排在最后的是英烈堂（或称解放纪念堂，Befreiungshalle），位于雷根斯堡市西南35公里处的凯尔海姆（Kelheim），是路德维希一世为纪念在拿破仑战争中阵亡的将士而修建。瓦尔哈拉神殿和英烈堂分居雷根斯堡东西两侧，都在多瑙河畔，均可从雷根斯堡乘游船抵达。

瓦尔哈拉这个名字来自瑞士历史学家约翰内斯·米勒（Johannes von Muller）给路德维希一世的建议。瓦尔哈拉（Walhalla）是"死者殿堂"（hall of the dead）的意思，北欧神话中逝去的英雄被带回的安息之地。瓦尔哈拉神殿名人的入选标准最初由路德维希一世制订，后归属于巴伐利亚政府，只有逝世20年以上的人才有资格进入神殿。1912年，这个限制又进一步提升。最初神殿里只摆放了45座半身像。随着不断的增加，如今已经达到了131座雕像和65块牌匾，从最早的公元9年在条顿堡森林战役中获胜的赫尔曼到2010年入选的德国著名抒情诗人和散文家海涅，其中还有广为民众熟知的作曲家贝多芬、物理学家爱因斯坦、奥地利作曲家海顿、红胡子腓特烈、俄国女沙皇叶卡捷琳娜二世、德意志帝国首相俾斯麦，等等。可以说保留了从古

慕尼黑特蕾莎草坪旁的巴伐利亚雕像和名人堂

雕刻家约翰·戈特弗里德·沙多

罗马帝国到现代德语系的最著名人物，时间跨度达2000年。如果读懂这些人物的历史，可以说几乎就了解了欧洲的发展史。瓦尔哈拉神殿仿佛就是德国人的"爱国主义"教育基地。

路德维希筹建瓦拉哈拉神殿的意愿最早追溯到其青年时代，当时他的父亲马克西米利安（Maximilian）刚刚就任巴伐利亚和普法尔茨选帝侯，路德维希是王子。18岁的路德维希前往法国、意大利等欧洲国家游学。在那里，他见识了罗马的万神殿（Pantheon），也拜访了巴黎的先贤祠。从那时起，具有强烈民族自豪感的路德维希就希望将来也能修建一座德意志民族自己的名人堂，把德意志民族历史上杰出的君主、哲学家、军事家、科学家和艺术家等纳入其中，让后世子民都能铭记和纪念整个德意志民族的伟大历史。后来拿破仑几乎侵占了整个德语世界，神圣罗马帝国解体，巴伐利亚则从选侯国提升为王国，其父任巴伐利亚王国国王。1807年，21岁的路德维希受父命到波兰接手驻扎在那里的巴伐利亚军队，途经柏林，不得不参加了拿破仑在柏林的普鲁士国王腓特烈大帝（Prussia's Frederick the Great）坟墓前举办的胜利庆祝大会。一方面路德维希完全被拿破仑强大的军事力量折服，受到强烈震撼；另一方面

神殿内国王路德维希一世的雕像

他感到拿破仑对权力和胜利的崇拜已到了玩世不恭的程度,令人恐惧。此事强烈刺激了路德维希,他决定一旦当上国王,就将建造一个德国人自己的名人堂以铭记腓特烈大帝,以及所有"值得赞扬和尊敬的德意志人",包括"历史长河中说德语的著名君主、政治家、科学家和艺术家"。

身为王储的路德维希找到了

神殿北面山墙内的雕像,公元9年赫尔曼在条顿堡森林战胜罗马人

刚落成的瓦尔哈拉神殿纪念章

瓦尔哈拉神殿建成100周年

柏林雕塑家沙多父子（约翰·戈特弗里德·沙多和鲁道夫·沙多）和腓特烈·蒂克。他们都是雕塑大家，柏林勃兰登堡门上的《胜利驷马战车》（1793年）就出自沙多之手。最后，从柏林、罗马和卡雷拉（Cararra）订购了第一批45座半身像。1825年，路德维希登基为新王，他开始落实神殿的筹建计划。他成功地说服了雷根斯堡大公捐赠位于多瑙河河畔多瑙施陶夫的一个山丘葡萄园作为建造地点。最后，路德维希请了利奥·冯·克伦泽（Leo von Klenze）进行设计监造。克伦泽是古典复兴建筑最杰出的代表，慕尼黑国王广场和路德维希大街都出自他的城市规划设计理念，慕尼黑名人堂、绘画陈列馆和慕尼黑王宫都出自他手。想当年，还是王储的路德维希与克伦泽在巴黎相识，兴趣相投，复兴古典建筑的理念相同，真是相见恨晚。1816年两人一同返回慕尼黑，开始了慕尼黑城市大改造。现在，瓦尔哈拉神殿的设计更是非他莫属，路德维希一世对他提出要求，"我希望建造一座伟大的建筑，不但是物理尺寸上的，而且是设计概念上的。"克伦泽引入了新古典主义的概念开始设计该神殿，但更多的是对希腊雅典卫城帕特农神庙（Parthenon）的致敬，并且规模也是一模一样，66.7米长，31.6米宽和20米高，使用52根多立克立柱支撑。他从意大利订购了6000块巨石，屋顶使用镀金铜进行点缀，神殿大门的两根铁制立柱各高8.5米，重达2吨。共耗资800万古尔登，这相当于

神殿一角

当年王室专款的两倍。

瓦尔哈拉神殿的地板和墙面巧妙地使用彩色大理石铺设。宏丽的屋顶内饰布满了德意志民族的历史神话，内饰的浮雕描绘了德意志的早年历史。6个女武神像矗立殿中，使神殿充满活力而不失优雅。瓦尔哈拉神殿的构思设计是开放式的，并预留了足够的空间，以容纳更多的雕像。

在前往神殿的路上，树立着神殿落成纪念碑。上面有路德维希一世的题词："愿瓦尔哈拉神殿有助于增强和传播德意志精神！愿所有的德国人，不管他什么出身，总能感受到他们有一个共同的祖国，一个令他们自豪的祖国。每个人都应竭尽所能为这个国家的荣耀作出贡献。"碑文如下："Möchte Walhalla förderlich sein der Erstarkung und Vermehrung deutschen Sinnes! Möchten alle Deutschen, welchen Stammes sie auch seien, immer fühlen, dass sie ein gemeinsames Vaterland haben, ein Vaterland auf das sie stolz sein können, und jeder trage bei, soviel er vermag, zu dessen Verherrlichung."。

两百年来，这座宏伟的纯白大理石希腊神庙式的神殿静穆地坐落在多瑙河岸边。它彰显的是德意志英杰的荣耀，坚守着德意志民族建立强大统一国家的梦想，是19世纪德国民族主义情感不断高涨的一个重要里程碑。正如德国艺术历史学家约尔格（Jörg Traeger）曾评论的：（德国在）19世纪时，国家这个概念只是一种信仰，是艺术表达了信仰。

神殿南面正门山墙内的雕像，1813年战胜拿破仑的民族大会战

通往瓦尔哈拉神殿道路上有路德维希一世题词的纪念碑

部分半身像人物	人物简介
奥古斯都二世（强力王）	萨克森选帝侯、波兰国王
康拉德二世	神圣罗马帝国皇帝
路德维希·冯·贝多芬	德国作曲家
阿尔布雷特·丢勒	画家
乔治·腓特烈·亨德尔	德国作曲家
狮子亨利	萨克森公爵、巴伐利亚公爵
亨利一世（捕鸟者）	萨克森公爵、德意志国王
伊曼努尔·康德	德国哲学家
卡尔十世·古斯塔夫	瑞典国王
叶卡捷琳娜二世	俄国女沙皇
约翰内斯·开普勒	德国数学家、天文学家
尼古拉·哥白尼	日心说提出者
奥托·冯·俾斯麦	普鲁士和德意志帝国首相
戈特弗里德·莱布尼茨	德国哲学家、数学家
戈特霍尔德·埃夫莱姆·莱辛	德国诗人
阿尔布雷特·冯·华伦斯坦	三十年战争中波希米亚军事领袖
约瑟夫·拉德茨基·冯·拉德茨	波希米亚军事领袖
威廉一世	德国皇帝
新生铎夫	德国宗教和社会改革家
马丁·路德	宗教改革领袖
理查德·瓦格纳	德国歌剧作曲家
阿尔伯特·爱因斯坦	物理学家
索菲·绍尔	反对纳粹的抵抗分子
海因里希·海涅	德国抒情诗人和散文家

BG46 细节

BG46 1842 瓦尔哈拉神殿版别：

1）背面单面锡质试样 BG46.TS1，见《KM 目录》编号 TS7
2）锡质光边样币
3）边饰标"1902"的金质后铸币（64.8g）
4）边饰铭文：DREY-EINHALB GULDEN ✷✷ VII E. F. M. ✷✷
5）边饰铭文：DREY-EINHALBULDEN ✷✷ VII E. F. M. ✷✷

版别 1）背面单面锡质试样 BG46.TS1，对应《KM 目录》编号 TS7

BG47.1 & 47.2 1842 迎娶普鲁士公主

历史双泰勒(Geschichtsdoppeltaler)

正面铭文:LUDWIG I KŒNIG VON BAYERN
背面铭文:MAXIMILIAN KRONPR. V. BAYERN U. MARIEK. PRINZ. V. PREUSS.
VERM. D. 12 OCTB. 1842　　　　　　　　　　(BG47.1)
VERM. D. 1. OCTB. 1842　　　　　　　　　　(BG47.2)

边饰:DREY-EINHALB GULDEN ✶✶ VII E F M ✶✶
直径:38mm　重量:37.12g　含银量:90.0%,1.0740oz
书目编号:KM#812,Dav.588,AKS104,Kahnt108

年份	铸造量		美品	极美	未流通
1842	–	(BG47.1)	220	600	1 900
1842	–	(BG47.2)	300	800	2 200

1843年的王妃玛利亚(Marie)

1842年为祝贺巴伐利亚马克西米利安（Maximilian）王储与普鲁士玛利亚（Marie）公主结婚而发行历史双泰勒一枚。币的正面是路德维希一世的头像，周圈铭文"路德维希一世，巴伐利亚国王"。币的背面是王子和公主的向右头像，王子英俊帅气，公主美丽端庄，头戴鲜花，展现出喜庆欢乐的气氛。周圈铭文"巴伐利亚王储马克西米利安和普鲁士公主玛利亚/结婚于1842年10月12日"。另外还有一种错误时间的版本——"结婚于1842年10月1日"，也许这是先前拿给国王看的一种样币，时间暂定为10月1日，可能后来由于实际生产中的需要，忽视了该差异，将该币模也投入使用。正确日期币编号为BG47.1，《KM目录》编号为KM#812.1；错误日期币的编号为BG47.2，KM#812.2。

玛利亚公主（1825—1889），全名Friederike Franziska Auguste Marie Hedwig，出生在柏林城市宫（Stadtschloss），并在柏林长大。她的父亲是普鲁士的威廉亲王（Prince Wilhelm of Prussia，1783—1851，普鲁士国王腓特烈·威廉三世的弟弟）。她的母亲是黑森-洪堡的安娜公主（Landgravine Maria Anna，1785—1846）。玛利亚公主在宣布与巴伐利亚马克西米利安王子订婚之前，一直被安排嫁给萨克森-科堡和

1842年的玛利亚公主年轻美丽，马克西米利安王子帅气逼人

哥达公爵恩斯特二世（Ernest Ⅱ, Duke of Saxe-Coburg and Goth）。

1841年12月，30岁的巴伐利亚王储马克西米利安决定迎娶16岁的普鲁士公主玛利亚。由于新娘患上了麻疹，原定于1842年1月的婚期不得不推迟。1842年10月5日，普鲁士公主与巴伐利亚王储的婚礼庆典在柏林举行。

1842年10月12日，王储马克西米利安在首都慕尼黑迎娶玛利亚公主。迎亲队伍穿越路德维希大街，两人一同接受慕尼黑市民们热情的祝福。婚后，玛利亚公主被巴伐利亚的崇山峻岭和美丽风光所吸引，常常在王国里周游旅行。位于新天鹅堡

玛利亚公主被授予普鲁士王国一等路易丝勋章〔Order of Louise，女性勋章〕

（Neuschwanstein）后方峡谷中的玛利亚桥（Marienbruecke）就以她的名字来命名，该桥是拍摄新天鹅堡的最佳位置，所以大量摄影爱好者终年聚集于此。玛利亚公主酷爱登山运动，她为自己定制了登山服装，成为第一位穿登山服的登山家。在1854年，她登上了2 713米高的瓦茨曼峰。此时，雄心勃勃的玛利亚王后当然不能仅仅满足于此，她的目标是高度近3 000米的德国第一高峰——楚格峰。或许通过这些旅行，玛利亚受到新教徒和天主教徒的广泛欢迎（当时普鲁士主要信奉新教，玛利亚王后最初也是新教徒，而巴伐利亚则主要信奉

1860年的王后玛利亚

1842年普鲁士发行玛利亚公主与马克西米利安王子结婚纪念章,有金、银、铜三种材质。纪念章背面是在普鲁士女神和巴伐利亚女神的引荐下,两位新人伸出双手、走到一起

罗马天主教）。

值得一提的是，1869年12月在她大儿子路德维希二世的帮助之下，玛利亚提出的"伟大的社会承诺"计划重新启动，并且成立了巴伐利亚妇女协会。该协会的主要宗旨就是关心和支持在战场上受伤和残疾的士兵。巴伐利亚妇女协会就成为巴伐利亚官方红十字会的前身，且一直都由玛利亚亲自主持。鉴于玛利亚一直以来的仁慈之心和杰出社会贡献，巴伐利亚王国先后授予玛利亚公主圣·伊丽莎白勋章（Order of Saint Elizabeth）和特蕾莎勋章（Order of Theresia），普鲁士王国授予一等路易丝勋章（Order of Louise），西班牙授予玛利亚·路易莎女王勋章（Order of Queen Maria Luisa）。

玛利亚王后育有二子，老大是后来的巴伐利亚国王路德维希二世（1845—1886），身高体大，英俊潇洒，只可惜他厌倦政治，寄情于山水之间，不顾民众疾苦，痴迷地投身于建筑事业，终在新天鹅堡即将建成之日和他的精神病医生死于浅水湾中。随后，他的叔叔柳特波德亲王开始摄政。老二奥托继承了哥哥的王位，但据说他精神状态更差，甚至每天依靠亲自枪决一名罪犯（由侍从

马克西米利安二世一家人，从左至右为路德维希二世、玛利亚、马克西米利安二世、奥托

1842年普鲁士结婚纪念章细节：
娘家发行纪念章当然得让女方头像在前了，男方头像在后啊！

假扮）来保持清醒。最终在1913年11月5日，奥托被他的表弟路德维希亲王，也就是后来的国王路德维希三世给废黜了。

随着1864年3月10日丈夫马克西米利安二世的突然去世，玛利亚王后成了寡妇。1874年10月12日，她在施宛高的圣玛丽和弗洛里安天主教堂进行忏悔，改宗信奉了天主教。

在随后几年中，她在阿尔卑斯山莱赫山谷（Lechtal Alps）的乡村庄园埃尔毕根纳普（Elbigenalp）或菲森附近的高天鹅堡（Hohenschwangau）过着与世隔绝的生活。玛利亚比她的大儿子路德维希二世的在世时间还要长，1889年逝世于高天鹅堡。

BG47 细节

~~~~~~~~~~~~~~~~~~~~~~~~~~~~~

BG47.1&47.2 1842 迎娶普鲁士公主版别:
1)背面单面锡质试样 BG47.1.TS1,见《KM 目录》编号 TS8
2)锌质光边样币
3)边饰标"1902"的金质后铸币(64.5g)
4)边饰铭文:DREY-EINHALB GULDEN ✶✶ VII E. F. M. ✶✶
5)边饰铭文:DREY-EINHALBULDEN ✶✶ VII E. F. M. ✶✶

版别1)背面单面锡质试样BG47.1.TS1,《KM目录》编号TS8

罗伊特，腓特烈被人"至爱的人"。腓特烈诺维斯大学学习了八良好的教育。他热爱，经常在他住所里会教育界人士和艺术家。腓特烈在拜罗伊特建立侯，这也是德国第一所一年后，也就是1743大学搬到了埃尔朗根。姓名正式命名了埃尔朗根大学。经过二百多年努力耕耘，埃尔朗根大学成为德国工科院校中研究能力最强的大学之一。2016THE 泰晤士欧洲大学创新性排名欧洲第六位，德国第二位。

Karl Alexander,克里斯蒂安·腓特烈·卡尔·亚历山大）不仅解决当时的经济困难，而且向巨资，为学校的发展打基础。为了感谢侯爵，为腓特烈-亚历山大-亚历山大为了西

勃兰登堡 – 安斯巴赫与
勃兰登堡 – 拜罗伊特侯爵亚历山大

鲁士腓特烈二世——侯爵夫人的弟弟）、思想巨擘伏尔泰、作曲家理查德·瓦格纳的赏光。现在歌剧院已成为拜罗伊特小镇的标志和重要旅游资源。

在加强与普鲁士联系的同时，侯爵腓特烈利用神圣罗马帝国授予的元帅身份，让拜罗伊特周旋于奥地利和普鲁士之间，即使在"七年战争"中也幸免于难。但他的女婿查尔斯·尤金（符腾堡公爵），却坚定地站在奥地利这边，以至于女儿伊丽莎白后来离开他回到拜罗伊特的父母身边。

腓特烈侯爵有着开明君主的

埃尔朗根 – 纽伦堡大学

埃尔朗根 – 纽伦堡大学（全名腓特烈 – 亚历山大 – 埃尔朗根 –

原校徽上的两位侯爵

纽伦堡大学,Friedrich-Alexander-Universität Erlangen-Nürnberg,FAU)是德国一座历史悠久的大学,位于埃尔朗根、纽伦堡和菲尔特。埃尔朗根－纽伦堡大学源于拜罗伊特侯爵地区大学,1743年迁于埃尔朗根,组建埃尔朗根大学。1763年2月,腓特烈侯爵逝于拜罗伊特,其叔腓特烈·克里斯蒂安(Friedrich Christian,1708—1769)继承了爵位。直到1769年,勃兰登堡－拜罗伊特家族绝嗣,并入勃兰登堡－安斯巴赫家族。勃兰登堡－安斯巴赫侯爵亚历山大(Christian Friedrich

特⋯⋯⋯了学⋯⋯学校注⋯⋯下了坚实的⋯⋯学校在同年更名⋯⋯山大大学。

1810年,腓特烈－⋯⋯大学划归到巴伐利亚王国⋯⋯表达对大学的支持,国王马克⋯⋯米利安·约瑟夫在1818年将埃⋯⋯朗根的原腓特烈侯爵的王宫、花园等建筑都一并赠予大学。1961年和1972年,先后有纽伦堡的一所商学院、经济学院和社会科学

大学行政楼

学院,以及一所教师培训学院并入了大学。今天,埃尔朗根－纽伦堡大学已发展成为拥有文学与神学院、法律与经济学院、医学院、自然科学院、工程科学院五大学院,261个专业方向、500个国际合作院校、130个国际研究合作机构的国际一流大学。大约有4万名学生在埃尔朗根、纽伦堡和菲尔特的埃尔朗根－纽伦堡大学的校园里学习。

时至今日,埃尔朗根－纽伦堡大学已被公认为德国最杰出的研究型大学之一。建校270多年来,它凭着高质量、多领域的研究得到了国内外的认可。该校培养了一名联邦总理路德维希·艾哈德,并有四人获得了诺贝尔奖。埃尔朗根纲领、合成糖类和嘌呤衍生物、对酶及无细胞发酵等生化反应的研究、对糖类的发酵以及发酵酶的研究和探索、MP3格式的发明等,都是埃尔朗根－纽伦堡大学的研究成果。物理学家欧姆定律的发现人欧姆以及有机化学之父李比希等都曾就读于该校。

埃尔朗根－纽伦堡大学的医学院是其最出色的院系之一,教

排特烈雕像素描

第三章 路德维希一世

学、临床以及科研领域均在国际上享有盛誉。医学院的附属医院更是德国最著名的医院。在《焦点》杂志对全德1173所公立及私立医疗机构针对专业能力、患者满意度等指标的评估中，埃尔朗根-纽伦堡大学医院被列为德国十佳医院之一。其中心脏外科、心脏内科等16个科系的疾病治疗水平被评价为全德最佳。1966年首例肾脏器官移植在此取得成功；1982年4月16日德国第一例试管婴儿诞生于埃尔朗根-纽伦堡大学医院；2004年世界首例MEG脑磁图癫痫手术获得成功；2008

大学钱币陈列馆一角

年诺贝尔生理学或医学奖授予该校病毒学教授哈拉尔德·楚尔·豪森，表彰其对导致宫颈癌的人乳头状瘤病毒的研究。

1843年边疆伯爵腓特烈的雕像安置于侯爵城堡前

边疆伯爵腓特烈的雕像

BG48 细节

BG48 1843 埃尔朗根大学建校百年版别:
1) 边饰标"1902"的金质后铸币(65g)
2) 边饰铭文: DREY-EINHALBULDEN ✶✶ VII E. F. M. ✶✶

BG49 1844 统帅堂

历史双泰勒(Geschichtsdoppeltaler)
正面铭文：LUDWIG I KŒNIG VON BAYERN
背面铭文：FELDHERRNHALLE / 1844
边饰：DREY-EINHALB GULDEN ✶✶ VII E F M ✶✶
直径：38mm　重量：37.12g　含银量：90.0%，1.0740oz
书目编号：KM#818，Dav.591，AKS106，Kahnt110

年份	铸造量	美品	极美	未流通
1844	–	220	500	2 000

统帅堂夜景

1844年为庆祝统帅堂（Feldherrnhalle）在慕尼黑落成而发行一枚历史双泰勒加以纪念。币的正面是巴伐利亚国王路德维希一世头像，周圈铭文"路德维希一世，巴伐利亚国王"。币的背面是统帅堂外观正视图。统帅堂顶部饰有持剑与盾的骑士雕像，双层的花边石檐彰显了统帅堂的华美而不失庄严，石阶上蒂利伯爵和维尔德元帅雕像分居左右，凉亭长廊造型使统帅堂更增几分异域气息。统帅堂外有周圈铭文"统帅堂1844"。

统帅堂坐落于德国巴伐利亚首府慕尼黑的音乐厅广场（Odeonsplatz），是一个英雄纪念堂，但模仿了佛罗伦萨的佣兵凉廊的造型，意大利新古典主义风格使统帅堂庄严中带了些神话色彩。为纪念巴伐利亚的统帅和缅怀巴伐利亚君主时代的辉煌军事胜利，由路德维希一世下令建筑师腓特烈·冯·格尔特纳（Friedrich von Gärtner）于1841—1844年建造，后成为赞颂巴伐利亚军队的标志性建筑。

统帅堂因内部高高矗立的雕塑而闻名，每个雕塑大约高2米。统帅堂正中为普法战争中的巴伐利亚军队纪念雕像，顶盔披袍的

1892年前统帅堂尚未添置巴伐利亚军队铜像

将军活像神话中的勇士,一手保护着巴伐利亚女神,一手持有象征胜利的旗帜,身形挺拔,头颅微微昂起,充满自信的目光注视着远方。而旁边的巴伐利亚女神则安详从容,一手执羽毛,一手持花环;象征巴伐利亚的雄狮则安逸地卧在女神脚下。整个雕像给人的第一感觉就是巴伐利亚军队所向披靡!有了这样的军队,巴伐利亚王国可以高枕无忧了。台阶两侧的狮子雕像是狮王亨利(König Löwe Henrry)的象征,他于1158年下令建造慕尼黑城。

统帅堂内左侧是巴伐利亚统帅约翰·蒂利伯爵铜像(Johann Tserclaes Count of Tilly,1559—1632),约翰·蒂利伯爵是"三十年战争"中天主教联盟的陆军元帅之一,生于布拉班(今比利时)的蒂利堡,接受耶稣会教育,服务于西班牙军队,参加过对荷兰的"八十年战争"和对奥斯曼土耳其的战争,因作战英勇被迅速提升为陆军元帅。后被巴伐利亚公爵马克西米利安一世任命为巴伐利亚天主教联盟军队指挥官。1620年在白山战役(Weißen Berg)中,蒂利伯爵取得了首次大捷,随后攻陷布拉格和海德堡,并制造了海德堡大屠杀,被称为"海德堡屠夫"。在1631年著名的布赖滕费尔德战役中,作为天主教联盟军总指挥的蒂利被称为"北方雄狮"的瑞典国王古斯塔夫二世打败。第二年,蒂利被瑞典军队弹片击中,死于破伤风。

统帅堂内右侧是巴伐利亚前陆军元帅卡尔·菲利普·约瑟夫·冯·维尔德亲王(Karl Philipp Josef vonWrede,1767—1838)的铜像。维尔德生于一个男爵家族,从士兵一直做到了巴伐利亚陆军元帅。1801—1813,巴伐利亚是法国拿破仑的同盟者。维尔德参加过奥斯特里茨等多次战役,与奥地利人对战。他还参加过拿破

统帅堂模仿了意大利佛罗伦萨佣兵凉廊,具有意大利新古典主义风格(摄于1870年)

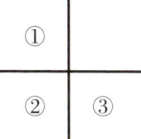

① 巴伐利亚军队铜像
② 维尔德铜像
③ 约翰·蒂利铜像

第三章 路德维希一世

仑远征俄国的战争,指挥莱茵邦联军队,其间死伤惨重。1813年莱比锡战役即将打响时,维尔德和巴伐利亚王储路德维希看到拿破仑大势已去,力促转换立场,使巴伐利亚军队调转枪口。维尔德率领奥地利和巴伐利亚联军对拿破仑作战。拿破仑战争后,维尔德受封亲王,并获得巴伐利亚陆军元帅头衔。

统帅堂前是市中心的音乐厅广场,也就是路德维希大街的南端起点。早在1790年,慕尼黑就曾规划在拆除老城墙的同时,拆除路德维希大街南端的施瓦宾门(Schwabinger Tor),并在此处修建一个新广场。1816年,还是王子的路德维希一世就任命利奥·冯·克伦泽(Leo von Klenze)对包括南端新广场在内的整个路德维希大街重新进行规划。不久就在大街南端开辟了布林纳街(Brienner Straße),拆除了施瓦宾门,并修建了布林纳街尽头的王宫花园大门。花园大门以北是王宫花园"巴扎大楼"(建于1824—1826年),在路德维希大街对面就是音乐厅(建于1826—1828年,目前为巴伐利亚州内政部)和洛伊希滕贝格宫(建于1816—1821年,目前为巴伐利亚州财政部),两座建筑都模仿了罗马的法尔内塞宫。1841年开始在原施瓦宾门旧址修建大街南端的标志性建筑——统帅堂,但路德维希一世这次却将统帅堂的设计任命给了克伦泽的老对手格尔特纳。

音乐厅广场上的路德维希一世骑马雕像(Max von Widnmann 设计)

路德维希大街上的慕尼黑凯旋门和远处的统帅堂

由1892前的统帅堂图片和一些资料显示,在1844年统帅堂建成时,并没有巴伐利亚军队雕像和狮子雕像,后来在1892年和1906年分别将军队和狮子雕像增加上去。由于新广场工程不断扩大,原打算作为中心广场的新广场延伸到了新路德维希大街。要竖立于此的纪念1812年俄法战争中牺牲的巴伐利亚军人的方尖碑也在1833年改建到了卡洛琳广场(见BG32)。1862年在广场的西侧立起了路德维希一世的骑马雕像。

在慕尼黑,人们已经习惯将统帅堂和堂前的音乐厅广场作为公共活动的理想场地。胜利大游行(纪念1871年普法战争中的巴伐利亚军队)和每年一度的慕尼黑啤酒节的游行活动都沿着路德维希大街走向统帅堂,VIP观礼台则常常设置在音乐厅广场的路德维希一世的骑马雕像附近。

沿着路德维希大街向北走可以看到慕尼黑凯旋门,这里的凯旋门虽比不上法国巴黎的凯旋门和柏林的勃兰登堡门出名,个头也不大,但设计上绝不给输于前者。凯旋门上矗立的是巴伐利亚女神,一手持戟,一手牵着四头雄狮,下书"DEM BAYERISCHEN HEERE"(献予巴伐利亚军队),象征着巴伐利亚军队战无不胜。凯旋门和路德维希大街南端的统帅堂遥相呼应,迎接着军队的凯旋。

在统帅堂的背后一座后巴洛克风格的建筑,是普瑞辛公爵住所的普瑞辛宫(Palais Preysing)。它修建于1723—1728年,是当时慕尼黑第一座洛可可风格的宫

统帅堂后的普瑞辛宫和 Viscardigasse 小巷

殿，曾作为巴伐利亚抵押兑换银行的办公地（见 BG34），二战后又对其进行了重建。

比普瑞辛宫更出名的是其身后的这条 Viscardigasse 小巷，它贯通 Residenzstraße 和 Theatinerstraße 两条大街。当地人称这条小巷为"Drueckebergergasse"（"规避义务"的俚语说法）。话题不可避免的转到了"啤酒馆暴动"。1923年11月9日，希特勒发动"啤酒馆暴动"。希特勒和他的纳粹（国社党）冲锋队与支持民众发动武装"革命"——"向慕尼黑进军"。结果遭到军警的镇压，16名国社党员和4名警察死于统帅堂前，希特勒两天后被捕，判刑五年（实际只坐牢9个月），在狱中希特勒口述其著作《我的奋斗》。当希特勒在1932年取得政权之后，统帅堂变成纳粹的圣地之一，不仅立碑纪念且派驻卫兵，每年要举行纪念仪式悼念捐躯的国社党烈士。如此圣地，当然要人们万分崇敬了，所以希特勒下令每个从统帅堂经过的人都必须行纳粹举手礼以表敬意。作为一种抵抗，很多人都绕道这条小巷，在20世纪90年代，慕尼黑市给 Viscardigasse 小巷铺以彩石来表达对当时市民抗争的纪念，也被称为"彩虹小巷"。

现在的统帅堂早已成为慕尼黑市著名的旅游景点，吸引了不少游客慕名前来。堂前的广场由于靠近附近的音乐厅而得名"音乐厅广场"（Odeonsplatz），巴伐利亚广播交响乐团和慕尼黑爱乐乐团几乎每年都会这里举办大型的露天音乐会。

现在的统帅堂早已成为慕尼黑市著名的旅游景点,吸引了不少游客慕名前来。堂前的广场由于靠近附近的音乐厅而得名"音乐厅广场"(Odeonsplatz),巴伐利亚广播交响乐团和慕尼黑爱乐乐团几乎每年都会这里举办大型的露天音乐会

1892年摄政王柳特波德亲王给统帅堂添置巴伐利亚军队铜像并发行银章,阿洛伊斯·布尔施(Alois Börsch)为章牌雕模

BG49 细节

~~~~~~~~~~~~~~~~~~~~~~~~~~~~~~~

BG49 1844 统帅堂版别：

1）边饰铭文：DREY-EINHALB GULDEN ✶✶ VII E. F. M. ✶✶
2）边饰铭文：DREY-EINHALBULDEN ✶✶ VII E. F. M. ✶✶
3）边饰标"1902"的金质后铸币（64.8g）

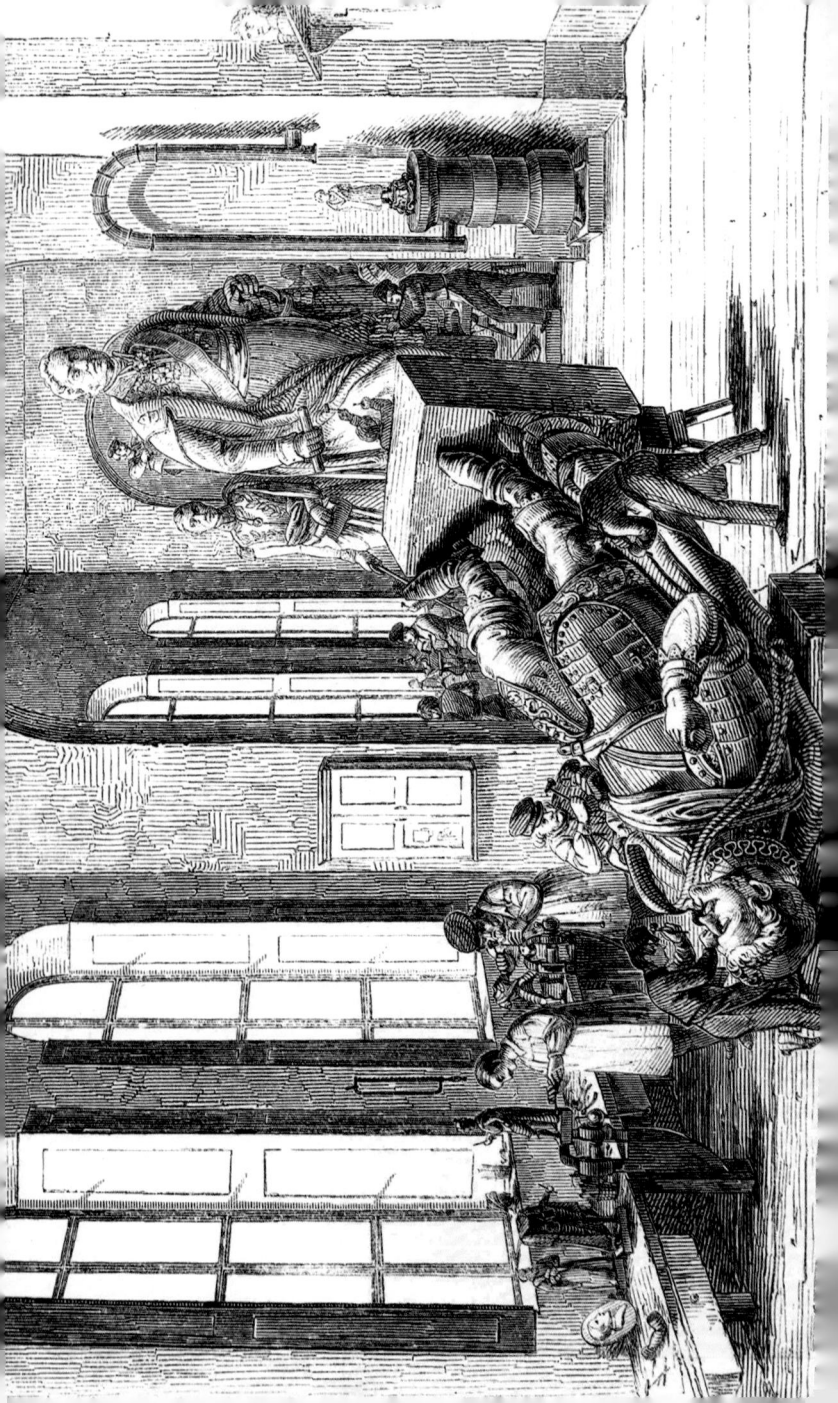

BG50 1845 克莱特迈尔男爵雕像

历史双泰勒（Geschichtsdoppeltaler）
正面铭文：LUDWIG I KŒNIG VON BAYERN
背面铭文：STANDBILD DES CANZLER'S FREYHERRN V. KREITTMAYR / ERRICHTET IN MÜNCHEN 1845
边饰：DREY-EINHALB GULDEN ✶✶ VII E F M ✶✶
直径：38mm　重量：37.12g　含银量：90.0%，1.0740oz
书目编号：KM#820，Dav.592，AKS107，Kahnt111

年份	铸造量	美品	极美	未流通
1845	–	300	700	2 200

手持法典的克莱特迈尔男爵

1845年10月25日，巴伐利亚法学家、前内阁首相克莱特迈尔的纪念碑在慕尼黑揭幕。同时，路德维希一世敕令慕尼黑造币厂发行历史双泰勒一枚加以纪念。该币的正面是巴伐利亚国王路德维希右向头像，周圈铭文"路德维希一世，巴伐利亚国王"。币的背面是克莱特迈尔的站立雕像。雕像中的克莱特迈尔神情庄严肃穆、身穿法袍、头戴假发、脖系领结、右手持笔撩袍，左手正要取出右臂下所夹法典，似乎要引经据典进行宣判。雕像外有周圈铭文"首相克莱特迈尔男爵立像/1845年立于慕尼黑"。

克莱特迈尔男爵

克莱特迈尔男爵（1705—1790），全名维古卢斯·萨韦里乌斯·阿洛伊修斯·克莱特迈尔（Wiguläus Xaverius Aloysius Kreittmayr），是巴伐利亚法学家，枢密院议长、内阁首相。1741年受封骑士称号（Ritter），1745年被册封为男爵（Freiherr）。他出生于1705年，是枢密院议员弗朗茨·萨韦·维古卢斯·克莱特迈尔（Franz Xaver Wiguläus Kreittmayr）的儿子。父亲去世后，母亲去了贝特里奇修道院（Büttrichkloster），1766年，87岁时在修道院去世。克莱特迈尔的八个姐妹中有七个进入修道院，兄弟本诺（Benno）担任慕尼黑市法官和市长。

克莱特迈尔曾就读于慕尼黑的耶稣会学院（Jesuitenkolleg），在那里他接受了严格的天主教教育。他对拉丁古典音乐和文学特别感兴趣，即使在年老的时候，他也可以背诵贺拉斯（Horace），维吉尔（Virgil）和马提亚尔（Martial）的长篇文章。后来在萨尔茨堡大学（Universität Salzburg）学习哲学课程，并在英戈尔施塔特（Ingolstadt）参加法律讲座。由于当时巴伐利亚的大学并没有

克莱特迈尔男爵

名人堂内的克莱特迈尔半身像

开设国家层面的法律的课程,因此他在1723年到尼德兰的莱登(Leyden)及乌特勒支(Utrecht)接受法律训练。在接受完整的法律理论训练之后,他在当时韦茨拉尔(Wetzlar)地区的帝国最高法院(Reichskammergerichte)工作,并在实际业务中丰富了诉讼程序的经验。

1725年8月23日,不到20岁的克莱特迈尔被聘为慕尼黑市议员。1740年10月,皇帝卡尔六世(查理六世)去世后,克莱特迈尔以普法尔茨-巴伐利亚人的陪审法官的身份加入莱茵皇家帝国法院(Reichsvicartatshofgericht)。1741年,克莱特迈尔被封为骑士。1742年,克莱特迈尔又被皇帝卡尔·阿尔布雷特(Karl Albrecht,查理七世)任命为帝国法院理事会理事。

1745年,他被当时新任的巴伐利亚选帝侯马克西米利安三世·约瑟夫册封为男爵。12月3日,又晋升为慕尼黑法院议长。受马克西米利安三世器重,1749年3月2日,他又被任命为副首相和枢密院议长,年薪4000古尔登。1758年,克莱特迈尔成为巴伐利亚选侯国的内阁首相,并在1767年取得自由贵族的身份。

克莱特迈尔在德国法制史上地位非凡。在1750—1756年的短短六年时间里,他先后成功编纂了三部重要的法典:《巴伐利亚刑法典》《巴伐利亚法院组织法》(涉及民事诉讼法)和《巴伐利亚民法典》。

《巴伐利亚刑法典》(1751)

《巴伐利亚刑法典》,即"Codex Juris Bavarici Criminalis"。它是德国第一部取代《卡洛琳娜法典》及当时巴伐利亚地区习惯法的法典。

这部法典内容包括实体法与程序法。在该法典制定之前,巴伐利亚当时的成文刑法是1616年的《上巴伐利亚及下巴伐利亚诸侯们法令》(Malefiz-Ordnung der Fürstenthümer Ober-und Niederbaiern),其中仅有简单的18页内容。审判者在进行审判时主要是依据地区的习惯法、参考《卡洛琳娜法典》及1616年的那18页的规定。《巴伐利亚刑法典》被认为是第一部明确地将当时德国普通法明白表示加以废除的刑法典。它在形式上是一个独立的德国地区立法。此法典跟1532年的《卡洛琳娜法典》有密切的关联性,基本上还是采取类似《卡洛琳娜法典》的威吓主义与预防主义的观点,允许为了追求事件的真实性可以对犯罪嫌疑人进行拷讯。其中有关刑罚的处罚方式却跟德国中世纪的刑罚一样,仍非常残酷,对于女巫的处罚、魔术的处罚、被认为跟魔鬼合作的犯罪及对宗教亵渎行为的处罚等太过严厉。因此,该法在19世纪末、20世纪受到非常严厉的批判。那时人们认为该法典的制定者克莱特迈尔显然没有受到当时已经在德国开始发展起来的启蒙主义的影响。

其实在克莱特迈尔出生那一年,德国的启蒙时代已经来临。学者克里斯蒂安·托马修斯(Christian Thomaisus)已经在1704年及1705年发表两篇文章来批评当时在德国地区存在的对魔术、女巫及异教徒的追索审判及拷讯制度。这样的时代趋势显然没有被克莱特迈尔所理解或掌握,因此他无法脱离当时社会普通人的观点。在面对巴伐利亚刚刚结束长年战争,人民在面对增加的犯罪现象及困苦的

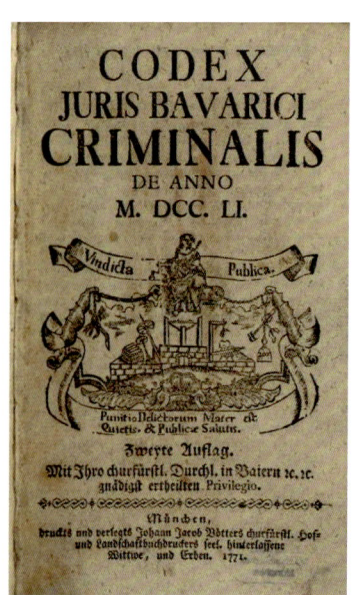

《巴伐利亚刑法典》(1751)

生活处境时，他并没有能力去订定一部超越时代的刑法。《巴伐利亚刑法典》在运作了将近62年后，1813年，由保罗·约翰·安瑟伦·冯·费尔巴哈（Paul Johann Anselm von Feuerbach）为王国制定的《巴伐利亚刑法》（Bayerischen Strafgesetzbuches von 1813）所取代。

《巴伐利亚法院组织法》（1753）

《巴伐利亚法院组织法》，即"der Codex Juris Bavarici Judiciarii - die Baierische Gerichtsordnung vom 14. Decebr. 1753"，涉及民事诉讼法。这部法典整理当时已经混乱且立基于1616年的《法院组织法》（Gerichtsordnung，1616）的实务运作规则及当时普通法的基础。其内容包括了法院民事诉讼事务的程序。这部《巴伐利亚法院组织法》经过多次的修订，一直运作到1870年。当时的人们认为该法是那个时代最好的立法技术的成果。

《巴伐利亚民法典》（1756）

《巴伐利亚民法典》，即"Codex Maximilianeus Bavaricus Civilis"（巴伐利亚马克西米利安民法典）。制定这部法典的目的是

《巴伐利亚法院组织法》（1753）

统一巴伐利亚境内的各种都市法、地方法、采邑法。在以罗马私法为基础的同时，吸收了当时的封建私法以及其他公法规范，试图将当时各种习惯法糅合成一个普遍的私法体系。该法典以古罗马查士丁尼（Justinian）的《法学阶梯》为蓝本，分为人法、物法、继承法和债务法四篇。第一篇有8章，依次为：自然法与正义、法的分类、与人的身份有关的权利与义务、家庭身份、父权、婚姻、监护、奴役。第二篇有11章，包

括所有权、时效、占有、抵押、地役权、用益权等。第三篇是继承法。第四编有18章，包括各种合同、无名合同、准合同等。这是近代欧洲启蒙时期最早的一部民法典，开创了民法典编纂的先例。该法典生效后，在巴伐利亚地区一直适用到1900年《德国民法典》生效为止。

马克西米利安三世之所以要求克莱特迈尔制定上述三部法典，主要是因为当时的巴伐利亚刚刚结束同奥地利多年的"王位继承战争"。巴伐利亚在这场战争中失败，当时政府的财政状况非常不好，民众的生活状况也因为战争受到影响。战争结束后，被解散的士兵、没有工作的劳动者及来自不同地区的外来人口造成犯罪增加，整个地区的治安状况受到威胁。因此，马克西米利安三世决定进行政治改革，希望能够通过法律的制定来改善他统治地区的行政效力及司法的状态。这时候的克莱特迈尔就利用他身为法律人的实务经验、阅读能力及对于事务的掌握能力，利用他任职于巴伐利亚内阁首相的机会，在1750—1756年编订了上述德意志18世纪三部最重要的法典。

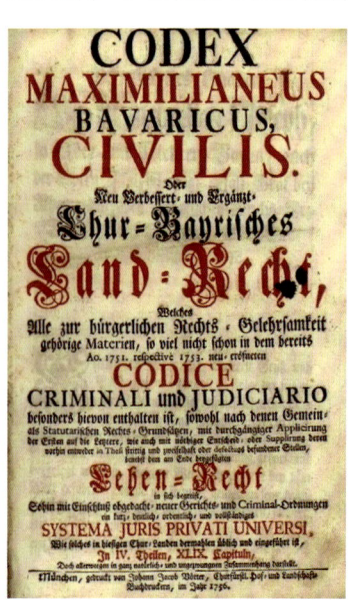

《巴伐利亚民法典》（1756）

创立纪念碑

克莱特迈尔担任巴伐利亚首相32年，效命于两位选帝侯马克西米利安三世·约瑟夫和卡尔·奥多尔。1790年10月27日，克莱特迈尔病逝。三天后，葬于他的家乡奥芬施泰滕（Ofenstetten，下巴伐利亚凯尔海姆县南部11公里的Abensberg镇下辖的一个教区）。1894年，奥芬施泰滕用他的名字来命名一条街道——克莱特迈尔大街（Kreittmayrstraße）。慕尼黑的名人堂（Ruhmeshalle）

中至今仍竖立着他的半身像。

三部法典构成了巴伐利亚的法律基础，对18世纪、19世纪的巴伐利亚以及整个德意志地区的法治进程影响重大，也奠定了克莱特迈尔在德国法制史不可撼动的地位。受国王之命、由施宛塔勒（Ludwig von Schwanthaler）设计的克莱特迈尔铜像，于1845年10月25日竖立在慕尼黑的林荫道广场（Promenadeplatz），国王路德维希一世亲自为纪念碑揭幕。纪念碑的基座正面刊有铭文"W. X. A. FREYHERR V. KREITTMAYR/CHURF. BAYER. GEH. KANZLER/GEBOREN ZU MÜNCHEN/DEN XIV. DEZ. MDCCV./GESTORBEN DEN XXVII. OCT./MDCCXC."（维古卢斯·萨韦里乌斯·阿洛伊修斯·克莱特迈尔男爵/巴伐利亚选侯国首相/生于1705年12月14日慕尼黑，逝于1790年10月27日）。背面铭文为"DEM VERFASSER/DER BAYERISCHEN GESETZBÜCHER/DAS DANKBARE VATERLAND"（巴伐利亚法典的起草者/祖国感谢你）。

该铜像在第二次世界大战中被拆除并熔化去制造弹药。而当1958年慕尼黑建市800周年之际，包括克莱特迈尔在内的五尊铜像都计划被修复、重铸。但只有克莱特迈尔铜像遭到众人反对，只能作罢，最后连残留的纪念碑石质基座也被拆除，原有的位置现在也换成了前王国首相蒙特格拉斯伯爵的铝制抽象雕塑。

"是非功过，自有后人评说"。在德意志历史发展过程中，对于克莱特迈尔的贡献呈现出两极化的评价，从一开始的正面评价到20世纪非常负面的评价，正如德

原林荫道广场上的克莱特迈尔纪念碑

国《明镜》的一篇相关评论所记述的那样。在该期刊1962年6月6日第23期有标题为"纪念碑：现实的拷问"（DENKMÄLER：Würkliche Tortur）这一评论。在这篇文章中记述慕尼黑市曾在1958年时为纪念建市800周年，特别为18世纪生于巴伐利亚并为当时的巴伐利亚创

奥芬施泰滕的水宫

水宫旁的克莱特迈尔纪念碑

订了三部重要法典的克莱特迈尔还原一尊价值约48 700马克的纪念雕像。慕尼黑的人权团体认为克莱特迈尔在1751年订立的《巴伐利亚刑法典》中还规定追索女巫、可以施行酷刑等条款。基于人权的维护，他们反对恢复这一雕像，同时对议会施压，最终取消了克莱特迈尔铜像的重铸计划。

但家乡的父老乡亲们还是不会忘记这位杰出人物的。1961年，雕塑家亚历山大·菲舍尔（Alexander Fischer）在家乡奥芬施泰滕为他创建了新纪念碑，并安置在风景秀美的水宫（Wasserschloss）旁。

1895年前的林荫道广场（散步广场，Promenadeplatz）老照片，雕像由近及远（自东向西）依次为：克莱特迈尔、迪·拉索、选帝侯伊曼纽尔、格鲁克、洛伦茨

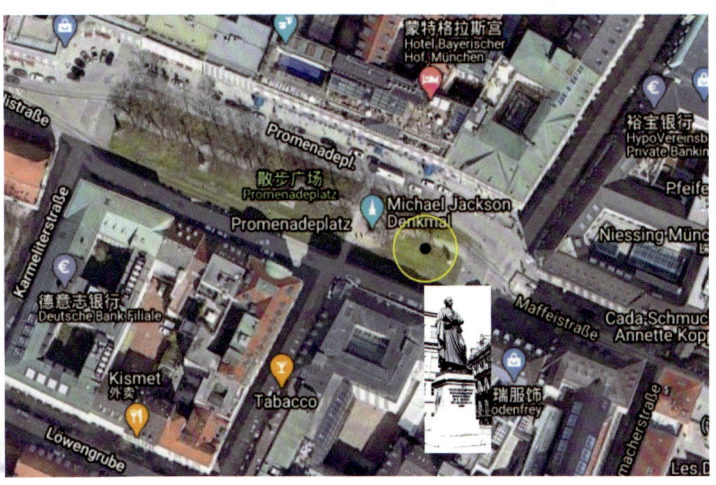

克莱特迈尔纪念碑在第二次世界大战前位于林荫道（散步广场）的最东侧
现让位于蒙特格拉斯伯爵雕像

BG50 细节

BG50 1845 克莱特迈尔男爵雕像版别：
1）边饰铭文：DREY-EINHALB GULDEN ✶✶ VII E. F. M. ✶✶
2）金质后铸币（64.8g），且边饰铭文标注"1902"年份
3）光边锡质样币；背面单面锡质试样

BG51 1845 橡树王孙

历史双泰勒（Geschichtsdoppeltaler）
正面铭文：LUDWIG I KŒNIG VON BAYERN
背面铭文：LUDWIG ERBPRINZ V. B. / GEB. 25. AUGUST / LUDWIG KŒN.
PRINZ V. B. / GEB. 7. JANUAR   1845
边饰：DREY-EINHALB GULDEN ✶✶ VII E F M ✶✶
直径：38mm   重量：37.12g   含银量：90.0%，1.0740oz
书目编号：KM#821，Dav.593，AKS108，Kahnt112

年份	铸造量	美品	极美	未流通
1845	–	250	650	3 200

1845年8月出生的路德维希二世（左）和1845年1月出生的路德维希三世（右）

1845年，对维特尔斯巴赫家族而言，可谓喜事连连。先是在1月7日柳特波德亲王诞下王子，取名路德维希，就是后来的国王路德维希三世；后有王储马克西米利安在8月25日亦诞下王子，也取名路德维希，是未来的国王路德维希二世。再加上正面的现任国王路德维希一世，这枚双泰勒集合了三位巴伐利亚国王，且都叫路德维希。该币的正面是巴伐利亚国王路德维希一世右向头像，周圈铭文"路德维希一世，巴伐利亚国王"。币的背面是人格化的巴伐利亚女神，女神身穿长袍，后搭披风，双手各持"L"字样的盾牌，正好对应图案左右两侧王子的生日和爵位。两个盾牌位置高低、前后均不同，说明两名王子身份不一样，不是平起平坐，且不用争抢，继位顺序早已定下。其中，右手盾牌被举起，寓意"太子家"的王子就是"王太孙"，将来的王储，是站在台前的角色。而女神左手的盾牌落下并放于身后，说明这仅是王孙，将来的亲王，是立在幕后作支持的人物。女神背后是一棵枝繁叶茂的橡树，树干上悬着巴伐利亚王国纹章，既象征着巴伐利亚王室子嗣绵延不绝，也象征着巴伐利亚王国国力昌盛，繁荣富强。图案周圈刊铭文"路德维希，巴伐利亚王储王子，生于8月25日／路德维希，巴伐利亚王室王子，生于1月7日"，下刊年份"1845"。图案中的巴伐利亚女神慈祥平和、圣洁而庄重；橡树枝叶更是前后、远近、高低、疏密设计得当、错落有致、层层分明，片片清晰可辨，虽繁而不敢省人工，犹是橡树局部，仍显高大茂盛之势，真是一枚不可多得的精品。沃伊特在这方寸之间，能将寓意表达得如此巧妙、雕刻得如此精妙，尽显深厚功力，不愧是币章界的大师。

1845年，维特尔斯巴赫家族喜事连连。国王路德维希一世接连得了两位王孙，当了爷爷。首先，在1月7日柳特波德亲王诞下王子，取名为路德维希；接着，在8月25日王储马克西米利安诞下一名王子，也取名为路德维希。

子嗣延续对于王室来说是至关重要的，没有子嗣就意味着要将权利和财富拱手送与他人。六十多年前，巴伐利亚选帝侯马克西米利安三世去世，由于无子嗣继承，维特尔斯巴赫家族的幼支便绝嗣，于是只能将巴伐利亚的大好江山和选帝侯等众多头衔一股脑送给家族的长支——莱茵普法尔茨。而刚刚继位的长支卡尔·泰奥多尔也无合法子嗣，所以想了各种领土交换方法换点土地留给私生子，于是招来各种反对，还引发了"马铃薯战争"，最终也没能改变局面。在1799年2月16日，泰奥多尔去世，维特尔斯巴赫家族长支的普法尔茨-苏尔茨巴赫支系也宣告终结，继位的是茨韦布吕肯公爵马克西米利安·约瑟夫——路德维希一世的父亲。

现在接连得了两位王孙，王室血脉开枝散叶，路德维希一世自然是非常高兴，庆祝之余也少不了发行一枚历史双泰勒加以纪念。

路德维希二世

"太子家"的路德维希是第二顺位继承人，是"王太孙"，地位高贵。而且还和祖父路德维希一世有相同的生日，都是8月25日，自然深受国王的喜爱，路德维希一世还做了他的教父。

在1864年3月10日父亲马克西米利安去世后，年仅18岁的路德维希宣告成为新国王，称路德维希二世。路德维希二世执政时期早已不是父辈那时的暗流涌动，而是德意志走向统一的关键时期，强国间政治和利益斗争加剧，是风波云起、明火肆虐、赤裸裸的军事对抗。即便是政治手腕老辣的老狐狸都未必能搞定，这对还沉浸在自我理想，不屑权力斗争、尔虞我诈的路德维希二世形成巨大冲击。再加上对瓦格纳戏剧的痴迷，对茜茜公主的仰慕和索菲公主感情生活的不和，以及建设新天鹅堡等城堡的巨大开销，并偏居一隅、避世不见外人的生活状态等等，都让外人觉着年轻的国王疯了。

这也许正是某些人想要的

路德维希二世

结果：1886年6月10日，巴伐利亚政府宣布路德维希二世精神失常，无法理政，由柳特波德亲王任摄政王，总揽朝政。6月13日晚，路德维希二世离奇死于湖边浅滩。

路德维希二世逝世后，由弟弟奥托顺位担任国王。可奥拓在参加普法战争后，就已经出现越来越严重的精神病症状，此时已神志不清，被拘养在深宫。所以，柳特波德亲王继续担任摄政王，直至1912年91岁高龄时逝世。

路德维希三世

摄政王柳特波德去世后，其子路德维希——也就是这枚双泰勒中的另一位王孙，继续担任摄政王。1913年11月，巴伐利亚议会修订宪法并同意提案，摄政王路德维希宣誓立宪登基，成为新国王，即路德维希三世。

第一次世界大战即将结束的1918年，慕尼黑爆发了旨在推翻巴伐利亚君主制的革命。11月7日，路德维希三世及全家逃离慕尼黑，成为德意志帝国中第一个下台的君主。1919年，路德维希三世流亡奥地利，后流亡列支敦

1868年路德维希三世结婚

士登和瑞士；于次年又重回巴伐利亚，居住在威尔登瓦尔特城堡。1921年10月18日，路德维希三世在匈牙利萨瓦尔旅游时去世，终年76岁。

1845年发行的这枚"橡树王孙"历史双泰勒无意间汇集巴伐利亚的三位国王，都叫路德维希。而且该币中橡树雕模是如此精妙，可称得上橡树雕模中的典范，也是巴伐利亚历史泰勒中最精美的一枚。1865年汉诺威也发行了一枚精美橡树图案的银币。

1865年汉诺威弗里斯兰（东弗里斯兰，Ostfrieslands）箴言纪念泰勒：
东弗里斯兰人对自由的渴望是深入骨髓的。古老的弗里斯兰部族每年派出代表聚集在乌普斯塔布姆（Upstalsboom）召开部落大会。当首领喊出古老箴言"EALA FRYA FRESENA!"（起来吧！自由的弗里斯兰人）时，众人就会回应"LEVER DOOD AS SLAAV!"（宁死不为奴）。该泰勒中的古骑士全身盔甲、手持利剑和长矛，守护在一棵橡树之下，橡树之上是"EALA FRYA FRESENA"箴言，寓意只有在战斗中才能得到自由、繁荣和富足！

BG51 细节

~~~~~~~~~~~~~~~~~~~~~~~~~~~~~~

BG51 1845 橡树王孙版别：
1）边饰铭文：DREY-EINHALB GULDEN ✶✶ VII E. F. M. ✶✶
2）边饰铭文：DREY-EINHALBULDEN ✶✶ VII E. F. M. ✶✶
3）边饰铭文标"1902"的金质后铸币（65g）；背面单面锡质试样

BG52 1846 路德维希运河

历史双泰勒（Geschichtsdoppeltaler）
正面铭文：LUDWIG I KŒNIG VON BAYERN
背面铭文：LUDWIGSCANAL / 1846
边饰：DREY-EINHALB GULDEN ✶✶ VII E F M ✶✶
直径：38mm　重量：37.12g　含银量：90.0%，1.0740oz
书目编号：KM#822，Dav.595，AKS109，Kahnt113

年份	铸造量	美品	极美	未流通
1846	–	260	900	2 400

路德维希运河

沟通多瑙河和美因河的路德维希运河在 1846 年 7 月 15 日正式向公众开放。为了纪念这一历史时刻，路德维希一世敕令发行"路德维希运河"历史双泰勒一枚。币的正面是巴伐利亚国王路德维希一世右向头像，周圈铭文"路德维希一世，巴伐利亚国王"。币的背面是该币的主题图案，虽然是路德维希运河的开通，但主图却是正在握手的女性和男性。仔细看这两人非同一般，身穿纱袍，头戴花环，各持一桨，四目相对，两只手握在一起，身下各一水缸，水缓缓流出交融一处，灌溉农田。很显然是用神话中的河神代表多瑙河和美因河，握手代表路德维希运河将两条河连接在一起。禾苗代表农、工、商各界从中受益。可以看出雕模师对该币的主题设计是非常用心的。图案上部刊铭文"路德维希运河"，下标时间"1846"。

路德维希运河（Ludwigskanal）也称为路德维希－多瑙－美因运河，是一条以巴伐利亚国王路德维希一世的名字来命名的运河。它修建于 1836—1846 年，从多瑙河畔的凯尔海姆延伸到美因河岸的班贝格。受当时技术限制，路德维希运河无法达到最初的设计期望，且受铁路运输的强大挑战，早已停止使用。

早在 793 年，卡尔大帝（Kaiser Karl，或称查理大帝、查理曼大帝）就设想在莱茵河支流美因河和多瑙河支流阿尔特米尔河之间建造一条运河，进而将莱茵河和多瑙河这两条欧洲大河联结起来，构成横贯欧洲大陆的水上交通大动脉，贯通北海和黑海。卡尔大帝也曾组织人力，在分水岭上开挖运河，但由于庞大的工作量、缺乏成熟的配套技术，以及巨大的财力消耗，不久让他清醒过来，在开凿一小段后果断停止挖掘，

运河修建的发起者——卡尔大帝

运河修建的首席营造官——佩克曼

把这丰功伟绩交给后人，自己作个开创者也不错。

在一千多年后，雄心勃勃的路德维希登基成为巴伐利亚的新国王。打通运河自然是路德维希一世最感兴趣重大项目之一。继位不久，他便委派海因里希·腓特烈·冯·佩克曼（Heinrich Freiherr von Pechmann）担任首席营造官设计并筹划新的运河。经过几年实地勘察和反复研究，佩克曼在1830年提出了新的运河开凿路线，即凯尔海姆至班贝格线，中间穿越迪特伏特（Dietfurt）、贝尔格里斯（Beilngries）、伯兴（Berching）、纽马克特（Neumarkt）、伯坦（Burgthann）、纽伦堡（Nuremberg）、埃尔朗根（Erlangen）。

1834年，路德维希一世通过了《关于修建连接多瑙河与美因河的运河的法律》。1835年，巴伐利亚成立了一家运河修建股份公司，并且王国出资四分之一作大股东进行融资，以确保有足够财力维持运河工程的巨大消耗。

1836年7月，万事俱备，运河开凿工程正式动工，最初制定了六年的工程修建计划。到1839年底，土方工程基本完成，剩下大型的水坝、船闸需要更长时间施工。

据当时报道，在1840年底，已有90座船闸完工，整条运河的航道都分派了船闸司机，河岸两侧种有果树，几座运河花园都已接近完工。

同时，路德维希一世在修建运河时特别注意美学设计。比如，他主张以古罗马风格来建造桥梁，"只要不妨碍船只通行，则应建造半圆形拱门的桥梁，就像罗马人建造的那些，也不要加上那些没有古代历史依据的各式铁栏杆"。

最早完工的班贝格至纽伦堡段还从1843年5月起进行了试运

路德维希运河版画之一（Alexander Marx 作）

路德维希运河版画之二（Alexander Marx 作）

营。1845年8月纽伦堡至凯尔海姆段竣工，整条运河基本完工。1846年7月，经过十年的建设，运河正式向公众开放使用。

该运河工程最初雇佣3 000人，后增加到9 000人。最终的成本总额约为1 750万古尔登，是最初成本估算的两倍。

但受当时技术条件限制，路德维希运河狭小、水浅，船闸宽度还不到5米，较大的驳船无法通行，在枯水季节，运河还要长时间关闭。因而它无法与新兴的铁路交通运输竞争，自建成后就未发挥其最大作用，终被弃置。

路德维希运河上的罗马半圆拱门型桥梁

尽管如此，它仍是19世纪上半叶的一项伟大工程成就。

七十多年后，巴伐利亚政府主持成立公司负责建设更大的新的美因－多瑙运河，于1921年动工。但受第二次世界大战影响，工程被迫停顿。战后，莱茵－美因－多瑙股份有限公司（简称RMD）重新启动这一宏大的工程，经费主要来源于联邦政府和巴伐利亚州提供的无息贷款。然而，由于这项工程浩大，费用高昂，对环境影响也较大，自20世纪70年代开始，反对这一工程的呼声日益高涨。环保界人士的意见尤为激烈，他们认为运河工程破坏了德国南部山区脆弱的自然生态系统，使许多野生物种的生存受到威胁，有些还会濒临灭绝，运河的通航还会给这一片未被开发的自然保护区造成污染；旅游业人士认为，工程破坏了阿尔特米尔自然公园美丽的自然景观；经济界人士对这一工程的经济效益也有争议。有经济学家认为，从黑海到北海的交通运输可以利用地中海和大西洋航道，不必花费巨额资金建设横贯欧洲大陆的内河航道。有一位内阁部长甚至说，这是"自巴比伦人建造通天塔以来最愚蠢的工程"。在强大的反对浪潮压力下，联邦政府于1982年宣布撤销对工程的支持，运河的建设又一次陷入停顿。

科尔政府上台之后，工程才又得以继续，但社会上对这一工程的反对之声仍不绝于耳。1992年，这项世纪性的宏伟工程——莱茵-美因-多瑙运河终于建成通航。

运河北起美因河畔的班贝格，南至多瑙河边的凯尔海姆，全长171公里。运河跨越美因河和多瑙河之间的分水岭，河面最高点高程406米。从分水脊到班贝格河段长107公里，建有11个梯级，总水头约178米；从分水脊到凯尔海姆河段长64公里，有5个梯级，总水头约66米。这条运河的建成，标志着欧洲人千百年来的梦想终成现实：一个沟通北海、波罗的海、大西洋比斯开湾、地中海和黑海的四通八达的欧洲内河航道网最终得以形成。德国南部著名的内陆山区城市纽伦堡一跃而成为一个内河大港。连荷兰人都为运河的开通而欣喜若狂。因为英法海峡隧道建成通车，分流了荷兰鹿特丹港部分货源，使该港的地位受到挑战。现在莱茵-美因-多瑙运河的建成，使鹿特丹港的航运腹地，一下扩大到奥地利、捷克、斯洛伐克、匈牙利、克罗地亚、南斯拉夫、保加利亚、罗马尼亚和摩尔多瓦诸国。

国王路德维希一世为庆祝运河开通在埃尔朗根（Erlanger）树立了一座纪念碑。1846年7月15日，在运河开放的当天举办了纪念碑揭幕仪式，纪念碑由利奥·冯·克伦泽（Leo von Klenze）设计，顶上的四尊人物雕像出自路德维希·施宛塔勒（Ludwig Schwanthaler）之手。纪念碑中央刊铭文"DONAU UND MAIN, FÜR DIE SCHIFF-FAHRT VERBUNDEN, EIN WERK VON CARL DEM GROSSEN VERSUCHT, DURCH LUDWIG I KOENIG VON BAYERN, NEU BEGONNEN UND VOLLENDET MDCCCXLVI"，即"多瑙河与美因河间的航运连接，卡尔大帝尝试的伟大事业，经巴伐利亚国王路德维希一世重启并完成，1846"。运河纪念碑上牵手的女性和男性坐像象征着美因河和多瑙河的结合。

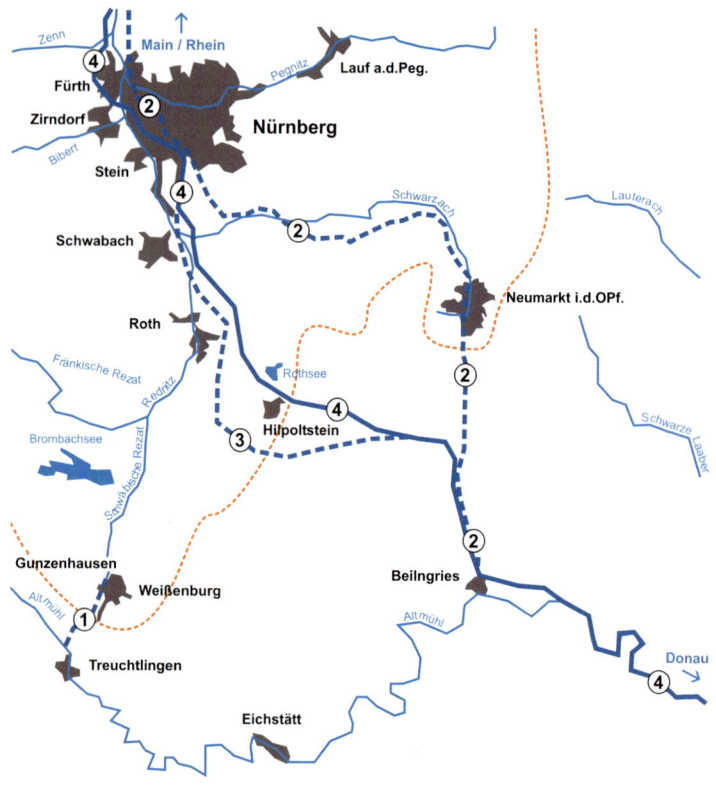

史上的四次莱茵－美因－多瑙运河修建：
① 段为 799 年卡洛琳王朝修建
② 段为 1836—1846 年修建的路德维希运河
③ 段为 1939—1942 年新选线的美因－多瑙运河
④ 段为 1960—1992 年完工的美因－多瑙运河
（黄色虚线为欧洲分水岭）

路德维希运河上的班贝格船闸——路德维希运河开通纪念章

BG52 细节：币的主图是正握手的女性和男性，分别代表多瑙河和美因河，男性的装束和相貌是典型的希腊神话中河神的形象。两位河神身穿纱袍，头戴花环，各持一桨，四目相对，两只手握在一起。身下各一水缸，其中水缓缓流出交融一处，灌溉农田，禾苗代表农、工、商各界从运河中受益

~~~~~~~~~~~~~~~~~~~~~~~~~~~~~~~~

BG52 1846 路德维希运河版别：

1）边铭铭文：DREY-EINHALB GULDEN ✶✶ VII E. F. M. ✶✶
2）边铭铭文：DREY-EINHALBULDEN ✶✶ VII E. F. M. ✶✶
3）金质后铸币（65g），边饰铭文标注"1902"年份
4）锡质无边铭样币
5）背面单面锡质试样

BG53 1847 尤利乌斯主教雕像

历史双泰勒（Geschichtsdoppeltaler）
正面铭文：LUDWIG I KŒNIG VON BAYERN
背面铭文：STANDBILD DES FÜRSTBISCHOF'S JULIUS ECHTER V. MESPELBRUNN / ERRICHTET ZU WÜRZBURG 1847
边饰：DREY-EINHALB GULDEN ✶✶ VII E F M ✶✶
直径：38mm　重量：37.12g　含银量：90.0%，1.0740oz
书目编号：KM#823，Dav.596，AKS110，Kahnt114

年份	铸造量	美品	极美	未流通
1847	–	340	900	2 600

采邑主教尤利乌斯

1845年是维尔茨堡历史上著名的采邑主教尤利乌斯诞辰300周年。两年后,为之庆祝的尤利乌斯铜铸立像也在维尔茨堡尤利乌斯医院旁落成。路德维希一世将铜像捐给国家、并敕令慕尼黑造币厂发行一枚双泰勒加以纪念。该双泰勒的正面是巴伐利亚国王路德维希右向头像,周圈铭文"路德维希一世,巴伐利亚国王"。该币的背面则是采邑主教尤利乌斯的立像,其上的尤利乌斯一袭典礼正装打扮:头戴主教高冠,胸配十字架,内着及足长衫,过膝长披肩,外罩长袍,其上花纹、绣饰更是精致复杂,丝毫不输帝王之加冕华服。主教左手持牧羊人权杖,右手举起作"三位一体"手势表示祝福。币面上的雕像不过3.2厘米,除去基座,人物仅长2.4厘米。而就在这微小的方寸之间,雕模师却挥洒自如,像画家一样把主教生动刻画出来,尤其是衣袍上繁杂的花饰、主教冠和浓重胡须下的清晰面庞……可谓巧夺天工的金属艺术珍品。雕像外有周圈铭文"采邑主教尤利乌斯·艾希特·冯·梅斯珀尔布伦立像/1847年立于维尔茨堡"。

维尔茨堡

说到采邑主教尤利乌斯,就不能不提一下其执掌的维尔茨堡和维尔茨堡大学。

维尔茨堡(Würzburg)是位于德国巴伐利亚州美因河畔的无属县城市,也是下弗兰肯行政区政府以及维尔茨堡县政府(Landratsamt Würzburg)的所在地。

维尔茨堡中的"堡"(burg),其最初含义就是依山而建的城堡,也就是后来城市的雏形。凯尔特

1586年41岁时的尤利乌斯

人紧临美因河与维尔茨山在此修建要塞、城堡，并世代以捕鱼为生。公元 6 世纪被纳入法兰克人管辖区，就此成了法兰克（弗兰肯）公爵的世袭领地。从 8 世纪初开始，维尔茨堡人大量修建教堂，并于 742 年推举布卡德（Saint Burkhard）为第一任地区主教。于是这里成了莱茵河右岸地区的宗教中心。1030 年 10 月 13 日，神圣罗马帝国皇帝康拉德二世（Konrad Ⅱ）宣布成为该城的主教，并获得税收、铸币权和司法的自主权。到了德国中世纪的霍亨斯陶芬王朝，维尔茨堡再次繁荣昌盛。1573 年，尤利乌斯·艾希特当选维尔茨堡大主教，他的上任标志着维尔茨堡进入了一个新时代，并开创了一种"尤利乌斯流派"的建筑风格。1803 年，随着拿破仑战争的进行及其教产世俗化，结束了主教对维尔茨堡的统治权，换成巴伐利亚选侯国统治该城。但仅过了两年，在拿破仑授意下，选帝侯马克西米安四世又把维尔茨堡割让给了托斯卡纳大公斐迪南三世（Grand Duke of Tuscany），划归哈布斯堡管辖。并于 1806 年 9 月 30 日以维尔茨堡大公国加入莱茵邦联。1814 年，巴伐利亚军队作为反法联军卷土重来。根据六月间奥地利和巴伐利亚间条约，巴伐利亚王国再次收复失地，成为维尔茨堡的主人，并一直延续至今。1821 年，王国恢复维尔茨堡教区和教职，但未赋予世俗权力。

在城市布局上，维尔茨堡和德国的海德堡、捷克的布拉格很像，都以一条河为界将城市一分为二。河西岸的玛利亚山（Marienberg）有昔日王宫贵族的城堡宫殿——玛利亚要塞（Festung Marienberg），现在已成为讲述历史的博物馆。河东岸一侧则是地势较平坦的老城（Altstadt），著名的维尔茨堡宫（或称大主教宫、王宫，Würzburg Residenz）和维尔茨堡大学就位于此处。

连接东西两岸的纽带，自然就是"老桥"。维尔茨堡的美因河老桥（Alte Mainbrücke）长度 180 多米，跨越美因河，修建于 1473—1543 年，原为老罗马桥。这座老桥最有特色的一点就是桥上两侧共有 12 尊圣徒雕像。南面 6 尊修建于 1729 年，北面的 6 尊修建于 1730 年。老桥不仅是个旅游景点，也是周末集市的所在地。

作家赫尔曼·黑森（Hermann

维尔茨堡宫——Würzburg Residenz

Hesse）曾说过："如果我能够选择自己的出生地，我将会考虑维尔茨堡。"作为古老的主教城，维尔茨堡是一座兼具南德的优雅与弗兰肯式亲切的巴洛克城市。几个世纪以来，常驻于此的采邑主教拥有极大的权势和巨额财富。这个城市在历任主教的统治下逐渐变得富裕起来。其至高无上的荣誉杰作就是城里的维尔茨堡宫，这座宫殿是德国最卓越的巴洛克式建筑之一，入选联合国教科文组织世界文化遗产名录。维尔茨堡宫由18世纪建筑师巴尔塔扎·诺伊曼（Balthasar Neumann）设计建造，是当时采邑主教约翰·菲利普·弗朗茨·冯·勋伯恩（Johann Philipp Franz von Schönborn）的府邸。当初约翰主教对位于玛利亚要塞的宅邸很不满意，1720年出资在美因河对岸的老城兴建宫殿建筑，历时60年才最终修建完成。现在，不同时代的建筑艺术杰作已给这座城市的风貌烙下了多姿多彩的印记。艺术、文化和弗兰肯葡萄酒成为维尔茨堡生活的一部分，并创造出一种满足全方位感官体验的城市氛围。圣基里安大教堂（Dom St. Kilian）两座威风凛凛的塔楼，在很远的地方便为我们指引着这座城市的方向，它以105米的总长度成为德国第四大罗马式教堂。规模宏大的维尔茨堡宫、宫廷花园（Hofgarten）、主教府邸广场（Residenzplatz），以及玛利亚要塞等作为维尔茨堡的地标性建筑而美名远播。

如果认为众多的老建筑和教堂让维尔茨堡充斥着过时的古董味，那你就错了。因为建校600多年的维尔茨堡大学早已和这座城市融为一体，给后者注入了充分的活动。

维尔茨堡大学的校徽，其中右侧为大学重建人采邑主教尤利乌斯，下有其纹章

维尔茨堡大学

维尔茨堡大学（Julius-Maximilians-Universität Würzburg），即"尤利乌斯-马克西米利安-维尔茨堡大学"是位于德国南部维尔茨堡市的一所公立大学，成立于1402年12月10日，是当时德意志继海德堡大学、科隆大学、埃尔福特大学之后建立的第四所大学，同时也是巴伐利亚州历史最悠久的大学。

维尔茨堡大学与享誉世界的海德堡大学、慕尼黑大学、柏林自由大学、哥廷根大学等15所最具影响力的德国高校，一起组成了德国U15大学联盟。另外，维尔茨堡大学与英国的爱丁堡大学、瑞士的日内瓦大学等同为素有欧洲常春藤联盟之称的科英布拉集团（Coimbra Group）的创始会员。

世界首位物理学诺贝尔奖得主伦琴在维尔茨堡大学的物理研究所发现了X射线。此后，一共有14名诺贝尔物理学、医学奖以及化学奖获奖者从维尔茨堡大学走向了世界。截至2017年，其诺

维尔茨堡大学第一座教学楼——狮子楼 Großen Löwen

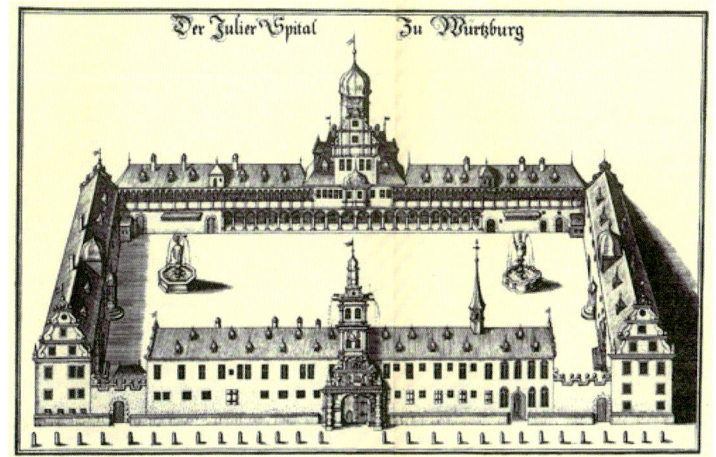

17—18 世纪的尤利乌斯医院

贝尔奖总数排世界第 30 名。

17 世纪时维尔茨堡的耶稣会修士纪理安（Kilian Stumpf）完成了在维尔茨堡大学的哲学、伦理学和宗教法的学习后，来到中国。成为汤若望的继任者，时任清廷钦天监总管。

维尔茨堡大学创立和重建

维尔茨堡大学的全称是尤利乌斯－马克西米利安－维尔茨堡大学，其中的"尤利乌斯"是为了纪念重建大学的维尔茨堡采邑主教——尤利乌斯·艾希特·冯·梅斯珀尔布伦（Julius Echter von Mespelbrunn），也就是本文的主人公；而"马克西米利安"则是指巴伐利亚第一任国王马克西米利安一世，在 1806 年才被大学加以冠名，以致敬新任国王和其推行的世俗化改革。

1402 年，维尔茨堡大学在罗马教皇皮耶罗九世（Piero Tomacelli）的授权下得以建立。当时维尔茨堡市内的"纽明斯特主教堂"（Dechanteihof of Neumünster）、"Großen Löwen"和"Katzenwicker"等设施都被用来作为大学创立之初的教学楼。

1410 年，采邑主教约翰·冯·埃格洛夫施泰因授予大学自主管辖权。1413 年，校长约翰·赞特福特（Johann Zantfurt）被他的助理刺杀。1415 年由于缺乏资金，大学开始衰落。

1573年，尤利乌斯·艾希特·冯·梅斯珀尔布伦当选为维尔茨堡的新采邑主教，并立即着手重建维尔茨堡大学的高等教育。1575—1576年，神圣罗马帝国皇帝马克西米利安二世和教皇格里高利十三世（Gregory XIII）先后授权重开大学。1582年1月2日至4日，在采邑主教尤利乌斯的主持下维尔茨堡大学隆重地重新开幕，并重新授予大学自治管理权。随后任命了神学院、哲学院、医学院和法学院的院长，这些都为大学及附属大学教堂的发展奠定了坚实的基础。

1591年，拥有神学院、哲学院、法学院和祝圣过的大学教堂的维尔茨堡大学（现在被称为"老大学"）正式竣工，而维大医学院则设立在尤利乌斯医院（Juliusspital）内。

在"三十年战争"期间，瑞典人征服维尔茨堡，大学活动被

维尔茨堡尤利乌斯主教泰勒和纪念银章

迫中断五年。图书馆收藏的部分珍贵资料被劫掠、带到了瑞典的乌普萨拉。

第二次世界大战中,这所大学随整个城市受到大规模轰炸,几乎完全被摧毁。但大学很快便从战争的阴霾中恢复过来。重建后,该大学于20世纪60年代在胡伯兰校区(Hubland Campus)进行了扩建。现在,又在胡伯兰校区的北侧新建了北校区(Hubland Nord),占地39公顷。

经过几百年的发展,维尔茨堡大学的校区已经遍布整座城市,也逐渐形成了位于格隆布尔(Grombühl)的医学院校区、位于达伦贝格(Dallenberg)的植物系以及位于胡伯兰的胡伯兰校区和胡伯兰北校区等多个校区。维尔茨堡大学的历史悠久,因此大学的许多建筑都属于历史遗迹。其中,维尔茨堡宫的一部分仍被维尔茨堡大学用作教学楼。人文科学、法律和经济、生命科学、自然科学与技术是维尔茨堡大学最具优势的四大学科。在近几年的德国精英大学的评选中,维尔茨堡大学生命科学研究院(Graduate School for Life Sciences)被选为精英项目,也是维尔茨堡大学唯一入选的项目。

尤利乌斯的出生地——梅斯珀尔布伦水宫(Schloss Mespelbrunn)

采邑主教尤利乌斯

尤利乌斯·艾希特·冯·梅斯珀尔布伦（1545—1617），生于下弗兰肯施佩萨特（Spessart）的梅斯珀尔布伦城堡（Mespelbrunn Castle）的贵族家庭。1573年开始担任维尔茨堡采邑主教（德Fürstbischof，英Prince bishop）。尤利乌斯的父亲是皮特三世·冯·梅斯珀尔布伦（Peter Ⅲ. Echter von Mespelbrunn），担任美因茨选侯国的议员（kurmainzischer Rat）、施塔特普罗策尔滕（Stadtprozelten）和迪堡（Dieburg）的执达官（Amtmann）。由于父亲在美因茨选侯国和整个帝国宗教界中深厚的背景，以及家族中宗教氛围的熏陶，尤利乌斯得以在宗教事业上德贤兼备，顺风顺水，高歌猛进。

尤利乌斯先后在美因茨（Mainz）、鲁文（Leuven）、杜艾（Douai）、巴黎（Paris）、安格斯（Angers）、帕维亚（Pavia）和罗马（Rome）接受教育。在罗马，他成了教律和民法方面的教士。20岁时，做了教堂总铎。1567年，他来到维尔茨堡担任咏礼司铎一职。1573年，28岁时被任命为维尔茨堡采邑主教。

为加强统治、彻底恢复天主教在维尔茨堡的领导权威，在他执政的第一个十年里，尤利乌斯几次尝试将福尔达修道院（Abbey of Fulda）合并到自己的主教团，但没有成功，反倒引起了巨大的混乱。这迫使尤利乌斯戒急戒躁、稳扎稳打，继续加强宗教控制和政权控制。1582年尤利乌斯恢复了维尔茨堡大学，部分原因就是培养自己的亲信、树立反宗教改

尤利乌斯纪念碑铜像

革的榜样。在主教的培植下，大学也确实得到了迅速发展，其神学院也输送给教士和官员们大量反宗教改革的论据和反驳方法。尤利乌斯驱逐了其领地内所有的路德教派的教士，并且开除了所有不愿遵从他规定的神父。在他的教会政府内，所有的公职人员必须是虔诚的天主教徒，只有天主教修士才能被任命为官员。对于非天主教教徒，他少不了采取"胡萝卜加大棒"的政策，如果不归依就要受到惩罚，甚至遭到流放。这样三年内，有10万人就皈依了天主教。

1617年9月9日，尤利乌斯在他重建的玛利亚要塞中去世。

尤利乌斯·艾希特啤酒
Julius Echter Hefe-Weissbier

尤利乌斯打破了主教心脏埋葬在埃布拉奇修道院（Ebrach Abbey）的传统，他的身体埋葬在维尔茨堡大教堂，心脏埋葬在他建造的新教堂（Neubaukirche，当地的一座教堂）中。第二次世界大战中，新教堂被摧毁后，心脏不得不暂时转移，后又被带回重建的文艺复兴教堂（Renaissance，当地的一座教堂名称）。1982年，为了纪念维尔茨堡大学重建400周年，在教堂原址（现在变成大学的大厅）放置了一个重达2吨的尤利乌斯心脏纪念碑。

相较于其他残酷的采邑主教而言，尤利乌斯算是比较温和的，在巴伐利亚的口碑应该还是不错的，连一种小麦啤酒都以主教姓名来命名。尤利乌斯还是一个优秀的管理者。他通过娴熟的行政管理改善了当时维尔茨堡的经济状况、减轻了税收、改善了司法行政。维尔茨堡大学和尤利乌斯医院（Juliusspital）都是在他执掌维尔茨堡期间重建的。另外他还主持营建和翻新了300多座教堂和校舍，而这些都离不开金钱的支撑，这也足以证明了他是当时最能干的统治者之一。这些功绩在他诞辰300周年时，为他赢得了一座纪念碑和一枚历史双泰勒。

城西的美因河老桥（Alte Mainbrücke）

时任巴伐利亚国王的路德维希一世在与音乐大师理查德·瓦格纳的通信中讨论了采邑主教尤利乌斯，并自掏腰包"明年在尤利乌斯医院附近的大街上建造一座尤利乌斯主教立像"。1847年，尤利乌斯纪念碑落成，造价17 890古尔登。

纪念碑基座前面的铭文：
"IULIUS ECHTER
VON MESPELBRUNN
FÜRSTBISCHOF
VON WÜRZBURG"，

（尤利乌斯·艾希特·冯·梅斯珀尔布伦，维尔茨堡采邑主教）。

纪念碑基座背面的铭文：
"ERRICHTET
VON LUDWIG I
KOENIG VON BAYERN
HERZOG VON FRANKEN
MCCCCXLVII"，

（由巴伐利亚国王、弗兰肯公爵路德维希一世1847年立）。

1865年，路德维希一世将该纪念碑连同作家让·保罗纪念碑（Jean Paul，见BG45）一并捐给王国所有。在给国务大臣的信中，路德维希写道：国务大臣普弗费尔（Pfeufer）先生，我用私人资金建造了两座雕像，一、1841年建在拜罗伊特的让·保罗·腓特烈·里希特雕像；二、1847年建在维尔茨堡的采邑主教尤利乌斯·艾希特·冯·梅斯珀尔布伦的雕像。现在将它们都划归为国有财产，1865年5月28日。

BG53 细节

~~~~~~~~~~~~~~~~~~~~~~~~~~~~~~~~~~

BG53 1847 尤利乌斯主教雕像版别：

1）背面单面锡质试样 BG53.TS1

2）金质后铸币（64.7g），边饰铭文标注"1902"年份

3）边饰铭文：DREY-EINHALB GULDEN ✶✶ VII E. F. M. ✶✶

4）边饰铭文：DREY-EINHALBULDEN ✶✶ VII E. F. M. ✶✶

5）边饰铭文：DREY-EINHALBULDEN ✶ VII E. F. M. ✶

版别1）背面单面锡质试样 BG53.TS1

BG54 1848 退位让贤

历史双泰勒（Geschichtsdoppeltaler）
正面铭文：LUDWIG I KŒNIG VON BAYERN
背面铭文：LUDWIG I GIEBT DIE KRONE AN SEINEN SOHN
　　　　　MAXIMILIAN / AM 20 MÆRZ 1848
边饰：DREY-EINHALB GULDEN ✶✶ VII E F M ✶✶
直径：38mm　重量：37.12g　含银量：90.0%，1.0740oz
书目编号：KM#829，Dav.597，AKS111，Kahnt115

年份	铸造量	美品	极美	未流通
1848	–	1 200	2 600	4 300

绯闻的女主角，路德维希一世的情人——劳拉·蒙特斯

1848年，由法国人民推翻王权的革命所引发的革命浪潮席卷了整个欧洲。政策日趋保守的路德维希一世更无法避免革命的冲击，主动让位给自己的儿子来缓解斗争。这是个不错的主意：在轰轰烈烈的革命中既不丢颜面地向人民妥协，又可以将王位禅让于儿子、自己舒舒服服地做个退休老国王。有始有终，继位时发行过历史泰勒的路德维希一世当然要为"禅位"这一重大时刻发行一枚历史泰勒。币的正面是巴伐利亚国王路德维希一世头像，周圈铭文"路德维希一世，巴伐利亚国王"。币的背面是身披蟒袍、胸佩十字架的父亲路德维希一世与儿子马克西米利安二世。父亲是长打扮，显得沉稳庄重，双手捧着象征王位的王冠，可见王冠在其心中的沉重分量，似无奈之举；儿子则一身短打扮，腰佩宝剑，显得悠然自得，腰板直挺，两手一前一后去接王冠，可谓得来全不费功夫。该币场景刻画清晰明了，两位人物雍容华贵，皮质蟒袍、繁花镶边、褶皱亦真，可谓铸造精美，是不可多得的精品。周圈铭文"路德维希一世让位于其子马克西米利安"，下刊让位时间"1848年3月20日"。

1848年革命有着深刻的历史背景，路德维希一世的让位就是民众对其反动政策不满和矛盾日益积累的结果，是欧洲一系列反王权、争取自由的资产阶级革命的胜利成果。路德维希一世和其情人劳拉·蒙特斯（Lola Montez）的绯闻成为民众反抗的导火索，民众将积累的怨气一股脑地发泄出来，最终逼迫路德维希一世退位让贤。

崇尚古典艺术的路德维希一世是一个开明的艺术、科学赞助者。他看重自然科学的发展，将路德维希-马克西米利安大学搬迁到了首都慕尼黑，并慷慨地将王宫的一部分借给大学使用。在执政之初，路德维希一世政治倾向较为宽松，继续保持着父亲模范立宪君主的形象。他践行自由主义和改革精神，他营建宏伟的艺术雕像和建筑，将慕尼黑打造成"伊萨尔河畔的雅典"。1830年法国爆发七月革命，在没有经过什么抵抗的情况下，革命取得了成功，查理十世被迫逊位，流亡英国。同为国王的路德维希一世被革命深深触动，对民众和自由主义者产生强烈的不信任感。其后他的政治倾向便日益反动，议会对其建筑和艺术品的大规模投资的反对更加强了这一倾向。普法尔茨人民与巴伐利亚当局的矛盾日益加深,于1832年在普法尔茨爆发了汉巴赫节起义。1837年,随着卡尔·冯·阿贝尔(1788—1859)被任命为首相,教宗至上主义者们开始掌权。天主教会现在也占了上风,他们修订或删除了宪法中的自由主义条款,新教徒遭到压迫被驱逐出境,出版检查委员会加强了书刊、信件的审查机制,并禁止对国内政治进行自由的讨论,许多被认定为反动的学生、记者和大学教授都遭到了逮捕。尽管民主思潮在德国其他地方蓬勃发展,但巴伐利亚却变得越来越不自由。

在革命的暴风骤雨来临前的1846年,生性风流(反对派常以宁芬堡宫中36幅美女画像为由)的路德维希一世遇到了影响其命运的女人——劳拉·蒙特斯。劳拉·蒙特斯的原名为伊丽莎·罗赞娜·吉尔伯特(Eliza Rosanna Gilbert,1821—1861),爱尔兰舞者、演员、名媛,巴伐利亚国王路德维希一世的情人,擅长西班牙舞蹈。劳拉曾获得兰茨菲尔德(Landsfeld)伯爵夫人的封号。

劳拉出生在爱尔兰,母亲是一名年仅13岁的克里奥尔歌女,父亲是一名年轻的英国军官,但她后来有时却声称自己的父亲是诗人拜伦或是一名斗牛士,随身处环境、心情而定。其生父在印度因霍乱而死、母亲改嫁

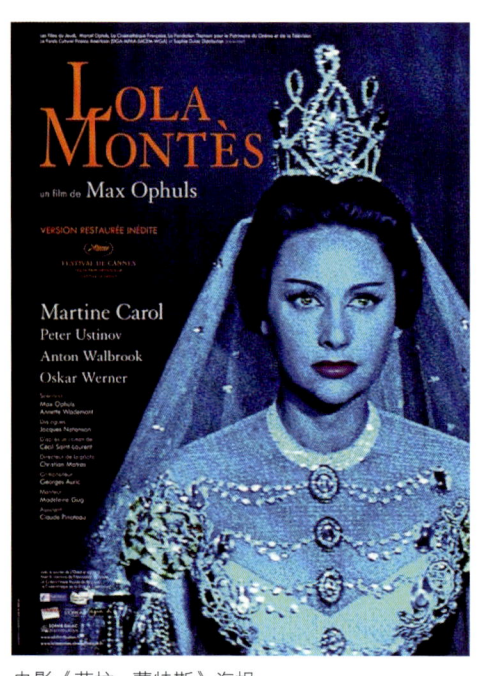

电影《劳拉·蒙特斯》海报

对路德维希一世和劳拉·蒙特斯的讽刺漫画

之后，7岁的劳拉被送往苏格兰，后至巴黎求学。在放弃学业之后，尝试靠演戏为生未果，结果摇身一变，成了一位西班牙舞者，从此化名"劳拉·蒙特斯"。

无论劳拉是否受过专业舞者训练，她总能令男人拜倒在她的石榴裙下。据说，劳拉无论走到哪里都带一支马鞭用来调教她的男人，而有些男人就喜欢跪在他面前挨鞭子。有一次，一个男人在她的调教中表现不佳，她竟然一怒之下朝他放枪，而男人连裤子都来不及提赶紧逃命。

劳拉结识的名流可不少：俄国沙皇为了一次"私人会务"付给她1 000卢布；文学巨匠大仲马（Alexandre Dumas），以及作曲家弗朗茨·李斯特（Franz Liszt）等都是她的崇拜者。最后

影片中的劳拉割破衣服让路德维希一世验明真身

李斯特厌倦了劳拉捉摸不定、沾火就着的脾气，趁她睡着逃出酒店，并给酒店老板留下一笔钱当作劳拉醒来撒气打砸家具的赔偿金。

1955年，一部由马科斯·奥菲尔斯（Max Ophuls）导演，玛蒂妮·卡洛（Martine Carol）主演的电影《劳拉·蒙特斯》（又名：倾国倾城欲海花 / 马戏团尤物）就是根据劳拉·蒙特斯的经历改编而成。影片的中文简介如下："劳拉·蒙特斯是19世纪欧洲贵族的宠妓，最终只能在马戏团里兜售自己的艳史为生，这似乎是她为放纵付出的代价。这是导演奥菲尔的最后一部电影，影片以此作为框架，用闪回拼贴的方式表现劳拉巡回欧洲各国的表演及回忆，尤其她与作曲家李斯特以及巴伐利亚国王路德维希一世之间的关系。"

1846年，不甘于平淡寂寞的劳拉来到了慕尼黑。为了结识国王路德维希一世，大胆的劳拉佯装马匹受惊，骑马穿过游行队伍，冲到国王观礼台。随后，国王路德维希一世扣押劳拉并派人调查劳拉背景。调查报告中提到劳拉并没有受过专业舞蹈训练、不具备舞蹈演出的资格，甚至连她的好身材是真是假都受到了质疑。但令国王路德维希一世吃惊的是，劳拉当下割破衣服给国王验明真身。"家花不如野花香"，看腻了千篇一律、举止高雅的贵妇们的路德维希一世顿时被行为大胆、桀骜不驯的劳拉深深吸引。和劳拉的情人关系极大地损伤了路德维希一世的声望。劳拉粗鲁的举止和火爆的脾气，令慕尼黑市民非常反感，再加上她对国王施政的影响，更加深了民众对路德维希一世的不满情绪。在他们相识的一年里，劳拉显示出了巨大的政治影响力，性格随意的她崇尚自由主义，反对保守主义和天主教会，成为首相阿贝尔的敌人。当希望能给予情人一个巴伐

推翻"劳拉内阁"的传单

利亚国民身份并提升为贵族时，国王遭到首相阿贝尔和神职人员的一致反对。1847年2月17日，首相阿贝尔在其出版的备忘录中公开提及此事以示反对。尽管遭到反对，路德维希一世仍然决定在1847年8月25日——他的生日当天加封劳拉为兰茨菲尔德（Landsfeld）伯爵夫人封号，并许诺她一笔丰厚的年薪和一座华丽的宫殿。劳拉继续对国王吹枕边风，国王震怒之下竟然把首相阿贝尔解职，任命新教徒格奥尔格·路德维希·冯·毛勒为新首相。随后这位尊贵的夫人开始了垂帘听政。1848年2月，欧廷根·沃勒斯坦·路德维希亲王被任命为新首相。尽管新政府努力通过鼓吹泛德意志爱国主义取得自由派的同情，但却一直无法建立稳定的政府，他的内阁也被称作"劳拉内阁"。在随后的慕尼黑学生暴乱中，在劳拉的怂恿下，国王关闭了大学，剥夺了教授教职，命令所有大学生三天内必须都离开慕尼黑市。

1848年2月29日，受到法国巴黎革命成功消息的鼓舞，反对女伯爵的慕尼黑起义爆发了。工人、市民和学生联手起义，占据军械库，要求巴伐利亚国王路德维希一世以及他的"劳拉内阁"下台。3月11日，在革命运动的压力下，国王重开大学，并将欧廷根解职，成立了一个由中间阶层代表组成的新内阁，史称"三月内阁"。为了避免王朝在动荡中被推翻，路德维希一世快速平息事端，宣布3月20日让位给儿子马克西米利安。在一部分同情者

路德维希一世退位诏书

电影《劳拉·蒙特斯》的老海报

的帮助下,女伯爵劳拉乘马车快速逃离了慕尼黑,作为幕后女王的生涯就此结束。虽然20世纪的德国人能渐渐接受劳拉的自由主义,也佩服她勇于挑战巴伐利亚的保守主义,但她的声誉在19世纪的德国是非常负面的。

此后,劳拉·蒙特斯开始在各国巡回表演讨生活。途径瑞士、法国和伦敦,最终来到美国,成为一名舞者、演员和演讲家。她的表演越来越露骨,在加利福尼亚和澳大利亚的金矿矿工中备受欢迎。1858年劳拉出版书籍《美丽的秘诀》,销量大好。她还进行了一场巡回演讲《历史中的女英雄和意志强大的女性》。1861年劳拉因为肺炎逝于纽约布鲁克林的家中。

1848年慕尼黑革命真实原因是民众不满于路德维希一世日益反动的政策和日积月累的矛盾,是欧洲一系列反王权、争取自由的资产阶级革命的胜利成果。劳拉只是民众反抗的导火索,是民众怨气积累的出气筒。

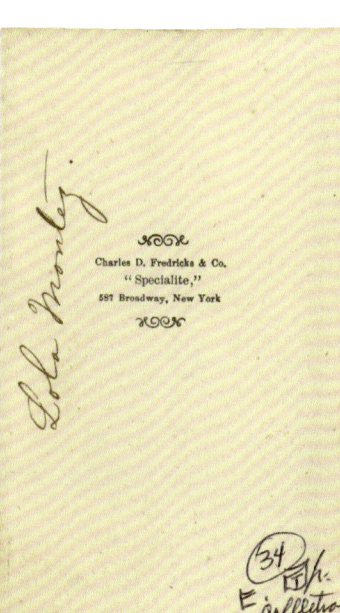

劳拉签售的明信片

BG54 细节

~~~~~~~~~~~~~~~~~~~~~~~~~~~~

BG54 1848 退位让贤版别：

1）锡质无边铭样币 BG54.Pn1，重 35.09g，编号 Kahnt115d

2）背面单面锡质试样

3）金质后铸币，65g，且边饰铭文标注"1902"年份

4）边饰铭文：DREY-EINHALB GULDEN ✶✶ VII E. F. M. ✶✶

版别1）锡质无边铭样币 BG54.Pn1，重 35.09g，编号 Kahnt115d

第四章　马克西米利安二世

马克西米利安二世（1848—1864）
König Maximilian II, 1848-1864

马克西米利安二世

巴伐利亚第三任国王

马克西米利安二世·约瑟夫(Maximilian Ⅱ Joseph, 1811—1864),1848—1864任巴伐利亚王国第三任国王。他是前国王路德维希一世与萨克森-希尔德伯格豪森公主特蕾莎的长子,1811年生于慕尼黑。

马克西米利安受命于1848年德国革命期间。登基伊始他便快速恢复了王国的稳定。虽然政体仍然是立宪君主制,但马克西米利安已向邦议会让渡了较大的权利,自称"宪政国王"。由此,马克西米利安反倒可以拿出更多精力投身于艺术和学术之中。在他统治的时期,巴伐利亚在德国统一进程中尽量保持了独立王国的地位,并将首都慕尼黑转变为一个文化和教育的中心。

货币

1837年签订《慕尼黑货币协议》之后,巴伐利亚、符腾堡、法兰克福等南德邦国和自由市随即发行古尔登(Gulden)货币。这次南德内部的货币整合、统一有利于南德融入普鲁士为核心的关税同盟,同时又保留了南德独特的货币体系。具体面额为 1/2 古尔登、1古尔登、2古尔登和 3 1/2 古尔登。其中 3 1/2 古尔登正好兑换一枚普鲁士的帝国双泰勒。该种银币直接建立起巴伐利亚等南德古尔登和普鲁士泰勒之间的实物货币兑换关系。古尔登的发行一直延续到1871年。

另外,巴伐利亚还在马克西米利安二世期间发行了面额为1、3、6克鲁泽的低银"比隆"(Billon,低银合金币)。从1837年巴伐利亚成立南德货币同盟后,货币协议也对这三种低银克鲁泽的形制进行了统一,即不再使用统治者头像和名称,只使用各自邦国的纹章和国号。和古尔登一样,在面额面统一使用橡树枝花环作主图。因此这三种克鲁泽摆脱了统治者更迭的束缚,从1839年开始持续发行了18年直到1857年《维也纳货币协议》签署为止。所以《KM目录》的编号也保持不变,依次为KM#799、KM#800和KM#802。暂停一年后,从1858年开始又恢复了克鲁泽的铸造,但仅限于1克鲁泽,编号为KM#858。该1克鲁泽形制和原来保持一致,重0.84克,含银16.0%,但铭文书写方式有所变化。并且也规定新克鲁泽和原克鲁泽以及更早的邦国克鲁泽(Landmünze Kreuzer)实行等额兑换与流通。

其兑换关系为:

1联盟泰勒 = 1$\frac{3}{4}$古尔登

1古尔登 = 60克鲁泽 = 240芬尼 = 480赫勒

1克鲁泽 = 1邦国克鲁泽。

1857年德意志关税同盟邦国和奥地利之间签订《维也纳货币协议》,这样德意志的所有邦国都达成一致,使用统一的联盟泰勒(Vereinstaler)。协议规定,以公制的磅(500克纯银)取代旧制的科隆马克作为货币发行的新基础;签约各方发行新的联盟泰勒(重18.5克,纯度90%)和联盟双泰勒,每30枚联盟泰勒折合1磅纯银。同时,巴伐利亚国内可继续发行古尔登,按含银量比值兑换联盟泰勒,2联盟泰勒 = 3$\frac{1}{2}$古尔登,但在邦国间流通、记账上都要采用联盟泰勒,停止发行面额为2古尔登和3$\frac{1}{2}$古尔登(2泰勒)双面额同盟货币。巴伐利亚联盟泰勒的发行数量远超古尔登,大大加强巴伐利亚在德意志经济圈和关税同盟的参与度和影响力。

BG55 1855 巴伐利亚守护神双古尔登

双古尔登（Doppelgulden）
正面铭文：MAXIMILIAN II KŒNIG V. BAYERN
背面铭文：ZUR ERINNERUNG AN DIE WIEDERHERSTELLUNG / DER
　　　　　MARIENSÄULE IN MÜNCHEN 1855 / PATRO-NA / BAVA-RIÆ
边饰：ZWEY GULDEN
直径：36mm　重量：21.21g　含银量：90.0%，0.6137oz
书目编号：KM#848，Dav.604，AKS168，Kahnt118

年份	铸造量	美品	极美	未流通
1855	–	50	90	140

慕尼黑玛利亚广场上的圣母玛利亚圆柱

1855年，巴伐利亚王国为纪念慕尼黑圣母玛利亚圆柱修复而发行一枚双古尔登。币的正面是巴伐利亚国王马克西米利安二世头像，周圈铭文"马克西米利安二世，巴伐利亚国王"。币的背面是怀抱基督圣婴的圣母玛利亚站像，周圈铭文"慕尼黑玛利亚圆柱修复纪念1855"，圣母像两侧刊拉丁文"巴伐利亚守护神"。边铭为面额"双古尔登"。

玛利亚圆柱（Mariensäule）矗立于德国慕尼黑市中心的玛利亚广场（Marienplatz）之上，圆柱顶端有圣母玛利亚的青铜镀金像。她头戴王冠，左手怀抱基督圣婴，右手持权杖，面向东方站立于一弯新月之上，被誉为"巴伐利亚守护神"。玛利亚广场及周边是慕尼黑几个地标性建筑集中的地方，包括新市政厅、圣母大教堂等，是慕尼黑旅游的必到之地。

圆柱基座上有四组青铜雕像，四个小天使斩杀人类憎恨的四个妖魔：狮子（代表战争）、蜥蜴（代表瘟疫）、恶龙（代表饥荒）、蛇（代表异端邪说）。位于广场北侧的新市政厅（Neues Rathaus），建于19世纪末，弗兰德斯哥特

圣母玛利亚圆柱的基座有四个小天使斩杀妖魔

式建筑风格。其建筑布局恢宏,装饰华丽繁复,其正面宽度接近100米,从1867年开始建造直到1909年完工(第二次世界大战后重修),用时42年才建成。新市政厅的正面装饰有巴伐利亚国王以及寓言、传说中的英雄、圣人等雕像。新市政厅最有特色

博物馆内副品(上左:除蜥蜴;上右:除恶龙;下左:除狮;下右:除蛇)

的莫过于其 85 米高的钟琴塔楼（Glockenspiel），钟楼上有全德国最大的木偶报时钟。每天的 11、12、17 及 21 点，随着乐声响起，会有真人大小的 32 个木偶演出历史剧，再现 1568 年威廉五世（巴伐利亚选帝侯马克西米利安一世的父亲）举国欢庆的婚礼场景，整个过程持续大约 10 分钟。据说 1516 年慕尼黑鼠疫爆发，全城是十室九空，而 52 年后威廉五世公爵为了重振慕尼黑，在这里举行了盛大的婚礼庆典，从此慕尼黑又恢复了兴旺，为了纪念这次驱除灾气的庆典，市政厅钟楼上便设置了这套木偶时钟。玛利亚广场连同附近的圣伯多禄教堂、慕尼黑圣母大教堂的双塔，构成了该市最独特的天际线。玛利亚广场也被列为慕尼黑十大名胜之一。当然这里也是希特勒发动啤酒馆政变时纳粹党和军警交战的主战场。

新市政厅的后面紧贴着一个小公园 Marienhof。新市政厅正门前广场经常作为大型庆典活动的举办地点，每年慕尼黑盛大的圣诞集市（Weihnachtsmarkt）也在此举办并持续一个月之久。当初建造新市政厅的主要原因是为了取代渐已拥挤的旧市政厅（Altes Rathaus），其位置就在新市政厅的东侧。最初的旧市政厅建筑物毁于 1460 年的一场大火。1470—1480 年，由负责设计建造圣母教堂的设计师 Jorg von Halsbach 将

市政厅钟楼的报时木偶（上一）
上层是威廉五世为王子时迎娶洛林公国雷娜塔（Renata）公主的盛大场景；
下层是木酒筒制造工匠的舞蹈表演
市政厅门前的小胖鱼喷泉（上二）

老明信片上的圣母玛利亚圆柱

之重建为哥特式的外观。但在第二次世界大战中也一样难逃被毁灭的命运，战后在原址上重建成了 15 世纪时的外观。旧市政厅里还藏有一座玩具博物馆。

新市政厅门前靠东有个胖鱼喷水池（Fischbrunnen），喷水池中央的圆柱上有一小胖鱼儿雕塑，由雕塑家 Konrad Knoll 在 1864 年设计制造，也在第二次世界大战中被完全摧毁。现在所见的喷泉是 1954 年按照原图重建的复制品，现已成为游人走累了歇脚的地方。慕尼黑圣母大教堂位于玛利亚广场西侧的圣母广场，因为建筑物的阻挡，从玛利亚广场上只能看到两个绿色洋葱头圆顶。

玛利亚广场原名施莱恩广场（谷物广场，Schranne），早在 1158 年就是慕尼黑市的主要广场之一。在中世纪，该广场是慕尼黑市的主要集市之一和各种赛事的举办地。钟鼓楼下常常聚集着大量售卖传统食品和服饰的商贩。直到 1807 年，玛利亚广场的市场才被搬迁到其旁边的传统食品市场（Viktualienmarkt）现址，但是广场仍然维持着慕尼黑市的中心地位。直到现在，玛利亚广场和卡尔广场（Karlsplatz）之间的步行购物街仍然汇聚着时尚商店、餐馆，还有露天啤酒馆，一片熙熙攘攘的景象。广场附近有三座著名的城门：伊萨尔门（Isartor）、森德林格门（Sendlinger Tor）和卡尔门（Karlstor）。1638年玛利亚圆柱建成之后，该广场被命名为玛利亚广场，玛利亚圆柱上的镀金圣母玛利亚雕像则先铸于1593年，据说是由荷兰雕塑家休

巴伐利亚选帝侯马克西米利安一世暨纽马克特（Neumarkt）造币厂双泰勒发行375周年纪念章

伯特·格哈德（Hubert Gerhard）为威廉五世将来的坟墓而设计。"二战"期间这座雕像被安置在慕尼黑圣母大教堂内。刚建成时的玛利亚圆柱是阿尔卑斯山以北的第一座圆柱圣母雕像，引起了天主教区域人们极大的兴趣和崇拜风潮，所以直接引发了兴建该种圆柱圣母雕像的风潮。现在，在欧洲很多地区仍然可以看到这种风格的圣母雕像。

玛利亚圆柱的修建要追溯到1618—1648的"三十年战争"（见BG43）时期。当时巴伐利亚选帝侯马克西米利安一世（Maximilian I）站在神圣罗马帝国皇帝这一边，组建天主教联盟对抗新教诸侯组成的新教联盟。战争的三个阶段完全演变成波及整个欧洲的国际大战，丹麦、瑞典、法国、西班牙、荷兰等国都介入到战争当中。

1632年4月，如日中天的瑞典国王古斯塔夫二世·阿道夫击败巴伐利亚选帝侯马克西米利安手下大将蒂利伯爵，强渡列克河（Lech）进军巴伐利亚本土。5月已经逼近巴伐利亚首都慕尼黑，马克西米利安公爵被迫从慕尼黑逃离，撤往英戈尔施塔特等待帝国军队的援助。瑞典国王的逼近使巴伐利亚首都笼罩着一片恐惧，这座城市已无人设防，一些贵族早已离开。慕尼黑人只能指望着胜利者的宽宏大量，想用无条件的自愿屈服平息瑞典国王的怒气。巴伐利亚人的顽强抵抗和统治者马克西米利安公爵的强烈敌意使瑞典国王有足够的理由施行残酷的掠夺，他甚至受到一些德意志诸侯的鼓动要制裁"马格德堡婚宴"的罪魁祸首。然而瑞典国王伟大的心胸鄙视这种低级的报复。敌人的无力自卫已消除了他的怒气。瑞典国王对这种高尚的胜利满心欢喜，领着"冬王"腓特烈五世打着豪华的仪仗开进慕尼黑。瑞典国王在开进城时表现得相当节制和宽容，让进城式显得更加壮观。也有相传，慕尼黑居民们凑齐了30万泰勒的赎城费，才保住了这座城市不受破坏。

1638年，瑞典国王古斯塔夫二世鉴于当时的局势，下令军队撤离慕尼黑。慕尼黑人称此为慕尼黑奇迹（Wunder von München）。当时，马克西米利安公爵曾经许愿，如果慕尼黑和兰茨胡特（Landshut）能够在战争中幸免，将向圣母玛利亚奉上一件贵重的礼物。为了兑现诺言并庆祝瑞典军队撤离慕尼黑，在该广场上竖立玛利亚圆柱雕像，以示对圣母的感谢，广场也随之改名为玛利亚广场，圣母玛利亚从此也被视为巴伐利亚的守护神。在当年万圣节后的第一个星期天（11月7日），由弗赖辛主教 Veit Adam von Gepeckh 主持了雕像的揭幕仪式，其上有马克西米利安公爵题词：

"*Dem allergütigsten großen Gott, der jungfräulichen Gottesgebärerin, der gnädigen Herrin und hochmögenden Schutzfrau Bayerns hat wegen Erhaltung der Heimat, der Städte, des Heeres, seiner selbst, seines Hauses und seiner Hoffnungen dieses bleibende Denkmal für die Nachkommen dankbar und demütig errichtet Maximilian, Pfalzgraf bei Rhein, Herzog von Ober- und Niederbayern, des heiligen Römischen Reiches Erztruchseß und Kurfürst, unter ihren Dienern der letzte, im Jahr 1638."*

其大意为："万能的神、神之母、我们的女主人和守护神庇佑了巴伐利亚的家庭、城市、军队、财产。以此纪念碑表达后人对您恒久不变的感激，虔诚的普法尔茨伯爵，上、下巴伐利亚公爵，神圣罗马帝国皇室总管和选帝侯，

圣母玛利亚圆柱雕像与币面雕刻

世俗守护神巴伐利亚雕像的施宛塔勒设计初稿,熊皮裹身更显日耳曼化(Germanisierter)

您的仆人马克西米利安,1638"。

发行这枚银币的马克西米利安二世·约瑟夫(Maximilian Ⅱ. Joseph)是巴伐利亚的第三任国王(1848—1864年在位)。受其父亲路德维希一世的影响,在其王储时代,他就与艺术家和饱学之士保持着亲密联系,并利用大量时间从事科学和史学研究。他曾表示如果不出生在帝王之家,他更愿意做一名教授。1855年待玛利亚圆柱修复完毕之时,马克西米利安二世特下令发行双古尔登银币以示纪念。

这里需注意,新月圣母是巴伐利亚的宗教守护神,拉丁文写作"Patrona Bavariæ",四百年来虽早已被巴伐利亚人民广泛接受,但直到1916年教皇本笃十五世才正式承认圣母玛利亚是巴伐利亚的守护神。

而巴伐利亚的女性人格化形象和世俗守护神则是女神"巴伐利亚",其对应德文就写作"Bavaria"(同英文)。"巴伐利亚"就是女神的名字,如果写成"巴伐莉娅"更容易理解。这种用法就类似于不列颠女神——"不列颠尼亚(Britannia)",日耳曼女神——"日耳曼妮娅(Germania)"。所以慕尼黑名人堂(Ruhmeshalle)前的"Bavaria Statue"(德文,巴伐利亚雕像)并非单指巴伐利亚王国(或州)雕像,更多的是指"巴伐莉娅"这个守护女神的雕像。这样就可以将词汇直译"巴伐利亚雕像"同实物女神青铜像直观地联系在一起。

BG55 细节

BG55 1855巴伐利亚守护神双古尔登版别：

1）铜镀银无雕模师签名的光边样币BG55.Pn1，背面拉丁铭文"巴伐利亚守护神"，《AKS目录》编号AKS169，20.96g；还有《Kahnt目录》编号Kahnt118e的镍质样币

2）无雕模师签名样币BG55.Pn2，且正面铭文为"MAXIMILIAN II KŒNIG V.^{ON}BAYERN"，即"V." → "V.^{ON}"

3）金质样币，重约38.5g

版别1）铜镀银无雕模师签名光边样币BG55.Pn1，《AKS目录》编号AKS169

版别2）无雕模师签名样币BG55.Pn2，用"V.^{ON}"代替"V."

历史双泰勒(1848—1856)
Geschichtsdoppeltaler, 1848-1856
Vereinsmünze, Vereinsdoppeltaler

BG56.1 & 56.2 & 56.3 1848 新宪法

历史双泰勒（Geschichtsdoppeltaler）

正面铭文：MAXIMILIAN II KŒNIG V. BAYERN
背面铭文：VERFASSUNG / 1848
边饰：VEREINSMÜNZE ★ VII EINE F. MARK ★　　　（BG56.1）
　　　CONVENTION ★ VOM ★ 30 IULY ★ 1838 ★　　（BG56.2）
　　　DREY EINHALB GULDEN ★ XV EIN PFUND FEIN ★　（BG56.3）
直径：41mm　重量：37.12g　含银量：90.0%，1.0740oz
书目编号：KM#830，Dav.598，AKS163，Kahnt120

年份	铸造量	美品	极美	未流通
1848	–	300	800	1 800

1848 法兰克福议会在圣保罗教堂召开

1848年，马克西米利安仓促间登基为新国王，召开议会、修改宪法，给予国民普遍选举权，以此平定民心。同时，慕尼黑造币厂发行"新宪法"历史双泰勒一枚加以纪念。该币完全符合1838年《德累斯顿货币协议》中同盟货币（Vereinsmünze）的形制，直径改为41毫米。币的正面是巴伐利亚国王马克西米利安二世右向头像，周圈铭文"马克西米利安二世，巴伐利亚国王"。币的背面是人格化的巴伐利亚女神。女神头戴银盔，内穿软甲，外罩长袍，右手举权杖，左手持月桂枝花环。权杖和花环是权威和王权的象征。女神左肘倚靠于粗壮的石柱上，肘下还压有羊皮卷，上刊铭文"宪法"（VERFASSUNG）。还有一头象征巴伐利亚的狮子躲藏于女神背后。整个画面表达了巴伐利亚可以倚靠坚实的宪法恢复稳定的秩序和权力，维护整个王国。底部刊发行年份"1848"。

1848年革命，也称民族之春或人民之春，是在1848年欧洲各国爆发的一系列武装革命。这一系列革命波及范围之广，影响之大，可以说是欧洲历史上最大规模的革命运动。

1848年革命是平民对贵族统治的抗争，主要是欧洲平民与自由主义学者对抗君权独裁的武装革命。首先爆发在1月份意大利的西西里岛。随后法国的"二月革命"更是将革命浪潮波及几乎全欧洲。仅俄国、西班牙及北欧少数国家未受影响。虽然此次革命造成各国君主与贵族体制动荡，但是所有的革命行动均迅速以失败告终。然而，这次革命促进了德国和意大利的统一运动。

新任国王马克西米利安二世，1850

1848年2月慕尼黑革命中民众街头集会

慕尼黑革命

1848年,慕尼黑爆发革命。这是巴伐利亚社会、经济和政治发展的必然结果。一方面,工业革命正在巴伐利亚扩张,资本主义迅速发展,巴伐利亚已开始进入大工业生产阶段,资产阶级经济力量得到加强;而政治上的资产阶级,尤其是小资产阶级仍处于无权的地位;自由主义和民族主义思潮在巴伐利亚也不断高涨。另一方面,虽然巴伐利亚在1818年就颁布了宪法,声称君主立宪,但实质上是立宪君主制,君主权力大于议会,各种主要法令都要经其签署才生效,并且君主有权委任首相和上议院议员。所以在路德维希一世越来越专制的统治之下,巴伐利亚社会各方面的矛盾越来越尖锐,民众累积了太多愤怒,这样革命就无法避免了。最后,国王的情人劳拉·蒙特斯干政的问题成为革命爆发的导火索。

1848年2月27日,巴登曼海姆的人民群众举行大会递交请愿书,要求废除封建义务、平均分摊捐税、出版自由以及召开全德议会。3月1日在巴登首府卡尔斯鲁厄举行群众示威,要求当局接受曼海姆请愿书。在民众的压力下,巴登大公国的政权于3月中旬转到了资产阶级自由派手中。符腾堡在3月初也发生了民众示威。

1848年2月29日,慕尼黑

爆发起义。大学生、工人、市民联合占据军械库,要求巴伐利亚国王路德维希一世以及他的"劳拉内阁"下台。随后王储马克西米利安仓促间登基(见 BG54),并成立一个自由派组成的新内阁。如此,更换内阁的风潮厉行整个南德意志地区,史称"三月内阁"。在登基之初,马克西米利安二世就已经准备好作出改变,纠正其父的执政偏差,并且积极响应人民对自由的渴望,毕竟自 1830 年以来巴伐利亚的宪法就很少修订了。对于当时保守的巴伐利亚而言,大部分人民还是无意推翻君主制的,既然换了愿意改革的年轻新国王,大家还是比较支持的。所以相对于其他邦国大量的流血斗争,巴伐利亚的革命还是很温和的。当然这也受益于巴伐利亚早在 1818 年就颁布的"大宪章"。在 3 月 16 日开幕的邦国特别议会中,36 岁的马克西米利安二世在全院的支持和欢呼声中进行了演讲。在讲话中,他自豪地自称为立宪国王。然后评论了该国的政治局势:"我们进入了社会生活的新阶段,充满了欧洲的自由精神。男性拥有追求自由和选举的权利,但也要明智地节

1848 年 3 月 22 日,在议会发言结束后,新任国王马克西米利安二世离开 Prannerstraße 大街上的议会大楼

制、并避免让它产生破坏性。这次邦议会的成果决定了巴伐利亚在德意志的地位！让我们向巴伐利亚所有人民敞开怀抱！我们的座右铭是自由和守法"。

随后，议会紧锣密鼓地修宪，满足群众提出的"三月要求"。在不到两个月的时间里就完成了"巴伐利亚人民期待了30年的所有改革"（距1818年的大宪章）。1848年6月4日议会休会时，马克西米利安自豪地宣布："时代的要求是伟大的、王室、个人都要作出牺牲。这次修宪在巴伐利亚历史上具有重要意义。愿祖国成功！"在这次议会中，批准了一部新的选举法，不再对选民进行阶级划分，每个25周岁以上的缴税男性平民都享有和贵族一样的选举权和被选为下议院议员的权利。同时，地区和宗教的限制也被取消，每31 500名居民就有一个议员名额。由此，下议院就真正成为人民的代表机构。

同时，马克西米利安二世积极响应人民对德国统一的热切渴望，支持并出席了法兰克福国民议会。然而，议会得出的统一方案令他完全无法接受，最终马克西米利安强烈反对议会的统一计划、拒绝签署宪法，并协助奥地利恢复在德意志邦联中的领导地位。马克西米利安和他的德·普福尔滕政府追寻的主要目标就是"德意志邦联不应该由一个国家领导，而应该由多个国家组成邦联

1848年3月柏林爆发革命，市民们同军队战斗

1848年3月普鲁士国王威廉四世穿行于柏林街道

议会，共同抉择。我们同属于一个民族，更不能舍弃奥地利或者普鲁士这种大型兄弟邦国，也不能放任大型邦国对兄弟国家的吞并与占领，这样的行为无异是对德意志民族的背叛。所谓的自由主义者，不过是幻想主义罢了，一点也不考虑国际环境"。法兰克福国民议会后，德·普福尔滕政府派出军队镇压各地的革命和自由主义者，并严格把守关卡以及要塞，防止革命者的袭击，并且选拔新贵族以及保守民族主义者担当议员。

柏林革命

1840年，普鲁士国王腓特烈·威廉四世继位。威廉四世颇同情自由主义者，放宽了报刊审查，而且不阻止自由主义者的活动。虽承诺颁布宪法，但从不见宪法出台。在1847年，他甚至召开了一个议会，普鲁士各区议会均派出了代表。但是国王拒绝给予该议会任何宪法意义上的权力，自由主义者因而失望地解散。

1848年3月18日，柏林爆发革命，资产阶级与工农阶级聚集于王宫广场，要求实行出版自由、召开议会、组织人民自卫团。国王的弟弟下令对起义人群发射霰弹，而被戏称为"霰弹亲王"，这就是日后的德皇威廉一世。最后，威廉四世被迫部分同意人民的要求。3月20日军队撤退。3月22日，起义胜利，国王携"黑－红－金"三色旗骑马穿行于柏林街道，宣读了《致我亲爱的柏林人》，并在群众注视下为183名烈士脱帽致哀，反倒引起了市民们的拥护。3月29日，柏林自由派内阁组成。腓特烈·威廉四世意识到原先的改革已经无法满足人民的要求，于是召开了一个立宪会议，并最终通过了一部相当保守的宪法。他还宣称希望成立一个联邦制的德意志帝国，在这个帝国中将会有一个民选的议会，国民拥有言论和出版的自由。

法兰克福国民议会

作为德意志邦联中的一个大邦，普鲁士愿意支持自由主义者。巴伐利亚等南德意志邦国也群起仿效，组成代表团。同年3月底，约50名决心实行民主、自由和平等的德意志各界领袖齐集于法兰克福，召开法兰克福国民预备议会。

法兰克福国民议会（Frankfurter Nationalversammlung）由普鲁士国王威廉四世支持召开，计划以民主之方式统一德国，有831名众议员出席。会址选在了法兰克福圣保罗教堂（Frankfurter Paulskirche）。会场上挂满了象征德国统一的"黑-红-金"三色旗，也正是今日德国之国旗。国民议会从1848年5月18日一直开到1849年4月21日，历时近一年。这个议会主要是由中间阶层组成，希望创制一份邦联宪法，成立统一的德意志帝国。从历史资料分析，国王威廉四世和马克西米利安二世对国民议会的态度都是前后截然相反的。这不难看出在他们眼里，国民议会从一开始就不会得出什么真正有效的结果。"顺从民意"召开国民议会不过是缓解民众情绪的缓冲器，也像一枚探测德意志现实政情的探针。德意志的统一只能是"自上而下"且"铁与血"的。

果不其然，国民议会在7月份讨论完"公民权利之后"，议会代表就分成保皇派、保守派、自由派和共和派等派别，从此之后就是无尽冗长的辩论和争吵。保皇派支持保守邦联主义，主张成立邦联制国家，还让众多君主掌握大权。保守派主张宪法邦联主义，支持建立君主立宪的邦联国家。自由派支持单一议会制度，主张中央集权，而君主需要对议会负责。共和派支持共和制，主张废除王权，成立中央集权的共和国。另外，议会还存在德意志北部的新教势力和南部的天主教势力的宗教矛盾。如此多的党派和矛盾令议会难以取得实质进展和重大突破。

其间，因为石勒苏益格-荷尔斯泰因的主权问题，普鲁士代表德意志邦联和丹麦发生了战争。1848年8月，普鲁士与丹麦签署停火令，暂时答应丹麦的要求，停止干预。国民议会此时就显示了其重大的弱点：它完全没有实权和军队。对于停战令，它只能自动接受。

最重要的是对于德国统一问题，议会分成了两派，一派代表支持成立由奥地利帝国统治的"大德意志"，将奥地利与波希米亚（今捷克）并入德国；另一派代表则支持由普鲁士统治的"小德意志"，不包括任何奥地利及其附属领土。"大德意志"方案自然受奥地利的欢迎，但普鲁士为代表的北部邦国肯定不愿意。况且现在匈牙利、波希米亚的革命闹得正欢，奥地利自顾不暇。把奥地利加进来，将来的德意志肯定更乱，"大德意志"方案本身就意味着分裂。"小德意志"方案肯定受普鲁士欢迎，但巴伐利亚等南德以及奥地利未必愿意，再说周边的法、俄也未必答应。

最后在1849年4月，议会通过了《保罗教堂宪法》。该宪法确认了"小德意志"是最快捷、最现实的统一方案，并将德意志皇位给予普鲁士国王威廉四世。随即奥地利和德意志南部诸邦的代表不欢而散，退出议会。但令"小德意志"方案的支持者们尴尬的是，威廉四世却拒绝了这个唾手可得的皇位，因为他很清楚此刻的普鲁士尚未做好统一德意志的准备，不足以抵抗奥地利、俄罗斯的干涉和各邦国的反弹。而且新宪法规定国王没有对法案的否决权，这是他极力反对的，他甚至形容接受由议会赋予的帝位是"拾取在沟渠上的皇冠"。"小德意志"方案代表们面对失败，唯有把立宪议会解散、走人。而留下来的则是激进的共和派分子。这些代表现在环顾四周，革命早已平息，而且当时大众还是普遍支持君主制的，所以代表们不久便被普鲁士赶出了议会、加以逮捕。随后有数千自由主义者被迫逃至美国。德意志革命力量虽然曾经

普鲁士国王威廉四世戏称"拾取在沟渠上的皇冠"

强大，但最终在封建专制势力的镇压下失败。

法兰克福国民议会是德国统一过程中一次"由下至上"的尝试。其中，共和派起步较晚，政治不成熟。军队与官僚对君主仍然非常忠诚，而议会却完全没有军力。议会之决定本应代表人民，但实际上只是显示知识分子的意见。当代表们花费了数月才拟定宪法之时，反动势力早已准备推翻议会，令议会的努力付诸东流。

同时，马克思和恩格斯领导的革命党人也在1848德国革命中登上了历史舞台。革命前夕他们在巴黎动员和组织了三四百名侨居国外的德国工人和共产主义成员返回德国参加革命。他们从革命一开始就直接担负起共产主义者同盟的领导工作。1848年3月底，共产主义者同盟中央委员会发表了马克思和恩格斯制定的《共产党在德国的要求》。这一文件规定了无产阶级在资产阶级民主革命中的斗争纲领和策略原则。实质是希望通过革命实现德国的统一，把资产阶级民主革命进行到底，为无产阶级社会主义革命准备条件。

国民议会与1848年德意志革命的失败，严重阻碍了自由资本主义在德国的发展。这也让很多人明白到军力对于德国统一的重要性。俾斯麦在1862年出任普鲁士首相后，兴起信奉权威、崇尚武力的民族主义，最终以"铁血政策"统一德意志。

"1848新宪法"历史双泰勒

该历史双泰勒的阴文边铭有三种，一种是《德累斯顿货币协议》要求标注的货币性质和纯度"VEREINSMÜNZE ★ VII EINE F. MARK ★"（同盟货币★7枚含1马克纯银★），本书编号BG56.1，见KM#830.1。第二种是货币型制的依据"CONVENTION ★ VOM ★ 30 IULY ★ 1838"（1838 ★ 7 ★ 30 ★的协议），编号BG56.2，见KM#830.2。第三种边铭是"DREY EINHALB GULDEN ★ XV EIN PFUND FEIN ★"（3½古尔登★15枚合1磅纯银★），编号BG56.3，见KM#830.3，即遵守1857年1月24日签署的《维也纳货币协议》中双泰勒形制的规定，所以BG56.3铸造时间为1857年之后，是该币的后铸币。

BG56.1&56.2&56.3 细节

~~~~~~~~~~~~~~~~~~~~~~~~~~~~~~

BG56.1&56.2&56.3 1848 新宪法版别：

1）锡质无边铭样币 BG56.Pn1，20.19g

2）BG56.1，边饰标"1902"的后铸金质币（64.5g）

版别 1) 锡质无边铭样币 BG56.Pn1

BG57.1 & 57.2 1848 约翰·克里斯托夫·格鲁克雕像

历史双泰勒（Geschichtsdoppeltaler）
正面铭文：MAXIMILIAN II KŒNIG V. BAYERN
背面铭文：STANDBILD DES JOHANN CHRISTOPH RITTER VON GLUCK
　　　　　ERRICHTET IN MÜNCHEN V. KÖNIG LUDWIG I 1848
边饰：VEREINSMÜNZE ★ VII EINE F. MARK ★　　　（BG57.1）
　　　DREY EINHALB GULDEN ★ XV EIN PFUND FEIN ★　（BG57.2）
直径：41mm　重量：37.12g　含银量：90.0%，1.0740oz
书目编号：KM#833，Dav.599，AKS164，Kahnt121

年份	铸造量	美品	极美	未流通
1848	–	1 300	2 600	4 200

约翰·克里斯托夫·格鲁克逝世 200 周年邮票（1987 联邦德国邮政）

1848年,德国伟大的歌剧作曲家约翰·克里斯托夫·威利巴尔德·格鲁克的铜像树立于音乐厅广场。在老国王路德维希一世授意下,慕尼黑造币厂发行双泰勒一枚加以纪念。币的正面是巴伐利亚国王马克西米利安二世右向头像,周圈铭文"马克西米利安二世,巴伐利亚国王"。币的背面是格鲁克的站立雕像,其中格鲁克身着18世纪服饰,外罩长袍,右手提袍持卷,左手和弦甩动手指,悠悠然沉浸在旋律之中。雕像外有周圈铭文"约翰·克里斯托夫·格鲁克骑士立像/1848年由国王路德维希一世立于慕尼黑"。

约翰·克里斯托夫·格鲁克

约翰·克里斯托夫·威利巴尔德·格鲁克(Johann Christoph Willibald Rittter von Gluck,1714—1787),18世纪最著名的德国歌剧作曲家,维也纳古典乐派的先驱。他是当时集意大利、法国和德奥音乐风格特点于一身的绝无仅有的作曲家。他的作品以质朴、典雅、庄重著称。格鲁克的歌剧改革,对法国、意大利、奥地利、瑞典、英国音乐戏剧的发展产生了重大影响,是歌剧发展史上的一个里程碑。

1714年6月2日,格鲁克生于巴伐利亚上普法尔茨东部的埃雷斯巴赫(Erasbach)的农民家庭,后成长于波希米亚(现捷克),其父为当地的林务员。

格鲁克在儿时就对音乐显露出极大的兴趣。12岁时,格鲁克来到科莫陶(现属捷克)的耶稣会教会学校学习音乐,依靠教会捐赠为生,并担任教堂琴师。他还时常到附近村镇为酒馆演奏赚取小费。

六年后,格鲁克进入布拉格大学学习哲学和音乐。在这里,格鲁克师从享有"捷克的巴赫"

年轻时的格鲁克

之称的作曲家、管风琴家切尔诺霍尔斯基，钻研音乐，同时学习大提琴演奏。

1734年，他到维也纳洛布科维兹（Lobkowitz）宫廷任职，1736年赴维也纳。在一次大提琴音乐会上，他的音乐天赋和演奏能力受到了梅尔齐亲王（Antonio Maria Melzi）的青睐。

1737年，他受雇主洛布科维兹的推荐从维也纳前往米兰，加入梅尔齐亲王的私人乐队。在这里他向意大利作曲家萨马蒂尼（Giovanni Battista Sammartini）学习了作曲方法，从此克鲁克对歌剧艺术充满了兴趣。

1741年，27岁的格鲁克创作了他的第一部歌剧《阿塔塞尔斯》（Artaserse），并于12月26日成功上演。这部意大利风格的歌剧受到了观众们的欢迎，也使格鲁克一举成名。截止到1744年，他已按当时流行的意大利风格陆续创作了另外八部歌剧。

1745年他随小提琴家小洛布科维兹（前雇主的儿子）出访伦敦。在此期间，格鲁克受益匪浅。其意大利歌剧式演奏风格引起乔治·腓特烈·亨德尔（George Frideric Handel）的重视，并在干草市场剧院（Haymarket Theatre）同台演出。但亨德尔也指出格鲁克在复调写作方面的不足。而格鲁克从亨德尔清唱剧式的风格中深受启发，开始反思当时歌剧存在的痼疾，为其形成今后的创作风格打下基础。1747—1748年，有两项工作为格鲁克带来了极大的荣誉。一项是格鲁克为巴伐利亚和萨克森两大家族的联姻而创作歌剧。另外一项则是为奥地利玛利亚·特蕾莎皇后的生日导演、排练歌剧。其间，格鲁克原创的音乐大受欢迎，表演场次达27次。在此之后，格鲁克担任明戈蒂（Mingotti）巡回歌剧团的指挥，前往汉堡、德累斯顿、哥本哈根等地演出，积累了不少舞台经验。

1750年格鲁克加入布拉格

格鲁克逝世200周年邮票（1987奥地利）

格鲁克作为一个初露头角的音乐家经常到酒馆为农民表演（肉罐头广告画报）

的歌剧团，并为布拉格狂欢节创作了新歌剧《埃齐奥》（Ezio）。1750年8月，格鲁克在布拉格与十八岁的玛利亚·安娜·佩尔然（Maria Anna Bergin）结婚。佩尔然的父亲是维也纳的银行家和商人，家里很富有。由于他不同意女儿的婚事，所以两人只能等到父亲死后才举办了婚礼。1751年这一年里，格鲁克一直辗转于维也纳和布拉格之间。

1752年，他为那不勒斯国王查尔斯七世的受洗日庆祝活动排练歌剧。世界著名的演员卡法雷利（Castrato Caffarelli）扮演了塞克斯图斯。随后格鲁克受萨克森－希尔德伯格豪森亲王约瑟夫的邀请，将妻子佩尔然接来，定居在维也纳，成为亲王乐队的指挥。在1754年他创作了歌剧《Le Cinesi》。1755年又为将来的利奥波德二世皇帝的生日创作了歌剧《La danza》。1756年2月，当歌剧《Antigono》在罗马成功演出后，格鲁克被教皇本笃十四世授予"金马刺骑士"（Knight of the Golden Spur）荣誉称号。从那时起格鲁克的姓氏前加入了"Ritter von"，成了"Ritter von Gluck"，或者"Chevalier de Gluck"。

在维也纳任职期间，格鲁克还受到法国喜歌剧影响，创作了一些歌舞剧与芭蕾舞剧,后者以1761年所作《唐璜》(Don Juan)为其代表作。在这部作品中,他一反过去华而不实的舞剧风格,追求真情实感的表现。他与意大利诗人卡扎比基合作,着手歌剧改革,共同进行歌剧革新的尝试。1762年,格鲁克最著名、最重要的歌剧《奥菲欧与尤丽狄茜》在维也纳诞生。这部三幕歌剧先后有1762年意大利语维也纳版和1774年法语巴黎版以及后来由柏辽兹改编的版本。剧中主要人物只有三位,合唱在歌剧中占有很重要的地位,而宣叙调的伴奏改由管弦乐队来完成,这是一大创举。巴黎版在歌剧结尾处增加了表现欢庆场面的芭蕾音乐,这也符合当时法国人的欣赏习惯。《奥菲欧与尤丽狄茜》的公演产生了强烈的反响,观众一下子就感觉到歌剧舞台上发生了革命:新的意大利歌剧风格和法国歌剧中的合唱、芭蕾结合在一起;典雅的意大利旋律、严肃的德国旋律和恢宏的法国旋律结合在一起;真实的戏剧效果和感人的音乐形象结合在一起。这就是格鲁克对旧歌剧发起的猛烈攻击。1764年10月,格鲁克在负责宫廷文艺事务的杜拉佐伯爵领导的维也纳宫廷歌剧院担任歌剧指导。同年格鲁克完成了三幕法语喜歌剧《不期而遇》(又名《麦加朝圣者》)的创作。这部歌剧的序曲,具有强烈的土耳其风格。由于情节展开的需要,歌剧中出现了大量的对白,也没有合唱。但其中的一些咏叹调,两重唱和三重唱非常优美。另外在第二幕第五场结束前增加了一段舞蹈场面,格鲁克为此写了一组十分钟的芭蕾音乐。该歌剧在1780年维也纳复演,莫扎特受此影响,在1782年完成了带有土耳其风格的歌剧《后宫诱逃》。

1767年和1770年,格鲁克

为奥地利玛利亚·特蕾莎皇后排练歌剧,出演者为皇后的孩子们

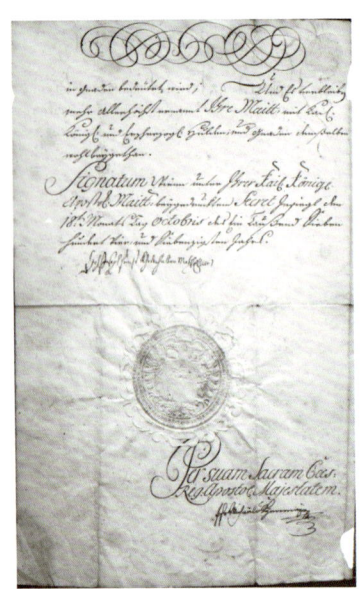

维也纳宫廷歌剧院指导的委任状

的两部意大利语版改革歌剧《阿尔切斯特》(Alceste)和《帕里斯和海伦》相继问世。起初这两部歌剧没有获得观众的广泛认同,甚至格鲁克的支持者们对他的改革也难以接受。受此影响,鲁克辞去了维也纳宫廷歌剧院歌剧指导的职务。但格鲁克本人不以为然,他对歌剧《阿尔切斯特》有很大的期待!他觉得听这部作品使他感到全身神经紧张,从头到尾都被它吸引,就像是在品味陈年的葡萄酒一样。事实果然如此,在 1776 年法语版的《阿尔切斯特》上演后,当时的乐评称这部歌剧是"充满热情的,充满能量的,戏剧性极强的作品!"歌剧以序曲开头,以恰空结尾,合唱在这部三幕歌剧中也占有重要位置。

1773 年,格鲁克来到巴黎。当时的法国王后玛丽·安托瓦内特(Marie Antoinette,路易十六的妻子)是奥地利公主,在维也纳时曾跟格鲁克学过声乐。经过 6 个月的精心排练,格鲁克在巴黎首次演出其法语新歌剧《伊菲姬尼在奥利德》。该剧在 1774 年首演获得决定性成功,并在巴黎文化界引起了一场新旧文化的激烈辩论,启蒙学者卢梭对他的歌剧改革予以支持。后来瓦格纳还把这部歌剧改编成德文版。此后陆续上演《奥尔甫斯与欧里狄克》(1774)、《阿尔米达》(1777)、《伊菲姬尼在陶里德》(1779)等,引起巨大轰动。1781 年,格鲁克在维也纳还亲自把这部歌剧改编成德文版。在此期间,以意大利作曲家尼古拉·皮钦尼为首的歌剧保守派,与格鲁克为代表的革新派产生了对抗,从而引起歌剧发展史上有名的"格鲁克派与皮钦尼派之争"(即格鲁克歌剧改革)。最终因格鲁克的作品广受欢迎,

格鲁克为皇帝表演歌剧《Le Cinesi（中国女人）》（肉罐头广告画报）

使革新派获得了胜利。1780年，格鲁克退休回到维也纳，过着安逸的晚年生活。玛利亚·特蕾莎皇后授予他"真正的皇家宫廷作曲家"的称号，年薪2 000古尔登。奥地利皇帝约瑟夫二世也与他保持着私人友谊。1782年，俄罗斯大公保罗专程拜访。作曲家莫扎特更是时常拜访格鲁克，经常是一连数日同吃同住，相谈甚欢。当格鲁克在1787年11月15日去世时，死讯引起了轰动，各地艺术名流、王宫贵族都来吊唁。就连后来的巴伐利亚国王路德维希一世在成年后也赞叹、感慨于格鲁克歌剧的魅力，在慕尼黑为其树碑立传。

格鲁克一生创作了一百余部作品，但当中很多已经遗失，而其仅存作品早已成为音乐和歌剧史上的传世之作。他最大的艺术功绩在于歌剧改革。格鲁克的歌剧改革是在启蒙运动的精神感召下进行的。他的核心主张是："质朴和真实是一切艺术作品的伟大原则，歌剧必须有深刻的内涵，音乐必须从属于戏剧。"18世纪中叶，虽然意大利歌剧在欧洲广泛流行，但是它的表演形式日趋呆板，歌唱演员过分炫耀声乐演唱技巧从而破坏了戏剧的连贯，而成为炫耀歌唱技艺和豪华场面

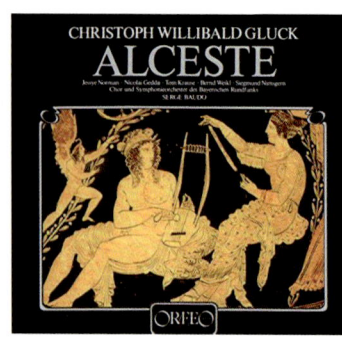

格鲁克的《阿尔切斯特》唱片封面

方向进行的歌剧改革,是西方歌剧发展史上重大的里程碑。他的意义绝不限于音乐创作的革新和音乐美学思想的发展,实质上是18世纪市民阶级新兴力量的艺术思想、人文主义思想与封建统治阶级及其顽固、保守思想抗争的表现。因此格鲁克的歌剧改革为歌剧艺术摆脱封建桎梏、为此后歌剧的蓬勃发展,作出了巨大的历史贡献。

约翰·克里斯托夫·格鲁克雕像及其双泰勒

浑身充满艺术细胞的老国王路德维希一世自然不会放过这位伟大的德国作曲家和歌剧改革的"化装音乐会"。音乐形式亦流于僵化。格鲁克强调自然与真实,追求戏剧性的表现,强调人物性格、情感和环境的刻画。他一反重乐轻词的不良倾向,使词曲紧密结合,充分重视和发挥歌词的表现内涵。他增强歌唱曲调的表现力以及合唱在戏剧进程中的作用,并以配伴奏的朗诵调代替"干朗诵调",以性格化的配器和器乐间奏取代公式化的配器和乐队过门。格鲁克强调歌剧创作的整体构思,对歌剧剧本的写作也直接参与,这在当时是少见的,这和他追求音乐与戏剧的高度结合有关。格鲁克这种向音乐戏剧

格鲁克的《伊菲姬尼在奥利德》唱片封面

家。早在卸任之前,他就委托雕塑家腓特烈·布鲁格(Friedrich Brugger)为格鲁克设计铜像。1848年,铜像完工,树立于音乐厅广场(Odeonsplatz),共计花费老国王14 559古尔登。第二年,作曲家迪·拉索(见BG58)的铜像也被树立于音乐厅广场。有伟大的作曲家作伴,格鲁克不再孤单。1862年,为老国王路德维希一世76岁生日准备的骑马雕像也将过来凑热闹,这就过于拥挤。于是两位艺术家提前两年搬迁让位,来到蒙特格拉斯宫附近的林荫道广场(Promenadeplatz)。在第二次世界大战中,两位艺术家雕像命运悲惨,被熔化制造弹药。但幸运的是,他们遇到了热爱艺术的巴伐利亚人民。在战后,格鲁克等雕像一并被重新修复。并于1958年8月31日慕尼黑建城800周年庆典之际,再次向公众展示。

1848年,在树立格鲁克雕像的同时,慕尼黑造币厂特此发行了一枚历史双泰勒。需注意的是,该双泰勒背面铭文的姓名"JOHANN CHRISTOPH

格鲁克在维也纳威登大街32号的家

格鲁克纪念铜章

RITTER VON GLUCK"中的"RITTER"(瑞特或里特)指的是格鲁克具有世袭骑士的爵位,经常用在名和姓之间,与"von"联用。德国常见爵位等级如下:皇帝(Kaiser)、国王(König)、选帝侯(Kurfürst)、大公(Großherzog)、公爵(Herzog)、边疆伯爵(Markgraf)级、侯爵(Fürst)、伯爵(Graf)、男爵(Freiherr)、世袭骑士(Ritter)、无封地贵族(Edler)。这些爵位等级和"von"联用,但最后的"无封号贵族"只能单用"von"。

该历史双泰勒的阴文边铭有三种。第一种是"VEREINS-MÜNZE ★ VII EINE F. MARK ★"(同盟货币★7枚含1马克纯银★),是《德累斯顿货币协议》规定的货币性质和纯度,本书编号 BG57.1,KM#833.1。第二种是货币形制所依据的协议"CONVENTION ★ VOM ★ 30 IULY ★ 1838 ★"(1838 ★ 7 ★ 30 ★ 的协议,即《德累斯顿货币协议》)。第三种边铭是"DREY EINHALB GULDEN ★ XV EIN PFUND FEIN ★"(3½ 古尔登 ★ 15 枚含 1 磅纯银 ★),本书编号 BG57.2,KM#833.2,即遵守 1857 年 1 月 24 日签署的《维也纳货币协议》中双泰勒形制的规定,所以 BG57.2 的历史双泰勒铸造的真实时间为 1857 年之后。前两种边铭都是《德累斯顿货币协议》中要求标注的,只不过货币性质和成色通常出现在流通货币的背面而不是边铭位置。最后一种边铭表明 BG57.2 为 1857 年后的后铸币,是该币原铸和后铸的区分手段。

第四章 马克西米利安二世

格鲁克雕像让位给国王路德维希一世的骑马雕像,从音乐厅广场搬出;
格鲁克雕像现位于著名的 Bayerischer Hof 酒店(蒙特格拉斯宫)门前的林荫道广场(散步广场)上,该广场上现有五座雕像,自西向东第二座就是格鲁克雕像,其基座铭文:

CHRISTOPH WILLIBALD RITTER VON GLUCK TONDICHTER
(作曲家克里斯托夫·威利巴尔德·格鲁克骑士);
币面雕模和实物雕像有所差异,最明显的就是币面雕模上的右手食指外伸,实物雕像修复时则改为握拳

BG57.1&57.2 细节

~~~~~~~~~~~~~~~~~~~~~~~~~~~~~~~~

BG57.1&57.2 1848 约翰·克里斯托夫·格鲁克雕像版别：
1）金质后铸币（65g），边铭有 "VEREINSMÜNZE ✶ VII EINE F. MARK ✶" 且标注 "1902" 年份
2）边饰铭文："CONVENTION ✶ VOM ✶ 30 IULY ✶ 1838 ✶"

BG58.1&58.2 1849 奥兰多·迪·拉索雕像

历史双泰勒（Geschichtsdoppeltaler）

正面铭文：MAXIMILIAN II KŒNIG V. BAYERN

背面铭文：STANDBILD DES ROLAND DE LATRE GEN. ORLANDO DI LASSO / ERRICHTETIN MÜNCHEN V. KÖNIG LUDWIG I 1849

边饰：VEREINSMÜNZE ✶ VII EINE F. MARK ✶　　　（BG58.1）
　　　DREY EINHALB GULDEN ★ XV EIN PFUND FEIN ★　（BG58.2）

直径：41mm　重量：37.12g　含银量：90.0%，1.0740oz

书目编号：KM#835，Dav.602，AKS165，Kahnt122

年份	铸造量	美品	极美	未流通
1849	–	1 400	2 900	5 000

年轻时的迪·拉索

1849 年，伟大的作曲家奥兰多·迪·拉索的铜像树立于音乐厅广场，与歌剧作曲家格鲁克的铜像相依为伴。在老国王路德维希一世授意下，慕尼黑造币厂发行双泰勒一枚加以纪念。币的正面是巴伐利亚国王马克西米利安二世右向头像，周圈铭文"马克西米利安二世，巴伐利亚国王"。币的背面是晚年迪·拉索的站立雕像，其中迪·拉索着 16 世纪服饰，身披长袍，左脚踏于石阶之上，石阶上立有窄石桌，其上竖一定音琴。迪·拉索右手持笔悬于胸前，左手握卷自然倾靠于定音琴上，似乎正在品评音符之妙，如有所得便要立刻记下。迪·拉索雕像的设计和施宛塔勒在 1841 年设计的让·保罗雕像有相似之处，只用纸、笔等简单素材就能刻画出人物思考与创作的神态。雕像外有周圈铭文"被称为奥兰多·迪·拉索的罗兰德·德·拉特的立像/1849年由国王路德维希一世树立于慕尼黑"。

奥兰多·迪·拉索

1400—1600 年的文艺复兴时期，艺术家们的创作在中世纪"新艺术"的基础上，更加追求人性的解放与对人的内心情感的抒发与表达。这时的音乐家在人文主义思潮的推动下，对复调音乐进行了发展和变革，声乐与器乐逐渐分离而独立发展。并且这一时期五线谱已得到完善，印刷术也运用到曲谱上，这都使音乐的传播更加便利和广泛。这一时期有弗莱芒乐派、威尼斯乐派与罗马乐派三个较有影响力的乐派。奥兰多·迪·拉索就是弗莱芒乐派的主要代表人物。

奥兰多·迪·拉索又称罗兰德·德·拉特（Orlando di Lasso、

老年时的奥兰多·迪·拉索

Roland de Lattre、Roland de Lassus、Orlande de Lassus、Orlandus Lassus、Orlande de Lattre），生于 1532 年（或 1530 年）哈布斯堡尼德兰埃诺（Hainaut）的蒙斯（Mons，今属比利时），逝于 1594 年 6 月 14 日，文艺复兴晚期的弗莱芒乐派作曲家。埃诺地区在"文艺复兴"时期音乐氛围十分浓厚，曾经孕育过一些著名的作曲家和音乐教育家。迪·拉索从小就在这良好的音乐环境里受到熏陶，少年时期就爱歌者。他有一副动人的歌喉，在当地教堂唱诗班里是一名出色的歌者。甚至因他嗓音优美，竟先后三次被附近的合唱团诱拐。

12 岁时，迪·拉索离开低地国家（荷兰、比利时和卢森堡地区），去了西西里岛的曼图阿（Mantua）。后来去了意大利米兰（1547—1549）。在米兰期间，他结识了马德里人西里戈·奥霍斯特·达·雷焦（Spirito L'Hoste da Reggio）。这对他形成早期的音乐风格产生了影响。1550 年初，迪·拉索在那不勒斯作自由歌手以及作曲，他的第一部作品就诞生于此。之后他搬到罗马，为那里的托斯卡纳大公科西莫一世（Cosimo Ⅰ）服务。1553 年他成为拉特兰圣约翰大教堂合唱团的乐长，这为一个年仅 21 岁的年轻人带来了巨大的声望。但一年之后，迪·拉索辞职前往法国、英国。

中年时的迪·拉索

迪·拉索主持音乐会

1555年，他回到低地国家并在安特卫普（Antwerp）发表了他的早期作品。1556年，迪·拉索加入了巴伐利亚公爵阿尔伯特五世（Albert V）的宫廷乐队，当时公爵正致力于对接意大利的主要宫廷乐队，建立一个联合音乐机构。乐队中，来自低地国家的乐手不多，迪·拉索是其中之一，并且也是整个乐队中最有名望的一员，受到公爵极大的推崇。他在慕尼黑工作得很开心，便决定定居在那里，并一直为阿尔伯特五世和他的继承人威廉五世服务直到1594年去世。

1558年，迪·拉索和巴伐利亚宫廷女官的女儿雷吉娜（Regina）结婚。婚后他们生下了两个儿子——斐迪南·拉索和普多尔夫·拉索，后来也都成为作曲家，但是成就都赶不上父亲。他们的女儿嫁给了画家汉斯·冯·亚琛（Hans von Aachen）。到1563年，迪·拉索接替路德维希·达瑟的职务，被任命为新的合唱乐长。此时迪·拉索已经在欧洲宫廷、贵族、宫廷乐队中颇有名望，许多人慕名而来向他学习。包括著名作曲家安德烈·加布里埃利（Andrea Gabrieli）、乔瓦尼·加布里埃利（Giovanni Gabrieli）等。由于迪·拉索在音乐上的独创精神,1568年巴伐利亚公爵威廉五世结婚时,特地邀请他主持、设计结婚庆典音乐。1570年,神圣罗马帝国皇帝马克西米利安二世擢升他为贵族。法国国王查理九世,也三次邀请他访问法国宫廷。罗马教皇格里高利十三世还赐予他"金马刺骑士"(Knight of the Golden Spur)荣誉称号。这在当时的音乐家当中是极其罕见的。

晚年的迪·拉索也曾到访过意大利。在意大利费拉拉(Ferrara),他听到了当时最新的音乐,不过他依旧保持着相对传统的风格。1594年6月14日,公爵因财政问题决定解雇他,不过迪·拉索并没有机会看到解雇信,因为在当天,迪·拉索就在慕尼黑去世了。

作品特点

迪·拉索的作品几乎全是声乐,共计2 000多首。其中有弥撒曲、牧歌、经文歌、圣母歌和世俗音乐作品。弥撒曲是其创作的主要体裁。但牧歌也足以代表他的创作风格,在他生前的1555、1557、1567和1585年均出版有他的牧歌集。他的作品声部旋律和表达手段都很丰富,其作品轻

迪·拉索雕像北侧的巴伐利亚宫廷酒店

松活泼、通俗易懂，较广泛地运用民间生活化的音调，如意大利风格的牧歌（Madrigal）、法兰西式的香颂（Chanson）、德国的利德（Lied）等体裁。这在从复调写法转向主调写法的进程中起到重要的作用。

迪·拉索的作品充满着深刻的和多种多样的情感，在技术上高超地运用严格风格的复调手法，并大胆地拓宽了表现手段。他的《经文歌》结构紧凑而丰富，在其结尾处创造性地使用了半音法，这一手法的运用，使贯穿全曲的紧张情绪在一片美妙的想象云彩覆裹之中结束。半音法在经文歌《西比尔的预言》中表现同样令人惊讶，这是一部受潘托莱吉奥的绘画影响的独特作品。其大胆的半音和声及情感张力，使这首乐曲具有强烈表现力。毫不夸张地说，它简直是15世纪鲁昂圣马克卢大教堂——"火焰式"哥特风格的富丽灿烂外观的听觉化表达。音乐史学家亨利·朗（P.Henry Lang）认为音乐史上仅莫扎特的音乐成就能与之并驾齐驱。

在15世纪后期复调音乐大行其道后，16世纪开始有了一个旋律上的回归，而迪·拉索就是这个回归的代表。

奥兰多·迪·拉索雕像及其双泰勒

浑身充满艺术细胞的老国王路德维希一世自然深深崇拜这位伟大的作曲家。早在卸任之前，在他订购格鲁克（见BG57）铜像的同时，就委托雕塑家马科斯·冯·布魏德曼（Max von Widnmann）为迪·拉索设计铜像。1849年铜像完工，树立于音乐厅广场（Odeonsplatz），共计花费老国王14 467古尔登。自此歌剧改革家格鲁克的雕像不再孤

慕尼黑名人堂的迪·拉索雕像

迪·拉索雕像侧面，定音琴的管弦和风箱花纹清晰可辨

单。1862年，为老国王路德维希一世76岁生日准备的骑马雕像即将放置在音乐厅广场，于是两位艺术家提前两年搬迁让位，来到蒙特格拉斯宫附近的林荫道广场（Promenadeplatz）。第二次世界大战中，两位艺术家雕像命运悲惨，被熔化制造弹药。但幸运的是在战后，他们遇到了热爱艺术的巴伐利亚人民，两位艺术家的雕像一并被重新修复。1958年7月22日，在慕尼黑建城800周年庆典之际，迪·拉索雕像再次向公众展示。现在，在林荫道广场上一共矗立着五座雕塑，从西至东依次为：巴伐利亚历史学家洛伦茨·威斯特内德尔（Lorenz Westenrieder），歌剧改革家格鲁克（Johann Christoph Willibald Gluck），选帝侯马克西米利安二世·伊曼纽尔（Maximilian Ⅱ Emanuel），作曲家迪·拉索和一座巨大的现代艺术风格的巴伐利亚王国首任首相蒙特格拉斯伯爵（Maximilian Joseph Graf von Montgelas）的铝制雕像。巴伐利亚法学家克莱特迈尔男爵（Wiguläus von Kreittmayr）的雕像曾经就位于蒙特格拉斯雕像的位置，但在战后要修复时，遭到众人反对只能作罢，最后连石质基座也被拆除。

林荫道广场的北侧是慕尼黑最著名的历史悠久的豪华五星级酒店——巴伐利亚宫廷酒店（Hotel Bayerischer Hof，也音译为贝耶尔施威尔霍夫酒店）和蒙特格拉斯宫（原巴伐利亚首相蒙特格拉斯的官邸，1969年被酒店并购）。历史上，该酒店一直就是王宫贵族、知名人士、艺术家们下榻的专属酒店。现在更是德国的国宾入住和举办慕尼黑安全会议（MSC）的专用酒店。已故的流行

迪·拉索雕像成了迈克尔·杰克逊的怀念地

音乐巨星迈克尔·杰克逊就对该酒店情有独钟，每次来到慕尼黑都是选择该酒店入住。而每到这时，酒店就会被杰克逊的粉丝们围得水泄不通。也正是这个原因，再加上迪·拉索同为伟大的音乐家，所以该酒店门前的迪·拉索雕像现在就成为杰克逊粉丝们举办悼念活动的地标性场所。每年在迈克尔·杰克逊的忌日，迪·拉索的纪念碑上都会盖满杰克逊各式各样的照片、海报。各种长短、粗细不一的悼念蜡烛和鲜花也摆满在纪念碑周围。

1849年，树立迪·拉索雕像的同时，慕尼黑造币厂发行历史双泰勒一枚加以纪念。该历史双泰勒的阴文边铭有两种，一种是《德累斯顿货币协议》要求标注的货币性质和成色"VEREINSMÜNZE ★ VII EINE F. MARK ★"（同盟货币★7枚含1马克纯银★），本书编号BG58.1，《KM目录》编号KM#835.1。第二种边铭是"DREY EINHALB GULDEN ★ XV EIN PFUND FEIN ★"（3½古尔登 ★ 15枚合1磅纯银★），本书编号BG58.2，《KM目录》编号KM#835.2，即遵守1857年1月24日签署的《维也纳货币协议》中双泰勒形制的规定，所以BG58.2的历史双泰勒铸造的真实时间为1857年后。前一种边铭是《德累斯顿货币协议》中要求标注的，只不过货币性质和成色通常出现在流通货币的背面而不是边铭位置。后一种边铭表明BG58.2为1857年后的后铸币，是该币原铸和后铸的区分手段。

林荫道广场（散步广场）上其余四尊雕像：洛伦茨（上左）、格鲁克（上右）、伊曼纽尔（下左）、蒙特格拉斯（下右）

迪·拉索雕像让位给国王路德维希一世的骑马雕像,从音乐厅广场搬出;
迪·拉索雕像现位于著名的 Bayerischer Hof 酒店(蒙特格拉斯宫)门前的林荫道广场(散步广场)上,该广场上现有五座雕像,自西向东第四座就是迪·拉索雕像,其基座铭文:

ROLAND DE LATTER GENANNT ORLANDO DI LASSO TONDICHTER
(被称为奥兰多·迪·拉索的作曲家罗兰德·德·拉特);
币面雕模和实物雕像有所差异,最明显的就是币面雕像上的右手握有笔,实物雕像修复时则没有笔

BG58.1&58.2 细节

~~~~~~~~~~~~~~~~~~~~~~~~~~~~~~~

BG58.1&58.2 1849 奥兰多·迪·拉索雕像版别：
1）金质后铸币（65g），边铭为"VEREINSMÜNZE ✶ VII EINE F. MARK ✶"且标注"1902"年份
2）光边无边铭银币、光边锡质样币

*BG58 钢制印模,重 448.2g

BG59.1 & 59.2 1854 水晶宫博览会

历史双泰勒（Geschichtsdoppeltaler）
正面铭文：MAXIMILIAN II KŒNIG V. BAYERN
背面铭文：ALLGEMEINE AUSSTELLUNG DEUTSCHER / INDUSTRIE
UND GEWERBS-ERZEUGNISSE / MÜNCHEN 1854
边饰：VEREINSMÜNZE ✶ VII EINE F. MARK ✶　　　　（BG59.1）
　　　CONVENTION ✶ VOM ✶ 30 IULY ✶ 1838 ✶　　　（BG59.2）
直径：41mm　重量：37.12g　含银量：90.0%，1.0740oz
书目编号：KM#845，Dav.603，AKS166，Kahnt123

年份	铸造量	美品	极美	未流通
1854	–	180	750	1 600

慕尼黑水晶宫

1854年，首届德意志工业产品博览会在刚刚建成不久的水晶宫举办。该博览会全面展现了巴伐利亚及德意志工业和手工业的最新发展成就。为庆祝这一盛事的成功举办，慕尼黑造币厂发行一枚以"水晶宫"为主题图案的双泰勒加以纪念。币的正面是巴伐利亚国王马克西米利安二世的右向头像，周圈铭文"马克西米利安二世，巴伐利亚国王"。币的背面是高大的双层钢铁、玻璃结构的水晶宫，上悬蓝白双色旗。水晶宫横竖密集且均匀分布的钢铁骨架在币面中得到了清晰的展示。可以说，水晶宫本身就是一个标识当时工业与艺术发展成就的精品。该博览会占地面积宏大，展示的产品技术先进、门类齐全、品种丰富。这一点从币面中水晶宫的宽高比就能看出来。水晶宫外有周圈铭文"全德意志工业及工艺品博览会"。底部刊博览会地点及年份"慕尼黑1854"。

1854年7月15日，首都慕尼黑举办了首届德意志工业产品博览会（Erste Allgemeine Deutsche Industrieausstellung，全称为全德意志工业及工艺品博览会，Allgemeine Ausstellung Deutscher Industrie und Gewerbs-Erzeugnisse）。展地就设在刚刚建成不久的水晶宫（Glaspalast，英文Glass Palace，也可译为玻璃宫）。其巨大的钢铁、玻璃结构，以及高速的营建速度都令人叹为观止，丝毫不亚于同时代英国的水晶宫（The Crystal Palace，承担1851年英国首届万国工业博览会，是慕尼黑水晶宫的模仿对象）。

18世纪末、19世纪初，英国人瓦特改良了蒸汽机之后，整个欧洲都经历了一系列重大的技术革命，实现了从手工劳动向动力机器生产转变的重大飞跃。并从19世纪30年代开始，欧洲强国开始流行举办全国或国际性的工业博览会，以展示其强大的工业能力和科技水平。1839年的巴黎、1840年的纽伦堡、1844年的柏林、1845年的维也纳、1850年的莱比锡、1851年的伦敦都举办了盛大的工业博览会。而此时，巴伐利亚国王马克西米利安二世就酝酿着在首都慕尼黑也举办一次全德范围内的工业产品和艺术品的博览会，时间就定在第二年——1854年。

时间紧，任务重。1853年8月16日，王室召开会议，组成筹备委员会。大臣费舍尔（Fischer）

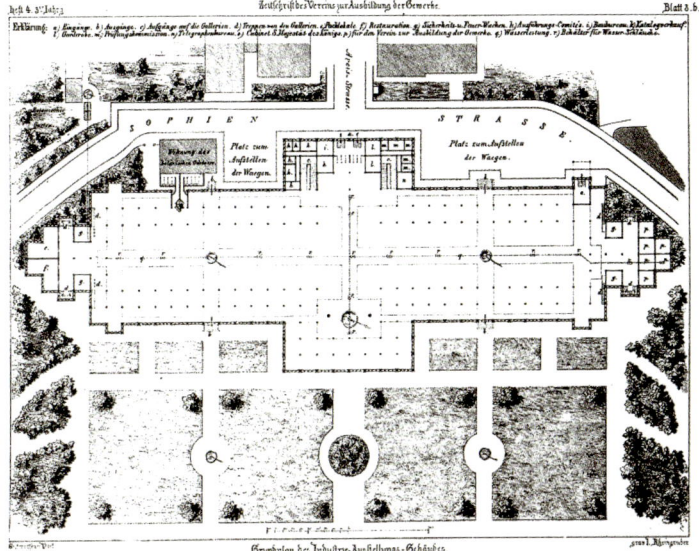

位于索菲大街和埃利森大街之间的慕尼黑水晶宫平面图和原址

向筹备委员会阐明当前迫切要解决的展馆选址问题。根据以前工业博览会的经验，该展馆至少占地16万平方米，还要为大型画展提供额外空间。而当时慕尼黑没有这么庞大的建筑物，因此委员会决定建造新的展览馆。

除了马克西米利安广场（Maximiliansplatz），马克西米利安大街（Maximilianstraße），麦克斯费尔德（Maxfeld）之外，在讨论中的建筑地块还包括希格斯特（Siegestor）前面的广场和卡尔广场（Karlsplatz，当地人称Stachus）、城西北边的植物园（Botanischen Garten）。植物园的优势在于它距慕尼黑市中心不远，并且靠近火车站，非常有利于工业展品的运输，尤其是重量较大的重工业展品和大型雕像等石制工艺品。而且植物园面积广大、周围无庞大建筑物遮挡，非常有利于采光照明。因为在当时价低长效的电灯还没有发明出来，室内照明是一个不可回避的问题。最后，植物园的温室已经破烂不堪，本欲重建。如果博览会结束后，展馆可以充当植物园的温室，自然是一举两得。

1853年8月22日，马克西米利安二世批准了委员会提交的建造方案，准备在植物园中建造新的工业展览馆，建筑师奥古斯特·冯·沃伊特（August von Voit）主持展览馆的设计。

因为在规划过程中，展馆就已被设定为将来的植物园温室。所以展馆除了易拆装外，最重要的需求就是尽可能地透明，传统石材等建筑材料自然一开始就被排除在外。沃伊特就此提出了使用钢结构和玻璃的建筑方案。因为在1851年英国人已经在钢结构、玻璃的水晶宫里成功举办了万国工业博览会，并且1853年完工的施兰宁大厅（Schrannenhalle，现为零售和美食的大卖场）和慕尼黑王宫温室都已大量使用了钢结构、玻璃，巴伐利亚人自己是有能力建造一所玻璃宫的。并且如以木材为框架，单单木材晾干就至少需要五个月的时间，在冬季来临之前已经来不及了。而钢结构在冬季却可以继续在车间内制造。

国王马克西米利安二世最终批准了这一建筑方案，以1851年英国水晶宫为原型，同样建造一座以钢结构为骨架、玻璃为墙的巨大玻璃展馆。1853年12月，首相德·普福尔滕（Pfordten）向议会提交展馆建设议案，以供审

1854年慕尼黑水晶宫举办的首届德意志工业产品博览会内部场景

批。其中建筑成本仅申请了大约80万古尔登。

与伦敦水晶宫建造相似,最初的设计也相对复杂。但由于施工时间短,设计大大简化,并更多地依赖于标准组件的使用。慕尼黑水晶宫长234米(768英尺),宽67米(220英尺),高25米(82英尺)。其中用到了1700多吨预制铁部件,由纽伦堡的克莱默-克莱特公司制造(Cramer-Klett)。克莱默-克莱特公司是当时德国南部钢铁建筑领域的领军企业,此前该公司在慕尼黑参与建造了格罗赫塞洛赫大桥(Großhesseloher Brücke),也建造了慕尼黑王宫温室。另外,慕尼黑水晶宫用掉了37000多块玻璃,由传统的施密兹费尔登(Schmidsfelden)玻璃厂生产。整个水晶宫的建造施工由奥格斯堡-纽伦堡机械厂(MAN AG)完成。1854年4月1日,安装了首个24.4米高的框架,4月18日就开始安装玻璃,4月30日整个玻璃外墙施工完成。5月8日开始铺设地板、设置画廊。6月1日,画廊部分完工,6月7日整项工程完成。从1853年12月31日开始,到1854年6月7日结束,施

1854年慕尼黑水晶宫外观

1854年水晶宫举办的首届德意志工业产品博览会内部场景

工迅速，仅仅用了六个月。

完工后的五周里，展品陆陆续续到达展馆。7月15日，首届德意志工业产品博览会就在此召开，国王马克西米利安二世亲自到场为它揭幕。随后成千上万民众到达水晶宫参观展览，领略最新工业产品的风采和艺术品的魅力。

慕尼黑水晶宫本身就是一件工业和艺术结合的精品，丝毫不逊色于伦敦水晶宫，而其承载的工业博览会更充分地展示出巴伐利亚及德意志工业的最新发展成就。这距离1851年英国在伦敦水晶宫举办国际工业博览会才仅仅过去了三年的时间。德意志作为后起之秀，在工业发展方面显示出强劲的发展动力和不俗的成绩。曾赴英国考察的清朝官员张德彝在游历伦敦水晶宫后，赞叹不已，其场景描述用于慕尼黑水晶宫亦不为过。在他的《欧美环游记》中有文"……一片晶莹，精彩炫目，高华名贵，璀璨可观，四方之轮蹄不绝于门，……灯火烛天，以千万计。奇货堆积如云，游客往来如蚁，别开光明之界，恍游锦绣之城，洵大观也"。从中可以领略两座水晶宫的往日风采。

由于水晶宫内部可以随时使用隔板进行空间划分，所以非常适合举办各种大型展览活动，如果按原计划再拆改成植物园温室未免太可惜。所以在1855年2月1日，议会批准水晶宫保留了下来，承办各种大型艺术展览和国际贸易展览会。其中，重要的活动有：1858年承办了"首届全德意志历史艺术展"；1869年承办了"第一届国际艺术展"；1888年承办了"第三届国际艺术展"。1889年后水晶宫几乎完全用于艺术品展览和举办艺术节，这使它成为国际艺术品贸易的交易地和论坛。

1882年，在水晶宫举办了第一届国际电气照明和电工博览会。德国工程师奥斯卡·冯·米勒（Oskar von Miller）在50公里外的米斯巴赫（Miesbach）建造了一条2 000伏特直流架空电线，为慕尼黑带来电力。同时一个由电水泵带动的人造瀑布在水晶宫会场上稳定工作，充分地展示了远距离传输电力的可行性，并吸引了大量观众和投资者的目光，这就是著名的"米斯巴赫-慕尼黑电力传输"。

1931年6月6日，水晶宫在一场大火中被毁，起火原因后来被确定为人为纵火。大火损毁了3 000多件艺术品，烧毁了19世纪初的110多幅画作，其中包括卡斯帕·大卫·腓特烈（Caspar David Friedrich）、莫里茨·冯·施温德（Moritz von Schwind）、卡尔·布莱琴（Karl Blechen）和菲利普·奥托·伦格（Philipp Otto Runge）的许多作品。火灾过后仅整理出80件艺术品。

1931年6月7日，《新维也纳·塔布拉特》日报（*Neues Wiener Tagblatt*）报道了慕尼黑玻璃宫的大火："水晶宫的火灾是欧洲艺术界最大的破坏性灾难之一。自'三十年战争'以来，德国从未像这场大火那样一次性破坏了这么多艺术品。在展出的2 820件绘画和雕塑作品中，只有80件幸免于难。损失估计在2 500万至3 000万马克之间。……关于火灾原因还是未知，现在的传言大多是心怀不满的艺术家进行的报复，但无法证实。初步调查显示，火灾可能源于附近的木工店。20名消防员在救援工作中受伤。齐默尔曼将军（Zimmermann）冒着生命危险从被烧毁的大厅中抢救宝藏，但被警察拦截保护下来。在下午结束的会议上，文化部公开呼吁德国人民，发起一场救济行动……"

火灾发生后，原本是有计划重建水晶宫的。然而在纳粹党夺取政权后，很多原有市政规划都被废止，水晶宫的重建计划最终也在1933年被放弃了。取而代之的是在摄政王大街（Prinzregentenstraße）的英国

1854 年水晶宫博览会铜章

第四章 马克西米利安二世

1854 年水晶宫博览会锡章

花园附近建造了一座"艺术之家"（Haus der Kunst）。这座建筑于1937年竣工，是第三帝国时期的典型建筑，因为其列柱的造型而被人们戏称为"白香肠小道"，现作为当代国际艺术品展览馆。1936年，一个艺术品小展厅在水晶宫原址重建，但又在"二战"中被损毁。战后又被艺术家们重建。

现在水晶宫的原址又恢复了往日地点的名称"老植物园"（Alter Botanischer Garten），前后由索菲大街（Sophienstraße）和埃利森大街（Elisenstraße）包围。展馆原址上建起了餐厅。

水晶宫里的喷泉在火灾中幸免于难、完好无损，今天仍然矗立在慕尼黑海德豪森区（Haidhausen）魏森堡广场的中心。

碰巧的是，慕尼黑水晶宫的模仿对象——伦敦水晶宫，在五年半之后也遇到了火灾，其承载的大英帝国的种种成就以及无数人的梦想就这样被火焰吞噬。由于种种原因，英国政府无心也无力再重建，连仅存的两座水塔也在"二战"中被拆除。火灾过后，大英帝国的荣光就此终结，丘吉尔从英国下议院打道回府途中就表示："这是一个时代的终点。"

两座水晶宫，同时代、同原因而诞生，同时代、同原因而毁灭，都不曾被重建。它们共同见证了新旧政治势力的崛起与衰败、霸权的轮回与更替。这正如清代孔尚任在《桃花扇》中所述的"眼看他起朱楼，眼看他宴宾客，眼看他楼塌了"。

1854年，慕尼黑造币厂为庆祝首届德意志工业产品博览会在水晶宫成功举办，特发行一枚以"水晶宫"为主题图案的双泰勒。其中的一部分还装盒对外销售。该双泰勒的阴文边铭有两种，一种是《德累斯顿货币协议》要求标注的货币性质和成色"VEREINSMÜNZE ∗ VII EINE F. MARK ∗"（同盟货币∗7枚含1马克纯银∗），本书编号 BG59.1，《KM目录》编号 KM#845.1。另外一种是货币形制所依据的协议"CONVENTION ∗ VOM ∗ 30 IULY ∗ 1838 ∗"（1838∗7∗30∗的协议，即《德累斯顿货币协议》），本书编号 BG59.2，《KM目录》编号 KM#845.2。这两种文字都是《德累斯顿货币协议》中要求标注的，只不过货币性质和成色通常出现在流通货币的背面而不是边铭位置，并且这种差异也不能当作该币原铸和后铸的区分手段。

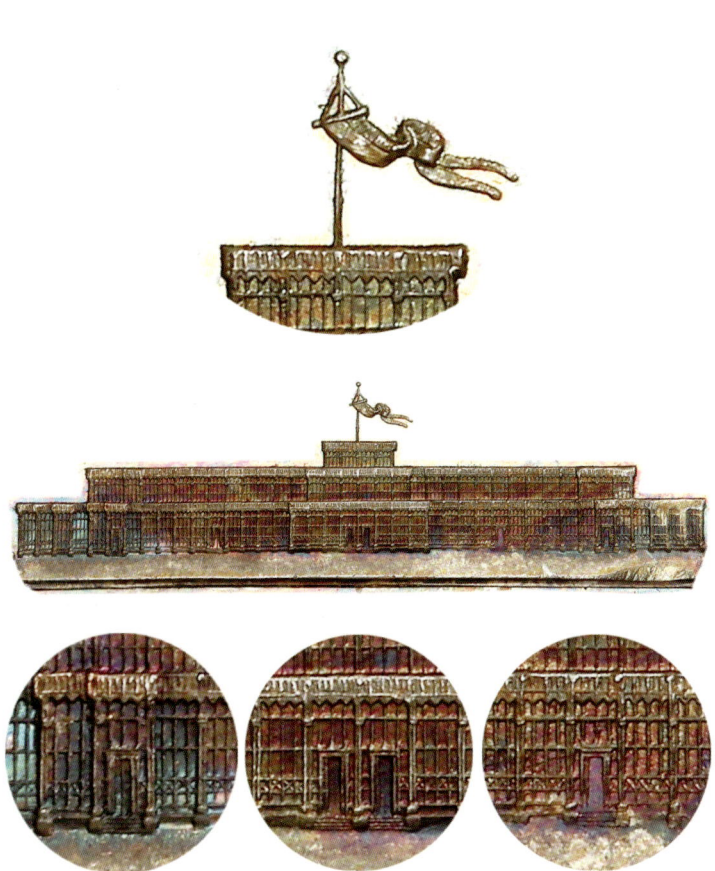

BG59.1&59.2 细节

~~~~~~~~~~~~~~~~~~~~~~~~~~~~~
BG59.1&59.2 1854 水晶宫博览会版别:
1) 金质后铸币(65g), 边铭为 "VEREINSMÜNZE ＊ VII EINE F. MARK ＊", 且标注"1902"年份

BG60 1856 林道国王纪念碑

历史双泰勒(Geschichtsdoppeltaler)
正面铭文:MAXIMILIAN II KŒNIG V. BAYERN
背面铭文:DENKMAHL DES KÖNIGS MAXIMILIAN II IN LINDAU
　　　　 ERRICHTET V.D. STÄDTEN AN DER SÜD-NORD-BAHN /
　　　　 1856
边饰:DREY EINHALB GULDEN ★ XV EIN PFUND FEIN ★
直径:41mm　重量:37.12g　含银量:90.0%,1.0740oz
书目编号:KM#850,Dav.605,AKS167,Kahnt124

年份	铸造量	美品	极美	未流通
1856	1 152	450	800	2 000

博登湖旁的马克西米利安纪念碑

1856年，为感谢国王马克西米利安二世对林道市的巨大贡献，该市于10月12日为国王竖立一尊大型纪念碑。同时，慕尼黑造币厂顺应民意发行双泰勒一枚加以纪念。币的正面是巴伐利亚国王马克西米利安二世头像，周圈铭文"马克西米利安二世，巴伐利亚国王"。币的背面是林道的马克西米利安二世纪念碑。纪念碑的顶端是身穿圣·休伯特骑士服的马克西米利安二世站立铜像；其下为纪念碑中间部分——八角石柱，柱上镶嵌有南北铁路沿线八个主要城市的铸铜纹章。石柱的四角各有一尊具有象征意义的石坐像；石像下为方形基座，其上雕刻立碑原因和捐献者信息。该币背面周圈铭文"林道马克西米利安二世国王纪念碑／由南北铁路沿线城市竖立"，下刊年份"1856"。

林道

林道（Lindau）是巴伐利亚西南端的一座旅游城市，位于德国、奥地利和瑞士三国的交界处。林道的名称Lindau源于拉丁语"Linden Au"，即"生长菩提树的河边洼地"，所以林道市的纹章就是一棵枝繁叶茂的绿色菩提树。

林道的老城修建在一个面积仅0.68平方公里的靠近博登湖右岸的小岛上。小岛通过一座建于1853年的火车铁路堤坝和另一座公路桥同陆地相连接。

林道港竣工于1856年，被誉为"整个博登湖上最漂亮的港口"，6米高的巴伐利亚狮子雕像和33米高的灯塔一并竣工，左右呼应，注视着博登湖，守护着林道港的入口。狮子是巴伐利亚的标志，而这座灯塔是巴伐利亚唯一的一座灯塔。在天气晴朗的白天，从林道港向南可以瞭望到远处连绵的阿尔卑斯山，而夜晚

老明信片中林道马克西米利安二世站立雕像

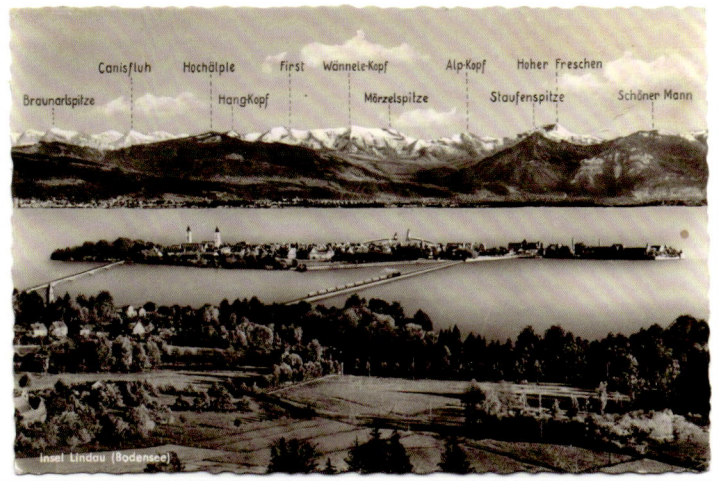

林道老城位于博登湖东侧的小岛上,
小岛北端通过一座铁路堤坝、一座公路桥和大陆连接,
小岛南端是著名的林道港,灯塔和巴伐利亚狮子形成了出入口,
林道港向南可以瞭望到远处连绵的阿尔卑斯山脉。
从西至东,横跨巴伐利亚山脉,跨越德国、瑞士及奥地利三国边界
林道就是"阿尔卑斯山之路"的开端

千道灯光则照亮迷人的港口。从林道开始的"阿尔卑斯山之路",从西至东,横跨巴伐利亚山脉,跨越德国、瑞士及奥地利三国边界,直到德国的最高峰楚格峰和贝希特斯加登的国王湖。

除了林道港外,林道并没有其他特别突出的景点,但老城中小巧精致的石板街道却给人留下一片宁静,其中最出名的就算以马克西米利安二世命名的马克西米利安大街(Maximilianstraße)。

路德维希南北铁路

在19世纪三四十年代,德意志地区的铁路建设进入了高潮期。巴伐利亚在1835年开通了从纽伦堡到菲尔特的德意志首条蒸汽机车铁路(见BG36);又于1840年10月4日又开通了从慕尼黑到奥格斯堡的铁路线(见BG36)。随后,巴伐利亚又整合私有铁路公司,进行了铁路公司的国有化。国家铁路从1844年至1853年修建了贯穿巴伐利亚南北的路德维希南北铁路(SÜD-NORD-BAHN),仅霍夫(Hof,巴伐利亚东北部城市)与林道之间的直线距离就为548公里。

为了表达对巴伐利亚铁路建设作出的巨大贡献,以及对港口城市林道的重新规划。南北铁路沿线的20座城市(林道、伊曼施塔特、肯普滕、考夫贝伦、奥格斯堡、多瑙沃特、诺德林根、欧廷根、瓦塞尔特吕丁根、冈泽豪森、施瓦巴赫、纽伦堡、菲尔特、埃尔朗根、福希海姆、班贝格、库姆巴赫、拜罗伊特、慕尼黑和霍夫)于1856年在林道共同为国王树立了一尊大型纪念碑。该纪念碑位于海港附近的火车总站和巴伐利亚宫廷酒店之间的广场上。在1856年10月12日,林道市为纪念碑举行了盛大的揭幕仪式。游行队伍挤满了城市街道,农业、渔业代表拿出大量的水果、乳制品、鱼制品等产品,寓意着林道的物产丰富;工人则手持国旗在队伍中行进;群众还使用了船舶、机车造型的花车代表了港口和铁路的大规模建设。市长讲话完毕后,在隆隆的炮声中,纪念碑幕布缓缓落下,露出国王铜像。铜像上的国王目光宁静平和、远远注视着博登湖面。这次揭幕仪式的规模已经超过了两年前南北铁路的开通仪式。

纪念碑整体高10.36米,其中国王铜像高约3.35米。纪念碑从顶到底分为三层。顶端是身穿圣·休伯特骑士服的国王马克

马克西米利安纪念碑曾位于林道小岛南端,
1937年前纪念碑树立在火车总站和巴伐利亚宫廷酒店之间的广场上,
纪念碑上的马克西米利安雕像面向博登湖,注视着林道港入口。
1937年后马克西米利安纪念碑被移至西侧的卡尔斯堡

西米利安二世的铜像（除王位和爵位外，国王马克西米利安还是圣·休伯特骑士团团长、马克西米利安－约瑟夫军团团长、圣·乔治骑士团团长，也是马耳他骑士团的执行官和奥地利金羊毛骑士团成员）：其下是纪念碑中间部分——八角石柱，柱上镶嵌有铁路沿线八个主要城市和地区的铸铜纹章（奥格斯堡、慕尼黑、兰茨胡特、维尔茨堡、安斯巴赫、雷根斯堡、拜罗伊特、斯派尔）。石柱的四角各有一尊造型各异的大理石坐像，分别代表着交通运输、艺术与科学、贸易、工农业，寓意着"在开明国王和政府的管理下，交通运输、艺术与科学、贸易、工农业等行业都得到了极大的发展"（见1856年10月15日《新慕尼黑报》）；石像下方是方形基座，基座的一侧雕刻着纪念碑主人公的信息"MAXIMILIAN II/KOENIG VON BAYERN/PFALZGRAF BEI RHEIN/HERZOG VON BAYERN/FRANKEN/UND/IN SCHWABEN（马克西米利安二世/巴伐利亚国王/莱茵普法尔茨伯爵/巴伐利亚/弗兰肯/和施瓦本公爵）"；基座另一侧则是对国王贡献的介绍"Dem Förderer des Verkehrs, Erbauer dieses Hafens und Vollender der durch Ludwig I. begonnenen Süd-Nordbahn（交通的推动者、港口的建设者，以及路德维希一世开创的南北铁路的完成者）"；第三面基座上刻有纪念碑捐献者信息"Die dadurch verbundenen Städte, 20 an der Zahl, welche zu diesem Denkmale Beiträge geleistet haben, umgibt diese Schrift（互联的20座城市奉献上纪念碑，以此为念）"；基座的最后一面刻有感谢之词"In dankbarer Anerkennung der Segnungen dieser Schöpfung（感激造物主的赐福）"。

马克西米利安纪念碑由约翰·哈尔比格（Johann Halbig, 1814—1882，同为狮子雕像的雕刻者）教授雕塑设计，斐迪南·冯·米勒（Ferdinand von Miller, 1813—1887）铸出了铜像。

1937年4月，马克西米利安纪念碑被移到火车总站西侧博登湖边的卡尔斯堡（Karlsbastion），这里曾是以卡尔五世皇帝来命名的海岸防御工事，远离市中心、火车站等交通要道。时值1942年第二次世界大战，当需要大量金属来制造弹药时，人们想起了放在卡尔斯堡的纪念碑。国王铜像和四个石像被拆了下来，铜像虽然被熔化，但随后却发现其材质并不适合用作弹壳。这倒是让这位爱好和平的国王避免以这种方式参战。

在如今的林道，卡尔斯堡内只残存有纪念碑中段的八角柱。恐怕没有多少当地人，更不用说外地人，知道这八角石柱和巴伐利亚国王马克西米利安二世，以及那个时代的关系了。现在，在巴伐利亚境内还存有很多马克西米利安二世纪念碑，其中之一是巴特基辛根（Bad Kissingen）的着圣·休伯特骑士服的纪念碑；另外一个则是慕尼黑马克西米利安大街的三层纪念碑，非常有名，但也常被人错认为是林道的马克西米利安纪念碑。

根据参考目录，这枚马克西米利安纪念碑历史双泰勒虽标注年份1856、重量仍为37.12克，但根据其边铭"DREY EINHALB GULDEN ★ XV EIN PFUND FEIN ★"（3½古尔登 ★ 15枚合1磅纯银★）可知，该币遵守1857年1月24日签署的《维也纳货币协议》中以公制磅（500克）为货币发行基础的规定，所以该历史双泰勒真实的发行时间最早为1857年，币面的"1856"年仅为纪念碑揭幕的发生时间。该双泰勒发行量较少，仅为1 152枚。

巴伐利亚狮子和灯塔相望守护港口

1937年后马克西米利安纪念碑被移至西侧的卡尔斯堡。
1942年铜制马克西米利安雕像被拆除熔铸作弹壳,
现仅剩纪念碑中段的八角石柱仍矗立在卡尔斯堡,
其顶部有8个地区的铸铜纹章

位于巴特基辛根的着圣·休伯特骑士服的马克西米利安纪念碑

第四章 马克西米利安二世

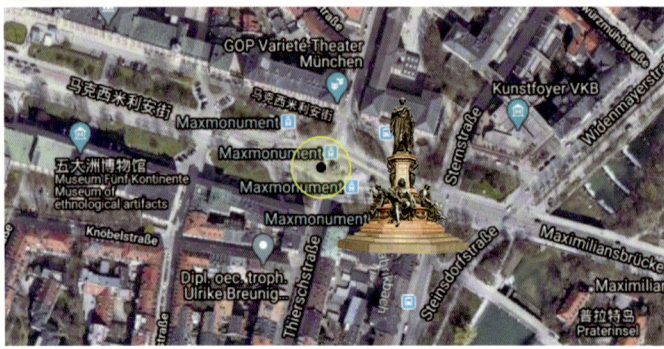

位于慕尼黑马克西米利安大街的马克西米利安纪念碑（Maxmonument）

慕尼黑马克西米利安大街马克西米利安纪念碑基座处的四个人物雕像

老明信片中的林道马克西米利安二世纪念碑

BG60 细节

BG60 1856 林道国王纪念碑版别：

1）存在金质后铸币，65g，边铭为"VEREINSMÜNZE ✶ VII EINE F. MARK ✶"且标注"1902"年份

第五章　国王路德维希二世、奥托和摄政王

路德维希二世（1864—1886）
König Ludwig II，1864-1886

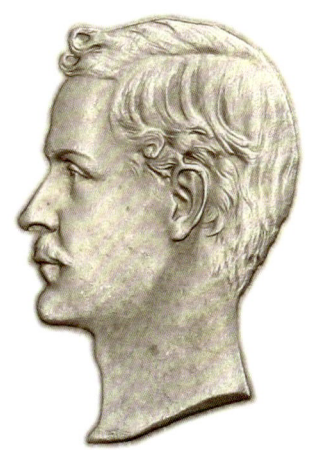

奥托（1886—1913）
König Otto，1886-1913

柳特波德（1886—1912）
Prinzregent Luitpold，1886-1912

路德维希二世　奥托　柳特波德

路德维希二世

路德维希二世（Ludwig Ⅱ，1845—1886），全名路德维希·奥托·腓特烈·威廉（Ludwig Otto Friedrich Wilhelm），1864—1886任巴伐利亚国王。路德维希二世，在巴伐利亚的历史中一直被认为是最狂热的城堡修建者，特别是童话般的新天鹅堡的修建，更坐实了他"童话国王"的戏称。

路德维希二世是巴伐利亚国王马克西米利安二世和普鲁士公主玛利亚的长子。1845年8月25日出生于慕尼黑的宁芬堡。因为他是王太孙，并且生日和祖父路德维希一世是同一天，所以深受老国王路德维希一世喜爱，随他姓名称路德维希。

1886年在长兄路德维希二世意外死亡之后，患有严重精神疾病的弟弟奥托继承王位。柳特波德亲王继续担任摄政，直至1912年逝世。

货币

1837年签订《慕尼黑货币协议》（Münchner Münzvertrag）之后，巴伐利亚、符腾堡、法兰克福等南德邦国和自由市随即发行古尔登（Gulden）货币。这次南德内部的货币整合统一有利于南德融入以普鲁士为核心的关税同盟，同时又保留了南德独特的货币体系。具体面额为½古尔登、1古尔登、2古尔登。1838年《德累斯顿货币协议》（Dresdner Münzvertrag）后发行3½古尔登大型同盟银币，正好兑换普鲁士的帝国双泰勒。该种大型银币建立起巴伐利亚等南德古尔登和普鲁士泰勒之间直接的实物货币兑换关系。

1857年《维也纳货币协议》（Wiener Münzvertrag）后，巴伐利亚发行新的联盟泰勒和联盟双泰勒，每30枚联盟泰勒折合 1 磅纯银。巴伐利亚国内继续发行古尔登,并仍将其作为国内记账单位,且按含银量比值兑换联盟泰勒,但在邦国间流通、记账上都要采用联盟泰勒;停止发行面额为 2 古尔登和 3½ 古尔登的大银币。古尔登的发行则一直延续到 1871 年。

1871 年后,以普鲁士王国为核心建立起德意志帝国,史称德意志第二帝国。1871 年 12 月 4 日,德意志帝国议会以法律形式确定了黄金单本位制的方案。12 月 5 日德意志政府颁布法令说明货币体系:

德意志政府现采用金单本位制。使用长期稳定并被广泛接受的法兰西银与金的比率 15.5∶1 进行兑换。德意志货币体系的单位是马克,1、2、5 马克为银币,10、20 马克为金币,纯度都为 90%。原 1 联盟泰勒(Vereinstaler)相当于 3 马克,即 1 磅纯银(500g)= 30 联盟泰勒 = 90 马克,1 磅纯金(500g)= 90 × 15.5 = 1 395 马克。或者说,1 磅黄金(纯度 90%)= 1 395 × 90% = 1 255.5 马克 = 125.55 枚 10 马克金币 = 62.775 枚 20 马克金币。

由此确定,10 马克金币重 = 500/125.55 ≈ 3.982 克,含纯金 = 3.982 × 90% ≈ 3.584 克,20 马克金币重 = 500/62.755 ≈ 7.965 克,含纯金 = 7.965 × 90% ≈ 7.168 克。1877—1878 年还发行 5 马克金币,重 1.991 克,含纯金 1.791 克。

在银币制造方面,取 1 磅纯银 = 100 枚 1 马克银币 = 50 枚 2 马克银币 = 20 枚 5 马克银币。1 马克银币重 5.555 克,其中含纯银 5.0 克;2 马克银币重 11.111 克,含纯银 10.0 克;5 马克银币重 27.777 克,含纯银 25.0 克。市面上仍然流通的大量联盟泰勒都被确认为法定货币,代替 3 马克使用,而真正的 3 马克暂缓发行直至 1908 年。

帝国统一了全国的货币体系,各邦国按人口比例分得铸币量，各造币厂经统筹承担造币任务。1马克及以下货币由帝国统一设计并铸造发行。大面额的2、3、5马克银币及金币可由各邦国自行设计，但必须使用统一的帝国纹章设计：币正面为邦国君主的头像和头衔，背面图案都为帝国之鹰纹章，即国徽。

帝国之鹰先后有"短翅"和"长翅"两种，都是由单头帝国黑鹰、普鲁士黑鹰盾徽、黑鹰勋章和皇冠组成。

1871年8月3日，德意志第二帝国皇帝威廉一世颁布法令，确定帝国纹章的样式（即国徽）：采用单头黑鹰作为帝国之鹰的主体，鹰头朝左（以下皆从观察者角度视左右），嘴、舌、爪均为红色；帝国之鹰的胸前佩戴普鲁士黑鹰盾形纹章，体现了普鲁士在帝国中的核心地位；其中普鲁士黑鹰左爪持权杖，右爪持十字圣球，其胸前则是霍亨索伦家族的黑白四分盾徽，象征了该家族在帝国中的统治地位；普鲁士黑鹰盾形纹章外环绕普鲁士黑鹰勋章；纹章顶部为加长帽衬飘带的皇冠（很像查理大帝的皇冠样式）；纹章底色虽未规定，但常采用传统的金色。

该纹章的设计与当时的政治体制是高度一致的，霍亨索伦家族出任普鲁士国王和帝国皇帝，普鲁士王国在帝国中占据主导地位，拥有帝国三分之二领土和五分之三人口，在帝国参议院中拥有否决权，并且普鲁士首相兼任帝国首相。

相较于1888年后再修订的帝国之鹰纹章，初期的帝国之鹰翅膀明显要短小，所以把1871—1888年铸币上使用的帝国之鹰简称"短翅"，而把1889年后铸币上使用的造型夸张而粗犷的帝国之鹰简称"长翅"。

1871—1886路德维希二世在位期间发行的银币使用的都是短翅帝国之鹰。在奥托任国王的28年中，印有其头像的银币有5种，先后使用了两种帝国之鹰纹章：2种2马克，1种3马克，2种5马克。1911年摄政王九十大寿时，发行了印有柳特波德亲王头像的2、3、5马克三种面额的银币。

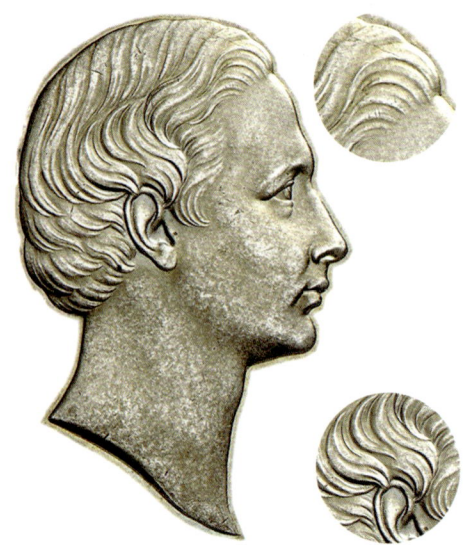

Ⅰ型 C.VOIGT 雕模

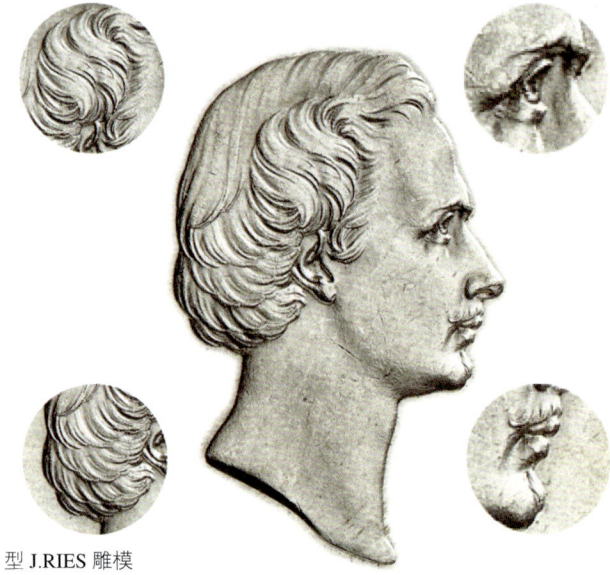

Ⅱ型 J.RIES 雕模

KM#905 1888 奥托短翅 2 马克

KM#913 1891—1913 奥托长翅 2 马克

KM#996 1908—1913 奥托长翅 3 马克

KM#907 1888 奥托短翅 5 马克

KM#915 1891—1913 奥托长翅 5 马克

KM#915 银质样币 Pn14（齿边），Pn15（阴文），Schaaf46-G1

KM#997 1911 摄政王九十大寿长翅 2 马克

KM#998 1911 摄政王九十大寿长翅 3 马克

KM#999 1911 摄政王九十大寿长翅 5 马克

BG61 1865—1871 圣母泰勒

圣母泰勒（Madonnentaler）/ 联盟泰勒（Vereinstaler）

正面铭文：LVDOVICVS II BAVARIAE REX

背面铭文：PATRONA BAVARIÆ

边饰：XXX ✱ EIN ✱ PFUND ✱ FEIN ✱ － ✱

直径：32mm　重量：18.52g　含银量：90.0%，0.5359oz

书目编号：KM#877，Dav.611，AKS176，Kahnt131

年份	铸造量	美品	极美	未流通
1865	110 000	35	80	120
1866	1 075 374	30	75	130
1867	594 636	30	100	200
1868	312 323	30	75	150
1869	277 253	50	110	240
1870	263 583	30	150	400
1871	718 023	30	90	180

1831年教皇国格里高利十六世发行的Scudo银币中的圣婴诞生

为了表达坚定的天主教信仰，祈求圣母保佑巴伐利亚国泰民安、自己也能心想事成、大展宏图，路德维希二世在登基的第二年敕令造币厂开始发行圣母泰勒。该圣母泰勒正面是巴伐利亚国王路德维希二世的右向 I 型头像，雕模师是 C.VOIGT，签名标于头像下方。头像外周圈刊拉丁文"路德维希二世，巴伐利亚国王"。币的背面延续了马克西米利安三世·约瑟夫、卡尔·泰奥多尔时期圣母抱子的设计，主图为端坐于祥云之中的圣母玛利亚，圣母头戴皇冠、身穿纱袍、左手持权杖、右手抱圣婴耶稣，脚下踏一轮弯月。圣母的目光仁慈、祥和，护佑众生。怀中的圣婴耶稣健康丰腴，左手拿十字圣球，右手作三位一体的手势。圣母、圣婴头部都有圆形背光。王冠、权杖和十字圣球都是君权神授的象征，即巩固王权统治。圣母外周圈拉丁文"巴伐利亚守护神"。边饰处有阴文"30 枚合 1 磅纯银"。该圣母泰勒从 1865 到 1871 总共发行了 6 年，其中首年份 1865 的圣母泰勒未标年份，其他 5 枚在背面底部修剪祥云标注铸造年份。另外，书中所标注的铸造量是当年度联盟泰勒的总铸造量，即 1866—1871 年铸造的圣母泰勒的铸造量占用当年联盟泰勒的部分发行份额。

基督教可大致分为天主教、基督新教和东正教。其中罗马天主教在近两千年的时间里影响着巴伐利亚政治、经济、军事和生活的方方面面。随着罗马帝国的衰败，爱尔兰和苏格兰的传教士

幼年的路德维希二世

开始成群结队地在欧洲各地传播福音。6世纪时，阿基罗芬格家族在巴伐利亚建立了第一个公国，该王朝的统治者对于这些传教士可谓俯首帖耳，他们皈依了天主教，也让基督教在这里迅速地生根发芽。到了739年，雷根斯堡、帕绍、弗赖辛和萨尔茨堡都出现了主教辖区，泰根湖、本笃镇、威尔腾堡以及其他几个地方还建起了修道院。

在之后的近八百年里，教会一直主导着当地人的生活，直到1517年。这一年，一位名叫马丁·路德的修士兼神学教授发表了95篇论文，对"教皇永无谬误""神职人员不得婚配""以财偿罪"等天主教教义进行抨击，掀起了宗教改革运动。

尽管天主教会试图粉碎路德的影响力，但他的思想却得到了广泛传播，尤其在弗兰肯和施瓦本地区。但在巴伐利亚腹地却与此相反，宗教统治者实行严厉的宗教审查制度，当地人根本不敢有丝毫质疑的念头。天主教会还鼓励不断成立新的耶稣会（Jesuits）并把英戈尔施塔特打造成"反宗教改革"的中心。最终在1618—1648年爆发了残酷的"三十年战争"（见BG27），数百万人因此丧生，整个欧洲血流成河。在这次宗教对抗中，巴伐利亚公爵马克西米利安一世坚定地站在哈布斯堡王朝斐迪南二世皇帝一边，构建了天主教联盟。皇帝为了表达感谢，扩大了马克西米利安的封地，并将其晋升为选帝侯。到1648年《威斯特伐利亚和约》签订时，巴伐利亚和中欧许多地区都沦为一片废墟。该和约允许各地方统治者自行决定

1837匈牙利发行的圣母泰勒

封地的信仰，于是基督新教路德宗取得了和天主教一样的合法地位。巴伐利亚自然坚定不移地信奉着天主教。17世纪，选侯国大肆修建巴洛克风格教堂，从这种建造规模和热情就能看出巴伐利亚人对天主教的信奉已经深入骨髓。

但在巴伐利亚以外的地方，时代潮流正在发生变化。启蒙运动让欧洲各地都开始酝酿起了革命，先是法国大革命，后是拿破仑战争，最终导致神圣罗马帝国的覆灭，古老的天主教会随之分崩离析。在此背景下，从1803年开始，巴伐利亚的修道院开始"世俗化"改革，最后产生了宗教平等共存的局面。尽管巴伐利亚国王路德维希一世（其洗礼教父是法王路易十六，而路德维希一世又是路德维希二世的祖父兼教父）的统治日渐保守，恢复了部分修道院的宗教派别属性，但新教教徒在巴伐利亚各地一直享有同等的权利。作为天主教的大本营，当地绝大多数的巴伐利亚人仍然是天主教徒。

圣母泰勒 Madonnentaler，Madonna即德语中的"圣母"。巴伐利亚的慕尼黑造币厂从1618年开始到1871年间，铸造了不同类型的圣母泰勒，使其成为一个独立的泰勒品种。当然天主教占优的其他邦国也发行过圣母泰勒，

1648年签订的《威斯特伐利亚和约》承认新教合法地位，新教诸侯和天主教诸侯地位平等；各诸侯邦国可自行订定官方宗教；各诸侯邦国有外交自主权

比如奥地利、匈牙利的圣母泰勒系列。圣母泰勒的设计变化不多,要么是圣母抱子、要么是圣母护城、要么是匐拜圣母。

由于机制币制造工艺的成熟和名家雕模设计,使得1865—1871年铸造的巴伐利亚圣母抱子泰勒更加美轮美奂、精美异常,相较于19世纪前的大量存在减重痕的圣母泰勒不知要精美多少倍,以至无数硬币被焊针、加环或打孔用于佩戴。以下列举1618年后巴伐利亚君主们发行的圣母泰勒。

BG61 细节

~~~~~~~~~~~~~~~~~~~~~~~~~~~~

BG61 1865—1871 圣母泰勒

选帝侯马克西米利安一世发行的圣母护城和圣母抱子泰勒等金银币，斐迪南·玛利亚发行的匍拜圣母泰勒

马克西米利安·伊曼纽尔、卡尔·阿尔布雷特、马克西米利安三世·约瑟夫发行的圣母抱子泰勒等金银币

卡尔·泰奥多尔、马克西米利安二世、路德维希二世发行的圣母抱子泰勒

BG62 1867 订婚泰勒

联盟泰勒（Vereinstaler）

正面铭文：LUDWIG II KŒNIG V. BAYERN U. SOPHIE HERZOGIN IN BAYERN / VERM. D.12 OCTB. 1867

背面铭文：光面，无

边饰：光边

直径：32mm　重量：21.01g　含银量：90.0%，0.6082oz

书目编号：KM#-，Dav.-，AKS-，Kahnt131A

年份	铸造量	美品	极美	未流通
1867	-			

路德维希二世和索菲公主合影

尽管子嗣单薄的巴伐利亚王室迫切需要一位正统的继承人,但年轻的国王路德维希二世却深深仰慕自己的表姑茜茜公主,不肯与其他女子缔结婚约。这时,和茜茜相貌相似的妹妹索菲走进了国王的生活。在茜茜的劝说下,路德维希二世跟索菲缔结了婚约。1867年为庆祝国王订婚,慕尼黑造币厂雕模师C.Voigt给这对未来的王室夫妇雕模造像、拟以联盟泰勒形制发行纪念。但渐渐失落的路德维希二世念念不忘茜茜,与索菲的婚礼一拖再拖,最后不了了之。虽然该订婚纪念币的发行计划泡汤,但流传的试铸币却将其中故事记叙了下来。

币的正面是路德维希二世和索菲公主二人的右向头像,采用了男前女后的布局形式。路德维希的头像基本采用了C.Voigt的I型头像设计。索菲公主则梳着巴伐利亚传统发辫,面容精致、娇小可爱。两人真可谓帅男靓女,十分般配。头像外周圈刊德文"巴伐利亚国王路德维希二世与巴伐利亚女公爵索菲/于1867年10月12日结婚"。

1864年,马克西米利安二世骤然去世后,年仅18岁的路德维希就任新的巴伐利亚国王。他渴望像中世纪的国王一样手握重权,主宰国政,恢复先祖的荣光。然而年轻的国王很快就被黑暗的权力斗争、尔虞我诈的宫廷生活打败了,他根本没有力量与手握重权的议会抗衡。路德维希二世的政治道路就这样夭折在继位之初。理想和现实之间的强烈反差让年轻的国王异常苦闷。

心系茜茜

年轻的路德维希五官清秀,皮肤白皙,那如玫瑰花般娇艳的脸庞,如松柏一样高挑的1米90身材吸引了众多王室公主、贵族少女的眷顾。然而真正令他爱慕

路德维希二世

路德维希与索菲

的却只有一位,那就是伊丽莎白·艾米丽·欧根妮,她有一个更为人所熟知的名字——茜茜公主。茜茜公主是巴伐利亚的女公爵,虽然她只比路德维希大八岁,但身份却是路德维希的表姑(路德维希二世的祖父与茜茜公主的母亲乃同父异母的兄妹)。

八岁的年龄差距,让他俩错过了彼此同在巴伐利亚的童年。当16岁的茜茜从慕尼黑嫁去维也纳时,8岁的路德维希就在奢华盛大的送亲行列里,并没有被万众瞩目的茜茜所吸引。相反他只记得小时候,茜茜每次造访巴伐利亚王宫时所带来的不愉快。茜茜个性倔强,比赛骑马、玩游戏都当仁不让,并不把小王子路德维希放在眼里。

路德维希二世和茜茜的关系变亲密是在路德维希18岁刚继位、茜茜26岁那年。他按惯例造访维也纳宫廷。此时,茜茜在维也纳处境艰难,而路德维希也是失意人,两个人都显得那么与众不同,与沉闷无趣的宫廷生活格格不入,"同是天涯沦落人"的心

路德维希二世和索菲的订婚纪念章,结婚时间已推迟到 1867 年 11 月 28 日

茜茜公主

理让两人迅速熟悉起来。他们的性格举止相似,美貌,高挑,敏感;都热爱大自然、音乐文学,不喜欢教廷的清规戒律和简朴禁欲,不推崇宫廷的繁文缛节和勾心斗角。之后,他们常在一起散步、谈心、朗读诗篇、谈论音乐,甚至互诉衷肠,宣泄生活中的种种不如意。两颗同样纤细敏感的心紧紧地靠在了一起。然而,两人不能更进一步,茜茜已身为帝国皇后,她没有权力放纵自己、追逐情感,更何况她与弗朗茨之间还有孩子。而在路德维希眼中,茜茜是女神的化身,是世上最完美女性的化身,是他对女性一切美好幻想的化身,他不能用欲念来玷污自己心中的女神。

尽管子嗣单薄的巴伐利亚王室迫切需要一位正统的继承人,深深仰慕茜茜公主的路德维希却迟迟不肯与他人缔结婚约。茜茜很为路德维希担忧,她劝说路德维希早日结婚生子。就在这时,茜茜的妹妹索菲走进路德维希的生活。索菲性格温柔甜美,爱音乐,歌喉美。她很爱路德维希,路德维希也喜欢和索菲在一起,不过只是单纯的喜欢听索菲唱歌、共同欣赏路德维希最爱的瓦格纳歌剧。最终在茜茜的劝说下,路德维希跟索菲缔结了婚约。然而只有一副好歌喉的百灵鸟始终比不上敢与风浪斗争的海鸥,随着与索菲关系的拉近,路德维希感受到索菲与茜茜之间的差距越来越大,他更渴望心灵的结合。于是他把正式的婚期往后延了几次,最后不了了之。

路德维希选择了亲情和友情,他与茜茜作了一辈子的朋友。在茜茜失落寂寞的时候,路德维希陪在她身边;而当路德维希孤立

路德维希和茜茜公主

无援的时候,茜茜也坚定地站在他的身边。茜茜曾经写诗称路德维希是"雄鹰",而自己是"海鸥"。即使沉默不语,拥有彼此的陪伴,就能让他们得到心灵的慰藉。同时,路德维希一直和索菲维持着深厚的友谊亲情。索菲声称路德维希是她此生唯一的真爱。

善良的索菲

索菲柔顺善良,不仅茜茜极度宠爱她,奥地利皇帝弗朗茨和索菲太后也视她为掌上明珠(索菲的名字就是随皇太后取的)。索菲太后得知索菲公主被退婚,于是就安排给弗朗茨最小的弟弟维克多。但维克多拒婚。连续两次被拒婚,索菲受了很大的打击。之后家人给她安排的几个对象都被她拒绝了。大家特别心疼她,不敢再提婚事,安排她去萨克森王室的另一个姨妈家度假散心。无心插柳,索菲就在这里认识了自己的"另一半"——法国支脉的亲戚奥尔良家族的阿朗松公爵斐迪南,也是法国国王路易·菲利普一世的亲孙子。他俩的婚姻平静幸福,生了一对儿女。

索菲50岁时在那场举世震惊的巴黎慈善活动Bazar de la Charité的火灾中丧生。1897年的慈善拍卖活动会场遭受火灾,126名贵族名媛丧生,索菲就是其中一位。

面对这场灾难时,索菲再一次体现了她与生俱来的善良无私。她拒绝了最好的救援时机,坚持让那些为慈善活动出力的女助手们先离开。当这些女助手们被疏散到安全地区、救助人员再返回时,索菲已经在火海中不幸遇难。

索菲公主及其丈夫斐迪南 /1898 年,茜茜公主在日内瓦遇刺身亡

BG62 细节

~~~~~~~~~~~~~~~~~~~~~~~~~~~~~

BG62 1867 订婚泰勒版别:
1) 正面单面光边镍质样币

BG63 1871 胜利泰勒

胜利泰勒（Siegestaler）/ 联盟泰勒（Vereinstaler）
正面铭文：LUDWIG II KŒNIG V. BAYERN
背面铭文：DURCH KAMPF UND SIEG ZUM FRIEDEN / FRIEDENSSCHLUSS ZU FRANKFURT A.M. 10 MAI 1871
边饰：XXX ∗ EIN ∗ PFUND ∗ FEIN ∗ - ∗
直径：32mm 重量：18.52g 含银量：90.0%，0.535 9oz
书目编号：KM#889，Dav.615，AKS188，Kahnt132

年份	铸造量	美品	极美	未流通
1871	149 584	60	120	280

1896 年普鲁士发行德意志统一 25 周年纪念银章

1871年1月18日，普鲁士国王威廉一世在法国凡尔赛宫加冕为皇帝，建立了德意志帝国。法国资产阶级政府请求停战。2月26日，双方在法国凡尔赛签订初步和约。5月10日在法兰克福签署了正式和约。为了顺应全德民意、庆祝德意志统一，巴伐利亚国王路德维希二世敕令造币厂发行胜利泰勒一枚加以纪念，遵循联盟泰勒形制。该胜利泰勒的正面是巴伐利亚国王路德维希二世的右向Ⅱ型头像，其雕模师是慕尼黑造币厂的Johann Adam Ries，签名简写为"J.RIES"，标在头像下方。头像外周圈铭文"路德维希二世，巴伐利亚国王"。币的背面主图为人格化的巴伐利亚女神，女神手持胜利花环和丰饶角，丰饶角顶溢出了小麦、谷物等粮食，石榴、葡萄等水果，象征着赐予巴伐利亚王国和平与财富，女神脚下生长的月桂枝象征着勇气和荣誉。巴伐利亚女神身披纱巾，高挽发髻，目光柔和，注视着远方，并自然随性地靠坐于石椅上。石椅右下角有雕模师签名"VOIGT"。周圈刊铭文"从战斗和胜利中获得和平"，下刊和约签订日期"于1871年5月10日法兰克福缔结和约"。边饰有阴文"上帝保佑巴伐利亚"。巴伐利亚1871普法战争胜利泰勒和同期的普鲁士、符腾堡、萨克森的胜利泰勒相比，主题表达要温柔得多，只是一尊赐予胜利的女神，没有刀剑、枪炮和旌旗，这可能和路德维希二世的性格有关，也可能对这场由普鲁士主导的胜利没有那么喜悦吧。

1862年，俾斯麦被任命为普鲁士王国首相。他马上就策划统一运动，务求建立排除奥地利在外的统一的德意志帝国。1864年爆发的普丹战争就开始了迈向统一方向的"铁与血"的战争之路。1864年3月10日，刚继位且年仅18岁的巴伐利亚国王路德维希二世身不由己地卷入这一历史发展进程当中。作为除奥地利和普鲁士之外的德意志第三大邦国，巴伐利亚的实力不容小觑。巴伐利亚的站位足以倾斜战争的天平，所以巴伐利亚也是普奥双方争相拉拢的对象。

1866 普奥战争

1866年爆发的普奥战争是普鲁士王国与奥地利帝国争夺统一德意志领导权的霸权争夺战。从1864年10月开始，凭借普丹战

年轻的路德维希二世

争的胜利,俾斯麦唤起德意志人的民族意识,并领导普鲁士政府积极投入战争准备工作,决心动用军事力量来解决普鲁士在德意志的霸权问题。

在1866年普奥战争之前,一直主导巴伐利亚政界的反普鲁士政策的灵魂人物是路德维希·卡尔·亨利·冯·德·普福尔滕男爵,他于1849年4月起担任外务大臣。他设想的保持德意志内部权力均衡的终极解决方案是"三头平衡",其中有实力最强的第一梯队奥地利、普鲁士两巨头,而以巴伐利亚、符腾堡、萨克森等为首的邦联诸国联盟是前者的制衡力量,巴伐利亚则是这些第二梯队诸邦国的绝对领袖。德·普福尔滕的反普鲁士政策影响深远,曾经在复杂的石勒苏益格-荷尔斯泰因问题中,巴伐利亚在德·普福尔滕的指导下一直反对普鲁士。尽管现在俾斯麦尽力劝说巴伐利亚在对奥战争中保持中立,但年轻的路德维希二世还是于1866年5月11日签署了动员令,代表巴伐利亚支持德意志邦联和奥地利帝国一起对抗普鲁士侵略者。他的站位选择并不是盲目和任性的,因为站在普鲁士方面的,有梅克伦堡、奥尔登堡和北德意志的其他各邦,以及汉堡、

普鲁士首相俾斯麦

普奥战争中普鲁士战胜奥地利

不来梅和吕贝克3个自由市；站在奥地利方面的则是大部分德意志邦联成员国，有巴伐利亚、萨克森、汉诺威、巴登、符腾堡、黑森-卡塞尔、黑森-达姆施塔特和德意志邦联的其他成员国。故此，普鲁士简直是与整个德意志邦联对战。从大邦国的数量和人口、面积来说，奥地利方面占有优势。但从军事实力来说，普鲁士则要强于对方。但从小就对军事完全没有兴趣的路德维希把战争、政治直接扔给了巴伐利亚的内阁大臣，而自己则出发到瑞

1866 普鲁士胜利泰勒

制定北德意志邦联宪法的部分代表

士与理查德·瓦格纳会面。这次错误的参战使得地处南部的巴伐利亚沦为主战场，战争所到之处沦为废墟。在战争结束后的几周，路德维希二世决定巡视遭战争破坏的地区，以鼓舞民众士气。在给瓦格纳的信中，他这样写道："我此行的目的在于让我的臣民知道我是谁，让他们开始认识他们的君主。"所到之处，民众像对待胜利者一般热情地欢迎路德维希二世，似乎根本不曾遭受过普鲁士军队的毁灭性打击。

当然，战争结果是奥地利方面战败。根据《布拉格和约》，奥地利被完全踢出德意志事务，并且解散德意志邦联。次年，普鲁士领导成立了一个过渡性组织——北德意志邦联，由德意志北方的22个邦国组成，并通过邦联宪法，为实现德意志统一打下了基础。在1871年德意志帝国成立后，该邦联便被废除。但是它帮助普鲁士控制了德国北部，加强了普鲁士对南德邦国的影响力，作用犹如关税同盟。北德意志邦联明显地排除了政治手腕老辣的奥地利。同时为避免法国的警觉，将巴伐利亚、符腾堡、巴登等南德邦国也排除在外。因为当时拿破仑三世曾评述："德意志应该分为三块，永远不能统一。如果普鲁士要对南德下手，法国的大炮就自动发射！"。

在普奥战争中，普鲁士的迅速获胜和俾斯麦明智的温和政策使巴伐利亚对普鲁士的关系和整个德意志的统一问题产生了彻底的转变。战后的路德维希二世更是意识到普鲁士和诸邦国之间的力量对比已经发生了永久改变，无论主动还是被动，巴伐利亚加入普鲁士牵头的攻守同盟都是有利的，而且还需要北德意志邦联的市场来繁荣本国经济。当然巴伐利亚等南德几个邦表面上要向法国承诺不跟普鲁士合作。作为战败国，当然也得为站错队来买单：巴伐利亚被迫接受对普鲁士三千万古尔登赔款的和平条约，此外还将格尔斯费尔德地区以及奥尔布行政区割让给普鲁士。根据双方达成的密约，在未来的战争中巴伐利亚的军队接受普鲁士的最高军事指挥，与普鲁士一起加入战斗。

1870 普法战争

普法战争是普鲁士王国为了统一德意志，与法兰西第二帝国争夺欧洲大陆霸权而爆发的战争。战争是由法国发动，最后以普鲁士大获全胜，建立德意志帝国而告终。

1866 年的普奥战争的胜利确定了普鲁士在德意志邦联中的领导地位，严重威胁到法国在欧陆的霸权。

法国当局意识到普鲁士的崛起对其地位的威胁，因此政府中的国权主义分子提出对普鲁士索偿的对外政策，他们甚至把此政策看成是其慷慨让步的补偿。拿破仑三世要求俾斯麦兑现承诺，把比利时、卢森堡和莱茵河西岸的巴伐利亚和黑森 – 达姆施塔特

法皇拿破仑三世

的部分领土合并让于法国，作为对法国在普奥战争中保守中立的报偿。俾斯麦做得更绝，将法皇的"勒索信"转告了沙皇、英王等欧洲大哥，还添油加醋地表达了这个法国皇帝和他叔叔拿破仑一世一样，也想称霸欧洲，各位大哥得提防。

1870 年普法战争的另一个原因是西班牙王位继承问题。1868 年西班牙女王伊莎贝拉二世因为政局动荡而被推翻，致使王位虚悬。西班牙的内阁会议决定寻找适合的继承者，其中与普鲁士国

王威廉一世有远亲关系的霍亨索伦家族的利奥波德亲王似乎有希望成为候选人。消息不幸在1870年6月底走漏,结果大大激怒了法国外交大臣格拉蒙公爵。格拉蒙公爵专门派特使到温泉疗养地去堵截威廉一世,要求他保证永远不染指西班牙王位。威廉一世不胜其烦,又在威逼之下同意了特使的要求。但蓄意挑起战争的俾斯麦却篡改了国王电文,并刻意添油加醋(即所谓埃姆斯密电),电文说他堂兄根本就不稀罕西班牙王位,法国人还是没完没了的纠缠,再不愿见法国大使了。俾斯麦还将电文交给各种报纸大肆报道。这一事件彻底激怒了法国舆论界,正愁找不到出兵借口的号称杜伊勒里宫的狐狸和神秘的斯芬克斯的法国皇帝拿破仑三世马上宣战。

德意志人民已经在世纪之初被一个拿破仑羞辱过了,不能再容忍另一个拿破仑再打进来。所以巴伐利亚派出第一、二军加入普鲁士王储腓特烈·威廉率领的第三军团加入战斗,虽然巴伐利亚军队装备不如普鲁士军队,但作战却异常勇猛。符腾堡、巴登等南德邦国也主动参战,于是北德意志邦联军队集结了50万大军,开到法国边境。

法军一进入德意志境内就遭到迎头痛击,顷刻间战场就转移到法国境内。节节败退的法军退守色当,跟普军决战。9月1日色当会战开始,第二天就收到法皇的投降书,表示愿"将他的佩剑交到陛下的手中"。9月3日,39名法国将领带着10万法军、几百门大炮一起向普鲁士投降。法兰西举国哗然,人民革命推翻第二帝国,成立临时政府。

普鲁士一路高歌猛进,包围巴黎。法国临时政府被迫投降,签订《凡尔赛和约》、赔款、割

1870色当战役会战,法皇拿破仑三世向俾斯麦交出佩剑表示投降

地。1864对丹麦、1866对奥地利、1870对法国,三战皆胜,德意志统一已成定局。1870年11月巴伐利亚等南德四邦与以普鲁士为首的北德意志邦联缔结和约、合并成立德意志帝国。1871年1月18日,普鲁士国王威廉一世在女婿巴登大公腓特烈一世带领下在法国凡尔赛宫的镜厅加冕为皇帝,统一的德意志帝国正式成立。那年,普鲁士建立王国170周年,从神圣罗马帝国的北部边疆,用不到二百年时间,就把分裂数百年的德意志统一起来。1871年5月10日德法两国在法兰克福签订正式和约。该和约的条款十分苛刻,除了确认《凡尔赛和约》中的基本条款外,还将赔款额从2亿法郎增加到50亿法郎,割让阿尔萨斯－洛林的大部分地区。这也导致德法两国之间的矛盾愈加深化,并最终成为第一次世界大战爆发的一个原因。

值得一提的是,就在巴伐利亚等南德四邦与北德意志邦联合并、统一的准备一切就绪时,老国王威廉一世却因为元首称号问题闹起了情绪。国王最初声称深爱"普鲁士国王"名号,反对被称为皇帝(Kaiser)。国王还说:

1871年1月18日普王威廉一世在法国凡尔赛宫的镜厅加冕称帝

"我不能放弃这个深具历史意义的'普鲁士国王'之称,而将过去视为敌人的头衔加在自己身上(奥地利君主一直使用'皇帝')。这是我决不答应的事。"但俾斯麦、王子腓特烈、女婿巴登大公都认为当下是德意志民族统一的难得机会,国王必须改称德意志皇帝。可三人也都无法作主。

最后,俾斯麦看中了年轻的巴伐利亚国王路德维希二世,但路德维希反对帝国、反对皇帝,也不愿被牵扯进去。俾斯麦只能许以重金支付其城堡建设费用。再次,俾斯麦投其所好,发给路德维希二世一封邀请函,邀请他到凡尔赛参观路易十四的壮丽宫殿。俾斯麦又紧紧把握路德维希二世的心态,给他写了三封信。

第一封信的目的在于让路德维希二世放下戒心。俾斯麦说明如果德国统一之后,普鲁士不会干涉巴伐利亚内政,不会伤害巴伐利亚国王任何尊严。但如果由于发生对外战争等事宜,巴伐利亚就必须听命于普鲁士,可能会有羞耻感。如果普鲁士国王改为"德国皇帝"则可另当别论。俾斯麦以此来满足路德维希的虚荣心。

第二封信是唠家常、攀亲戚。俾斯麦详细说明巴伐利亚国王的祖先在勃兰登堡时曾是自己祖先的君主,俾斯麦还在信中诚恳地向路德维希表达自己的爱戴之情。

第三封信是一份回信拟稿。此拟稿内容为巴伐利亚国王力劝普鲁士国王答应称帝之事。俾斯麦称若能按照拟稿回信,则是他无上的光荣。也没有征询内阁的意见,路德维希就提笔按照俾斯麦的要求,将俾斯麦的第三封信抄写了一份。抄写时路德维希还挖苦地说"维特尔斯巴赫家族已经当过好几次皇帝了,霍亨索伦还一次都没当过呢,让他们也当一回吧!"

在随后的柏林议会中,俾斯麦宣读了路德维希的回信。议会很快批准新的德意志邦联称德意志帝国,威廉一世被授予德意志皇帝头衔。

但威廉国王仍然强烈反对此事,表示绝不会从议会手中接受皇冠。他更愿意成为"德意志的皇帝"(Kaiser von Deutschland)而不是议会授予的有权无实的"德意志皇帝"(Deutscher Kaiser)。俾斯麦又不得不组织一个德意志各邦君主要求威廉接受皇帝头衔的请愿活动。12月18日,议会派来的代表团也把措辞从"授予威廉国王皇帝头衔"改成了"敦促威廉国王接受各邦君主献上的皇帝头衔"。威廉国王这才接受了议会的请求。

路德维希二世回信的结果是合了俾斯麦的心意，推举普鲁士国王为帝。令人尴尬的是，威廉一世在法国凡尔赛宫的镜厅加冕为皇帝时，到场的王公侯爵中唯独缺少了路德维希二世，可见推举他人为帝是多么地不情愿，后悔但又无可奈何。

当然，巴伐利亚现在已经成为德意志的第二大邦国，实力不凡，俾斯麦还是想极力拉拢路德维希二世的，尽量避免内讧，以免给其他列强以可乘之机。所以巴伐利亚得以保留了独立的外交、军事管理、邮政、电报和铁路系统，享有比其他诸邦更多的独立主权。

胜利泰勒

为了庆祝普法战争胜利和《法兰克福和约》的签订，慕尼黑造币厂受命发行胜利泰勒，正面使用J.RIES雕模的路德维希二世右向头像（本书中标记为Ⅲ型头像），背面使用C.VOIGT雕模的巴伐利亚女神赐福。

胜利泰勒或被称为战争胜利泰勒（Siegestaler，siege为德文"战胜"之意），在战争胜利当年发行。如果不在战胜当年发行的战争胜利纪念泰勒一般不能称为胜利泰勒，比如1865年汉诺威发行的纪念滑铁卢战役50周年等泰勒都不是胜利泰勒。常见的胜利泰勒有1866年普奥战争胜利泰勒以及1871年普鲁士、巴伐利亚、符腾堡、萨克森、不来梅发行的普法战争胜利泰勒。

1871普鲁士胜利泰勒，《KM目录》编号 KM#500

1871 符腾堡、萨克森、不来梅胜利泰勒,《KM 目录》编号 KM#620、KM#1230、KM#249

BG63 细节：主图为人格化的巴伐利亚女神，女神手持胜利花环和丰饶角，丰饶角顶溢出了小麦、谷物等粮食，石榴、葡萄等水果，象征着赐予巴伐利亚王国和平与财富，女神脚下生长的月桂枝象征着勇气和荣誉。巴伐利亚女神身披纱巾，高挽发髻，目光柔和，注视着远方，并自然随性靠坐于石椅上。石椅右下角有雕模师签名"VOIGT"

~~~~~~~~~~~~~~~~~~~~~~~~~~~~~

BG63 1871 胜利泰勒版别：

1）正面单面光边锡质样币

KM#500 细节：普鲁士胜利泰勒，主图为人格化的德意志民族精神——日耳曼妮娅。图中的日耳曼妮娅头戴王冠，身披战袍，右手持剑，左手扶盾，端坐于石阶之上。从剑柄在上、剑尖朝下的持剑姿势和盘坐的休息姿态可以看出普鲁士已经在战争中取得了胜利。

盾牌上的图案为普鲁士黑鹰纹章，黑鹰胸前标有字母"FR"（Fredericus Rex，腓特烈国王的字母缩写），黑鹰头戴王冠，左爪持十字圣球，右爪持权杖。该纹章由普鲁士王国首任国王腓特烈一世于1701年1月建国时敕令修改而成

KM#620 细节：符腾堡胜利泰勒，主图为站立在大炮和军旗上的胜利女神尼姬，底部两花环内分别雕有战争年份"1870、1871"。尼姬（希腊语 Νίκη，胜利，拉丁文为 Nike）是希腊神话中的胜利女神，对应的是罗马神话中的维多利亚，常见的是卢浮宫中的无头"萨莫特拉斯的胜利女神"雕塑。在西方艺术中，她常以身负双翼、手持橄榄枝的形象出现，象征着在战争和体育竞技中胜出

KM#1230 细节：萨克森胜利泰勒，主图为凯旋的胜利女神。胜利女神头戴花环骑在战马之上，左手举橄榄枝，右手持绣鹰旌旗，旗杆顶上系一月桂枝花环；女神腰间悬宝剑一柄，上缠月桂枝。胜利女神的身后有无数面旗帜在胜利飘扬。底部有发行年份"1871"和胜利女神的标志物——橄榄枝。整个场象征着德意志通过"铁与血"的战争满载着胜利和喜悦归来

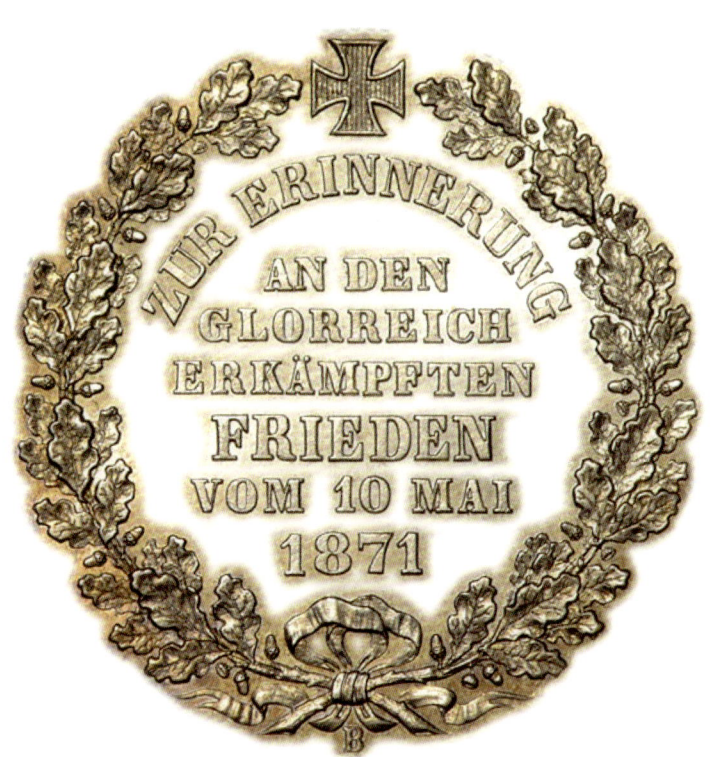

KM#249 细节：自由汉莎市不来梅胜利泰勒，主图是由两支肥大的月桂枝叶构成的花环，上面长满月桂果，柄部以丝带缠绕打结，上端悬一铁十字。花环中央刊铭文"为迎来1871年5月10日的和平而纪念曾经辉煌的战斗"

第六章　路德维希三世

路德维希三世（1913—1918）
König Ludwig Ⅲ，1913-1918

路德维希三世

末代国王

路德维希三世（Ludwig Ⅲ，1845—1921），全名 Ludwig Leopold Joseph Maria Aloys Alfred（路德维希·利奥波德·约瑟夫·玛利亚·阿洛伊斯·阿尔弗莱德），巴伐利亚王国末代国王（1913—1918）。

1912 年 12 月 12 日，摄政王柳特波德去世，路德维希继位成为巴伐利亚摄政王。1913 年 11 月 4 日，巴伐利亚议会修订宪法，增加了一项条款，规定如果因国王无行为能力而导致摄政持续十年，且国王恢复无望，那么摄政王可以在立法机关的同意下结束摄政，废黜国王，并亲自登基。该条款在上议院仅 6 票反对，下议院 27 票反对、122 票赞同的情况下高票通过。第二天，68 岁的摄政王路德维希亲王结束了摄政，宣布自己的统治，即路德维希三世。议会于 11 月 6 日批准提案，路德维希三世于 11 月 8 日宣誓遵守宪法。奥托国王被废黜，但允许终身保留他的国王头衔和所有荣誉。

1918 年，不等第一次世界大战结束，旨在推翻巴伐利亚君主制的革命就在慕尼黑爆发了。路德维希三世先后流亡到奥地利、匈牙利、列支敦士登和瑞士。于 1920 年重回巴伐利亚，居住在威尔登瓦尔特城堡。1921 年 10 月 18 日，路德维希三世在匈牙利萨瓦尔旅游时去世，终年 76 岁。

货币

在路德维希三世任国王期间，仅在 1914 年发行印有自己头像的 3 种银币：2 马克、3 马克和 5 马克流通银币。正面使用 1 种头像，背面使用长翅帝国之鹰纹章。此外，1918 年还发行了金婚纪念 3 马克、造币厂访问纪念 3 马克。

BG64 1918 访问造币厂纪念铁质 3 马克

3 马克（3Mark）
正面铭文：LUDWIG III KOENIG VON BAYERN
背面铭文：ZUR ERINNERUNG A·D·BESUCH S·M·K·LUDWIG III IN D·K·MÜNZE / 2. MAI 1918
边饰：光边
直径：38mm　重量：21.2g（铁质）
书目编号：KM#-，Dav.-，AKS-，Jaeger52M

年份	铸造量	美品	极美	未流通
1918	-			

1918 年 5 月 2 日，路德维希三世前往慕尼黑造币厂参观访问。按惯例，造币厂都要为此发行纪念币或纪念章。

该币按照 3 马克形制来制造，但只发行了铁质样币，未铸造银币。该币的正面是路德维希三世左向老年头像，和 1914 年流通币 3 马克的头像一样，但要更加深俊、浮雕感更强。头像上部刊铭文"路德维希三世，巴伐利亚国

慕尼黑市纹章

旋杆的水平旋转运动转换为印模的竖直运动，压紧下部枕铁上的币坯，仅说明压印机的基本原理，象征造币厂。压印机顶上是慕尼黑之子（慕尼黑市纹章）——左手持圣经、右三位一体手势的金带黑袍修道士。周圈铭文"路德维希三世访问造币厂纪念"，压印机下有访问时间"1918年5月2日"。该币为无铭文光边。

王"。头像下方的"D"为慕尼黑造币厂厂铭（1872至今）。币背面的主图是一台螺旋压印机，将

BG64细节：压印机两侧"A."与"B."为雕模师Alois Börsch的签名，压印机顶上是慕尼黑之子（慕尼黑市纹章）——金带黑袍修道士

~~~~~~~~~~~~~~~~~~~~~~~~~~~~~~

BG64 1918 访问造币厂纪念铁质3马克

BG65 1918 金婚纪念 3 马克

3 马克（3Mark）

正面铭文：LUDWIG III MARIE THERESE V. BAYERN ★ 1868–1918 ★

背面铭文：DEUTSCHES REICH 1918 / DREI MARK

边饰：GOTT MIT UNS

直径：33mm 重量：16.666g 含银量：90.0%，0.4823oz

书目编号：KM#1010，Dav.-，AKS212，Jaeger54

年份	铸造量	美品	极美	未流通
1918	130	16 800	30 800	42 000

1918 年路德维希和玛利亚金婚纪念银章

1918年2月20日是路德维希三世夫妇的金婚纪念日，慕尼黑造币厂为此发行3马克纪念银币一枚。可能只为赠送亲朋好友，亦可能不愿激化国内尖锐的矛盾，不想大操大办，总之该纪念币的发行量很小，大约130枚。历次拍卖会的成交价格都比较高。该3马克金婚银币的正面是国王路德维希三世和王后玛利亚夫妇二人的右向头像。当年路德维希三世74岁，玛利亚70岁。虽共同经历风雨五十载，但依旧是伉俪情深、相濡以沫，真是白头偕老。在头像外刊周圈铭文"巴伐利亚路德维希三世，玛利亚·特蕾莎"。头像下部"D"为慕尼黑造币厂厂铭（1872至今），该头像的雕模师为Alois Börsch。头像下方的日期表明了该币金婚纪念的主题"★ 1868—1918 ★"。币背面的主图依然是长翅帝国之鹰（1899—1918），周圈铭文"德意志帝国1918"，并以两个"★"与面额"3马克"间隔开来。边饰阴文"上帝与我们同在。"

玛利亚·特蕾莎

玛利亚·特蕾莎·亨丽埃特·多萝西（1849—1919，Maria Theresa Henriette Dorothee），是奥地利-埃斯特的斐迪南大公和奥地利的伊丽莎白女大公夫妇的独生女。她也是最后一位巴伐利亚王后。1849年7月2日，玛利亚生于摩拉维亚的布伦（现捷克共和国的布尔诺）。她一出生就是"奥地利-埃斯特女大公、匈牙利和波希米亚公主、摩德纳公主"。

玛利亚的祖父母是摩德纳公爵弗朗西斯科四世和萨伏伊的玛利亚·碧翠丝公主，外祖父母是奥地利的约瑟夫·安顿大公和他的第三任妻子符腾堡女公爵玛利亚·多萝西。玛利亚还是西班牙国王阿方索十二世的王后玛利亚·克里斯蒂娜的同母异父的姐姐，也是奥匈帝国储妃斯特法妮、拿破仑亲王王妃克莱门汀和奥尔良公爵夫人玛利亚·多萝西

王妃玛利亚·特蕾莎

中年路德维希

的表姐。

在玛利亚5个月大时,父亲斐迪南就不幸死于斑疹伤寒。她由母亲伊丽莎白女大公一手抚养长大,并接受良好的教育,会讲德语、匈牙利语、捷克语、法语和意大利语。

玛利亚还是无子嗣的英格兰、苏格兰和爱尔兰王位的詹姆斯党继承人摩德纳公爵弗朗西斯科五世的侄女和继承人。也可以说,玛利亚是詹姆斯·弗朗西斯·爱德华·斯图亚特(1688—1766)后第一位能够称得上大不列颠公民的詹姆斯党继承人。虽然不像詹姆斯那样生在不列颠本土,但她却是汉诺威选帝侯的夫人索菲的后裔。根据《1705年索菲归化法案》,索菲及其后人无论出生于何地,都被宣布为天生的不列颠人,除非是罗马天主教徒,否则都有潜在的继承权。该法案直到1948年才被撤销。在此之前,玛利亚是该法案的覆盖对象(但如果根据1701年英国的《王位继承法》,由于信仰了天主教,玛利亚实际上已丧失对英格兰和苏格兰王位的继承权)。因此在弗朗西斯科1875年去世后,玛利亚就成为詹姆斯党继承人,称"英格兰、爱尔兰女王陛下玛丽四世和苏格兰女王陛下玛丽三世"。在1919年玛利亚去世后,她的儿子巴伐利亚王储鲁普雷希特同样继承了她的权利。但和1807年之后的其他詹姆斯党继承人一样,玛利亚母子及其后人都从未认真寻求过不列颠王位。

两情相悦

1867年,玛利亚的本家姐姐马蒂尔德去世,在奥地利普芬斯滕举行葬礼。在葬礼上,玛利亚遇见了来自巴伐利亚的路德维希王子(巴伐利亚柳特波德亲王的长子,将来的路德维希三世)。当时,路德维希代表堂弟——巴伐利亚国王路德维希二世来吊唁表妹马蒂尔德。玛利亚和路德维希两人是一见倾心，相见恨晚、惺惺相惜。此后，他们就相亲相爱，并决定厮守终身。这桩婚事最初激怒了奥匈帝国皇帝弗朗茨·约瑟夫，他曾想把玛利亚嫁给托斯卡纳大公斐迪南四世，毕竟玛利亚是独女，家资巨富，肥水不流外人田。而且玛利亚的伯父摩德纳公爵弗朗西斯科五世也反对这门亲事。因为路德维希的二伯希腊国王奥托一世虽然当初被迫逃离希腊，却一直在追索王位。奥托一世去世后，路德维希就成为希腊王位最大的潜在继承者。但是成为希腊国王就必须放弃别国王位继承权，还要放弃天主教，改信希腊东正教。而弗朗西斯科五世是坚定的天主教徒，决不允许自己侄女（詹姆斯党继承人）和异教徒结合。当然，奥托一世早已经被希腊人民废黜，希腊王位继承权对路德维希而言就如同浮云。就算他弃权了，希腊王位继承权也会轮到他弟弟，也便宜不了外人。不论是出于爱情，还是政治、利益的考量，他都作出了明确表态：放弃希腊王位，追寻爱情。事到如此，娘家奥地利也不好推脱阻拦了，随他们去吧！毕竟是两情相悦，门当户对，本身还是亲戚加亲戚的友好互助的友邦。于是在八个月之后的1868年2月20日，玛利亚在维也纳奥古斯丁教堂嫁给了路德维希。首席证婚人是玛利亚的受洗人——布伦大主教安托尼乌斯·沙夫戈奇伯爵。

相知相守到金婚

年轻时代的路德维希并不热衷政治。尤其在1871年路德维希落选于第一次帝国议会议员选举之后，路德维希就将重心转移到生活和兴趣爱好中。凭借王妃玛利亚的丰厚嫁妆，夫妻两人在慕

王妃玛利亚·特蕾莎

尼黑以南的洛伊茨特滕购置了大量农田，修建了著名的玫瑰花园，过上了逍遥自在的农场主生活。玛利亚婚后一直保持低调，很少参与公务活动，并把大部分时间花在子女养育中。他们婚姻和谐，共生育了4男9女，有10个长大成人。其中最著名的要算长子鲁普雷希特了。

1865年1月10日，玛利亚获得奥地利的繁星十字勋章。1872年10月19日，玛利亚成为巴伐利亚特蕾莎勋章和圣·伊丽莎白勋章的首领。她还获得西班牙的玛利亚·路易莎女王勋章、奥地利的伊丽莎白一级勋章、巴伐利亚王冠功绩勋章、1870—1871年度十字勋章、义务护理十字勋章、普鲁士红星二级奖章。

1913年，时任摄政王的路德维希废黜精神失常的堂弟奥托，成为国王，即路德维希三世。玛利亚随即成为巴伐利亚王后，也是巴伐利亚王国于1806年建立以来的第一位天主教王后。玛利亚是一位爱国者，同时支持娘家哈布斯堡的君主统治。1914年第一次世界大战爆发时，玛利亚主持王室战前动员活动，和丈夫一同宣布巴伐利亚将积极参战。在战争中，玛利亚鼓励巴伐利亚妇女们为士兵们提供食品、赶制军装，并看望伤员。

1918年，不等第一次世界大战结束，旨在推翻巴伐利亚君主制的革命就在慕尼黑爆发了。1918年11月7日，全家被迫离开慕尼黑。随后，路德维希宣布退位，在弗拉斯多夫附近的威尔登瓦尔特城堡避难。此后，玛利亚的健康状况恶化。1919年2月3日，她在子女陪伴下于威尔

路德维希三世夫妇

登瓦尔特城堡去世,她的遗体被安放在当地教堂。1921年10月18日,76岁的路德维希三世在匈牙利萨瓦尔旅游时去世。1921年11月5日,玛利亚和丈夫合葬于慕尼黑铁阿提纳教堂。

长子鲁普雷希特

鲁普雷希特(Rupprecht,1869—1955)是路德维希三世和玛利亚·特蕾莎的长子。1869年生于慕尼黑。1900年,鲁普雷希特与巴伐利亚公爵卡尔·泰奥多尔之女(茜茜公主的侄女)玛利亚·加布里埃拉结婚,但不幸的玛利亚于1912年就去世了。第一次世界大战爆发时,鲁普雷希特任洛林的德国第六方面军总司令。1914年8月14日,他成功地抵御了法军的进攻,获得了洛林战役的胜利,一举粉碎了法国妄图收复阿尔萨斯-洛林的"17号计划"。鲁普雷希特于次月发动反攻,但始终未能攻破法国战线,直到战争结束一直在西线僵持。1916年,鲁普雷希特被授封德国陆军元帅。鲁普雷希特被认为是一战时王室成员中最优秀的军队统帅。

1918年,巴伐利亚的君主制被推翻,鲁普雷希特失去了继承王位的机会。1921年4月7日,

路德维希和玛利亚的7名子女

鲁普雷希特元帅

鲁普雷希特与卢森堡大公纪尧姆四世的四女儿安托瓦内特结婚。同年10月18日,其父路德维希三世去世,他成为巴伐利亚王室首领,保王党人称他为巴伐利亚国王鲁普雷希特一世。1939年,他因反对纳粹政权而被迫流亡意大利,家眷则定居匈牙利萨瓦尔。1944年10月,德军占领匈牙利,他的妻子儿女被捕,拘于萨克森豪森纳粹集中营。1945年被转移到达豪集中营,在那里被美军解救。鲁普雷希特1955年8月2日在巴伐利亚施塔伦贝格附近的洛伊茨特腾堡去世,终年86岁。

鲁普雷希特祖孙三代:**鲁普雷希特、阿尔布雷特、弗朗茨**

1893 路德维希三世银婚纪念银章

1918 路德维希三世金婚纪念银章

1918 路德维希三世退位铜章：夫妇二人相互搀扶离开官邸（卡尔·哥茨作品）

BG65 细节

~~~~~~~~~~~~~~~~~~~~~~~~~~~~~

BG65 1918 金婚纪念 3 马克版别：

1）存在铜锡（青铜）样币 BG65.Pn1，对应《Schaaf 目录》编号 Schaaf54-M1，12.5g，32.8mm，2.3mm
2）存在铜锌（黄铜）样币 BG65.Pn2，12.4g，33mm
3）存在 2001 年份的后铸币 BG65.Pn3，背面帝国之鹰加盖"2001"
4）存在银质、金质试样 BG65.TS1&2
5）1940 后铸银币，背面错配"1913"年份，本书编号 BG.65.Pn4，对应《KM 目录》Pn25，17.5g，33 mm，2.4mm

版别1）铜锡（青铜）样币 BG65.Pn1，对应《Schaaf 目录》编号 Schaaf54-M1

版别2）铜锌（黄铜）样币 BG65.Pn2，12.4g，33mm

版别3）2001年份的后铸银币 BG65.Pn3，背面帝国之鹰加盖"2001"

版别4）银质试样 BG65.TS1，金质试样 BG65.TS2

版别5）1940后铸银币 BG.65.Pn4，背面错配"1913"，《KM目录》Pn25

附录　典型边饰

10克鲁泽——选帝侯马克西米利安四世

协定泰勒——选帝侯马克西米利安四世

协定泰勒——国王马克西米利安一世

宪法泰勒——国王马克西米利安一世

王冠泰勒——国王马克西米利安一世

王冠泰勒——路德维希一世

双古尔登——路德维希一世

双面额同盟货币 3½ 古尔登 /2 泰勒——路德维希一世

历史协定泰勒——路德维希一世

历史双泰勒——路德维希一世

联盟泰勒——马克西米利安二世

巴伐利亚守护神双古尔登——马克西米利安二世

历史双泰勒—马克西米利安二世

胜利泰勒—路德维希二世

5 马克—路德维希二世

马克西米利安在选帝侯和王国王时期发行的 10 克鲁泽、20 克鲁泽的斜齿槽和阳纹枝叶边饰

协定泰勒的阳纹枝叶

协定泰勒的阳纹枝叶反边铭 ZEHEN EINE FEINE MARK

宪法泰勒的阳文边铭 ZEHEN EINE FEINE MARK

王冠泰勒的阳文边铭 BAIERISCHER KRONTHALER（马克西米利安一世）

王冠泰勒的阳文边铭 BAYERISCHER KRONTHALER（路德维希一世）

1/2、1、2 古尔登的边缘为矩形坑槽

同盟货币 3½ 古尔登的阴文边铭 ★ CONVENTION ★ VOM ★ 30 JULY ★ 1838

历史协定泰勒的直齿

历史双泰勒阴文边铭 DREY EIN HALBER GULDEN ★ VII E. F. M. ★（路德维希一世）

BG55 双古尔登的阴文边铭 ZWEY GULDEN

历史双泰勒阴文边铭 VEREINSMÜNZE ★ VII EINE F. MARK ★（马克西米利安二世）

历史双泰勒阴文边铭 XV EIN PFUND FEIN ★ DREY EINHALB GULDEN ★（马克西米利安二世，联盟双泰勒）

联盟泰勒、联盟双泰勒的阴文边铭 GOTT ★ SEGNE ★ BAYERN ★

BG61 圣母泰勒、BG63 胜利泰勒的阴文边铭 XXX EIN PFUND FEIN

1、2 马克的直齿；3、5 马克的阴文边铭 GOTT MIT UNS

附录 典型边饰

参考文献

[1] 乔·格里布. 世界各国铸币史. 刘森译. 北京：中华书局，2005.

[2] 威廉·阿瑟·肖. 货币大历史. 张杰译. 北京：华文出版社，2020.

[3] 林纯洁. 德意志之鹰：纹章中的德国史. 杭州：浙江大学出版社，2016.

[4] 朱庭光. 外国历史大事集——近代部分. 重庆：重庆出版社，1985.

[5] 蒋湘泽. 世界通史资料选编——近代部分. 北京：商务印书馆，1983.

[6] 米其林公司. 德国经典游. 桂林：广西师范大学出版社，2009.

[7] 张艳玲. 感动世界的50位古典音乐大师. 北京：北京燕山出版社，2011.

[8] 丁建弘，李霞. 普鲁士精神和文化. 上海：上海社会科学院出版社，2012.

[9] 张芝联，刘学荣. 世界历史地图集. 北京：中国地图出版社，2002.

[10] 李工真. 德意志道路：现代化进程研究. 武汉：武汉大学出版社，2005.

[11] 刘新利. 基督教与德意志民族. 北京：商务印书馆，2000.

[12] 阿·米尔. 德意志皇帝列传. 李世隆译. 北京：东方出版社，1995.

[13] 彼得克劳斯·哈特曼. 神圣罗马帝国文化史：帝国法、宗教和文化. 刘新利译. 北京：东方出版社，2005.

[14] 赫曼·金德. 世界史百科. 陈澄声译. 桂林：广西人民出版社，2011.

[15] 马丁·基钦. 剑桥插图德国史. 赵辉译. 北京：世界知识出版社，2005.

[16] 詹姆斯·布赖斯. 神圣罗马帝国. 孙秉莹译. 北京：商务印书馆，1998.

[17] 巴斯图鲁. 纹章学：一种文化的象征. 谢军瑞译. 上海：上海书店出版社，2002.

[18] 奥康奈尔. 象征符号插图百科. 余世燕译. 汕头：汕头大学出版社，2009.

[19] 理查德·泰勒. 发现教堂的艺术：教堂的建筑、图像、符号与象征完全指南. 北京：生活·读书·新知三联书店，2010.

[20] 李长山. 德国历史词典. 上海：上海辞书出版社，2014.

[21] 斯莱特. 纹章插图百科. 王心杰，马仲文译. 汕头：汕头大学出版社，2009.

[22] 爱德华·福克斯. 欧洲漫画史（上卷）: 古代—1848年. 章国锋译. 北京: 商务印书馆, 2017.

[23] 爱德华·福克斯. 欧洲漫画史（下卷）: 1848—1900年. 章国锋译. 北京: 商务印书馆, 2017.

[24] 弗拉西斯卡·荣格曼-斯塔德勒尔等. 货币的故事. 武汉: 湖北教育出版社, 2009.

[25] 翁裕斌. 德国的州徽与州旗. 德国研究, 1995（1）.

[26] 杨崇哲. 协定塔勒简史. 中国钱币, 2009（1）.

[27] 杨崇哲, 胥颖敏. 中世纪晚期蒂罗尔铸造大型银币考略. 中国钱币, 2009（2）.

[28] 冯伟. 玛丽亚·特雷莎塔勒. 安徽钱币, 2010（4）.

[29] 栗月静. 1816: 低温改变世界. 看历史, 2010（5）.

[30] Walter Grasser. Bayerische Geschichts Taler. Rosenheimer Raritäten, 1982.

[31] Georges S. Cuhaj. Standard Catalog of World Coins 1701–1800 (6th Edition), Krause Publications, 2013.

[32] Georges S. Cuhaj. Standard Catalog of World Coins 1801–1900 (7th Edition), Krause Publications, 2015.

[33] Georges S. Cuhaj. Standard Catalog of World Coins 1901–2000 (42nd Edition), Krause Publications, 2015.

[34] John S. Davenport. European Crowns and Talers Since 1800 (2nd Edition). Spink & Son ltd., 1964.

[35] John S. Davenport. German Talers 1700–1800 (2nd Edition). Spink & Son ltd., 1965.

[36] Paul Arnold, Harald Küthmann, Dirk Steinhilber. Grosser Deutscher Münzkatalog Von 1800 Bis Heute (2013). Battenberg Verlag, 2012.

[37] Helmut Kahnt. Deutsche Silbermünzen 1800–1872. Battenberg Verlag, 2008.

[38] Kurt Jaeger. Die deutschen Münzen seit 1871 (17th Edition). H. Gietl Verlag &

Publikationsservice GmbH, 2001.

[39] Rudolf Schaaf. Die Proben Der Deutschen Münzen seit 1871. Münzen und Medaillen AG, 1979.

[40] N. Douglas Nicol. Standard Catalog of German Coins 1501–Present (3rd Edition). Krause Publications, 2011.

[41] Gerd-Volker Weege. Deutsche Münzen 800–2001. Money Trend Verlag, 2001.

[42] Wolfgang Hahn, Adelheid Hahn-Zelleke. Die Münzen der baierischen Herzöge und Kurfürsten 1506–1806. Money Trend Verlag, 2007.

[43] Walter Grasser. Bayerische Münzen Vom Silberpfennig zum Golddukaten. Rosenheimer Raritäten, 1980.

[44] Jörg und Anke Nimmergut. Deutsche Orden und Ehrenzeichen 1800–1945. 2021.

[45] Terence Weise. Medieval Heraldry. Oxford Osprey Publishing, 2000.